ORGANISATION PÉDAGOGIQUE

ET

LÉGISLATION DES ÉCOLES PRIMAIRES

ORGANISATION PÉDAGOGIQUE

ET

LÉGISLATION DES ÉCOLES PRIMAIRES

(PÉDAGOGIE PRATIQUE & ADMINISTRATION SCOLAIRE)

PAR

Gabriel COMPAYRÉ

CLASSEMENT DES ÉLÈVES — PROGRAMMES
EMPLOI DU TEMPS
RÉPARTITION DES MATIÈRES D'ENSEIGNEMENT
PRÉPARATION DE LA CLASSE
DISCIPLINE — LÉGISLATION ET ADMINISTRATION

PARIS

LIBRAIRIE CLASSIQUE PAUL DELAPLANE

48, RUE MONSIEUR-LE-PRINCE

1890

ORGANISATION PÉDAGOGIQUE

ET

LÉGISLATION DES ÉCOLES PRIMAIRES

(PÉDAGOGIE PRATIQUE ET ADMINISTRATION SCOLAIRE)

PREMIÈRE PARTIE

ORGANISATION PÉDAGOGIQUE ET DISCIPLINE

CHAPITRE PREMIER

L'ORGANISATION PÉDAGOGIQUE EN GÉNÉRAL.

Ce qu'on entend par organisation pédagogique. — Nécessité de l'organisation pédagogique. — Classes et cours. — Division eu trois cours. — Historique. — Organisation des cours. — Classe ou section enfantine. — Progression des études. — Caractères propres à chaque cours. — Ecoles à une classe et écoles à plusieurs classes. — Les moniteurs. — Les directeurs d'écoles à plusieurs classes.

Ce qu'on entend par organisation pédagogique. — Une école n'est pas *organisée*, dans le vrai sens du mot, quand on a simplement mis en présence, dans un local confortable ou tout au moins suffisant, un certain nombre de maîtres et d'élèves.

L'*organisation pédagogique* ne doit pas s'entendre non plus, à proprement parler, de l'installation du mobilier et du matériel nécessaire à l'enseignement.

L'école, à la façon d'un être vivant, n'est véritablement organisée que du jour où les organes qui la constituent fonctionnent régulièrement, et se conforment à des lois fixes qui en règlent sagement et utilement le jeu.

La petite foule des élèves est entrée en classe, attendant qu'on s'occupe d'elle : il faut commencer par grouper, il faut *classer* ces enfants d'après leur âge réel, et aussi d'après leur âge intellectuel et moral, c'est-à-dire d'après leur degré d'avancement. Les *programmes* sont là, rédigés avec soin, dans leur texte officiel; on sait ce qu'il faudra enseigner, mais on ne sait pas encore, ce qui est pour le moins aussi important, comment on l'enseignera, par quels *procédés* et par quelles *méthodes*. De plus, ces programmes sont longs, surchargés de matières diverses, et d'autre part le temps est court, limité tout au moins : il faut étudier d'avance les meilleurs moyens d'utiliser ces heures rapides, et de venir à bout de ces programmes qui n'en finissent pas; il faut régler l'*emploi du temps*, et procéder à la *répartition des matières d'enseignement*. Le maître est à son poste, plein d'ardeur et de foi, préparé par ses études antérieures à exercer avec succès son métier; encore est-il besoin qu'il se préoccupe de la *préparation journalière* de sa classe, et aussi qu'il soit guidé dans le choix des *exercices oraux* ou *écrits* à proposer aux élèves. Les *fournitures classiques*, livres, cahiers, etc., sont aux mains des écoliers, soit achetées par les parents, soit données par des municipalités généreuses et riches; comment se servira-t-on de tous ces outils scolaires, de tous ces instruments de travail? Comment les appropriera-t-on le mieux au progrès de l'enseignement et à l'instruction des élèves? Enfin il faut maintenir le silence et l'ordre dans les classes, obtenir des élèves le plus de travail possible : quels sont les moyens qui assureront la *discipline* et la *bonne tenue* de la classe?

C'est à toutes ces questions que doit répondre un cours de *pédagogie pratique*. Il s'agit d'étudier, dans toutes ses parties, le fonctionnement normal de l'école, et de suivre pas à pas le maître et les élèves dans le développement quotidien de la vie scolaire.

Nous avons donc à considérer tour à tour les questions suivantes :

1° Le *classement des élèves* et la division des cours (chapitres I et II) ;

2° Les *programmes* de chaque cours et la répartition des matières d'enseignement (chapitres III, IV, V, VI, VII et VIII) ;

3° L'*emploi du temps* (chapitres IX et X) ;

4° La *préparation de la classe* (chapitre XI):

5° Les *moyens matériels*, les instruments de l'enseignement, livres, cahiers, etc. (chapitre XI):

6° La *discipline* et la tenue de la classe (chapitre XII).

Avant d'entrer dans le détail, examinons d'abord les idées générales et les principes essentiels qui dominent toute bonne organisation pédagogique.

Nécessité de l'organisation pédagogique. — La question n'est pas, à vrai dire, de démontrer la nécessité d'une organisation pédagogique. Il est évident que dans le travail compliqué de l'école, autant que dans toute entreprise humaine, l'ordre, la méthode, une distribution préméditée, sont choses qui s'imposent. La question est seulement de savoir si cette organisation doit être laissée à la libre initiative des maîtres, ou si, au contraire, elle doit être réglée à l'avance, établie *à priori*, au moins dans ses grandes lignes, d'après des principes uniformes, et pour ainsi dire immobilisée dans un code dont les instituteurs n'auront qu'à appliquer les articles.

Assurément, on ne songe pas à emprisonner les maîtres dans l'étroit formalisme d'une règle absolument inflexible, dont il ne leur serait jamais permis de s'écarter. L'école n'est pas une caserne. La pédagogie n'est pas, comme la théorie militaire, un ensemble de prescriptions à apprendre par cœur, à exécuter machinalement, où tous les détails de la manœuvre sont fixés avec une précision rigoureuse. Dans la tenue et la direction de leurs classes, les maîtres trouveront souvent l'occasion de faire preuve d'initiative et d'indépendance. Ils n'auront jamais trop de personnalité, trop de qualités actives, trop de flamme et de volonté individuelle. On n'a pas avec tant de soin préparé, à l'école normale, l'éducation générale de leur esprit, en même temps que leur éducation professionnelle, pour les réduire à l'état de machines, pour les asservir, dès qu'on les met à la tête d'une école, à un règlement immuable dans toutes ses parties.

Mais, quelle que soit la part légitime qui appartient à la libre spontanéité de l'instituteur, c'est surtout dans les perfectionnements apportés à des méthodes ou à des procédés déjà connus, c'est aussi dans l'interprétation des programmes officiels qu'il sera toujours maître de modifier selon les circonstances et d'adapter à ses vues particulières; c'est enfin dans le détail et dans l'application que son initiative aura le loisir de s'exercer. Pour la marche générale des études, pour l'ensemble des opérations scolaires, le maître le mieux doué a besoin d'être conduit et guidé. Faute d'un plan régulièrement tracé, il se perdra dans une série de tâtonnements stériles ou dangereux; il s'égarera, comme Pestalozzi lui-même, qui pleurait sur ses erreurs de méthode tardivement reconnues. Au lieu de l'unité que réclame le développement régulier de l'instruction populaire, c'est la confusion, c'est une sorte d'anarchie pédagogique qui régnera dans les écoles. L'originalité d'un poète n'est pas étouffée parce qu'elle se soumet aux règles de la poétique; de même, la liberté des efforts individuels dans l'éducation n'est nullement compromise parce qu'elle se meut dans le cadre défini d'un règlement bien fait.

Suivons donc sans scrupule l'exemple qui nous est donné dans tous les pays où l'instruction primaire est solidement instituée. En Allemagne, en Suisse, en Belgique, aux États-Unis, on pourrait dire chez tous les peuples civilisés, il existe une organisation pédagogique officielle qui, dans certains cas, descend jusqu'aux détails les plus minutieux. On raconte qu'un ministre de l'Instruction publique, un ministre épris de la consigne, se frottait les mains de plaisir, à l'idée que le même jour, à la même heure, dans tous les lycées de France, les élèves de la même classe traduisaient la même page de Démosthène ou de Cicéron.... Nous sommes loin de réclamer, pour les écoles, une aussi ridicule uniformité, et de désirer qu'au même moment tous les élèves des écoles primaires écrivent le même exercice d'écriture ou apprennent la même page d'histoire. Mais, sans tomber dans l'excès d'une réglementation puérile et mesquine, on ne saurait méconnaître la nécessité d'un certain ordre et d'une certaine unité.

Classes et cours. — Le premier principe de l'organisation pédagogique des écoles primaires, c'est la distribution des élèves et la division des programmes en un certain nombre de *cours*. Une école n'est organisée que si elle compte une ou plusieurs *divisions*, si elle est graduée, comme disent les Américains (*graded school*), c'est-à-dire si elle contient plusieurs groupes d'élèves, assemblés de façon à présenter un degré à peu près égal de force et à pouvoir aborder successivement, avec profit, divers niveaux d'instruction.

Le *cours* est autre chose que la classe. Une *classe* suppose toujours un maitre distinct. Dans les écoles de campagne, dirigées par un seul instituteur, il n'y a qu'une classe, et il y a cependant trois cours : le cours *élémentaire*, le cours *moyen*, le cours *supérieur*. Dans les écoles urbaines, où il y a plusieurs maitres, on compte autant de classes que d'instituteurs : si l'école a seulement trois classes, chacune d'elles correspond à un des trois cours ; s'il y a quatre, cinq, six classes, ou davantage, un même cours peut comprendre deux ou plusieurs classes. Dans l'un et dans l'autre cas, l'idée essentielle des trois cours est absolument distincte de l'idée de classe : elle résulte d'un groupement qui a pour éléments, tout à la fois, l'âge des élèves, la durée normale des études, et l'étendue des programmes à parcourir (1).

Division en trois cours. — La fréquentation scolaire normale étant de six années, on pouvait être tenté de répartir les élèves et de distribuer les études en six divisions successives, sauf à subdiviser encore chacune des six années, si on y était forcé par le trop grand nombre des élèves. C'est ce qui avait lieu, au commencement de ce siècle, dans les écoles mutuelles, où l'on comptait dix, douze cercles ou groupes d'élèves, et parfois davantage. On retrouverait ce système, ou quelque chose d'approchant, dans l'organisation pédagogique de certaines nations étrangères, en Angleterre notamment.

Mais il n'est plus question, aujourd'hui, de revenir à ce régime. D'abord, la plupart de nos écoles, qui n'ont qu'un seul maître, s'en accommoderaient malaisément. La division en trois cours y crée déjà d'assez graves embarras. Que serait-ce, si la division était poussée plus loin ? De plus, les études ne marchent pas assez vite dans les écoles primaires, et elles y sont nécessairement trop élémentaires, pour qu'il soit utile de faire correspondre à chaque année que les enfants y passent un degré distinct d'enseignement.

C'est donc la division en trois cours qui semble recommandée par l'opinion presque unanime de tous les pédagogues, de même qu'elle est consacrée en fait par la législation presque identique de tous les pays. Elle suffit pour satisfaire aux besoins des programmes, à la progression possible d'un enseignement qui ne dure que six années, et aussi pour distribuer rationnellement des élèves, dont le plus jeune a six ou sept ans, et le plus âgé douze ou treize.

Historique. — C'est à M. Gréard que l'on doit surtout l'introduction définitive, dans les écoles françaises, du système des trois cours. Dans son beau rapport de 1868, il disait déjà :

(1) Voyez *Dictionnaire de pédagogie*, article Cours.

« Ce serait une grande erreur que de croire que le nombre des degrés qu'admet l'enseignement primaire puisse être indéfiniment multiplié... *Le développement intellectuel des enfants suit, dans les conditions ordinaires, une marche conforme au développement de leurs forces physiques. Pendant les six années qu'ils appartiennent communément à l'école, il comporte trois degrés: le premier de six à huit ans, le deuxième de huit à dix, le troisième de dix à douze. C'est en quelque sorte la classification naturelle, si naturelle qu'elle s'est, pour ainsi dire, imposée d'elle-même.* Le principe en avait été établi, dès 1834, dans les statuts délibérés par le Conseil royal de l'instruction publique, et tous les pédagogues en avaient théoriquement reconnu la justesse (1). »

Le règlement modèle du 17 août 1851 exprimait déjà la même idée en d'autres termes :

Art. 16. — Les élèves de chaque classe (entendez de chaque école) seront partagés en trois divisions au moins, selon leur degré, et autant que possible selon leur âge.

Aujourd'hui la loi est formelle, et l'arrêté organique du 18 janvier 1887 porte à son article 9 :

— L'enseignement dans les écoles primaires élémentaires est partagé en trois cours : cours élémentaire, cours moyen, cours supérieur.

La constitution de ces trois cours est *obligatoire* dans toutes les écoles, quel que soit le nombre des classes et des élèves.

Organisation des cours. — Les trois cours peuvent être définis les trois degrés de l'enseignement. Ils correspondent, dans l'enseignement primaire, à ce qu'est dans l'enseignement secondaire la distinction des trois groupes de classes : classes élémentaires, classes de grammaire, classes d'humanités.

Chaque cours dure deux ans : le cours élémentaire comprend les élèves de 7 à 9 ans; le cours moyen, les élèves de 9 à 11 ans : le cours supérieur, les élèves de 11 à 13 ans.

(1) M. Gréard, *Éducation et instruction : Enseignement primaire*, p. 66 et suivantes. « Cette répartition, dit de son côté M. Duplan, dans son *Mémoire sur l'Enseignement primaire à Paris* (1880), a ce grand avantage de fonder l'instruction primaire sur une progression tout à la fois simple et logique, et de se prêter, dans l'organisation des écoles, à toutes les combinaisons de sectionnement nécessaire. »

Bien entendu, l'âge n'est donné que comme une indication : il ne peut à lui seul servir de règle absolue. Mais en général l'âge correspond avec précision au degré d'avancement intellectuel; de sorte que, en réunissant les élèves qui comptent le même nombre d'années, on est ordinairement assuré de satisfaire à la condition essentielle d'une bonne organisation des cours, à celle que Lancaster, l'un des fondateurs des écoles mutuelles, définissait ainsi : « Chaque enfant doit trouver son niveau dans une classe, c'est-à-dire être réuni à des enfants qui en savent juste autant que lui et n'en savent pas plus que lui (1). »

Classe ou section enfantine. — Les trois cours sont le noyau de l'école. Ce n'est même pas assez dire : ils suffisent à constituer une école complète. Régulièrement, l'élève qui entre à six ou sept ans dans le cours élémentaire doit avoir reçu de deux à six ans, à l'école maternelle, un commencement d'initiation intellectuelle qui le prépare à suivre avec profit les leçons de l'école primaire. Mais en fait l'école maternelle n'existe point partout, il s'en faut : puisque dans les derniers états de statistique on n'en comptait, en 1887, que 5,882, privées ou publiques. De là l'institution légale dans l'école primaire elle-même d'une sorte de cours préparatoire, de ce qu'on appelle la *classe* ou la section *enfantine*.

Avant la loi du 30 octobre 1886, il existait, dans certaines communes, des écoles dites *écoles enfantines* (2). La loi de 1886 ne reconnaît plus que des classes enfantines, ainsi définies par le décret du 18 janvier 1887 :

Art. 2. — Les *classes enfantines* forment le degré intermédiaire entre l'école maternelle et l'école primaire. Elles ne peuvent exister que comme annexe d'une école primaire élémentaire ou d'une école maternelle.

(1) Pour le détail de l'organisation des trois cours, voyez plus loin, chapitre II.

(2) A Paris, il existe encore à l'heure qu'il est seize écoles enfantines, ne comprenant que des enfants de six à huit ans, appliquant les programmes du cours élémentaire et dirigées par des institutrices (voyez *l'Enseignement primaire à Paris*, par M. Duplan, p. 99).

Les enfants des deux sexes y sont admis depuis l'âge de quatre ans au moins jusqu'à l'âge de sept ans au plus. Ils y reçoivent, avec l'éducation de l'école maternelle, un commencement d'instruction élémentaire.

Dans les communes où il existe une école maternelle, la classe enfantine sert de transition entre l'école maternelle et l'école primaire. Dans les communes où il n'existe pas d'école maternelle, la classe enfantine est destinée à la remplacer. Dans les deux cas, elle a pour avantage de dégager les abords du cours élémentaire, trop souvent encombré d'enfants insuffisamment préparés à le suivre.

De même que la classe enfantine, annexée ou non à l'école élémentaire, en est le *cours préparatoire*, de même, à l'autre bout des études primaires, on annexe à certaines écoles le *cours complémentaire*, qui est comme le premier degré de l'enseignement primaire supérieur.

Progression des études. — Il n'en est pas moins vrai que le cycle des études primaires proprement dites est enfermé dans les trois cours, élémentaire, moyen et supérieur. C'est entre ces trois cours que doivent être réparties les diverses matières de l'enseignement, d'après une loi de progression et de gradation rationnelle.

Le principe essentiel de cette répartition n'est pas, comme on pourrait être tenté de le croire, une division fragmentaire des diverses parties du programme, distribuées en tranches successives et attribuées séparément à chacun des trois cours ; c'est simplement une extension progressive, un développement de plus en plus large, de plus en plus complet des mêmes études. Aux trois cours de l'école primaire, l'enfant apprendra les mêmes choses, mais il les apprendra différemment. Chaque cours présentera, à des degrés différents, un ensemble complet de connaissances ; il sera un tout, il se suffira à lui-même, tout en étant d'ailleurs la préparation du cours et du degré suivants.

Qu'on jette un simple coup d'œil sur les programmes que nous étudierons plus tard en détail, et l'on se convaincra tout de suite qu'ils se conforment généralement à ce principe, en inscrivant à chacun des trois cours toutes les matières. de l'enseignement. De même que les facultés de l'esprit demandent à être cultivées toutes à la fois, de même les diverses connaissances qui constituent une bonne instruction primaire doivent être étudiées en même temps. Seulement, ce qui n'aura été étudié que dans ses éléments au cours élémentaire, on l'approfondira, on le creusera, au cours moyen et surtout au cours supérieur.

« L'enseignement primaire étant, avant tout, un enseignement des principes, et les principes ne pouvant être trop souvent reproduits pour pénétrer, il est nécessaire que l'enfant repasse incessamment sur les mêmes traces, c'est-à-dire que les développements des différents cours puissent s'étendre et les exercices d'application s'élever d'un degré à chaque cours, sans que le fond cesse d'être le même (1). »

C'est ce caractère de l'enseignement primaire que l'on exprime en disant que les trois cours successifs sont *concentriques*, c'est-à-dire que chacun d'eux n'est pour ainsi dire qu'un cercle d'un rayon plus ou moins grand tracé autour d'un même centre (2).

Caractères propres à chaque cours. — Est-ce à dire que les trois cours successifs de l'école primaire ne seront que la répétition monotone des mêmes faits et des mêmes idées? Non assurément, puisque chaque division comporte un agrandissement, une extension progressive et de plus en plus large des diverses parties des études.

La monotonie des redites n'en est pas moins l'écueil d'un enseignement ainsi compris, qui oblige maîtres et élèves à repasser six années de suite par les mêmes chemins. Tout en se conformant à l'ordre établi, le maître devra donc se préoccuper de ménager à ses élèves quelques surprises, quelques nouveautés attrayantes, à mesure qu'il leur fera gravir les divers degrés de

---

(1) M. Gréard, *op. cit.*, p. 81.

(2) L'idée de l'enseignement concentrique se trouve déjà dans les écrits pédagogiques de Coménius. Voyez notre *Histoire de la pédagogie*.

l'école. Qu'il se garde de tout dire la première année ; qu'il ait ses réserves, qu'il ne vide pas son sac du premier coup. Par la variété des détails, par l'ampleur croissante des développements et des applications, comme aussi par la différence des méthodes, par la substitution des procédés abstraits et déductifs aux leçons de choses et à l'enseignement concret, un bon maître réussira sans peine à tenir en haleine l'attention de ses élèves, et à donner à chaque cours sa physionomie propre, son allure originale. « Pour être fortement reliés entre eux et soudés à une base commune, dit M. Gréard, chacun des cours ne doit pas moins avoir son caractère distinct et sa vie propre. »

Le cours élémentaire, on l'a dit et redit, est un cours d'initiation. Il faut d'abord y mettre l'enfant en possession de ces deux instruments essentiels de toute étude, la *lecture* et l'*écriture* ; il faut aussi y amorcer la culture des diverses facultés, même des plus élevées, comme le raisonnement, tout en donnant le pas aux facultés de perception, d'observation sensible ; il faut y enseigner, sous une forme familière, autant que possible par des exemples concrets, les notions élémentaires de chaque ordre d'études.

Le cours moyen ou intermédiaire a pour but, selon les expressions de M. Gréard, « de constituer le fonds des connaissances ». — « C'est lui, ajoute-t-il, qui dote l'enfant de cet ensemble de notions positives sans lesquelles un homme se trouve aujourd'hui en dehors de l'humanité. »

M. Buisson à son tour le définit « celui qui représente l'enseignement primaire en plein exercice, mais qui ne dépasse pas le strict nécessaire des premières études ». Cette définition semblerait avoir pour conséquence d'attribuer au cours supérieur un caractère qui n'est pas le sien, croyons-nous, puisqu'elle tendrait à en faire un simple cours de revision ou même un cours de luxe, inutile par suite, puisque l'élève, avant d'y arriver, aurait déjà acquis toutes les connaissances nécessaires.

Sans méconnaître l'importance capitale du cours

moyen, qui de fait, dans mainte école où les études ne sont pas poussées plus loin, est souvent le couronnement des études primaires (le programme du certificat primaire est tel qu'un élève du cours moyen peut en subir facilement les épreuves), nous estimons néanmoins que le cours moyen ne doit pas épuiser les matières de l'enseignement. Il faut que, dans chaque domaine de connaissances, le cours moyen laisse assez de terrain inexploré, assez de chemin à parcourir, pour justifier l'existence du cours supérieur et prolonger utilement le séjour de l'enfant dans l'école.

« Le cours supérieur, dit M. Buisson, offre aux plus âgés, aux plus assidus, aux plus intelligents, quelques développements complémentaires, quelques aperçus plus relevés, quelques exercices plus délicats, bref la revision des mêmes matières, mais traitées d'un peu plus haut et plus largement. » D'après M. Gréard, la raison d'être du cours supérieur serait surtout dans l'application d'une méthode plus difficile que celle qui convient aux cours inférieurs, dans l'emploi de la méthode déductive, celle qui habitue l'enfant à descendre logiquement du principe au fait, de la règle à l'application (1).

Écoles à une classe et écoles à plusieurs classes. — L'organisation des trois cours, si elle est plus facile dans les écoles à plusieurs classes, est nécessaire partout. Sans doute, elle crée de grands embarras au maître unique qui doit à lui seul diriger toute une école, faire la leçon aux uns, et en même temps occuper les autres, ou, s'il fait une leçon commune, savoir y intéresser tout le monde.

L'idéal est évidemment l'école à trois classes, avec un maître pour chacune d'elles.

(1) Comparez ce que dit M. Duplan sur le même sujet (*op. cit.*, p. 210) : « Dans le cours élémentaire, l'enfant embrasse l'ensemble des matières qu'il devra aborder, mais en se bornant à une simple esquisse de chacune, de façon que l'enfant, s'il en ignore les détails, ait au moins une idée nette des principales lignes et de leur ensemble. Dans le cours moyen, l'enfant revoit ces mêmes matières avec plus de détails, et on s'attache à lui faire saisir la coordination qui existe entre les diverses parties de chacune. Enfin, dans le cours supérieur, il approfondit les connaissances déjà acquises et s'exerce à les appliquer. »

Mais il s'en faut, malgré les grands progrès accomplis, que, dans la réalité des faits, on se rapproche sensiblement de cet idéal. D'ailleurs, dans le plus grand nombre des écoles rurales, la population restreinte de ces écoles ne justifierait pas la présence de plusieurs maîtres, et il n'y a pas à espérer qu'elles soient jamais divisées. Sur 61,547 écoles laïques, d'après la statistique de 1887, il y avait 47,001 écoles à une classe, 9,074 à deux classes, 2,657 à trois classes, 1,216 à quatre classes, 618 à cinq classes et 981 à six classes et au-dessus. On le voit, près des 5 sixièmes du nombre total des écoles sont des écoles à un seul maître.

Les moniteurs. — C'est donc de ces écoles surtout qu'une bonne organisation pédagogique doit se préoccuper, et les programmes ont été disposés de manière à faciliter la tâche de l'instituteur placé dans ces conditions.

C'est dans ces écoles aussi qu'on peut autoriser l'emploi des *moniteurs*, c'est-à-dire d'élèves choisis par le maître et sur lesquels il se décharge d'une partie de sa tâche. Il n'est plus question aujourd'hui de généraliser l'usage des moniteurs et de revenir au système de l'enseignement mutuel qui n'a jamais été qu'un expédient (1). Mais un maître habile pourra cependant recourir avec discrétion à ces aides naturels, qu'il trouvera parmi les élèves les plus intelligents et les mieux doués. Il ne devra d'ailleurs leur confier que des tâches faciles, par exemple les parties du programme qu'il s'agit de revoir, sans explications nouvelles. Il pourra les charger de la répétition d'une leçon de lecture, de la surveillance de l'écriture, de la correction d'un problème, etc. Quelques pédagogues suggèrent d'employer comme moniteurs les élèves pourvus du certificat d'études primaires, lorsqu'ils continuent à fréquenter l'école. Ils recommandent, en tout cas, de guider le travail des moniteurs en leur remettant des notes claire-

---

(1) Voyez notre *Histoire de la pédagogie* (Paul Delaplane, éditeur).

ment rédigées. On les surveillera d'ailleurs dans l'accomplissement de leur tâche.

Les directeurs d'écoles à plusieurs classes. — Si, dans les écoles à une seule classe, la situation unique d'un maître obligé de se dédoubler, de se multiplier, est la source de certaines difficultés, des embarras d'un autre ordre proviennent de la multiplicité des maîtres dans une même école. Alors, par un défaut contraire, c'est l'unité de l'enseignement qui serait compromise, s'il n'y avait pas un maître plus spécialement chargé de la direction générale de la maison. De là l'institution des directeurs dans les écoles à plusieurs classes.

Pour la première fois, la loi du 30 octobre 1886 a consacré le titre de directeur, que l'usage avait déjà introduit, notamment à Paris. L'article 23 dit expressément : « Les titulaires chargés de la direction d'une école contenant plus de deux classes prennent le nom de directeur ou directrice d'école primaire élémentaire. »

Les devoirs nouveaux qui incombent au directeur, pour relier les différents cours entre eux, pour exercer une surveillance générale sur la discipline et sur l'enseignement, pour donner fréquemment des conseils aux instituteurs qui débutent, pour présider au classement des élèves, aux compositions et aux examens, pour entretenir des relations suivies avec les familles ; ces devoirs, dis-je, sont si nombreux, que dans les grandes et populeuses écoles de Paris les directeurs sont déchargés du soin de faire eux-mêmes la classe : on leur permet ainsi de se consacrer entièrement à la surveillance du personnel et des élèves placés sous leur autorité. A partir de quel nombre de classes cette mesure doit-elle être appliquée? La loi du 19 juillet 1889 répond à cette question en décidant (art. 48) qu' « un règlement d'administration publique statuera sur les conditions dans lesquelles les directeurs et directrices d'*écoles de plus de cinq classes* pourront être dispensés de tenir une classe ». La statistique de 1887 nous démontre qu'en fait telle est bien la règle suivie : on n'y compte en effet que 1,234 directeurs ou directrices qui soient déchargés de classes, et il y a en tout 1,567 écoles à plus de cinq classes.

« Cette mesure, dit un inspecteur de la Seine, a tourné au profit des écoles. Elle a permis aux directeurs d'exercer un contrôle plus sérieux sur le travail des enfants et sur l'action des maîtres. » Mais, déchargé ou non de classe, le directeur a un rôle prépondérant à jouer, et son autorité sera féconde toutes les fois qu'il aura conscience de ses devoirs et qu'il saura exercer cette autorité avec discernement, avec douceur, én traitant ses adjoints, non comme dessubalternes auxquels on commande impérieusement, mais comme des associés et des collaborateurs que l'on conseille et que l'on guide.

En revanche il faut demander aux adjoints d'accepter avec déférence l'autorité du directeur et d'écouter ses avis avec reconnaissance.

BIBLIOGRAPHIE.

Arrêté du 25 avril 1834.

Manuel de l'instituteur primaire ou Résumé des conférences faites aux instituteurs du Loiret.

Pixet, *Organisation pédagogique des écoles,* d'après M. Villemereux.

Arrêté du 10 juillet 1868.

M. J. Simon, *Circulaire du 18 novembre 1871.*

Arrêté du 27 juillet 1882.

Décret et arrêté du 18 janvier 1887.

M. Gréard, *Éducation et instruction : Enseignement primaire.*

CHAPITRE II

CLASSEMENT DES ÉLÈVES.

Importance du classement. — Subdivision des cours. — Règlements officiels. — Principes de classement. — Règles pratiques. — Ecoles à une seule classe. — Effectif des trois cours. — Directions pédagogiques.

Importance du classement. — On a bientôt fait de déclarer que les élèves doivent être *classés* d'après leur âge et le degré des connaissances acquises, d'après leur taille physique et morale. Mais, dans la pratique des choses, rien n'est plus délicat, comme rien n'est plus important, que ce travail de classement, qui a pour but de distribuer en un certain nombre de groupes homogènes des enfants dissemblables entre eux, non seulement par leur caractère, par leur instruction, mais encore par leurs aptitudes. Pour que l'on puisse avec profit leur proposer les mêmes exercices, leur donner les mêmes leçons, il est nécessaire que, malgré des différences individuelles inévitables, ils aient à peu près le même acquis, le même savoir. Dans l'enseignement individuel, le précepteur qui n'a qu'un seul enfant à diriger, se proportionne, s'adapte à l'intelligence de cet élève : il lui fait lire de gros caractères, s'il a la vue basse; il élève la voix, s'il a l'ouïe faible. Dans l'enseignement simultané, et c'est là l'infériorité de ce mode d'enseignement, il faut qu'une seule et même voix convienne à trente, à cinquante enfants, qu'elle se fasse entendre de tous. Il faut, en d'autres termes, qu'un seul et unique enseignement profite à toute la classe. Un bon classement, un classement rigoureux est donc le correctif nécessaire des inconvénients propres à l'enseignement simultané.

Subdivision des cours. — Ce qui complique la
difficulté, c'est qu'il ne s'agit pas seulement d'écoles à
un seul maître, où la division des élèves se réduit généralement aux trois cours (1). Dans les écoles à plusieurs maitres et à plusieurs classes, particulièrement
dans celles qui en comptent six, il faut, outre le premier triage qui fixe les effectifs des trois cours, procéder à une seconde répartition entre les élèves de chaque cours, afin de savoir quels sont ceux qu'il convient
d'affecter à l'une ou à l'autre des deux divisions que
renferme le même cours. Il y a donc là des nuances
délicates à observer, si l'on veut ne pas se contenter
des indications souvent insuffisantes que fournit l'âge
des enfants; si l'on veut, en éliminant le plus possible
le hasard et l'arbitraire de la formation de chaque
groupe d'élèves, établir dans la petite armée scolaire
un ordre réel et une distribution régulière de ses
petites troupes.

Règlements officiels. — Rappelons d'abord, d'a-
près le texte même des règlements aujourd'hui en vi-
gueur, comment doivent être subdivisés les trois cours
de l'école primaire.

Dans les écoles à un seul maître, à une seule classe,
on a pensé avec raison que l'instituteur auquel incombe
la lourde tâche de diriger seul les trois cours, com-
pliquerait encore sa besogne en établissant dans chacun de ces cours de nouvelles subdivisions.

Dans les écoles à six classes, à six maîtres, chaque
cours comptera deux divisions, à moins que le nombre
des élèves du cours supérieur ne soit assez restreint
pour qu'on puisse les réunir en une seule classe : auquel
cas le cours moyen ou le cours élémentaire, celui-ci de
préférence, bénéficiera d'une classe de plus.

Dans les écoles intermédiaires, à quatre ou à cinq
classes, le cours supérieur ne formera jamais qu'une
seule classe; le cours élémentaire en comptera deux.

---

(1) Le règlement officiel (voyez, page suivante, l'article 11) admet cependant que le cours élémentaire pourra, dans ces écoles, comprendre deux
divisions.

s'il y en a quatre en tout ; le cours élémentaire deux, le
cours moyen deux, s'il y en a cinq.

Voici d'ailleurs le texte de l'arrêté organique du
18 janvier 1887 :

Art. 11. — Dans les écoles qui n'ont qu'un maître et qu'une
classe, il ne pourra être établi aucune division ni dans le cours
moyen ni dans le cours supérieur ; il n'en pourra être établi plus
de deux pour les enfants au-dessous de 9 ans.

Dans les écoles qui n'ont que deux maîtres, l'un sera chargé
du cours moyen et du cours supérieur, l'autre du cours élémentaire, y compris, s'il y a lieu, la section des enfants au-dessous
de 7 ans.

Dans les écoles qui ont trois maîtres, chaque cours forme une
classe distincte.

Dans les écoles à quatre classes, le cours élémentaire comptera deux classes ; chacun des deux autres cours, une seule
classe.

Dans les écoles à cinq classes, le cours élémentaire comptera
deux classes ; le cours moyen, deux ; le cours supérieur, une.

Dans les écoles à six classes, chacun des trois cours formera
deux classes, à moins que le nombre des élèves du cours supérieur ne permette de les réunir en une seule classe.

Art. 12. — Toutes les fois qu'un même cours comprendra
deux classes, l'une formera la première année du cours, l'autre
la seconde.

Ces deux classes suivront le même programme ; mais les leçons et les exercices seront gradués de telle sorte que les élèves
puissent, dans la seconde année, revoir, approfondir et compléter les études de la première.

Art. 13. — Au-dessus de six classes, quel que soit le nombre des maîtres, aucun cours ne devra former plus de deux années. Les classes en plus du nombre de six, non compris la
section enfantine, seront des classes parallèles destinées à dédoubler l'effectif, soit de la première, soit de la seconde année.

Le problème est donc, dans l'hypothèse la plus favorable, de classer les élèves en trois cours ; dans la
plus défavorable, de les distribuer en six classes ; dans
les cas intermédiaires, de les répartir en quatre ou
cinq classes ou divisions. Il n'y a pas, au point de vue
du classement, de difficulté nouvelle provenant de
l'existence de plus de six classes ; dans ce cas, en
effet, comme il est dit à l'article 13, ces classes supplémentaires ne sont que des divisions parallèles, desti-

nées à dédoubler l'effectif des élèves de première ou de seconde année.

Principes de classement. — Les pédagogues belges, qui se complaisent dans l'analyse minutieuse des idées et qui poussent jusqu'à l'excès les divisions et les subdivisions, comptent jusqu'à six principes, six règles plutôt, qui doivent guider l'instituteur dans le classement des élèves. Il ne sera pas sans intérêt, ne serait-ce que pour noter les ressemblances avec les règles qui ont prévalu en France, de reproduire ici, en les commentant brièvement, les principes distingués par la pédagogie belge, et relatifs à une école composée de six divisions (1) :

1° Chaque division doit être aussi homogène que possible. — Rien de plus juste : le succès de l'enseignement commun est à ce prix.

2° Il ne faut pas faire passer d'une division dans une autre des enfants qui n'ont pas l'âge réglementaire. — Cette règle ne saurait être absolue ; elle comporte des exceptions. Il y a sur les bancs de l'école primaire des enfants précoces qu'il faut laisser marcher d'un pas plus rapide que les autres. En France, nous attachons moins d'importance qu'on ne le fait en Belgique à la classification brutale de l'âge (2).

3° Du moment qu'un élève a l'âge exigé, il ne faut pas le laisser dans une division, s'il est capable de passer dans la suivante. — Cette règle est de toute évidence et mérite à peine qu'on la formule. Il convient seulement de l'étendre, et de la corriger, en ajoutant « même si l'élève n'a pas l'âge exigé... »

4° Tout élève doit passer régulièrement par les différentes divisions de l'école. — Cela est tout à fait juste, s'il s'agit des trois cours, et l'est peut-être moins, s'il est question des divisions d'un même cours. Tout au

(1) Nous en empruntons l'exposé au *Cours de pédagogie et de méthodologie* de M. Aubert, Mons, 1888, p. 403 et suivantes.

(2) Il suffirait, pour s'en convaincre, de consulter la statistique des écoles de Paris. On y voit, par exemple, sur 35,008 garçons inscrits au cours élémentaire, 12,152 qui n'y ont séjourné qu'un an, 12,024, deux ans, 6,807, trois ans, 2,731, quatre ans, et enfin 946 y ayant séjourné cinq ans, 348, six ans.

moins des exceptions nous paraissent possibles. Supposons en effet un élève qui se sera tout à fait distingué dans la première année du cours moyen : pourquoi ne l'autoriserait-on pas à franchir, sans s'y arrêter, la seconde année du même cours, pour arriver immédiatement au cours supérieur?

5° Le nombre des divisions d'une classe ne doit pas être de nature à restreindre outre mesure le temps que l'instituteur peut consacrer à chacune d'elles. — C'est dans le même sens que sont rédigés les règlements français.

6° Quand une partie des classes seulement doit comprendre deux divisions, ce sont les classes supérieures qu'il faut diviser. La raison en est simple, dit M. Aubert : c'est que les élèves les plus avancés peuvent, plus facilement que les commençants, s'occuper eux-mêmes, soit à un travail écrit, soit à l'étude d'une leçon, pendant que le maître se consacre à leurs camarades. M. Aubert reconnaît pourtant que la division des débutants est parfois nécessaire : et à vrai dire, en France au moins, vu la population plus dense des cours élémentaires, à raison aussi des inégalités plus grandes qui distinguent les commençants, c'est le cours inférieur qu'on subdivise de préférence (1), en créant un cours préparatoire.

Règles pratiques. — Examinons maintenant quels sont les moyens de reconnaître dans quel cours, dans quelle classe ou dans quelle division doivent être répartis les élèves.

L'arrêté organique, dans son article 14, se contente de prescrire que la répartition sera faite, dès la rentrée des classes, par le directeur de l'école, sous le contrôle de l'inspecteur primaire.

Art. 14. — Chaque année, à la rentrée, les élèves, suivant leur degré d'instruction, sont répartis par le directeur dans les

(1) Sur cette question, les opinions des pédagogues français sont très partagées. Ainsi M. Brouard, dans son livre *l'Inspection des écoles* (p. 168), défend avec énergie le principe de l'*indivisibilité* des cours et des classes. M. Vincent au contraire, dans son *Cours de pédagogie* (p. 189), déclare qu'il préfère à toutes les autres les écoles à trois maîtres où chaque cours comprend deux divisions.

diverses classes des trois cours, sous le contrôle de l'inspecteur primaire.

Le certificat d'études donne droit à l'entrée dans le cours supérieur.

Cet arrêté ne vise, comme on le voit, que les écoles à plusieurs classes, où le classement est une opération plus compliquée et plus délicate que partout ailleurs. A Paris, dit M. Brouard, le directeur, dans les premiers jours qui suivent la rentrée, se fait présenter chaque élève, et s'assure, par un examen, de son aptitude à suivre tel cours plutôt que tel autre. Peut-être un examen général, auquel seraient conviés tous les élèves, les anciens comme les nouveaux, conviendrait mieux qu'une série d'examens particuliers. Ajoutons que dans ce travail de classement, le directeur prendra l'avis de ses collaborateurs, et tiendra compte de leurs propositions.

L'examen initial doit donner, dans tous les cas, un classement aussi définitif que possible. Il est toujours fâcheux, comme le fait encore observer M. Brouard, de revenir sur un classement déjà fait, pour ramener dans une division inférieure un élève mal classé. Ces tâtonnements ont le double tort de décourager les élèves et de mécontenter les parents.

Il ne sera pourtant pas interdit, dans le courant de l'année, de faire passer un élève, devenu trop fort pour la division à laquelle il était inscrit, dans la division immédiatement supérieure. Mais ces remaniements dans les cadres des classes doivent être opérés avec prudence, à la suite d'examens trimestriels ou semestriels. Ces modifications, d'ailleurs, devront être consignées avec soin sur le registre d'appel. °

Écoles à une seule classe. — La difficulté du classement est moindre, mais elle est grande encore, dans les écoles à une seule classe, à un seul maître.

Si le maître est déjà en fonctions depuis plusieurs années, il connait tous ses anciens élèves, d'après leurs réponses en classe, d'après leurs compositions et leurs devoirs. Il sait exactement, par conséquent, s'ils peuvent, à la rentrée des classes, changer de cours, ou s'ils doivent être maintenus dans le même. Quant aux élèves nouveaux, un examen particulier lui permettra de les classer à leur rang.

Si le maitre est nouveau et prend possession d'une école qu'il ne connait pas encore, il sera aidé sans doute par le classement déjà établi, par les notes de son prédécesseur. Mais il ne sera pas inutile pourtant qu'il procède lui-même à un examen collectif. Et cet examen comportera utilement deux degrés : d'abord un examen préliminaire qui portera sur les matières les plus importantes : lecture, écriture, orthographe. De là un premier classement provisoire, qui rendra plus facile le second examen et le classement définitif. Les élèves en effet étant déjà répartis en trois cours, pendant que le maitre examinera les élèves d'un cours pour arriver à une appréciation plus exacte de leur capacité et les interrogera sur les diverses matières du programme, il ne sera pas en peine des deux autres parties de la classe qui étudieront en silence leur leçon ou rédigeront des devoirs écrits.

Effectif des trois cours. — Dans les écoles, même les plus nombreuses, il n'est pas possible d'espérer que l'effectif des élèves soit le même pour toutes les classes. Il se produit à l'école primaire quelque chose d'analogue à ce que l'on constate tous les jours dans les lycées : les petites classes sont beaucoup plus encombrées d'élèves que les classes supérieures. Il y a toujours des trainards, des retardataires qui ne peuvent arriver aussi vite que les autres au cours supérieur.

Il sera bon de lutter cependant contre le préjugé, s'il subsiste encore, qui il y a vingt ans faisait considérer le cours supérieur comme un degré inaccessible, et de faire effort, sinon pour égaliser les contingents des trois cours, au moins pour diminuer l'écart. Il est permis de dire qu'une bonne école se reconnait au nombre d'élèves que contient son cours supérieur, pourvu bien entendu que ces élèves soient dignes d'y être inscrits et capables d'en profiter. Sous ce rapport, le progrès est sensible dans les écoles. En 1870, à Paris, la proportion des élèves fréquentant le cours supérieur était seulement de 8 p. 100; dans le cours moyen, de 24 p. 100, et par conséquent de 68 p. 100 dans le cours élémentaire. En 1877, le rapport entre les trois cours était déjà de 13,25 p. 100, de 32,42, et de 54,32. D'après le mémoire de M. Duplan, la situation s'est encore améliorée à Paris dans les dix dernières années; puisque, dans les écoles communales de garçons, les divisions des classes du cours élémentaire représentaient, en 1887, 47,34 p. 100 du nombre total, celles du cours moyen 34,55 et celles du cours supérieur 18,10, et que la proportion était encore plus favorable dans les écoles de filles.

Directions pédagogiques. — Pour compléter nos observations sur le classement, nous croyons utile de reproduire ici quelques extraits empruntés aux *Instructions et directions pédagogiques* de M. Gréard, et que l'Administration de l'instruction publique a fait imprimer en 1883 à la suite des programmes officiels « pour servir en quelque sorte de guide professionnel aux instituteurs ».

« L'examen est la règle du classement. Il aura lieu, chaque année, à la rentrée des classes et portera sur toutes les matières des programmes du cours dont l'enfant sera appelé à sortir.

« Ce classement *initial* pourra sans doute subir, dans le courant de l'année, quelques modifications, surtout pour le cours élémentaire. Il est bon que les élèves arriérés sachent que, par leur travail, ils peuvent mériter de passer dans le cours moyen et, pour ainsi dire, reprendre le niveau de leur âge. Les vides qu'ils laisseront, d'ailleurs, permettront de donner satisfaction aux enfants qui attendraient leur admission dans l'école. Mais ce passage anticipé d'un cours dans un autre ne pourra être opéré qu'à la suite et *en vertu d'un examen;* mention en sera faite sur le registre d'appel, afin que l'inspecteur, à sa première visite, puisse apprécier l'opportunité de la mesure. Ajoutons que, pour ne pas troubler sans cesse l'ordre des cours, il convient que ces examens extraordinaires soient *trimestriels* et *collectifs*.

« En appliquant ces principes avec une sévérité éclairée, nous arriverons promptement à établir les trois cours sur des bases solides; mais c'est à la condition de commencer par bien assurer

le point de départ. La première constitution des cadres eût-elle
pour effet de mettre en lumière quelques faiblesses, les pallier
serait le plus mauvais moyen d'y porter remède. Point de
rigueur excessive; mais point de complaisance ni pour les enfants, ni pour les familles. Point d'amour-propre mal placé surtout : les classements qui ne répondraient point à une situation
vraie ne tromperaient personne et ne feraient que mettre en
lumière la négligence du maître.

« Si notre ambition est que le plus grand nombre des élèves
parcourent le cercle entier des études, ce que nous désirons
avant tout, c'est qu'il ne sorte de nos mains aucun enfant dont
l'intelligence n'ait été développée en raison de ses facultés naturelles et du temps qu'il nous aura donné. Les programmes de
chaque cours, particulièrement ceux du cours moyen et du cours
supérieur, ont été préparés de telle sorte qu'ils présentent, dans
chaque matière, un ensemble de connaissances plus ou moins
étendu, mais complet à son degré.

« Bien loin donc de viser à pousser tout le monde en avant,
notre devoir est de maintenir dans le cours moyen, tant qu'il
sera nécessaire, les élèves qui ne seraient pas capables d'aller
au delà. Leur intérêt le commande, et les familles se rendront
sans peine, dès qu'elles verront de quel avantage il sera, pour
leurs enfants, de refaire une année mal faite. Rien n'empêchera
d'ailleurs que, dans les écoles où le cours moyen comporte plusieurs classes, il y ait, d'une classe à l'autre, des degrés de force
différents. Ce sera un progrès pour l'élève d'être admis à passer
d'une division dans une division plus élevée; il y reverra les
mêmes matières, sans doute, mais avec des développements
nouveaux propres à tenir son attention en haleine.

« Même en régularisant ainsi les classes, nous ne pouvons
espérer que les élèves appelés à suivre un même cours soient
tous exactement au même niveau. Du jour où vous placez deux
enfants sous une direction unique, vous avez nécessairement
deux degrés d'intelligence et de savoir. La seule condition qu'on
puisse exiger d'une bonne organisation pédagogique, c'est que
les élèves appelés à participer à un même enseignement soient
tous aptes à en profiter dans leur mesure. Cette condition assurée
par les *examens de passage*, loin de craindre que nous n'ayons
dans chaque classe des catégories d'élèves, bons, assez bons, et
moins bons, il faut s'en applaudir pour la direction générale des
études. Dans les divers ordres d'enseignement, mais surtout
dans l'enseignement primaire, c'est sur le pas des élèves moyens
que le maître doit régler sa marche. De cette façon, en même
temps qu'il tend la main aux derniers, il oblige les premiers à
revenir en arrière et à se mieux rendre compte de ce qu'ils
savent... Le secret du maître est de solliciter successivement les
diverses intelligences, de les contenir, de les entraîner tour à
tour les unes par les autres; de porter dans tous les rangs l'in-

térêt et l'éveil. Une classe où l'on sait ainsi utiliser toutes les
forces et faire circuler la vie, est une classe où les résultats ne
manquent jamais.

« Que, pour mieux répandre cette ardeur générale, les instituteurs établissent dans leur pensée certains classements qui
permettent d'étendre les récompenses et de rendre une justice
relative aux efforts de chacun, je n'y vois pas d'inconvénient.
Mais partout où le nombre des classes répond au nombre des
coûrs, à plus forte raison dans les écoles où le cours comportera
plusieurs classes, point de ces divisions qui, forçant le maître à
se partager et lui imposant à la fois la fatigue de la surveillance
et celle de l'enseignement, doublent sa peine, en diminuant d'autant le profit pour la masse des élèves; point de ces groupes
distincts qui, isolant les enfants les uns des autres, empêchent de
se former ces grands courants d'émulation si utiles au progrès.
Ce n'est pas sur quelques préparations heureuses, c'est par l'ensemble des résultats qu'un enseignement se fait juger. Le premier devoir de l'instituteur est de ne négliger aucune des intelligences qui lui sont confiées : il se doit tout à elles. »

BIBLIOGRAPHIE.

M. Carré, *Essai de pédagogie pratique.*

Articles Classements, Classes dans le *Dictionnaire de pédagogie,*
première partie.

M. Brouard, *Inspection des écoles primaires.*

CHAPITRE III

Les programmes. — Le classement des élèves
une fois établi, l'instituteur doit tourner ses regards
d'un autre côté, considérer les matières mêmes de son
enseignement, et les répartir dans chacun des trois
cours, autrement dit en arrêter les *programmes*.

Il y a plusieurs choses à distinguer dans les programmes : en premier lieu le choix des matières, la
liste des objets divers de l'enseignement. Sur ce point,
les instituteurs ne sont pas abandonnés à leur propre
initiative, et ils ne pouvaient pas l'être. Depuis longtemps le législateur a compris qu'il devait régler les
études des divers ordres d'enseignement, et déterminer
avec précision, pour l'instruction primaire comme pour
l'instruction secondaire, les choses à enseigner.

Mais un programme nettement défini suppose autre
chose qu'une liste et qu'une simple énumération des matières de l'enseignement : il présente aussi la répartition
exacte de ces matières dans les différents cours où elles
sont enseignées. Ici encore, sinon la loi qui ne peut
entrer dans ces détails, du moins les règlements officiels viennent en aide à l'instituteur et, dans des tableaux précis, lui tracent le plan d'études des différents
cours (voyez plus loin les chapitres IV, V, VI).

Ce n'est pourtant pas tout encore. Les programmes
officiels restent nécessairement un peu vagues dans

leur généralité : ils ne développent pas le détail des divers enseignements et se bornent à des indications sommaires. Ici commence pour l'instituteur une responsabilité plus effective : c'est à lui qu'il appartient de régler mois par mois, semaine par semaine, jour par jour, le travail de la classe, ses propres leçons et les études de ses élèves. Il a, pour ainsi dire, un voyage à faire : devant lui est dressée une carte qui lui fixe un point de départ, un point d'arrivée et un certain nombre d'étapes ; mais, pourvu qu'il arrive à son but dans le délai voulu, il est libre de ses mouvements ; il est maître de distribuer son temps comme il l'entendra. Sur ce point, nous pouvons donner des conseils à l'instituteur, lui proposer, comme nous le faisons plus loin (voyez chapitres VII et VIII), une répartition mensuelle des programmes. Mais ce ne sont là que des avis officieux, qui ne lient pas la liberté de l'instituteur, et qu'il peut à son gré accueillir ou repousser.

Historique des programmes. — Revenons aux programmes proprement dits. Il serait trop long d'en raconter ici l'histoire détaillée. Depuis cent ans, depuis les projets et les décrets de la Révolution française, l'idée de l'enseignement primaire s'est peu à peu élargie. Il ne faudrait pourtant pas croire que les programmes actuels, auxquels on reproche presque d'être trop étendus, dépassent de beaucoup ceux qu'avaient conçus nos pères de 1789. Dans le projet qu'il présenta à l'Assemblée législative, Condorcet demandait qu'on enseignât, même dans les écoles rurales, à lire, à écrire, les règles de l'arithmétique, les premières connaissances morales, naturelles, économiques. L'histoire et la géographie, qui paraissent oubliées dans le programme de Condorcet, sont inscrites dans le décret du 27 brumaire an III, rendu sur le rapport de Lakanal.

Si nos programmes actuels peuvent paraître ambitieux, ce n'est donc point par comparaison avec les projets d'il y a cent ans, c'est seulement par rapport aux lois de 1833 et de 1850. La loi Guizot, en effet, ne dit rien des sciences physiques et naturelles, et elle n'admet l'histoire et la géographie qu'au nombre des matières facultatives. La distinction entre les matières obligatoires et les matières facultatives (arithmétique appliquée, éléments de l'histoire et de la géographie, notions des sciences physiques et naturelles, dessin, chant, gymnastique, etc.) est encore plus nette dans la loi de 1850.

En 1867, l'initiative libérale de M. Duruy rendit obligatoire l'enseignement de l'histoire et de la géographie. Mais c'est seulement en 1882 que la législation a fait entrer définitivement dans le programme de l'enseignement primaire toutes les connaissances fondamentales nécessaires à des hommes et à des citoyens.

La loi du 28 mars 1882 a supprimé toute distinction de matières facultatives et de matières obligatoires, et elle a fixé, ainsi qu'il suit, le programme commun aux écoles primaires de tout degré :

Art. 1er. — L'enseignement primaire comprend :
L'instruction morale et civique;
La lecture et l'écriture;
La langue et les éléments de la littérature française;
La géographie, particulièrement celle de la France;
L'histoire, particulièrement celle de la France jusqu'à nos jours;
Quelques notions usuelles de droit et d'économie politique;
Les éléments des sciences naturelles, physiques et mathématiques; leurs applications à l'agriculture, à l'hygiène, aux arts industriels; travaux manuels et usage des outils des principaux métiers;
Les éléments du dessin, du modelage et de la musique;
La gymnastique;
Pour les garçons, les exercices militaires;
Pour les filles, les travaux à l'aiguille.

En ce qui concerne l'instruction primaire élémentaire, le décret organique du 18 janvier 1887, modifiant quelques termes dans le texte de la loi de 1882, éliminant quelques études qui, comme les éléments de la littérature française, doivent être réservées aux écoles normales ou aux écoles primaires supérieures, a rédigé comme suit la liste des matières d'enseignement :

Art. 27. — L'instruction primaire élémentaire comprend :
L'enseignement moral et civique;
La lecture et l'écriture;
La langue française;
Le calcul et le système métrique;
L'histoire et la géographie, spécialement de la France :
Les leçons de choses et les premières notions scientifiques, principalement dans leurs applications à l'agriculture;
Les éléments du dessin, du chant et du travail manuel (travaux d'aiguille dans les écoles de filles);
Et les exercices gymnastiques et militaires.

On peut dire que ce programme est définitif, parce qu'il contient réellement l'ensemble des notions nécessaires pour constituer la part d'instruction commune à tous les hommes dans un État libre et civilisé. Par l'enseignement moral et civique, par la lecture, l'écriture, par l'étude de la langue française, de la géographie et de l'histoire, il assure l'éducation morale et l'éducation intellectuelle de l'enfant; par le calcul et le système métrique, par le dessin et le travail manuel, par les premières notions scientifiques, il prépare son éducation professionnelle ; enfin, par la gymnastique et les exercices militaires, il concourt à l'éducation physique.

Suivons maintenant le développement de ces programmes dans les écoles maternelles et dans les écoles primaires élémentaires.

Définition des écoles maternelles. — C'est le décret du 2 août 1881 qui, reprenant une appellation déjà proposée en 1848(1), a donné aux anciennes *salles d'asile* le nom d'*écoles maternelles* (2).

Voici comment le décret organique du 18 janvier 1887 (art. 1ᵉʳ) définit le caractère des écoles maternelles :

« Les *écoles maternelles* sont des établissements de première éducation où les enfants des deux sexes reçoivent en commun

(1) Arrêté du 28 avril 1848.
(2) C'est à Coménius qu'on doit l'appellation d'école maternelle. Le grand pédagogue slave distinguait en effet un premier degré d'enseignement, reçu, il est vrai, dans la famille et donné par la mère, sous le nom d'*école du sein maternel* (*schola materni gremii*).

2.

les soins que réclame leur développement physique, moral et intellectuel (1).

« Les enfants peuvent y être admis dès l'âge de deux ans révolus et y rester jusqu'à l'âge de six ans. »

L'article 3 du même décret détermine les conditions d'admission dans ces écoles.

« Aucun enfant n'est reçu dans une école maternelle, s'il n'est muni d'un billet d'admission signé par le maire, et s'il ne produit un certificat du médecin, dûment légalisé, constatant qu'il n'est atteint d'aucune maladie contagieuse et qu'il a été vacciné. »

Historique des programmes des écoles maternelles. — Nous ne rappellerons qu'en passant les anciens programmes des salles d'asile. L'arrêté du 24 avril 1838 disait déjà : « Il y a, dans les salles d'asile, trois sortes d'exercices ayant pour objet le développement physique, moral et intellectuel des enfants. » Le décret du 21 mars 1855 définissait avec plus de précision le programme de ces exercices, qui comprenait : 1° les premiers principes de l'instruction religieuse, de la lecture, de l'écriture, du calcul mental et du dessin linéaire; 2° des connaissances usuelles à la portée des enfants; 3° des ouvrages manuels appropriés à leur âge; 4° des chants religieux, des exercices moraux, des exercices corporels. Le décret du 2 août 1881 écarte l'instruction religieuse, la remplace par l'éducation morale, et ajoute des notions d'histoire naturelle et de géographie. L'article 2 du décret de 1881 était en effet ainsi conçu : « L'enseignement dans les écoles maternelles comprend : 1° les premiers principes d'éducation morale; des connaissances sur les objets usuels; les premiers éléments du dessin, de l'écriture et de la lecture; des exercices de langage; des notions d'histoire naturelle et de géographie; des récits à la portée des enfants; 2° des exercices manuels; 3° le chant et des mouvements gymnastiques gradués.

(1) Comparez la définition du décret du 21 mars 1855 : « Les salles d'asile sont des établissements d'éducation où les enfants des deux sexes reçoivent les soins que réclame leur développement physique et moral. »

Programmes actuels. —Enfin le décret du 18 janvier 1887, rendu en application de la loi du 30 octobre 1886 sur l'organisation de l'enseignement primaire, a encore modifié la rédaction et sur quelques points simplifié le contenu des programmes des écoles maternelles.

Voici comment l'article 4 du décret de 1887 est rédigé :

« L'enseignement, dans les écoles maternelles et les classes enfantines, comprend :

1° Des *jeux*, des mouvements gradués et accompagnés de chants ;

2° Des *exercices manuels* ;

3° Les premiers principes d'*éducation morale* ;

4° Les *connaissances* les plus *usuelles* ;

5° Des *exercices de langage*, des *récits* ou *contes* ;

6° Les premiers éléments du *dessin*, de la *lecture*, de l'*écriture* èt du *calcul*. »

Il est à remarquer que les notions d'histoire et de géographie ne figurent plus au programme, et que, d'autre part, les exercices physiques, qui étaient placés au dernier rang dans le programme du 2 août 1881, sont inscrits en première ligne. On a voulu ainsi faire bien comprendre que dans l'école maternelle il s'agit surtout de favoriser le développement physique de l'enfant, d'exercer ses sens, et non de lui imposer un travail intellectuel prématuré. L'école maternelle est une école d'éducation, et non une école d'instruction, à proprement parler.

Ce programme a été bien accueilli par tous les amis des écoles maternelles, et Mme Kergomard, après l'avoir commenté, s'écrie avec satisfaction : « Cette fois nous touchons au port…, si toutefois les maîtresses veulent bien comprendre qu'il est insensé et coupable de vouloir instruire, dans le sens précis du mot, des enfants de deux à six ans. Quelques-unes entrent admirablement dans nos vues ; il faut que toutes suivent (1). »

(1) Voyez le fascicule n° 51 des *Monographies pédagogiques : Écoles maternelles*, p. 83.

Les deux sections de l'école maternelle. — Ce n'est pas d'ailleurs à tous les enfants de l'école maternelle que s'adresse indifféremment le programme ci-dessus. L'école maternelle est, comme on sait, divisée en deux sections (article 7 du décret du 18 janvier 1887) « suivant l'âge et le développement de l'intelligence des élèves » (1). C'est seulement pour les enfants les plus avancés et classés dans la première section (de 5 à 6 ans pour la plupart) que les maîtresses auront à tenir compte de l'ensemble des exercices et des connaissances énumérés dans le programme. Pour les élèves les plus jeunes, classés dans la seconde section, « ces programmes ne seront appliqués que graduellement », dans la mesure que comportent l'âge et l'intelligence des enfants (art. 1er de l'arrêté du 18 janvier 1887).

Application des programmes. — Dans une circulaire, qu'on a justement appelée « un vrai chef-d'œuvre. dont les éducateurs de l'avenir pourront encore s'inspirer », l'Administration de l'instruction publique a admirablement défini dans quel esprit devaient être appliqués les programmes de 1887.

« L'école maternelle n'est pas une école au sens ordinaire du mot; elle forme le passage de la famille à l'école, elle garde la douceur affectueuse et indulgente de la famille, en même temps qu'elle initie au travail et à la régularité de l'école.

« Le succès de la directrice d'école maternelle ne se juge donc pas essentiellement par la somme des connaissances communiquées, par le niveau qu'atteint l'enseignement, par le nombre et la durée des leçons, mais plutôt par l'ensemble des bonnes influences auxquelles l'enfant est soumis, par le plaisir qu'on lui fait prendre à l'école, par les habitudes d'ordre, de propreté, de politesse, d'attention, d'obéissance, d'activité intellectuelle qu'il y doit contracter pour ainsi dire en jouant.

« En conséquence, les directrices devront se préoccuper beaucoup moins de livrer à l'école primaire des enfants déjà fort avancés dans leur instruction que des enfants bien préparés à s'instruire. Tous les exercices de l'école maternelle seront réglés d'après ce principe général : ils doivent aider au développement .

(1) Dans les écoles maternelles de Paris, il y a trois sections : enfants de deux à trois ans et demi, de trois ans et demi à cinq ans, de cinq à sept ans. « La division de l'école maternelle en trois degrés est aujourd'hui la règle », dit M. Duplan (*op. cit.*, p. 34).

des diverses facultés de l'enfant, sans fatigue, sans contrainte, sans excès d'application; ils sont destinés à lui faire aimer l'école et à lui donner de bonne heure le goût du travail, en ne lui imposant jamais un genre de travail incompatible avec la faiblesse et la mobilité du premier âge.

« Le but à atteindre, en tenant compte des diversités de tempérament, de la précocité des uns, de la lenteur des autres, ce n'est pas de les faire tous parvenir à tel ou tel degré de savoir en lecture, en écriture, en calcul : c'est qu'ils sachent bien le peu qu'ils sauront; c'est qu'ils aiment leurs tâches, leurs jeux, leurs leçons de toute sorte; c'est surtout qu'ils n'aient pas pris en dégoût ces premiers exercices scolaires qui seraient si vite rebutants, si la patience, l'enjouement, l'affection ingénieuse de la maîtresse ne trouvait moyen de les varier, de les égayer, d'en tirer ou d'y attacher quelque plaisir pour l'enfant.

« Une bonne santé; l'ouïe, la vue, le toucher déjà exercés par une suite graduée de ces petits jeux et de ces petites expériences propres à faire l'éducation des sens; des idées enfantines, mais nettes et claires, sur les premiers éléments de ce qui sera plus tard l'instruction primaire; un commencement d'habitudes et de dispositions sur lesquelles l'école puisse s'appuyer pour donner plus tard un enseignement régulier; le goût de la gymnastique, du chant, du dessin, des images, des récits; l'empressement à écouter, à voir, à observer, à imiter, à questionner, à répondre; une certaine faculté d'attention entretenue par la docilité, la confiance et la bonne humeur; l'intelligence éveillée enfin et l'âme ouverte à toutes les bonnes impressions morales : tels doivent être les résultats de ces premières années passées à l'école maternelle, et, si l'enfant qui en sort arrive à l'école primaire avec une telle préparation, il importe peu qu'il y joigne quelques pages de plus ou de moins du syllabaire. »

La méthode à l'école maternelle. — Nous emprunterons à la même instruction ministérielle le passage suivant, où est caractérisée la méthode de l'enseignement dans les écoles maternelles :

« Ces principes posés, quelle est la méthode qu'il conviendra d'appliquer aux écoles maternelles? C'est évidemment celle qui s'inspire du nom même de l'établissement, c'est-à-dire celle qui consiste à imiter le plus possible les procédés d'éducation d'une mère intelligente et dévouée.

« Comme on ne se propose pas, dans les écoles maternelles, de former ou d'exercer un ordre de facultés au détriment des autres, mais bien de les développer toutes harmoniquement, on ne devra pas s'asservir à suivre avec rigueur aucune des méthodes spéciales qui se fondent sur un système exclusif et arti-

ficiel. On s'appliquera, au contraire, en prenant à toutes les méthodes particulières leurs exercices les plus simples, à former, à
l'aide de ces divers éléments, un *Cours* d'instruction et d'éducation qui réponde aux divers besoins du petit enfant et mette en
jeu toutes ses facultés. Les exercices qu'il comprend doivent être
très variés : la leçon de choses, la causerie, le chant; les premiers essais de dessin, de lecture, de calcul, de récitation, par-
tagent le temps avec les exercices du corps, les jeux de toute
sorte et les mouvements gymnastiques. C'est une méthode essentiellement naturelle, familière, toujours ouverte à de nouveaux
progrès, toujours susceptible de se compléter et de se réformer. »

Programmes officiels. — Nous reproduisons dans
les tableaux suivants les programmes officiels des deux
sections de l'école maternelle.

BIBLIOGRAPHIE.

L'Enseignement primaire public à Paris, 1877-1888, par M. Duplan, 1er volume : *les Écoles maternelles, les Écoles primaires élémentaires.*

Les Écoles maternelles, par Mlle Matrat et Mme Kergomard, dans
le recueil des *Monographies pédagogiques* publiées à l'occasion de
l'Exposition universelle de 1889, t. V.

Article Programmes, dans le *Dictionnaire de pédagogie,* première partie.

	SECTION DES PETITS ENFANTS. ENFANTS DE 2 A 5 ANS.	SECTION DES ENFANTS DE 5 A 6 ANS.
Premiers principes d'éducation morale.	Soins donnés aux enfants en vue de leur faire prendre de bonnes habitudes, de gagner leur affection et de maintenir entre eux l'harmonie. — Premières notions du bien et du mal.	Causeries très simples, mêlées à tous les exercices de la classe et de la récréation. Petites poésies expliquées et apprises par cœur. — Historiettes morales racontées et suivies de questions propres à en faire ressortir le sens et à vérifier si les enfants l'ont compris. — Petits chants. Soins particuliers de la maîtresse à l'égard des enfants chez lesquels elle a observé quelque défaut ou quelque vice naissant.
Exercices de langage.	Exercices de prononciation. Exercices en vue d'augmenter le vocabulaire de l'enfant; petits exercices de mémoire (chants, fables, récits); questions.	Exercices combinés de langage, de lecture et d'écriture préparant à l'orthographe : 1° Exercices oraux. — Questions très familières ayant pour objet d'apprendre aux enfants à s'exprimer nettement; corriger les défauts de prononciation ou d'accent local ; 2° Exercices de mémoire : Récitation de très courtes poésies ; 3° Exercices écrits : Premières dictées d'un mot, puis de deux ou trois, puis de très petites phrases ; 4° Lectures très brèves faites par la maîtresse, écoutées et racontées par les enfants.

	SECTION DES PETITS ENFANTS. (ENFANTS DE 2 À 5 ANS.)	SECTION DES ENFANTS DE 5 À 8 ANS.
Leçons de choses CONNAISSANCES SUR LES OBJETS USUELS; PREMIÈRES NOTIONS D'HISTOIRE NATURELLE.	Nom des principales parties du corps humain; des principaux animaux de la contrée; des plantes servant à l'alimentation ou les plus visibles pour l'enfant (arbres de la cour, de la route, fleurs familières, etc.). Nom et usage des objets qui sont sous les yeux de l'enfant (objets servant au vêtement, à l'habitation, à l'alimentation, au travail). Étude des couleurs et des formes par des jeux. Notions sur le jour et la nuit. Observations sur la durée (heure, jour, semaine). Le nom du jour, la veille, le lendemain. Âge de l'enfant. L'attention des enfants est appelée sur les différences du chaud, du froid, de la pluie, du beau temps.	Notions très élémentaires sur le corps humain; hygiène (petits conseils); petite étude comparée des animaux que l'enfant connaît, des plantes, des pierres, des métaux; quelques plantes alimentaires et industrielles; pierres et métaux d'usage ordinaire. L'air, l'eau (vapeur, nuage, pluie, neige, glace). Petites leçons de choses, toujours avec les objets mis sous les yeux et dans les mains des enfants. Exercices et entretiens familiers ayant pour but de faire acquérir aux enfants les premiers éléments des connaissances usuelles (la droite et la gauche; — noms des jours et des mois; — distinction d'animaux, de végétaux, de minéraux; — les saisons) et, surtout, de les amener à regarder, à observer, à comparer, à questionner et à retenir. Pour l'ordre à suivre dans les leçons, on essayera de combiner, toutes les fois qu'on le pourra, en les rattachant à un même objet, la leçon de choses, le dessin, la leçon morale, les jeux et les chants, de manière que l'unité d'impression de ces diverses formes d'enseignement laisse une trace plus durable dans l'esprit et le cœur des enfants. On s'efforcera de régler, autant que possible, l'ordre des leçons par l'ordre des saisons, afin que la nature même fournisse les objets de ces leçons et que l'enfant contracte de
Leçons de choses (Suite).	Observations sur la saison, ses travaux, ses productions. Première éducation des sens par de petits exercices. Faire discerner et comparer par l'enfant des couleurs, des nuances, des formes, des longueurs, des poids, des températures, des sons, des odeurs, des saveurs.	d'observer, de comparer et de juger. Pour guider la maîtresse dans le choix des sujets de leçons, d'après les règles qui précèdent, on a ajouté dans un programme plus détaillé un exemple de répartition des matières mois par mois. (Voir ces indications au *Programme spécial des leçons de choses de la première section*, page 140 et suiv.)
Dessin, Écriture, Lecture.	Jeux de cubes, de balles, de lattes, etc. Mosaïques. Explication d'images très simples (animaux, objets usuels). Petites combinaisons de lignes au moyen de bâtonnets. Représentation sur l'ardoise de ces combinaisons; description d'objets usuels. Aucun exercice de lecture proprement dite.	Combinaisons de lignes; représentation de ces combinaisons sur l'ardoise et le papier, au crayon ordinaire ou en traits de couleur; petits dessins d'invention sur papier quadrillé; reproduction de dessins très simples faits par la maîtresse. Représentation d'objets usuels les plus simples. Premiers exercices de lecture. Premiers éléments d'écriture. Lettres, syllabes et mots.
Calcul.	Familiariser l'enfant avec les termes : un, deux, trois, quatre, cinq, moitié, demi; l'exercer à compter jusqu'à 10. Calcul mental sur les dix premiers nombres.	Premiers éléments de la numération orale et écrite. Petits exercices de calcul mental. Addition et soustraction sur des nombres concrets et ne dépassant pas la première centaine. Étude des dix premiers nombres et des expressions demi, moitié, tiers, quart. Les quatre opérations sur des nombres de deux chiffres. Le mètre, le franc, le litre.

	SECTION DES PETITS ENFANTS. ENFANTS DE 2 A 5 ANS.	SECTION DES ENFANTS DE 5 A 6 ANS.
Géographie.	Demeure et adresse des parents, nom de la commune. Petits exercices sur la distance; situation relative des différentes parties de l'école. La terre et l'eau. Le soleil (le levant et le couchant).	Causeries familières et petits exercices préparatoires servant surtout à provoquer l'esprit d'observation chez les petits enfants en leur faisant simplement remarquer les phénomènes les plus ordinaires, les principaux accidents du sol.
Récits, histoire nationale.	. . . .	Anecdotes, récits, biographies tirées de l'histoire nationale, contes, récits de voyages. Explications d'images.
Exercices manuels.	Jeux. Petits exercices de pliage, de tissage, de tressage.	Pliage, tissage, tressage, combinaisons en laines de couleur sur le canevas ou le papier; petits ouvrages de tricot.
Chant.	Chants à l'unisson, très simples. Petits exercices. Jeux libres et marches. Évolutions, mouvements gradués. Soins d'hygiène et de propreté.	Chants à l'unisson et à deux parties, exclusivement appris par l'audition. Jeux, marches, évolutions, mouvements, exercices gradués.

CHAPITRE IV

Programmes des écoles élémentaires. — L'éducation physique.
— Exercices militaires. — Travaux manuels. — Les travaux
manuels dans les écoles de filles. — Objet de l'éducation physique. — Méthode de l'éducation physique. — Programmes
officiels.

Programmes des écoles élémentaires. — Nous
allons maintenant passer en revue les programmes des
écoles primaires élémentaires, en les rattachant aux
trois parties de l'éducation : l'*éducation physique*, l'*éducation intellectuelle*, l'*éducation morale*.

Les programmes ne sont pas seulement une liste
d'exercices à imposer et de connaissances à transmettre : ils doivent être aussi pour l'instituteur l'instrument de l'éducation sous toutes ses formes, le moyen
de mettre en jeu, de développer et de cultiver les facultés de l'enfant ; ils ont, en un mot, une valeur *éducative*. L'instituteur faillirait à la partie la plus importante
de sa tâche, s'il se bornait, par exemple, à une communication banale des connaissances grammaticales, historiques, scientifiques, sans songer à profiter de son enseignement pour former le jugement, le raisonnement,
la raison de ses élèves.

L'éducation physique. — Il n'est plus nécessaire
d'insister aujourd'hui pour faire comprendre l'importance de l'éducation physique (1). Les philosophes de
l'éducation, Rabelais, Montaigne, J.-J. Rousseau, ont
protesté de tout temps en faveur des exercices du corps,
trop négligés dans les écoles de tous les degrés. La

(1) Voyez la *Psychologie appliquée à l'éducation* (2e partie : *Application*),
leçons I et II (Paul Delaplane, éditeur).

Révolution française a proclamé la nécessité des exercices gymnastiques et militaires. « L'éducation que la nation donne aux enfants de la République, disait Lakanal, est en même temps intellectuelle, physique, morale et industrielle ; en un mot, elle embrasse tout l'homme ; » et le décret du 27 brumaire an III confirmait ces principes. Mais ces sages prescriptions restèrent à peu près lettre morte sous l'Empire, sous la Restauration et sous la monarchie de Juillet. La gymnastique ne reparaît dans les programmes de l'enseignement primaire qu'en 1850 : la loi du 15 mars l'inscrit parmi les exercices facultatifs. En 1869, M. Duruy en détermine les programmes et invite les conseils municipaux à organiser cet enseignement dans les écoles communales. Mais c'est seulement en 1880 que la loi du 27 janvier a rendu la *gymnastique* obligatoire dans les écoles des garçons, et en 1882 que la loi du 28 mars a étendu la même obligation aux écoles de filles.

Exercices militaires. — A la gymnastique s'ajoutent, pour les garçons, les *exercices militaires,* dont Talleyrand avait déjà posé le principe dans son fameux rapport de 1791 à l'Assemblée constituante. C'est la loi du 28 mars 1882 qui les a fait entrer dans les programmes obligatoires de l'enseignement primaire. Mais il s'en faut que cette prescription, quelque impérative qu'elle soit, ait été appliquée dans toutes les écoles. Ce n'est guère que dans les villes qu'ont été organisés les bataillons scolaires, conformément au décret du 6 juillet 1882. Il est à désirer pourtant, surtout en présence de la nouvelle loi qui réduit à trois ans le service sous les drapeaux, que dans toutes les écoles le futur soldat français, qui passera désormais moins de temps au régiment, soit partout préparé à acquérir rapidement l'instruction militaire.

L'article 19 de l'arrêté du 18 janvier 1887 règle ainsi qu'il suit l'organisation de l'enseignement des exercices militaires :

« Dans les communes où les bataillons scolaires sont constitués, les exercices de bataillon ne pourront avoir lieu que le jeudi et le dimanche ; le temps à y consacrer sera déterminé par l'instructeur militaire, de concert avec le directeur de l'école. »

Travaux manuels. — L'organisation du *travail manuel* dans les écoles est à l'ordre du jour en tout pays. Le mouvement, qui semble être parti de la Suède, a gagné peu à peu tous les États européens, et, quoique la question soit encore très discutée, la loi a prononcé en France : elle a établi « l'atelier dans l'école ».

Sans doute, il ne faut pas confondre les travaux manuels avec l'enseignement industriel proprement dit, que le dernier congrès de l'enseignement primaire (12-16 août 1889) déclarait avec raison « incompatible avec le programme des écoles primaires ». Il s'agit seulement de petits exercices qui préparent l'enfant à l'apprentissage d'un métier, qui exercent la dextérité de ses mains en lui faisant travailler le fer ou le bois. Et voilà pourquoi l'instituteur est en principe chargé de cet enseignement; c'est seulement dans les écoles des grandes villes qu'on a recours à des ouvriers capables, pour diriger les travaux manuels des élèves.

Il n'était pas à espérer que cette partie du programme de l'enseignement primaire pût recevoir une application immédiate et générale. Dans la plupart des écoles, ce n'est pas seulement le temps qui manque, avec des élèves trop peu assidus ou trop peu cultivés; ce sont les moyens matériels, c'est l'atelier, ce sont les outils. Dans les grandes villes seules l'introduction du travail manuel à l'école est un fait accompli. A Paris, notamment, l'école de la rue Tournefort présente un modèle excellent de l'association du travail manuel et de l'enseignement intellectuel. Mais, sans faire aussi bien, nombre d'écoles de province ont réussi, au moins en partie, à satisfaire sur ce point au programme officiel. M. Salicis, le regretté inspecteur général de l'enseignement manuel, nous apprend, dans son dernier écrit, que l'on se contente en général des travaux élémentaires, dits travaux sans ateliers; et il affirme que douze mille écoles, au minimum, sont déjà entrées dans cette voie. Bien entendu, il faut y ajouter les écoles, assez nombreuses aussi, « où fonctionne dès à présent l'enseignement du travail manuel en ateliers, c'est-à-dire matière et outils en main (1) ». Nul doute que le progrès ne s'accentue rapidement. Le programme, tel qu'il est établi aujourd'hui, n'est assurément pas définitif; il s'agit là d'un enseignement nouveau, qui est destiné à s'étendre, à devenir un des éléments importants de l'éducation. Mais, pour le moment, ce programme répond suffisamment aux conditions qu'il fallait remplir, et l'expérience a prouvé qu'il était aisément applicable.

Les travaux manuels dans les écoles de filles. — De plus en plus on tâche de justifier la vieille définition : « L'école est la préparation à la vie. » Voilà pourquoi les travaux manuels des écoles de filles consistent en travaux de couture, en exercices de coupe et d'assemblage. Le programme contient en outre des notions d'économie domestique et d'application à la cuisine, au repassage, etc. Ce sont là des enseignements d'utilité pratique dont on ne peut trop désirer le développement. Mais il est bien difficile de les installer dans toutes les écoles. Même à Paris, où les ressources sont grandes, M. Duplan déclare qu'on a renoncé à les organiser dans les écoles primaires élémentaires.

De même que la direction des travaux manuels de garçons est confiée à l'instituteur, de même l'enseignement des travaux manuels de filles est en principe à la charge de l'institutrice : c'est seulement dans les écoles mixtes, quand elles sont dirigées par un instituteur, et c'est le cas le plus fréquent (13,101 écoles contre 5,262 en 1887), qu'on a recours à des maîtresses spéciales de couture (voyez l'article 46 de la loi du 19 juillet 1889).

Objet de l'éducation physique. — Nous ne saurions mieux définir l'objet et la méthode de l'éducation physique qu'en reproduisant les considérations générales que le règlement officiel de 1882 a pris soin de joindre à la publication des programmes :

______

(1) Voyez les *Monographies pédagogiques*, t. IV, p. 403.

« L'éducation physique a un double but : d'une part, fortifier le corps, affermir le tempérament de l'enfant, le placer dans les conditions hygiéniques les plus favorables à son développement physique en général; d'autre part, lui donner de bonne heure ces qualités d'adresse et d'agilité, cette dextérité de la main, cette promptitude et cette sûreté de mouvements qui, précieuses pour tous, sont plus particulièrement nécessaires aux élèves des écoles primaires, destinés pour la plupart à des professions manuelles. Sans perdre son caractère essentiel d'établissement d'éducation et sans se changer en atelier, l'école primaire peut et doit faire aux exercices du corps une part suffisante pour préparer et prédisposer, en quelque sorte, les garçons aux futurs travaux de l'ouvrier et du soldat, les filles aux soins du ménage et aux ouvrages de femme. »

Méthode de l'éducation physique. — « Les exercices du corps faisant diversion à l'ensemble des travaux scolaires et des leçons proprement dites, il sera généralement facile d'obtenir que les élèves y apportent de la bonne volonté et de l'entrain, qu'ils les considèrent comme une véritable récréation...

« Pour le travail manuel des garçons, les exercices se répartissent en deux groupes : l'un comprend les divers exercices destinés d'une façon générale à délier les doigts et à faire acquérir la dextérité, la souplesse, la rapidité et la justesse des mouvements; l'autre groupe comprend les exercices gradués de modelage qui servent de complément à l'étude correspondante du dessin, et particulièrement du dessin industriel.

« Le travail manuel des filles, outre le souvrages de couture et de coupe, comporte un certain nombre de leçons, de conseils, d'exercices au moyen desquels la maîtresse se proposera, non pas de faire un cours régulier d'économie domestique, mais d'inspirer aux jeunes filles, par un grand nombre d'exemples pratiques, l'amour de l'ordre, de leur faire acquérir les qualités sérieuses de la femme de ménage et de les mettre en garde contre les goûts frivoles ou dangereux. »

Programmes officiels. — Voyez le tableau ci-après.

BIBLIOGRAPHIE.

L'Enseignement de la gymnastique et des jeux scolaires, par M. le lieutenant-colonel A. DALLY, dans le recueil des *Monographies pédagogiques*, t. IV, 1889.

Dans le même recueil, t. IV : *L'Enseignement du travail manuel*, par M. G. SALICIS.

Travaux de la commission de gymnastique, fascicule n° 77. dans la collection des *Mémoires et documents scolaires*, publiés par le Musée pédagogique, 1889.

	SECTION ENFANTINE DE 5 A 7 ANS	COURS ÉLÉMENTAIRE DE 7 A 9 ANS	COURS MOYEN DE 9 A 11 ANS	COURS SUPÉRIEUR DE 11 A 13 ANS
1° Soins d'hygiène et de propreté.	Inspection des enfants à leur arrivée. — Surveillance de leurs jeux au point de vue hygiénique. — Soins particuliers pour les plus faibles.	Inspection des enfants à leur arrivée et à leur rentrée en classe. — Exiger une absolue propreté. — Surveiller leurs jeux. — Conseils pratiques et donnés, soit en commun, soit en particulier, sur l'alimentation, le vêtement, la tenue du corps et des habits.	Suite des mêmes moyens d'instruction et d'éducation.	Suite des mêmes moyens d'instruction et d'éducation.
2° Gymnastique. (Suivre les *Manuels*, distincts pour les garçons et pour les filles, publiés par le Ministère.)	Jeux, rondes, évolutions, mouvements rythmés, exercices gradués.	Exercices préparatoires. — Mouvements et flexions des bras et des jambes. — Exercice des haltères et de la barre. — Course cadencée. — Évolutions.	Suite des exercices de flexion et d'extension des bras et des jambes. — Exercices avec haltères. — Exercices de la barre, des anneaux, de l'échelle, de la corde à nœuds, des barres à suspension, des barres parallèles fixes, de la poutre horizontale, des perches, du trapèze. — Évolutions.	Suite des mêmes exercices. — Exercices d'équilibre sur un pied. — Mouvements des bras combinés avec la marche. — Exercices à deux avec la barre. — Courses. — Sauts ; exercices de la canne (pour les garçons).
Exercices militaires. (Pour les garçons.)	. . . .	. . . .	Exercices de marche, d'alignement, de formation des pelotons, etc. — Préparation à l'exercice militaire.	Exercice militaire : École du soldat sans armes. — Principes des différents pas. — Alignements. — Marches : contremarches et haltes. — Changements de direction.
3° Travaux manuels. (Pour les garçons.)	Petits exercices de tressage, pliage, tissage. Découpage et application de pièces de papier de couleur sur des dessins géométriques. Petite vannerie. Combinaisons en laines de couleur sur le canevas ou le papier.	Exercices manuels destinés à développer la dextérité de la main. Découpage de carton-carte en forme de solides géométriques. Vannerie : assemblage de brins de couleur diverse. Modelage : reproduction de solides géométriques et d'objets très simples.	Construction d'objets de cartonnage revêtus de dessins coloriés et de papier de couleur. Petits travaux en fil de fer : treillage. Combinaison de fil de fer et de bois : cages. Modelage : ornements simples d'architecture. Notions sur les outils les plus usuels.	Exercices combinés de dessin et de modelage : croquis cotés d'objets à exécuter et construction de ces objets d'après les croquis, ou *vice versa*. Étude des principaux outils employés au travail du bois. — Exercices pratiques gradués. — Rabotage, sciage des bois, assemblages simples. Boîtes clouées ou assemblées sans pointes. Tour à bois, tournage d'objets très simples. Étude des principaux outils employés dans le travail du fer, exercices de lime, ébarbage ou finissage d'objets bruts de forge ou venus de fonte.
4° Travaux manuels. (Pour les filles.)	Petits exercices Frœbel : tissage, pliage, tressage. Petits ouvrages de tricot.	Tricot et étude du point ; mailles à l'endroit, à l'envers, côtes, augmentations, diminutions. Point de marque sur canevas. Éléments de couture : ourlets et surjets. Exercices manuels destinés à développer la dextérité de la main ; découpage et application de pièces de papier de couleur. — Petits essais de modelage.	Tricot et remmaillage. Marque sur canevas. Éléments de la couture : point devant, point de côté, point arrière, point de surjet. — Couture simple, ourlet, couture double, surjets sur lisières, sur plis rentrés. Confection d'ouvrages de couture simples et faciles (essuie-mains, serviettes, mouchoirs, tabliers, chemises), rapiéçage.	Tricot de jupons, gilets, gants. Marque sur la toile. Piqûres, froncés, boutonnières, raccommodage des vêtements, reprises. Notions de coupe et confection des vêtements les plus faciles. Notions très simples d'économie domestique et application à la cuisine, — au blanchissage et à l'entretien du linge, — à la toilette, — aux soins du ménage, du jardin, de la basse-cour. Exercices pratiques à l'école et à domicile.

CHAPITRE V

L'éducation intellectuelle. — Valeur éducative de l'enseignement primaire. — Les nouveautés du programme de 1882. — Principe général du programme. — Objet de l'éducation intellectuelle. — Méthode de l'éducation intellectuelle. — Programmes officiels.

L'éducation intellectuelle. — Nous avons défini ailleurs l'éducation intellectuelle (1). Elle se présente sous deux aspects : d'une part, elle a pour but d'apporter à l'esprit des connaissances, un savoir positif; d'autre part, elle se propose d'exercer les facultés intellectuelles, de développer, de former l'esprit lui-même. Et ces deux résultats, ces deux bénéfices peuvent et doivent être simultanément recherchés et atteints. Vous ne pouvez en effet communiquer des connaissances sans éveiller du même coup les forces de l'esprit. Vous ne pouvez enseigner les sciences naturelles sans exciter les facultés d'observation, ni faire des démonstrations de géométrie sans développer le raisonnement. L'esprit ne s'exerce jamais à vide : il n'agit et par conséquent il ne se forme que dans la mesure où il étudie les divers objets de l'enseignement. Seulement, il ne faut pas l'oublier, les études, si elles ont par elles-mêmes une valeur éducative, n'acquièrent à ce point de vue toute leur efficacité que lorsqu'elles sont dirigées d'après les bonnes méthodes. Un enseignement routinier, mécanique, qui ne s'adresse qu'à la mémoire, contribuera très peu, quelque

---

(1) Voyez notre *Cours de pédagogie théorique et pratique*, leçon III, p. 53 (Paul Delaplane, éditeur).

étendu qu'il soit, à l'éducation de l'esprit. Tout au contraire, des programmes même restreints, s'ils sont appliqués avec intelligence, peuvent devenir, entre des mains habiles, d'excellents instruments de vie et d'activité intellectuelle.

Valeur éducative de l'enseignement primaire. — Les pédagogues de l'enseignement secondaire se plaisent parfois à dire que le savoir est l'unique objet, soit de l'enseignement élémentaire des écoles primaires, soit de l'enseignement supérieur des Facultés : seul l'enseignement secondaire aurait le privilège de travailler à la formation des esprits. Sans méconnaître que les programmes des lycées, soit par la nature même de certains des objets qu'ils comprennent et qu'il ne peut être question d'introduire dans les écoles primaires, soit par la durée prolongée des études classiques, ont une valeur éducative très supérieure, nous ne saurions nous résigner à croire que les six années de séjour à l'école primaire soient condamnées à demeurer sans résultat et sans profit pour l'éducation intellectuelle. Sans doute, le but est d'abord de fournir à l'enfant une provision de connaissances positives; mais le but est aussi, et il y a moyen de l'atteindre, de cultiver les facultés de l'enfant, de lui faire acquérir de bonnes habitudes intellectuelles, de préparer tout au moins, sinon d'achever, la formation de l'esprit.

Les nouveautés du programme de 1882. — Je comprendrais encore qu'on soutînt la thèse de l'impuissance éducative de l'école primaire, si les programmes en étaient restés à ce qu'ils étaient jusqu'à ces dernières années, et ne contenaient comme autrefois que la lecture, l'écriture et le calcul. Mais avec l'ampleur nouvelle du plan d'études, et en accordant même qu'il ne soit pas toujours possible d'aller jusqu'au bout des programmes, comment contester à l'instituteur le pouvoir d'être à sa manière un éducateur de l'esprit?

Et je ne parle pas seulement des programmes de l'école primaire : ce sont aussi les programmes de l'école normale qui manifestent clairement l'intention préméditée de préparer les futurs maitres d'école à une tâche plus haute que celle de simples agents de transmission des connaissances élémentaires. L'élève-maître, en effet, doit acquérir à l'école normale certaines connaissances dont il n'aura pas à faire emploi directement à l'école primaire. Le paradoxal Jacotot croyait sincèrement qu'il était possible d'enseigner même ce qu'on ne savait pas. Tout à l'inverse, nous pensons aujourd'hui que, pour bien enseigner ce qu'on sait, il est besoin de savoir même des choses qu'on n'enseignera pas. C'est ainsi que l'étude de la littérature nationale et la lecture des auteurs classiques sont devenues un des exercices essentiels de l'enseignement de l'école normale, quoiqu'il ne doive guère être question de tout cela dans les écoles primaires elles-mêmes. La raison d'être de cette culture plus élevée du futur instituteur, désormais initié aux beautés de la littérature, tandis que d'autre part il pénètre plus avant dans les détails des sciences, c'est évidemment la pensée de préparer de meilleurs éducateurs, en travaillant, non plus seulement à leur instruction professionnelle, mais à l'éducation générale de leur esprit.

Principe général du programme. — Nous n'avons pas à entrer ici dans le détail soit dés programmes eux-mêmes, soit des méthodes qu'il convient de suivre pour les appliquer (1).

Faisons remarquer seulement que, dans la plupart des matières de l'enseignement, la répartition entre les trois cours a été faite d'après le principe que nous avons déjà indiqué (2), et qui veut que le cours moyen ne soit que le développement du cours élémentaire, le cours supérieur le développement du cours moyen.

L'exception la plus importante à cette règle générale se présente dans l'enseignement de l'histoire, dont les programmes ne suivent nullement l'ordre concentrique

(1) Voyez plus loin le chapitre VII, et aussi, dans notre *Cours de pédagogie téorique et pratique*, toute la seconde partie.
(2) Voyez plus haut, chapitre Iᵉʳ, p. 9.

adopté pour les autres études. Dans le cours élémentaire on ne conduit l'histoire de France que jusqu'à la guerre de Cent ans. Dans le cours moyen on étudie la période comprise depuis la guerre de Cent ans jusqu'à nos jours. Dans le cours supérieur on revoit les matières des deux cours inférieurs, mais on aborde aussi une étude nouvelle, l'histoire générale.

Objet de l'éducation intellectuelle. — Pour l'éducation intellectuelle, comme pour l'éducation physique, le règlement officiel a très nettement déterminé l'objet et la méthode de l'enseignement. Voici comment il les définit :

« L'éducation intellectuelle telle que peut la faire l'école primaire publique est facile à caractériser.

« Elle ne donne qu'un nombre limité de connaissances. Mais ces connaissances sont choisies de telle sorte que non seulement elles assurent à l'enfant tout le savoir pratique dont il aura besoin dans la vie, mais encore elles agissent sur ses facultés, forment son esprit, le cultivent, l'étendent et constituent vraiment une éducation.

« L'idéal de l'école primaire n'est pas d'enseigner beaucoup, mais de bien enseigner. L'enfant qui en sort sait peu, mais sait bien ; l'instruction qu'il a reçue est restreinte, mais elle n'est pas superficielle. Ce n'est pas une demi-instruction, et celui qui la possède ne sera pas un demi-savant ; car ce qui fait qu'une instruction est, dans son genre, complète ou incomplète, ce n'est pas l'étendue plus ou moins vaste du domaine qu'elle cultive, c'est la manière dont elle l'a cultivé.

« L'instruction primaire, en raison de l'âge des élèves et des carrières auxquelles ils se destinent, n'a ni le temps ni les moyens de leur faire parcourir un cycle d'études égal à celui de l'enseignement secondaire ; ce qu'elle peut faire pour eux, c'est que leurs études leur profitent autant et leur rendent, dans une sphère plus humble, les mêmes services que les études secondaires aux élèves des lycées : c'est que les uns comme les autres emportent de l'enseignement public, d'abord une somme de connaissances appropriée à leurs futurs besoins, ensuite et surtout de bonnes habitudes d'esprit, une intelligence ouverte et éveillée, des idées claires, du jugement, de la réflexion, de l'ordre et de la justesse dans la pensée et dans le langage. « L'objet de l'enseignement primaire — comme on l'a très justement dit (1) — n'est pas d'embrasser, sur les diverses matières auxquelles il touche, tout ce qu'il est possible de savoir, mais de

____

(1) M. Gréard. *Éducation et instruction : Enseignement primaire.*

« bien apprendre, dans chacune d'elles, ce qu'il n'est pas permis
« d'ignorer. »

Méthode de l'éducation intellectuelle. — « L'objet de
l'enseignement étant ainsi défini, la méthode à suivre s'impose
d'elle-même : elle ne peut consister, ni dans une suite de procédés mécaniques, ni dans le seul apprentissage de ces premiers
instruments de communication : la lecture, l'écriture, le calcul,
ni dans une froide succession de leçons exposant aux élèves les
différents chapitres d'un cours.

« La seule méthode qui convienne à l'enseignement primaire
est celle qui fait intervenir tour à tour le maître et les élèves,
qui entretient pour ainsi dire entre eux et lui un continuel
échange d'idées sous des formes variées, souples et ingénieuse-
ment graduées. Le maître part toujours de ce que les enfants
savent, et, procédant du connu à l'inconnu, du facile au difficile,
il les conduit par l'enchaînement des questions orales ou des
devoirs écrits à découvrir les conséquences d'un principe, les
applications d'une règle, ou inversement les principes et les
règles qu'ils ont déjà inconsciemment appliqués.

« En tout enseignement, le maître, pour commencer, se sert
d'objets sensibles, fait voir et toucher les choses, met les enfants
en présence de réalités concrètes, puis peu à peu les exerce à
en dégager l'idée abstraite, à comparer, à généraliser, à raisonner sans le secours d'exemples matériels.

« C'est donc par un appel incessant à l'attention, au jugement,
à la spontanéité intelletcuelle de l'élève que l'enseignement primaire peut se soutenir. Il est essentiellement intuitif et pratique:
intuitif, c'est-à-dire qu'il compte avant tout sur le bon sens naturel, sur la force de l'évidence, sur cette puissance innée qu'a
l'esprit humain de saisir du premier regard et sans démonstration, non pas toutes les vérités, mais les vérités les plus simples
et les plus fondamentales; *pratique*, c'est-à-dire qu'il n'oublie
jamais que les élèves de l'école primaire n'ont pas de temps à
perdre en discussions oiseuses, en théories savantes, en curiosités scolastiques, et que ce n'est pas trop de cinq ou six années
de séjour à l'école pour les munir du petit trésor d'idées dont
ils ont strictement besoin, et surtout pour les mettre en état de
le conserver et de le grossir dans la suite.

« C'est à cette double condition que l'enseignement primaire
peut entreprendre l'éducation et la culture de l'esprit; c'est, pour
ainsi dire, la nature seule qui le guide : il développe parallèlement les diverses facultés de l'intelligence par le seul moyen
dont il dispose, c'est-à-dire en les exerçant d'une manière simple,
spontanée, presque instinctive; il forme le jugement en amenant
l'enfant à juger, l'esprit d'observation en faisant beaucoup observer, le raisonnement en aidant l'enfant à raisonner lui-même et
sans règles de logique.

« Cette confiance dans les forces naturelles de l'esprit qui ne
demandent qu'à se développer et cette absence de toute préten-

tion à la science proprement dite conviennent à tout enseignement rudimentaire, mais s'imposent surtout à l'école primaire
publique, qui doit agir, non sur quelques enfants pris à part, mais
sur la masse de la population enfantine. L'enseignement y est
nécessairement collectif et simultané : le maître ne peut se donner à quelques-uns, il se doit à tous ; c'est par les résultats obtenus sur l'ensemble de sa classe, et non pas sur une élite seulement, que son œuvre pédagogique doit être appréciée. Quelles
que soient les inégalités d'intelligence que présentent ses élèves,
il est un minimum de connaissances et d'aptitudes que l'enseignement primaire doit communiquer, sauf des exceptions très
rares, à tous les élèves : ce niveau sera très facilement dépassé
par quelques-uns ; mais, le fût-il, s'il n'est pas atteint par tout le
reste de la classe, le maître n'a pas bien compris sa tâche ou ne
l'a pas entièrement remplie. »

Programmes officiels. — Les tableaux suivants,
rédigés en 1882, contiennent l'ensemble des programmes relatifs à l'éducation intellectuelle.

	SECTION ENFANTINE DE 5 A 7 ANS	COURS ÉLÉMENTAIRE DE 7 A 9 ANS	COURS MOYEN DE 9 A 11 ANS	COURS SUPÉRIEUR DE 11 A 13 ANS
1° Lecture. **2° Écriture.** **3° Langue française.**	Premiers exercices de lecture. Lettres, syllabes, mots. Premiers éléments. Exercices combinés de langage, de lecture et d'écriture préparant à l'orthographe.	Lecture courante avec explication des mots. Écriture en gros, en moyen et en fin. Notions premières données oralement sur le nom (le nombre, le genre), l'adjectif, le pronom, le verbe (premiers éléments de la conjugaison). Idée de la formation du pluriel et du féminin; — de l'accord de l'adjectif avec le nom, du verbe avec le sujet. Idée de la proposition simple.	Lecture courante avec explications. Écriture cursive ordinaire. Grammaire élémentaire. — Les dix parties du discours. — Conjugaisons. — Notions de syntaxe. Règles générales du participe passé. — Notions sur les familles de mots, les mots dérivés et composés. — Principes de la ponctuation.	Lecture expressive. Cursive, ronde, bâtarde. Révision de la grammaire et de la syntaxe. Étude de la proposition et des principales sortes de propositions. Fonctions des mots dans la phrase. Principales règles relatives à l'emploi des mots et à la concordance des temps. Cas difficiles que présente l'orthographe de certains noms, pronoms, adjectifs, verbes irréguliers. Notions d'étymologie usuelle et de dérivation.
	1° Exercices oraux. — Questions très familières ayant pour objet d'apprendre aux enfants à s'exprimer nettement; corriger les défauts de prononciation ou d'accent local.	1° Exercices oraux. — Questions et explications notamment au cours de la leçon de lecture, ou de la correction des devoirs. Interrogations sur le sens, l'emploi, l'orthographe des mots du texte lu. — Épellation de mots difficiles. Reproduction orale de petites phrases lues et expliquées, puis de récits ou de fragments de récits faits par le maître.	1° Exercices oraux. — Élocution et prononciation. Interrogations grammaticales. Reproduction de récits faits de vive voix; résumé de morceaux lus en classe.	1° Exercices oraux. — Suite et développement des exercices d'élocution. Compte rendu de lectures, de leçons, de promenades, d'expériences, etc. Exposé de vive voix par l'élève d'un morceau historique ou littéraire qu'il a été chargé de lire et d'analyser.
	2° Exercices de mémoire : Récitation de très courtes poésies.	2° Exercices de mémoire : Récitation de poésies d'un genre très simple.	2° Exercices de mémoire : Récitation de fables, de petites poésies, de quelques morceaux de prose.	2° Exercices de mémoire : Récitation expressive de morceaux choisis, en prose et en vers, de dialogues, de scènes empruntées aux classiques.
	3° Exercices écrits : Premières dictées d'un mot, puis de deux ou trois, puis de très petites phrases.	3° Exercices écrits : Dictées graduées d'orthographe usuelle et d'orthographe de règles. Petits exercices grammaticaux de forme très variée. Reproduction écrite (au tableau noir, sur l'ardoise, sur cahier) de quelques phrases expliquées précédemment. Composition de petites phrases avec des éléments donnés.	3° Exercices écrits : Dictées prises autant que possible dans les auteurs classiques et sans recherche des difficultés grammaticales. Exercices d'invention, de construction de phrases; homonymes, synonymes. Correction mutuelle des dictées et des exercices par les élèves. Reproduction écrite et non littérale de morceaux lus en classe ou à domicile, et de récits faits de vive voix par le maître. Premiers exercices de rédaction sur les sujets les plus simples et les mieux connus des enfants.	3° Exercices écrits : Dictées prises dans les auteurs classiques et sans recherche des difficultés grammaticales. Exercices sur la dérivation et la composition des mots, sur l'étymologie, sur l'application des règles les plus importantes de la syntaxe. Rédaction sur des sujets simples. — Comptes rendus de leçons et de lectures.
		4° Exercices d'analyse : Analyse grammaticale (le plus souvent orale, quelquefois écrite). Décomposition de la proposition.	4° Exercices d'analyse : Analyse grammaticale, surtout orale. Analyse logique, bornée aux distinctions fondamentales.	4° Exercices d'analyse : Questions d'analyse grammaticale à propos de cas difficiles rencontrés dans la lecture.

	SECTION ENFANTINE DE 5 A 7 ANS	COURS ÉLÉMENTAIRE DE 7 A 9 ANS	COURS MOYEN DE 9 A 11 ANS	COURS SUPÉRIEUR DE 11 A 13 ANS
		tion en ses termes essentiels.		Exercices oraux d'analyse logique.
	5° Lectures très brèves faites par la maîtresse, écoutées et racontées par les enfants.	5° Lecture à haute voix par le maître, deux fois par semaine, d'un morceau propre à intéresser les enfants.	5° Lecture à haute voix par le maître, deux fois par semaine, de morceaux empruntés aux auteurs classiques.	5° Lectures par le maître, avec le concours des élèves, sujets littéraires, dramatiques, historiques.
4° Histoire.	Anecdotes, biographies tirées de l'histoire nationale, contes, récits de voyages. Explication d'images.	Récits et entretiens familiers sur les plus grands personnages et les faits principaux de l'histoire nationale, jusqu'au commencement de la guerre de Cent ans.	Cours élémentaire d'histoire de France, insistant exclusivement sur les faits essentiels depuis la guerre de Cent ans. *Exemple de répartition trimestrielle.* 1er trimestre : De 1328 à 1610. 2e trimestre : De 1610 à 1789. 3e trimestre : De 1789 à nos jours. 4e trimestre : Révision.	Notions très sommaires d'histoire générale : pour l'antiquité, l'Égypte, les Juifs, la Grèce, Rome ; — pour le moyen âge et les temps modernes, grands événements étudiés surtout dans leurs rapports avec l'histoire de France. Révision méthodique de l'histoire de France ; étude plus approfondie de la période moderne.
5° Géographie.	Causeries familières et petits exercices préparatoires, servant toujours à provoquer l'esprit d'observation chez les enfants en leur faisant simplement remarquer les phénomènes les plus ordinaires, les principaux accidents du sol.	Suite et développement des exercices du premier âge. Les points cardinaux non appris par cœur, mais trouvés sur le terrain dans la cour, dans les promenades, d'après la position du soleil. Exercices d'observation : les saisons, les principaux phénomènes atmosphériques, l'horizon, les accidents du sol, etc. Explication des termes géographiques (montagnes, fleuves, mers, golfes, isthmes, détroits, etc.) en partant toujours d'objets vus par l'élève et en procédant par analogie. Préparation à l'étude de la géographie par la méthode intuitive et descriptive : 1° La géographie locale (maison, rue, hameau, commune, canton, etc.) ; 2° La géographie générale (la terre, sa forme, son étendue, ses grandes divisions, leurs subdivisions). Idée de la représentation cartographique : éléments de la lecture des plans et cartes. Globe terrestre, continents et océans. Entretiens sur le lieu natal.	Géographie de la France et de ses colonies. Géographie physique. Géographie politique avec étude plus approfondie du canton, du département, de la région. Exercices de cartographie au tableau noir et sur cahier, sans calque.	Révision et développement de la géographie de la France. Géographie physique et politique de l'Europe. Géographie plus sommaire des autres parties du monde. Les colonies françaises. Exercices cartographiques de mémoire.
6° Instruction civique.	. . . .	Explications très familières, à propos de la lecture, des mots pouvant éveiller une idée nationale, tels que : citoyen, soldat, armée, patrie ; — commune, canton, département, nation ; — loi, justice, force publique, etc.	Notions très sommaires sur l'organisation de la France : Le citoyen, ses obligations et ses droits ; l'obligation scolaire, le service militaire, l'impôt, le suffrage universel. La commune, le maire et le conseil municipal. Le département, le préfet et le conseil général. L'État, le pouvoir législatif, le pouvoir exécutif, la justice.	Notions plus approfondies sur l'organisation politique, administrative et judiciaire de la France : La Constitution, le Président, la République, le Sénat, la Chambre des députés, la loi ; — l'administration centrale, départementale et communale, les diverses autorités ; — la justice civile et pénale ; — l'enseignement, ses divers degrés ; — la force publique, l'armée.

	SECTION ENFANTINE DE 5 À 7 ANS	COURS ÉLÉMENTAIRE DE 7 À 9 ANS	COURS MOYEN DE 9 A 11 ANS	COURS SUPÉRIEUR DE 11 À 13 ANS
7e Calcul, arithmétique.	Premiers éléments de la numération orale et écrite. Petits exercices de calcul mental. Addition et soustraction sur des nombres concrets et ne dépassant pas la première centaine. Étude des dix premiers nombres et des expressions demi, moitié, tiers, quart. Les quatre opérations sur des nombres de deux chiffres. Le mètre, le franc, le litre.	Principes de la numération parlée et de la numération écrite. Calcul mental : Les quatre règles appliquées intuitivement d'abord à des nombres de 1 à 10; puis de 1 à 20; puis de 1 à 100. Étude de la table d'addition et de la table de multiplication. Calcul écrit : L'addition, la soustraction, la multiplication; règles générales des trois opérations sur les nombres entiers. La division bornée aux nombres de deux chiffres au diviseur. Petits problèmes oraux ou écrits, portant sur les sujets les plus usuels; exercices de raisonnement sur les problèmes et sur les opérations exécutés. Notion du mètre, du litre, du franc, du gramme, de ses multiples et sous-multiples.	Revision du cours précédent. La division des nombres entiers. Idée générale des fractions. Les fractions décimales. Application des quatre règles aux nombres décimaux. Règle de trois, règle d'intérêt simple. Système légal des poids et mesures. Problèmes et exercices d'application. — Solutions raisonnées. Suite et développement des exercices de calcul mental appliqués à toutes ces opérations.	Revision avec développement, d'une part, pour la théorie et le raisonnement; d'autre part, pour la recherche des procédés rapides, soit de calcul mental, soit de calcul écrit. Nombres premiers. Caractères de divisibilité les plus importants. — Principes de la décomposition d'un nombre en ses facteurs premiers. Plus grand commun diviseur. — Résolution des problèmes d'intérêt, d'escompte, de partage, de moyennes, etc. Système métrique, applications à la mesure des volumes et à leurs rapports avec les poids. Premières notions de comptabilité.
8e Géométrie.	. . . .	Simples exercices pour faire reconnaître et désigner les figures régulières les plus élémentaires : carré, rectangle, triangle, cercle. Différentes sortes d'angles. Idée des trois dimensions. Notions sur les solides au moyen de modèles en relief. Exercices fréquents de mesure et de comparaison des grandeurs par le coup d'œil; appréciation approximative des distances et leur évaluation en mesures métriques.	Étude et représentation graphique au tableau noir des lignes de géométrie plane et de leurs combinaisons les plus simples. Notions pratiques sur le cube, le prisme, le cylindre, la sphère, sur leurs propriétés fondamentales; applications au système métrique.	Notions sommaires sur la géométrie plane et sur la mesure des volumes. *Pour les garçons :* Application aux opérations les plus simples de l'arpentage. Idée du nivellement.
9e Dessin d'ornement.	Combinaisons de lignes. Représentation de ces combinaisons sur l'ardoise et le papier au crayon ordinaire ou en traits de couleur; petits dessins d'invention sur le papier quadrillé; reproduction de dessins très simples faits par la maîtresse. Représentation d'objets usuels les plus simples.	Tracé des lignes droites et leur division en parties égales. Évaluation des rapports des lignes entre elles. Reproduction et évaluation des angles. Premiers principes du dessin d'ornement. Circonférences, polygones réguliers, rosaces étoilées.	*Dessin à main levée.* — Courbes géométriques usuelles : ellipses, spirales, etc. Courbes empruntées au règne végétal : tiges, feuilles, fleurs. Copie de plâtres représentant des ornements plans d'un faible relief. Premières notions de dessin géométral et éléments de perspective. Représentation géométrale au trait et représentation perspective au trait, puis avec les ombres, de solides géométriques et d'objets usuels simples. *Dessin géométrique.* — Emploi (au tableau) des instruments servant au tracé des lignes droites et des circonférences : règle, compas, équerre et rapporteur. Se borner, dans cette partie du cours, à faire comprendre aux élèves l'usage de ces instruments dont	*Dessin à main levée.* — Dessin, d'après l'estampe et d'après le relief, d'ornements purement géométriques : moulures, oves, rais de cœur, perles, denticule, etc. Dessin, d'après l'estampe et d'après le relief, d'ornements empruntant leurs éléments au règne végétal : feuilles, fleurs et fruits, palmettes, rinceaux, etc. Notions élémentaires sur les ordres d'architecture données au tableau par le maître (3 leçons). Dessin de la tête humaine : ses parties, ses proportions. *Dessin géométrique.* — Exécution sur le papier, avec l'aide des instruments, des tracés géométriques qui ont été faits au tableau dans le cours moyen. Principes du lavis à teintes plates. Dessin reproduisant des mor-

	SECTION ENFANTINE DE 5 A 7 ANS	COURS ÉLÉMENTAIRE DE 7 A 9 ANS	COURS MOYEN DE 9 A 11 ANS	COURS SUPÉRIEUR DE 11 A 13 ANS
9° Dessin d'ornement. (Suite.)	....	....	ils acquerront le maniement dans le cours supérieur.	tifs de décoration de surfaces planes ou d'un faible relief : carrelages, parquetages, vitraux, panneaux, plafonds. Lavis à l'encre de Chine et à la couleur de quelques-uns de ces dessins. Relevé avec cotes, et représentation géométrale au trait, de solides géométriques et d'objets simples, tels que : assemblages de charpentes et de menuiserie, dispositions extérieures d'appareils de pierre de taille, grosses pièces de serrurerie, meubles les plus ordinaires, etc. — Emploi du lavis pour exprimer la nature des matériaux. — Lavis des plans et des cartes.
10° Éléments usuels des sciences physiques et naturelles. (Leçons de choses.)	Notions très élémentaires sur le corps humain ; hygiène (petits conseils) ; petite étude comparée des animaux que l'enfant connaît, des plantes, des pierres, des métaux ; quelques plantes alimentaires et industrielles ; pierres et métaux d'usage ordinaire. L'air, l'eau (vapeur, nuage, pluie, neige, glace). Petites leçons de choses, toujours avec les objets mis sous les yeux et dans les mains des enfants. Exercices et entretiens familiers ayant pour but de faire acquérir aux enfants les premiers éléments des connaissances usuelles (la droite et la gauche ; noms des jours et des mois; distinction d'animaux, de métaux, de minéraux ; les saisons) et surtout, de les amener à regarder, à observer, à comparer, à questionner et à retenir. Pour l'ordre à suivre dans les leçons, on essayera de combiner, toutes les fois qu'on le pourra, en les rattachant à un même objet, la leçon de choses, le dessin, la leçon morale, les jeux et les chants, de manière que l'unité d'impression de ces diverses formes d'enseignement laisse une trace plus durable dans l'esprit et le cœur des enfants. On s'efforcera de régler, autant que possible, l'ordre des leçons par l'ordre des saisons, afin que la nature même fournisse les objets de ces leçons et que l'enfant contracte ainsi	Leçons de choses graduées (l'homme, les animaux, les végétaux, les minéraux) ; observation d'objets et de phénomènes usuels avec des explications simples. Notions sommaires sur la transformation des matières premières en matières ouvrées d'usage courant (aliments, tissus, papiers, bois, pierres, métaux). Petites collections faites par les élèves, notamment au cours de promenades scolaires.	Notions très élémentaires de sciences naturelles. L'homme. — Description sommaire du corps humain et idée des principales fonctions de la vie. Les animaux. — Notion des grands embranchements et de la division des vertébrés en classes, à l'aide d'un animal pris comme type de chaque groupe. Les végétaux. — Étude, sur quelques types choisis, des principaux organes de la plante : notion des grandes divisions du règne végétal, indication de plantes utiles et de plantes nuisibles (surtout dans les promenades scolaires). Les trois états des corps. Notions sur l'air et l'eau et sur la combustion : petites démonstrations expérimentales.	Notions de sciences naturelles, revision avec extension du cours moyen. L'homme. — Notions sur la digestion, la circulation, la respiration, le système nerveux, les organes des sens. Conseils pratiques d'hygiène. Abus de l'alcool, du tabac, etc. Les animaux. — Grands traits de la classification. Animaux utiles et animaux nuisibles. Les végétaux. — Parties essentielles de la plante : principaux groupes. Herborisations. Les minéraux. — Notions sommaires sur le sol, les roches, les fossiles, les terrains : exemples tirés de la contrée. Excursions et petites collections. Premières notions de physique. — Pesanteur. Levier. Premiers principes de l'équilibre des liquides. Pression atmosphérique : baromètre. Notions très élémentaires et expériences les plus faciles sur la chaleur, la lumière, l'électricité, le magnétisme (thermomètre, machine à vapeur, paratonnerre, télégraphe, boussole). Premières notions de chimie. — Idée des corps simples, des corps composés. Métaux et sels usuels.

	SECTION ENFANTINE DE 5 A 7 ANS	COURS ÉLÉMENTAIRE DE 7 A 9 ANS	COURS MOYEN DE 9 A 11 ANS	COURS SUPÉRIEUR DE 11 A 13 ANS
11° Agriculture et Horticulture. (Loi du 15 juin 1879, art. 10.)	L'habitude d'observer, de comparer et de juger.	Premières leçons dans le jardin de l'école.	Notions, à propos des lectures, des leçons de choses et des promenades, sur les principales espèces de sols, les engrais, les travaux et les instruments usuels de culture (bêche, hoyau, charrue, etc.).	Notions plus méthodiques sur les travaux agricoles, les outils aratoires, le drainage, les engrais naturels et artificiels, les semailles et les récoltes ; — sur les animaux domestiques; — sur la comptabilité agricole. Notions d'horticulture : principaux procédés de multiplication des végétaux les plus utiles de la contrée. Notions d'arboriculture : greffes les plus importantes.
12° Chant.	Petits chants des salles d'asile. Chants à l'unisson et à deux parties, exclusivement appris par l'audition.	Chants appris tout d'abord exclusivement par l'audition. Lecture des notes.	Chants d'ensemble à une et à deux voix appris par l'audition. Connaissance des notes, portée; clef de *sol*, lecture, premiers exercices d'intonation ; durée : ronde, blanche, noire, croches, silences, mesures à deux, trois et quatre temps ; lecture des notes avec la durée en battant la mesure. Exercices les plus simples de solfège ; dictées orales.	Continuation du cours moyen. Exercices d'intonation. Clef de *sol* et clef de *fa*. Gamme diatonique majeure, intervalles naturels, signes altératifs. Principaux tons majeurs et mineurs. Durée. Exercices de solfège, dictées orales, exécution de morceaux d'ensemble à une et à deux parties.

CHAPITRE VI

L'éducation morale. — Nécessité de leçons spéciales. — Caractère des leçons de morale. — La morale et l'instruction civique. — Résultats de cet enseignement. — But et caractère de l'enseignement de la morale. — Rôle de l'instituteur dans cet enseignement. — Objet propre et limites de cet enseignement. — Programmes officiels.

L'éducation morale. — Autrefois comprise et absorbée dans l'enseignement religieux, l'éducation morale a aujourd'hui sa place distincte dans le programme de l'école, et cette place est la première. La loi du 28 mars 1882 a inscrit l'instruction morale et civique au premier rang des objets de l'enseignement primaire.

Il s'en faut cependant que l'enseignement de la morale soit encore pratiqué comme il devrait l'être (1). Ou bien on le néglige complètement, sous prétexte qu'il est très difficile, très délicat, qu'on est mal préparé à le donner ; ou bien, si l'on s'y essaye, on y réussit mal, faute d'une bonne direction et d'une méthode précise.

Nécessité de leçons spéciales. — Sans doute, il n'est pas question d'introduire à l'école de hautes leçons de morale théorique, fondées, par exemple, sur les principes de la philosophie de Kant. Mais pour être nécessairement simple et pratique, fait surtout d'exemples, de récits, d'observations familières, de maximes empruntées à l'expérience, l'enseignement primaire de la morale n'en comporte pas moins des leçons spécia-

(1) Voyez les rapports des inspecteurs primaires dans la *Monographie* de M. Lichtenberger, *L'Éducation morale dans les écoles primaires.* p. 24. 25 : « Dans 80 écoles sur 100 de ma circonscription, l'éducation morale est presque nulle... » — « L'enseignement de la morale n'existe pas dans ma circonscription. »

les. Il ne faut pas s'autoriser, pour supprimer ces leçons, de la formule commode qui veut que « la morale
s'inspire, mais ne s'enseigne pas ». Comme on l'a dit,
dans un remarquable article de la *Revue pédagogique*,
il serait bon que le premier quart d'heure de chaque
journée fût consacré à l'enseignement moral. En tout
cas, comme l'écrit le même auteur, il faut enseigner la
morale à part, à un certain moment déterminé, au lieu
de se borner à la répandre dans toutes les parties de
l'instruction, « où elle se volatiliserait à force d'y être
diffuse ». Et on ajoute : « Je l'enseignerais de façon à la
mettre hors de pair, à la distinguer des autres études,
à lui assigner une visible présidence sur tout le reste,
à lui gagner la révérence et l'affection, à la présenter
sous des traits graves et sereins, bref à en faire l'inspiration supérieure de l'école. »

Caractère des leçons de morale. — La leçon de
morale ne doit pas seulement être une leçon distincte,
en ce sens qu'on lui réserve une heure déterminée : il
convient aussi d'y apporter un ton, un accent, une élé-
vation naturelle qui l'empêchent de ressembler à toutes
les autres, à la leçon d'arithmétique, par exemple, ou
de géographie.

« Les leçons de morale, telles qu'elles sont données dans les
écoles, dit un inspecteur, ressemblent trop aux leçons ordinaires :
on n'y remarque point cet accent de conviction et de sincérité
qui convient à l'enseignement des vérités morales (1). »

Dans la leçon de morale, ce n'est plus seulement le
professeur qui parle et qui enseigne ce qu'il sait, avec
le plus de clarté possible ; c'est l'homme qui entre en
jeu, l'éducateur qui a charge d'âmes, et qui ne peut
réussir à transmettre les vérités morales que s'il s'inspire de son cœur, de son expérience, s'il fait sortir son
enseignement du fond le plus intime de sa conscience
et de sa conviction. Ajoutons qu'à ces caractères d'autorité doivent se joindre, s'il est possible, des qualités
de simplicité, de douceur, d'émotion communicative.

(1) M. Lichtenberger, *op. cit.*, p. 25.

Et c'est probablement pour cette raison que les institutrices passent, jusqu'à présent, pour réussir dans l'enseignement de la morale plus complètement que les instituteurs.

« Les institutrices, dit un rapport d'inspecteur, comprennent et pratiquent mieux l'éducation morale que les instituteurs, qui négligent le cœur. » Et un autre : « Quelques institutrices réussissent mieux... ; sans doute parce qu'elles y mettent plus de cœur ou de cette douceur persuasive, de cette ténacité affectueuse qui ébranle les résistances et les abat. »

La morale et l'instruction civique. — Il y a sans doute de grands rapports entre la morale et l'instruction civique, qui est une partie de la morale puisqu'elle enseigne les devoirs du citoyen (1). Mais de la ressemblance de ces deux enseignements il ne faudrait pourtant pas conclure à l'identité et à la confusion complète des deux cours ; il ne faudrait pas imiter certains instituteurs qui, nous dit-on, croient avoir donné une leçon de morale, lorsqu'ils ont fait connaître aux enfants les attributions du conseil municipal. Il arrive parfois en effet, et c'est une confusion tout à fait fâcheuse, que l'instruction civique aujourd'hui, comme autrefois l'instruction religieuse, absorbe l'enseignement de la morale. « Quelles leçons de morale avez-vous faites pendant ce mois? demandait un inspecteur. — Nous avons parlé des ministères ! »

Nous ne saurions trop le redire, l'éducation morale ne sera véritablement comprise que le jour où on lui donnera, dans la pratique de l'école, la place d'honneur qu'elle occupe déjà dans les programmes ; le jour où, tout en se mêlant aux diverses parties de l'enseignement, elle saura faire respecter son indépendance et son autonomie.

Résultats de cet enseignement. — La première condition pour réussir dans l'enseignement moral est d'avoir foi dans l'efficacité de cette partie de l'instruction. Or nous craignons que trop d'instituteurs encore

---

(1) C'est pour cette raison que nous avons cru pouvoir rapprocher et réunir les deux enseignements dans nos *Éléments d'instruction morale et civique.*

ne soient légèrement sceptiques sur ce point. Aussi croyons-nous utile de mettre sous leurs yeux quelques extraits de rapports officiels qui prouvent que, quoique encore à ses débuts et malgré les tâtonnements de la première heure, cet enseignement a déjà porté ses fruits. Ces extraits sont d'ailleurs la meilleure réponse qu'on puisse opposer à ceux qui dénigrent le nouveau régime moral des écoles laïques.

« La discipline scolaire est en progrès. — Les élèves sont mieux pénétrés de leurs devoirs: leur conduite est plus régulière. » —« Le mensonge est moins fréquent. » D'autre part, une foule de traits prouvent que le sentiment de la charité se développe : « Les enfants sont plus serviables, plus sensibles aux maux d'autrui. » De même pour le sentiment de l'honneur, de la dignité personnelle. Presque toutes les vertus individuelles et sociales semblent, au moins dans certaines écoles, éclore ou se fortifier sous l'action du nouvel enseignement. La probité des écoliers se manifeste dans plus d'une occasion et partout s'affermit de jour en jour. Mais ce qui grandit surtout, ce qui se manifeste avec le plus d'éclat, c'est l'amour du pays. Ce sont des témoignages encourageants que ceux-ci : « Le sentiment patriotique a pris un développement extraordinaire. Ce sentiment aurait plutôt besoin d'être contenu qu'excité. Tous mes élèves savent, dit un instituteur, qu'ils appartiennent à une nation de vaincus, et si leurs sentiments ne changent pas, le jour venu, ils sauraient faire bravement leur devoir. » — « L'idée patriotique est celle qui a fait le plus de chemin. » — « L'admirable courant patriotique dont nous sommes les témoins consolés, n'est-ce pas l'ouvrage de l'école (1)? »

But et caractère de l'enseignement de la morale. — Comme pour l'éducation physique et pour l'éducation intellectuelle, nous reproduirons ici les directions officielles sur l'éducation morale.

---

(1) M. Lichtenberger, *op. cit.*, *passim*.

« L'enseignement moral est destiné à compléter et à relier, à relever et à ennoblir tous les enseignements de l'école. Tandis que les autres études développent chacune un ordre spécial d'aptitudes et de connaissances utiles, celle-ci tend à développer dans l'homme l'homme lui-même, c'est-à-dire un cœur, une intelligence, une conscience.

« Par là même l'enseignement moral se meut dans une tout autre sphère que le reste de l'enseignement. La force de l'éducation morale dépend bien moins de la précision et de la liaison logique des vérités enseignées que de l'intensité du sentiment, de la vivacité des impressions et de la chaleur communicative de la conviction. Cette éducation n'a pas pour but de faire *savoir*, mais de faire *vouloir*; elle émeut plus qu'elle ne démontre ; devant agir sur l'être sensible, elle procède plus du cœur que du raisonnement ; elle n'entreprend pas d'analyser toutes les raisons de l'acte moral, elle cherche avant tout à le produire, à le répéter, à en faire une habitude qui gouverne la vie. A l'école primaire surtout, ce n'est pas une science, c'est un art, l'art d'incliner la volonté libre vers le bien. »

Rôle de l'instituteur dans cet enseignement. — « L'instituteur est chargé de cette partie de l'éducation, en même temps que des autres, comme représentant de la société : la société laïque et démocratique a en effet l'intérêt le plus direct à ce que tous ses membres soient initiés de bonne heure et par des leçons ineffaçables au sentiment de leur dignité et à un sentiment non moins profond de leur devoir et de leur responsabilité personnelle.

« Pour atteindre ce but, l'instituteur n'a pas à enseigner de toutes pièces une morale théorique, suivie d'une morale pratique, comme s'il s'adressait à des enfants dépourvus de toute notion préalable du bien et du mal : l'immense majorité lui arrive au contraire ayant déjà reçu ou recevant un enseignement religieux qui les familiarise avec l'idée d'un Dieu, auteur de l'univers et père des hommes, avec les traditions, les croyances, les pratiques d'un culte chrétien ou israélite ; au moyen de ce culte et sous les formes qui lui sont particulières, ils ont déjà reçu les notions fondamentales de la morale éternelle et universelle ; mais ces notions sont encore chez eux à l'état de germe naissant et fragile, elles n'ont pas pénétré profondément en eux-mêmes ; elles sont fugitives et confuses, plutôt entrevues que possédées, confiées à la mémoire bien plus qu'à la conscience à peine exercée encore. Elles attendent d'être mûries et développées par une culture convenable. C'est cette culture que l'instituteur public va leur donner.

« Sa mission est donc bien délimitée ; elle consiste à fortifier, à enraciner dans l'âme de ses élèves, pour toute leur vie, en les faisant passer dans la pratique quotidienne, ces notions essentielles de moralité humaine, communes à toutes les doctrines et nécessaires à tous les hommes civilisés. Il peut remplir cette mission sans avoir à faire personnellement ni adhésion, ni opposition à aucune des diverses croyances confessionnelles auxquelles ses élèves associent et mèlent les principes généraux de la morale.

« Il prend ces enfants tels qu'ils lui viennent, avec leurs idées et leur langage, avec les croyances qu'ils tiennent de la famille, et il n'a d'autre souci que de leur apprendre à en tirer ce qu'elles contiennent de plus précieux au point de vue social, c'est-à-dire les préceptes d'une haute moralité. »

Objet propre et limites de cet enseignement. — « L'enseignement moral laïque se distingue donc de l'enseignement religieux sans le contredire. L'instituteur ne se substitue ni au prêtre ni au père de famille; il joint ses efforts aux leurs pour faire de chaque enfant un honnète homme. Il doit insister sur les devoirs qui rapprochent les hommes, et non sur les dogmes qui les divisent. Toute discussion théologique ou philosophique lui est manifestement interdite par le caractère même de ses fonctions, par l'âge de ses élèves, par la confiance des familles et de l'État; il concentre tous ses efforts sur un problème d'une autre nature, mais non moins ardu, par cela même qu'il est exclusivement pratique : c'est de faire faire à tous ces enfants l'apprentissage effectif de la vie morale.

« Plus tard, devenus citoyens, ils seront peut-être séparés par des opinions dogmatiques, mais du moins ils seront d'accord dans la pratique pour placer le but de la vie aussi haut que possible, pour avoir la même horreur de tout ce qui est bas et vil, la même admiration de ce qui est noble et généreux, la même délicatesse dans l'appréciation du devoir, pour aspirer au perfectionnement moral, quelques efforts qu'il coûte, pour se sentir unis, dans ce culte général du bien, du beau et du vrai qui est aussi une forme, et non la moins pure, du sentiment religieux.

« Pour que la culture morale soit possible et suffisante dans l'enseignement primaire, une condition est indispensable : c'est que cet enseignement atteigne au vif de l'âme; qu'il ne se confonde ni par le ton, ni par le caractère, ni par la forme, avec une leçon proprement dite. Il ne suffit pas de donner à l'élève des notions correctes et de le munir de sages maximes, il faut arriver à faire éclore en lui des sentiments assez vrais et assez forts pour l'aider un jour, dans la lutte de la vie, à triompher des passions et des vices. On demande à l'instituteur non pas d'orner la mémoire de l'enfant, mais de toucher son cœur, de lui faire ressentir, par une expérience directe, la majesté de la loi morale; c'est assez dire que les moyens à employer ne peuvent être semblables à ceux d'un cours de science ou de grammaire. Ils doivent être non seulement plus souples et plus variés, mais plus intimes, plus émouvants, plus pratiques, d'un caractère tout ensemble moins didactique et plus grave.

« L'instituteur ne saurait trop se représenter qu'il s'agit pour lui de former chez l'enfant le sens moral, de l'aiguiser, de le redresser parfois, de l'affermir toujours; et, pour y parvenir, le plus sûr moyen dont dispose un maître qui n'a que si peu de temps pour une œuvre si longue, c'est d'exercer beaucoup, et avec un soin extrême, ce délicat instrument de la conscience. Qu'il se borne aux points essentiels, qu'il reste élémentaire, mais clair, mais simple, mais impératif et persuasif tout ensemble. Il doit laisser de côté les développements qui trouveraient leur place dans un enseignement plus élevé; pour lui la tâche se borne à accumuler, dans l'esprit et dans le cœur de l'enfant qu'il entreprend de façonner à la vie morale, assez de beaux exemples, assez de bonnes impressions, assez de saines idées, d'habitudes salutaires et de nobles aspirations pour que cet enfant emporte de l'école, avec son petit patrimoine de connaissances élémentaires, un trésor plus précieux encore : une conscience droite.

« Deux choses sont expressément recommandées aux maîtres. D'une part, pour que l'élève se pénètre de ce respect de la loi morale qui est à lui seul toute une éducation, il faut premièrement que, par son caractère, par sa conduite, par son langage, il soit lui-même le plus persuasif des exemples. Dans cet ordre d'enseignement, ce qui ne vient pas du cœur ne va pas au cœur. Un maître qui récite des préceptes, qui parle du devoir sans conviction, sans chaleur, fait bien pis que perdre sa peine, il est en faute : un cours de morale régulier, mais froid, banal et sec, n'enseigne pas la morale, parce qu'il ne la fait pas aimer. Le plus simple récit où l'enfant pourra surprendre un accent de gravité, un seul mot sincère, vaut mieux qu'une longue suite de leçons machinales. « D'autre part, le maître devra éviter comme une mauvaise action tout ce qui, dans son langage ou dans son attitude, blesserait les croyances religieuses des enfants confiés à ses soins, tout ce qui porterait le trouble dans leur esprit, tout ce qui trahirait de sa part envers une opinion quelconque un manque de respect ou de réserve. « La seule obligation à laquelle il soit tenu, — et elle est compatible avec le respect de toutes les croyances, — c'est de surveiller d'une façon pratique et paternelle le développement moral de ses élèves, avec la même sollicitude qu'il met à suivre leurs progrès scolaires : il ne doit pas se croire quitte envers aucun d'eux, s'il n'a fait autant pour l'éducation du caractère que pour celle de l'intelligence. A ce prix seulement l'instituteur aura mérité le titre d'*éducateur*, et l'instruction le nom d'*éducation libérale*. »

Programmes officiels. — Les tableaux suivants indiquent la répartition dans les trois cours des matières de l'enseignement de la morale.

BIBLIOGRAPHIE.

Circulaire du 17 *novembre* 1883.
L'Éducation morale dans les écoles primaires, par M. Lichtenberger, dans le recueil des *Monographies pédagogiques*, n° 28.

ORGANISATION PÉDAGOGIQUE.

	SECTION ENFANTINE DE 5 A 7 ANS	COURS ÉLÉMENTAIRE DE 7 A 9 ANS	COURS MOYEN DE 9 A 11 ANS	COURS SUPÉRIEUR DE 11 A 13 ANS
Morale.	Causeries très simples mêlées à tous les exercices de la classe et de la récréation. Petites poésies expliquées et apprises par cœur. — Historiettes morales racontées et suivies de questions propres à en faire ressortir le sens et à vérifier si les enfants l'ont compris. — Petits chants. Soins particuliers de la maîtresse à l'égard des enfants chez lesquels elle a observé quelque défaut ou quelque vice naissant.	Entretiens familiers. Lectures avec explications (récits, exemples, préceptes, paraboles et fables). Enseignement par le cœur. Exercices pratiques, tendant à mettre la morale en action dans la classe même (1° Par l'observation individuelle des caractères (tenir compte des prédispositions des enfants pour corriger leurs défauts avec douceur ou développer leurs qualités); 2° Par l'application intelligente de la discipline scolaire comme moyen d'éducation (distinguer soigneusement le manquement au devoir de la simple infraction au règlement, faire saisir le rapport de la faute à la punition, donner l'exemple dans le gouvernement de la classe d'un scrupuleux esprit d'équité, inspirer l'horreur de la délation, de la dissimulation, de l'hypocrisie; mettre au-dessus de tout la franchise et la droiture, et pour cela ne jamais décourager le franc parler des enfants, leurs réclamations, leurs demandes, etc.); 3° Par l'appel incessant au sentiment et au jugement moral de l'enfant lui-même (faire souvent les élèves juges de leur propre conduite, leur faire estimer surtout, chez eux et chez les autres, l'effort moral et intellectuel, savoir les laisser dire et les laisser faire, sauf à les amener ensuite à découvrir par eux-mêmes leurs erreurs ou leurs torts); 4° Par le redressement des notions grossières (préjugés et superstitions populaires, croyance aux sorciers, aux revenants, à l'influence de certains nombres, terreurs folles, etc.); 5° Par l'enseignement à tirer des faits observés par les enfants eux-mêmes : à l'occasion, leur faire sentir les tristes suites des vices dont ils ont parfois l'exemple sous les yeux, de l'ivrognerie, de la paresse, du désordre, de la cruauté, des appétits brutaux, etc.; en	Entretiens, lectures avec explications, exercices pratiques. — Même mode et mêmes moyens d'enseignement que précédemment, avec un peu plus de méthode et de précision. — Coordonner les leçons et les lectures de manière à n'omettre aucun point important du programme ci-dessous : **I** *L'enfant dans la famille. Devoirs envers les parents et les grands-parents.* — Obéissance, respect, amour, reconnaissance. — Aider les parents dans leurs travaux; les soulager dans leurs maladies; venir à leur aide dans leurs vieux jours. *Devoirs des frères et sœurs.* — S'aimer les uns les autres : protection des plus âgés à l'égard des plus jeunes; action de l'exemple. *Devoirs envers les serviteurs.* — Les traiter avec politesse, avec bonté. *L'enfant dans l'école.* — Assiduité, docilité, travail, convenances. — Devoirs envers l'instituteur. — Devoirs envers les camarades. *La patrie.* — La France, ses grandeurs et ses malheurs. — Devoirs envers la patrie et la société. **II** *Devoirs envers soi-même.* — Le corps, propreté, sobriété et tempérance, dangers de l'ivresse, gymnastique. *Les biens extérieurs.* — Économie; éviter les dettes, funestes effets de la passion du jeu; ne pas trop aimer l'argent et le gain; prodigalité, avarice. Le travail (ne pas perdre de temps, obligation du travail pour tous les hommes, noblesse du travail manuel). *L'âme.* — Véracité et sincérité; ne jamais mentir. — Dignité personnelle, respect de soi-même. — Modestie: ne pas s'aveugler sur ses défauts.	Entretiens, lectures, exercices pratiques, comme dans les deux cours précédents. Celui-ci comprend de plus; en une série régulière de leçons dont le nombre et l'ordre pourront varier, un enseignement élémentaire de la morale en général et plus particulièrement de la *Morale sociale,* d'après le programme ci-après : 1° *La famille.* — Devoirs des parents et des enfants; devoirs réciproques des maîtres et des serviteurs; l'esprit de famille. 2° *La société.* — Nécessité et bienfaits de la société. La justice, condition de toute société. La solidarité, la fraternité humaine. Applications et développements de l'idée de *justice* : respect de la vie et de la liberté humaine, respect de la propriété, respect de la parole donnée, respect de l'honneur et de la réputation d'autrui. La probité, l'équité, la loyauté, la délicatesse. Respect des opinions et des croyances. Applications et développements de l'idée de *charité* ou de *fraternité.* Ses divers degrés; devoirs de bienveillance, de reconnaissance, de tolérance, de clémence, etc. Le dévouement, forme suprême de la charité : montrer qu'il peut trouver place dans la vie de tous les jours. 3° *La patrie.* — Ce que l'homme doit à la patrie (l'obéissance aux lois, le service militaire, discipline, dévouement, fidélité au drapeau). — L'impôt (condamnation de toute fraude envers l'État). Le vote (il est moralement obligatoire, il doit être libre, consciencieux, désintéressé, éclairé). — Droits qui correspondent à ces devoirs : liberté individuelle, liberté de conscience, liberté du travail, liberté d'association. Garantie de la sécurité de la vie et des biens de tous. La souveraineté nationale. Explication de la devise républicaine : Liberté, Égalité, Fraternité.

	SECTION ENFANTINE DE 5 A 7 ANS	COURS ÉLÉMENTAIRE DE 7 A 9 ANS	COURS MOYEN DE 9 A 11 ANS	COURS SUPÉRIEUR DE 11 A 13 ANS
Morale (suite).	....	leur inspirant autant de compassion pour les victimes du mal que d'horreur pour le mal lui-même; — procéder de même par voie d'exemples concrets et d'appels à l'expérience immédiate des enfants pour les initier aux émotions morales : les élever, par exemple, au sentiment d'admiration pour l'ordre universel et au sentiment religieux en leur faisant contempler quelques grandes scènes de la nature; au sentiment de la charité en leur signalant une misère à soulager, en leur donnant l'occasion d'un acte effectif de charité à accomplir avec discrétion; aux sentiments de la reconnaissance et de la sympathie par le récit d'un trait de courage, par la visite à un établissement de bienfaisance, etc.	Éviter l'orgueil, la vanité, la coquetterie, la frivolité. — Avoir honte de l'ignorance et de la paresse. — Courage dans le péril et dans le malheur; patience, esprit d'initiative. — Dangers de la colère. Traiter les animaux avec douceur: ne point les faire souffrir inutilement. — Loi Grammont, sociétés protectrices des animaux. *Devoirs envers les autres hommes.* — Justice et charité (ne faites pas à autrui ce que vous ne voudriez pas qu'on vous fît, faites aux autres ce que vous voudriez qu'ils vous fissent). — Ne portez atteinte ni à la vie, ni à la personne, ni aux biens, ni à la réputation d'autrui. — Bonté, fraternité. — Tolérance, respect de la croyance d'autrui. *N. B.* Dans tout ce cours, l'instituteur prend pour point de départ l'existence de la conscience, de la loi morale et de l'obligation. Il fait appel au sentiment et à l'idée du devoir, au sentiment et à l'idée de la responsabilité : il n'entreprend pas de les démontrer par exposé théorique. *Devoirs envers Dieu.* — L'instituteur n'est pas chargé de faire un cours *ex professo* sur la nature et les attributs de Dieu; l'enseignement qu'il doit donner à tous indistinctement se borne à deux points : D'abord, il leur apprend à ne pas prononcer légèrement le nom de Dieu, il associe étroitement dans leur esprit à l'idée de la Cause première et de l'Être parfait un sentiment de respect et de vénération; et il habitue chacun d'eux à environner du même respect cette notion de Dieu, alors même qu'elle se présenterait à lui sous des formes différentes de celles de sa propre religion. Ensuite, et sans s'occuper des prescriptions spéciales aux diverses communions, l'instituteur s'attache à faire comprendre et sentir à l'enfant que le premier hommage qu'il doit à la Divinité, c'est l'obéissance aux lois de Dieu telles que les lui révèlent sa conscience et sa raison.	Dans chacun de ces chapitres du cours de morale sociale, on fera remarquer à l'élève, sans entrer dans des discussions métaphysiques : 1° La différence entre le devoir et l'intérêt, même lorsqu'ils semblent se confondre, c'est-à-dire le caractère impératif et désintéressé du devoir; 2° La distinction entre la loi écrite et la loi morale : l'une fixe un maximum de prescriptions que la société impose à tous ses membres sous des peines déterminées; l'autre impose à chacun dans le secret de sa conscience un devoir que nul ne le contraint à remplir, mais auquel il ne peut faillir sans se sentir coupable envers lui-même et envers Dieu.

CHAPITRE VII

DÉVELOPPEMENT ET RÉPARTITION MENSUELLE DES PROGRAMMES.

Le développement détaillé des programmes et l'indépendance de l'instituteur. — Opinion de M. Gréard. — Essais déjà tentés. — Nécessité d'une répartition mensuelle. — Principes adoptés. — Exemples de répartition mensuelle des programmes : Instruction morale ; — Lecture ; — Ecriture ; — Langue française ; — Histoire ; — Géographie, arithmétique, etc., etc.

Le développement détaillé des programmes et l'indépendance de l'instituteur. — C'est une question de savoir si l'on doit se contenter dans l'instruction primaire, comme dans l'instruction secondaire, d'établir des programmes généraux, en laissant aux instituteurs le soin de s'y reconnaître et de régler eux-mêmes la distribution de leur enseignement journalier ; ou bien, au contraire, pour éviter les tâtonnements, les erreurs graves, dans des fonctions où chaque année les débutants se chiffrent par milliers, s'il est nécessaire de proposer *à priori* une répartition précise des matières, en poussant le détail de la direction jusqu'à jalonner, pour ainsi dire, le développement des programmes, *mois par mois*, semaine par semaine.

Les hommes les plus respectueux de l'indépendance de l'instituteur, les plus convaincus de la nécessité de faire appel à son initiative, n'hésitent pourtant pas à reconnaître que des programmes généraux sont insuffisants, et qu'il est utile de guider les efforts des maîtres, en leur présentant, au moins à titre d'indication, des modèles de ce que peut et doit être le développement normal des matières du programme.

Opinion de M. Gréard. — C'était dès 1868 l'opinion de M. Gréard. Bien entendu, M. Gréard ne veut pas d'une répartition jour par jour, qui serait « un encouragement à la routine », qui habituerait l'instituteur « à faire marcher ses élèves et à marcher lui-même à la lisière ». Mais il en est autrement, pense-t-il, des règles et des directions qui ne portent que sur l'ensemble d'un trimestre ou d'un mois.

« Ainsi défini, conclut M. Gréard, le programme laisse au maître l'aisance dont il ne saurait se passer, et en même temps il l'oblige à se surveiller, à se rassembler, pour ainsi dire, à fournir régulièrement ses étapes, à marcher d'un pas égal, sans précipitation comme sans lenteur, vers le but qu'il faut atteindre. L'éducation primaire a ses exigences particulières : elle embrasse beaucoup de choses et elle dispose de peu de temps. Ce n'est qu'à force d'ordre qu'il est possible de mettre à profit ce peu de temps : une judicieuse économie dans la distribution trimestrielle ou mensuelle des matières peut même permettre d'en gagner (1). »

Essais déjà tentés. — C'est en conformité avec ces principes, et à l'imitation de ce que M. Gréard avait fait lui-même pour les écoles de la ville de Paris, que de divers côtés les autorités académiques ont essayé de rédiger un plan détaillé d'enseignement primaire.

En 1875, M. Carré, alors inspecteur d'académie des Ardennes, a publié, à l'usage des écoles de ce département, des programmes développés, où il indiquait les points essentiels sur lesquels l'instituteur devait s'arrêter : « Nous demandons, disait-il, non pas que sur chacun de ces points les enfants sachent tout ce qu'il est possible de savoir, mais qu'ils en apprennent bien tout ce qu'il n'est pas permis d'ignorer. »

Le plan d'organisation de M. Carré ne comprenait pas d'ailleurs de division mensuelle, ni même trimestrielle. C'est au contraire la répartition mensuelle qui caractérise les programmes développés qu'ont établis l'administration académique du département de la Haute-Vienne, en 1876, et celle du département du Nord en 1883. Dans l'avis préliminaire de ce dernier plan d'organisation pédagogique, M. l'inspecteur d'académie

(1) Dans son mémoire pour l'Exposition universelle de 1878. M. Gréard constatait les heureux résultats obtenus, « grâce aux programmes où le développement des matières de chaque cours a été déterminé mois par mois ».

Brunel explique le travail auquel il s'est livré, en collaboration avec ses collègues de l'inspection primaire et un certain nombre d'instituteurs.

« Les instituteurs, laissés à eux-mêmes en présence de la réforme de l'enseignement primaire, n'ont pas su en général établir rationnellement l'emploi du temps et les programmes...

« On trouvera peut-être nos programmes trop étendus, et à cause de cela ils sembleront à quelques-uns dépasser la portée des enfants de nos écoles.

« Nous avons plusieurs réponses à faire à cette objection.

« D'abord il est certain qu'ils pourront être appliqués tout de suite dans un certain nombre d'écoles urbaines, et qu'ils n'y paraîtront ni trop étendus, ni trop élevés.

« Ensuite nous n'avons pas la prétention de les imposer dans toutes leurs parties à toutes les écoles. Nous avons fixé un *maximum*. L'instituteur restera juge de l'emploi restreint ou complet de ces programmes... Tout ce que nous lui demandons, c'est qu'il n'en sorte pas, c'est qu'il sache choisir les parties les plus importantes, c'est qu'il embrasse les matières dans le temps prescrit, qu'il ne ralentisse ni ne précipite aveuglément sa marche...

« Nous croyons en outre avoir facilité son travail, en lui offrant un sommaire complet et méthodique qui lui évitera la peine de chercher l'objet et l'ordre de ses leçons quotidiennes; il n'aura qu'à le développer avec discernement et mesure... Il y a plus. Il pourra concentrer toute son attention, tous ses efforts sur la préparation même de ses leçons, et il est certain que les bonnes études n'auront qu'à y gagner. »

Et M. Brunel conclut en faisant observer que, même enfermée dans les limites d'un programme précis, *l'initiative de l'instituteur reste entière;* elle se manifestera dans le choix des auteurs, dans l'emploi des procédés et des méthodes. L'instituteur restera d'ailleurs toujours libre de restreindre les programmes, de les adapter aux forces de ses élèves.

Nécessité d'une répartition mensuelle. — Nous avons tenu à reproduire, à nous approprier les observations de M. Brunel, parce qu'elles justifient à l'avance le travail que nous tentons à notre tour, en nous inspirant des essais que nous venons de mentionner. On trouvera, en effet, aux pages qui vont suivre, une série de tableaux qui présentent, mois par mois, pour la classe enfantine et pour les trois cours, la répartition des diverses parties du programme. Une simple répartition trimestrielle, comme celle que le programme officiel indique lui-même, pour l'histoire, par exemple, ne suffirait pas (1) : il faut aller jusqu'à une répartition mensuelle. C'est le seul moyen de montrer à l'instituteur comment il pourra chaque année arriver jusqu'au bout du programme. N'a-t-on pas cité des écoles où, faute d'unplan arrêté à l'avance, on en était encore à l'histoire de Charlemagne au mois de juin?

Principes adoptés. — Le plan suivi dans l'organisation pédagogique du Nord nous a servi de guide sur plusieurs points de détail. Mais l'ordonnance que nous avons adoptée est cependant toute différente : elle ne consiste plus à diviser chaque programme en trois parties successives, fragmentaires : elle se conforme au règlement officiel, en suivant, autant qu'il est possible, *la méthode concentrique*, celle qui consiste à proposer aux élèves des trois cours les mêmes sujets d'étude de plus en plus développés.

Bien entendu, cette méthode ne pouvait être appliquée partout, notamment pour l'histoire, où le programme officiel, à raison même du caractère successif des faits historiques, a repris le principe de la succession des cours, puisqu'il divise l'histoire nationale en deux parties, depuis les origines jusqu'en 1328 (cours élémentaire), depuis 1328 jusqu'à nos jours (cours moyen).

La répartition que nous proposons ne vise que les trois cours, chacun pris dans son ensemble, et non, ce qui serait d'une complication excessive, les divisions des trois cours. Ils constituent pour chacun des trois degrés un *maximum*. En d'autres termes, le maître ne perdra pas de vue que le programme du cours élémentaire, par exemple, tel qu'il est inscrit dans nos tableaux, indique non pas ce que l'élève aura à apprendre pendant la première année, mais tout ce qu'il devra savoir avant d'entrer dans le cours moyen.

----

(1) En 1871, M. Jules Simon, alors ministre, avait déjà fait rédiger des tableaux qui contenaient une répartition trimestrielle du travail scolaire.

EXEMPLES DE RÉPARTITION MENSUELLE DES PROGRAMMES

I. — INSTRUCTION MORALE.

« Il y aura chaque jour, dans les deux premiers cours, une leçon qui, sous la forme l'instruction morale. Dans le cours supérieur, cette leçon sera, autant que possible, d'entretiens familiers, ou au moyen d'une lecture appropriée, sera consacrée à le développement méthodique du programme de morale. »

(Arrêté du 18 janvier 1887, article 19.)

CLASSE ENFANTINE (ENFANTS DE 5 A 7 ANS).	COURS ÉLÉMENTAIRE (ENFANTS DE 7 A 9 ANS).	COURS MOYEN (ENFANTS DE 9 A 11 ANS).	COURS SUPÉRIEUR (ENFANTS DE 11 A 13 ANS).
OCTOBRE	**OCTOBRE**	**OCTOBRE**	**OCTOBRE**
Lectures et causeries sur *la famille*. « L'enseignement dans les classes enfantines est conforme au programme du cours élémentaire des écoles primaires. » (Arrêté du 18 janvier 1887, art. 2.) On suivra donc le programme et la répartition indiqués à la deuxième colonne (cours élémentaire). L'enseignement sera présenté sous forme de causeries familières ou de lectures très simples sur lesquelles seront interrogés les élèves. Les chants joueront aussi un rôle dans cette première éducation morale.	*L'enfant dans la famille.* — Ce que serait un enfant sans famille ; lectures sur les orphelins, sur les enfants abandonnés. Ce que le père et la mère font pour leurs enfants : les bienfaits des parents, les soins matériels et la tendresse de la mère ; le travail, la protection du père. Récits historiques ou fictifs ; traits d'amour maternel, de dévouement paternel. Les frères et les sœurs : exemples de dévouement fraternel. Les autres membres de la famille : les grands-parents, les oncles, les tantes, etc.	Mêmes matières que dans le cours élémentaire. On aura soin seulement de varier les exemples, de choisir, de préférence aux historiettes, des récits vrais. On s'appuiera d'ailleurs un peu moins sur les exemples ; on usera des préceptes sans en abuser.	*La famille.* — Définition de la famille. Principaux types de la famille. Le mariage. Fondement de l'autorité paternelle et maternelle. Les devoirs des époux entre eux. Les devoirs des parents envers les enfants. Les règles du *Code civil* et les prescriptions de la morale : en expliquer les différences.
NOVEMBRE	**NOVEMBRE**	**NOVEMBRE**	**NOVEMBRE**
Lectures et causeries sur *la famille*.	*L'enfant dans la famille.* — Ce que les enfants doivent à leurs parents. Traits de reconnaissance filiale, d'obéissance, de respect. Récits historiques ou fictifs représentant tour à tour des enfants reconnaissants et ingrats, obéissants et indociles, etc. Devoirs des enfants envers leurs parents âgés, pauvres et infirmes.	Mêmes remarques qu'au mois précédent.	*La famille.* — Les devoirs des enfants envers leurs parents : distinguer les sentiments et les actes. Sentiments d'affection, de reconnaissance, de respect. Actes d'obéissance, d'assistance, de dévouement. Les devoirs des enfants entre eux : affection et protection : devoirs du fils aîné envers ses frères puînés si les parents viennent à manquer.

CLASSE ENFANTINE (ENFANTS DE 5 A 7 ANS).	COURS ÉLÉMENTAIRE (ENFANTS DE 7 A 9 ANS).	COURS MOYEN (ENFANTS DE 9 A 11 ANS).	COURS SUPÉRIEUR (ENFANTS DE 11 A 13 ANS).
DÉCEMBRE Lectures et entretiens sur *l'école.*	**DÉCEMBRE** *L'enfant à l'école.* — Pourquoi on va à l'école. Devoir de s'instruire. Exemples prouvant les dangers de l'ignorance, les bienfaits de l'instruction. Enfance et jeunesse de quelques hommes illustres. Nécessité du travail et ses résultats. Devoirs envers l'instituteur, qui représente les parents. Enfants obéissants, dociles, respectueux. La politesse. Analogie des devoirs envers l'instituteur et des devoirs envers les parents. Devoirs des camarades entre eux : enfants bienveillants, obligeants. Analogie des devoirs entre camarades et des devoirs entre frères.	**DÉCEMBRE** Mêmes remarques qu'au mois précédent.	**DÉCEMBRE** *La société en général.* — Origine naturelle et nécessité de la vie sociale. La famille, fondement de la société. L'école, première image de la société. Bienfaits de la société. Devoirs et droits sociaux. Idée de la personne humaine et de ce qu'on lui doit. Distinction des devoirs de justice et des devoirs de charité. L'égalité et les inégalités naturelles. La justice, condition de toute société. La solidarité sociale, la fraternité humaine. Corrélation des droits et des devoirs.
JANVIER Lectures et entretiens sur *les qualités et les défauts* des enfants.	**JANVIER** *Devoirs envers soi-même.* — Éveiller l'idée du respect de soi-même, de l'honneur, de la dignité personnelle. A l'autorité des parents, à celle de l'instituteur, doit succéder l'autorité intérieure de la conscience. Ce que c'est que se conduire soi-même. Idée du bien et du mal, de ce qui est permis et de ce qui est défendu. Idée du physique et du moral : le corps et l'âme. — Devoirs envers le corps. Conserver et développer les forces physiques. L'hygiène, la gymnastique, la propreté. Exemples de sobriété : exemples contraires d'intempérance. Dangers de l'ivresse. *N. B.* On remarquera que dès le quatrième mois du cours de morale nous demandons un peu plus d'abstraction et de préceptes généraux. On affaiblirait l'enseignement de la morale à vouloir toujours procéder par exemples.	**JANVIER** Mêmes remarques qu'au mois précédent.	**JANVIER** *Devoirs sociaux et devoirs individuels.* — Montrer les rapports des devoirs envers soi-même et des devoirs sociaux : qu'en pratiquant les vertus individuelles, la tempérance, le travail, la sincérité, le courage, on se prépare à remplir et on remplit déjà, en partie, les devoirs sociaux. Devoir de cultiver et de développer toutes les facultés physiques et morales. Devoir de conservation personnelle. Le suicide. La tempérance. La modération dans les désirs et dans les plaisirs. La prudence. Le courage militaire et le courage civil.
FÉVRIER Mêmes sujets qu'au mois précédent.	**FÉVRIER** *Devoirs envers soi-même.* — Les besoins de l'homme. Les biens extérieurs. La propriété. Exemples d'économie et d'épargne. Conseils du *Bonhomme Richard.* Conséquences de la passion du jeu. — Devoirs envers l'âme. La véracité. Le mensonge et ses conséquences. La modestie. Le courage et ses diverses formes.	**FÉVRIER** Mêmes remarques qu'au mois précédent.	**FÉVRIER** *Devoirs sociaux de justice.* — Respect de la vie humaine. Ce qu'il y a d'horrible dans l'homicide. Les répressions du *Code pénal.* Expliquer que la peine de mort, maintenue dans la loi, est fondée sur le droit de légitime défense exercé par la société. Condamner l'assassinat politique. — Respect de la propriété. Ce qu'il y a de sacré dans la propriété : elle est un fait nécessaire, universel : elle est un droit, fondé sur la liberté individuelle et sur le travail. Le vol. Conséquences du droit de propriété : donation et transmission. Hérédité.

CLASSE ENFANTINE (ENFANTS DE 5 A 7 ANS).	COURS ÉLÉMENTAIRE (ENFANTS DE 7 A 9 ANS).	COURS MOYEN (ENFANTS DE 9 A 11 ANS).	COURS SUPÉRIEUR (ENFANTS DE 11 A 13 ANS).
MARS	**MARS**	**MARS**	**MARS**
Lectures et entretiens sur les *actions sociales*. Traits de justice, de charité, de dévouement.	*L'homme dans la société.* — Devoirs envers les autres hommes. Devoirs de justice : « Ne faites pas à autrui ce que vous ne voudriez pas qu'on vous fît à vous-même. » Ne faire de mal à personne. Ne pas maltraiter les animaux. Ne pas nuire à ses camarades. Des habitudes brutales peuvent conduire à l'homicide. Exemples historiques des vertus sociales : exemples contraires des diverses formes de l'injustice : l'esclavage, l'intolérance, la diffamation et la calomnie.	Mêmes remarques qu'au mois précédent.	*Devoirs sociaux de justice.* — Respect de la liberté humaine : inviolabilité de la personne. Ce qu'il y a d'odieux dans l'esclavage. Le servage. La liberté individuelle. — Respect de la parole donnée. La probité, la loyauté. — Respect de l'honneur et de la réputation d'autrui. La calomnie, la diffamation et la médisance. Vertu opposée : la bienveillance. Autres formes de l'injustice : la délation, l'envie, l'ingratitude, etc.
AVRIL	**AVRIL**	**AVRIL**	**AVRIL**
Mêmes sujets qu'au mois précédent.	*L'homme dans la société.* — Devoirs de charité : « Faites à autrui ce que vous voudriez qu'on vous fît à vous-même. » Faire le bien. Venir en aide aux camarades qui souffrent. Assister les indigents. Laideur de l'égoïsme. Plaisirs du dévouement. Exemples de générosité. L'esprit de sacrifice et l'héroïsme.	Mêmes remarques qu'au mois précédent.	*Devoirs sociaux de bienfaisance.* — Qu'ils ne sont pas moins obligatoires que les devoirs de justice. Qu'ils se fondent sur l'amour du prochain et le respect de la personne humaine. La première forme de la bienfaisance est l'aumône. L'assistance privée et publique. Autres formes de la bienfaisance : éclairer les ignorants, soigner les malades, etc. Le dévouement, l'héroïsme. La bonté, qui est le fond de la bienfaisance, nous oblige à l'égard des animaux eux-mêmes. La loi Grammont.
MAI	**MAI**	**MAI**	**MAI**
Lectures patriotiques. — Un régiment. Le drapeau, etc.	*Devoirs envers la patrie.* — Les enfants patriotes. Exemples de patriotisme : Jeanne d'Arc, etc. Ce que c'est que la patrie : communauté de langage, d'intérêts. Grandeurs et malheurs de la France. Qu'il ne faut jamais désespérer de son pays. Services que la France a rendus aux autres nations.	Mêmes remarques qu'au mois précédent.	*La patrie.* — Définition de la patrie. La patrie fondée sur l'accord des sentiments et des volontés, et aussi sur la communauté du territoire, de la langue, des intérêts et des lois, sur la communauté d'un même passé historique. Définition de l'État qui est la puissance souveraine. La souveraineté fondée sur la volonté nationale, exprimée par le suffrage universel. Définition de la Constitution et des lois. Devoirs envers la patrie : obéissance à la Constitution et aux lois ; respect des magistrats.

CLASSE ENFANTINE (ENFANTS DE 5 A 7 ANS).	COURS ÉLÉMENTAIRE (ENFANTS DE 7 A 9 ANS).	COURS MOYEN (ENFANTS DE 9 A 11 ANS).	COURS SUPÉRIEUR (ENFANTS DE 11 A 13 ANS).
JUIN	**JUIN**	**JUIN**	**JUIN**
Mêmes sujets qu'au mois précédent.	*Devoirs envers la patrie* (suite). — Comment l'enfant peut déjà remplir ses devoirs envers la patrie : en fréquentant l'école assidûment : en obéissant à la loi : en aimant la France ; en se préparant à la servir. Comment il la servira plus tard. Le service militaire : tout le monde doit être soldat. L'impôt : tous les citoyens y sont soumis.	Mêmes remarques qu'au mois précédent.	*La patrie.* — Suite des devoirs envers la patrie. L'obligation scolaire. L'obligation du service militaire. La discipline. L'obligation de l'impôt : sa nécessité. Condamnation de toute fraude envers l'État. — Devoirs du citoyen : le vote ; qu'il doit être libre, consciencieux, désintéressé, éclairé. Distinction des libertés civiles et des libertés politiques.
JUILLET	**JUILLET**	**JUILLET**	**JUILLET**
Lectures propres à inspirer aux enfants le *sentiment religieux* ; beautés de la nature, ordre du monde.	*Devoirs envers Dieu.* — Faire comprendre à l'enfant la différence de la morale proprement dite et de la religion. Les beautés de la nature : l'ordre du monde, l'immensité de l'univers. Le mystère des origines de l'homme et de sa destinée. La croyance générale à Dieu. Respect des croyances religieuses.	Mêmes remarques qu'au mois précédent.	*Devoirs envers Dieu et conclusion du cours de morale.* — La morale et la religion. Respect des croyances religieuses : la tolérance. La liberté de conscience. Constater combien est générale la croyance à Dieu. Montrer comment le sentiment religieux fortifie et soutient le sentiment moral. *Notions de morale théorique.* — L'idée du bien et du mal : la conscience : la loi morale distincte de la loi écrite ; le devoir distinct de l'intérêt.
AOUT	**AOUT**	**AOUT**	**AOUT**
Mêmes sujets qu'au mois précédent.	Revision.	Revision.	*Notions de morale théorique* (suite). — L'obligation morale, la responsabilité. Le repentir et le remords. La conscience du devoir accompli. La vertu et le bonheur.

II. — LECTURE.

Conseils et directions. — Il ne nous paraît pas nécessaire d'établir, dans ce manuel, un programme pour l'enseignement de la *lecture*, étant donné l'objet de ces leçons, et à raison aussi de la diversité des ouvrages publiés sur cette matière.

Cependant il n'est pas inutile que l'instituteur se rende compte, dès le commencement de l'année scolaire, de la période de temps que réclame la lecture intégrale de l'ouvrage adopté dans son école ou dans sa classe. Le cas le plus favorable est celui où cette période correspondrait à l'année elle-même ; et alors rien ne serait plus facile que d'attribuer à chaque mois, même à chaque semaine, un certain nombre de chapitres, avec des revisions qui laisseraient une élasticité suffisante à ce mode d'opérer.

Parallèlement aux leçons de lecture courante, l'instituteur donnera aux élèves des notions relatives à la prononciation, autrement dit un aperçu de *phonétique*. Il y joindra des exercices particuliers de *lecture expressive*, dont le texte sera le plus souvent un extrait des œuvres de nos meilleurs poètes.

Si un directeur d'école entrait dans cet ordre d'idées, il pourrait établir sur le modèle suivant la répartition hebdomadaire des sujets de lecture :

COURS MOYEN ou SUPÉRIEUR (1).
Première semaine d'Octobre (1 leçon chaque jour).

Lecture courante (3 exercices). — 1° A l'abandon ; — 2° Le Grillon du foyer ; — 3° Où est la maman ?

Prononciation ou *phonétique* (1 exercice). — Prononciation des trois sortes d'*e* ; lecture de mots où figure l'accent circonflexe.

Lecture expressive (1 exercice). — La Cigale et la Fourmi (La Fontaine).

N. B. — La rédaction d'un programme de lecture est avantageuse, principalement dans les écoles où l'instituteur est obligé de recourir aux services de moniteurs. L'instituteur, dans cette hypothèse, possède à l'avance les éléments d'une bonne préparation des textes à parcourir, et il peut choisir avec discernement et à-propos les exercices qu'il convient d'y rattacher, en correspondance avec l'objet des autres cours.

III. — ÉCRITURE.

Conseils et directions. — La plupart des maîtres se servent de cahiers avec modèles imprimés pour l'enseignement de l'é-

(1) Nous supposons que le livre de lecture employé est l'ouvrage intitulé : *Suzette*, livre de lecture courante pour les jeunes filles, par Mᵐᵉ Robert Halt (Paul Delaplane, éditeur

criture; d'autres, et surtout ceux qui dirigent des classes peu nombreuses, remettent aux élèves des cahiers ordinaires sur lesquels les enfants reproduisent des exercices tracés et démontrés au tableau noir.

Dans la première hypothèse, il est nécessaire que la méthode adoptée soit parcourue durant l'année scolaire, soit une, soit deux fois; de la sorte il sera possible d'attribuer à chaque période mensuelle l'étude de certaines lettres et de certaines combinaisons de caractères, parallèlement à la copie des exercices d'écriture courante.

Dans la seconde hypothèse, le maître se conformera à un programme arrêté à l'avance, qui précisera l'objet des exercices mensuels ou trimestriels, d'après une gradation permettant de passer successivement des caractères les plus simples aux caractères les plus difficiles à tracer; sans préjudice d'exercices d'application comprenant des mots, de simples phrases d'abord, et plus tard le libellé d'actes usuels, de comptes, de factures, de formules de correspondance, et même de billets et de lettres très courtes.

Nous donnons ci-dessous un modèle de ce travail préparatoire de répartition :

PROGRAMME ANNUEL CONCERNANT L'ENSEIGNEMENT DES PRINCIPES
DE L'ÉCRITURE.

1er Trimestre. — *Grosse cursive* (de 6 à 7 millimètres au maximum) (1).

(1) Chaque série d'exercices est séparée de la précédente par un tiret.

qqq.— iii.— sss.— xxx.

zzz.— lll.— eee.— bbb.—

hhh.— kkk.— jjj.— yyy.

ggg.— fff.— nn tt rr.—

dd pp qq.— sscc mm.—

ll bb bl (etc.)

MAJUSCULES.

I I J.— V U J.— P

F T L.— O C X G.—

A N M R B Y.—

H K Z C D E Q W.—

· 2ᵉ Trimestre. — *Moyenne cursive (4 à 5 millimètres) avec exercices récapitulatifs de grosse cursive.*

On reproduira la série précédente des exercices, en exigeant des élèves l'observation des pentes et de la proportion des lettres, notamment quand ils auront à copier des mots et des phrases. — Chiffres.

3ᵉ Trimestre. — *Fine cursive (3 millimètres) avec exercices récapitulatifs de grosse et de moyenne cursive.*

On reproduira la série des exercices indiqués pour la grosse et la moyenne cursive, et l'on multipliera les exercices d'écriture courante. — Chiffres.

4ᵉ Trimestre. — *Exercices récapitulatifs.* — Rédaction d'intitulés de devoirs, de formules d'adresses, d'actes usuels très simples, de factures, de comptes, d'inventaires, de balances, de billets et de lettres.

Les élèves du cours supérieur seront exercés à écrire la ronde et la bâtarde.

IV. — LANGUE FRANÇAISE.

Conseils et directions. — L'enseignement du français (exercices de lecture, lectures expliquées, leçons de grammaire, exercices d'orthographe, dictées, analyses, récitations, exercices de composition, etc.) occupera pendant tous les jours environ deux heures. (Arrêté du 18 janvier 1887, art. 19.)

— S'appuyer sur des exemples et passer des exemples aux règles.

— Faire trouver aux élèves des exemples nouveaux et des applications de la règle.

— Se rappeler le précepte du P. Girard : «Moins de règles que d'exercices ; » et la pensée de Herder : « Il faut apprendre la grammaire par la langue, non la langue par la grammaire. »

— Se servir du tableau noir pour exposer la leçon.

— Les exemples devront être choisis de façon à atteindre le triple but de l'enseignement du français : la connaissance de la langue, la culture de l'intelligence et le développement du sens moral.

— Que les dictées ne soient ni trop fréquentes, ni trop longues, ni trop difficiles. Qu'elles correspondent aux règles déjà choisies. Qu'elles soient corrigées avec soin. Que les textes en soient pris dans les ouvrages classiques.

— Que les exercices d'analyse soient surtout oraux. Qu'on renonce aux analyses trop longues qui imposent à l'enfant un travail d'écriture plus qu'un travail de réflexion.

— Dans le choix des dictées, chercher toujours à les rendre intéressantes, à ne pas en faire une seule qui ne contienne une notion pratique et utile, ou qui ne laisse dans le cœur des enfants une bonne pensée, une noble inspiration.

— Dans les premiers exercices d'orthographe, d'analyse, éviter les phrases sèches, incompréhensibles pour des intelligences jeunes encore, souvent sans signification. Choisir de préférence des maximes simples, des pensées, dés aphorismes, des proverbes facilement saisissables, qui frappent l'esprit de l'enfant et qu'il comprenne sans difficulté.

— « S'attacher aux recherches étymologiques ainsi qu'à l'étude des familles de mots : rien n'étant plus propre à exercer chez les enfants l'esprit d'analyse, à enrichir leur vocabulaire, à ouvrir le champ à leur pensée, à leur faciliter en même temps, sans grand appareil de science, l'explication des règles fondamentales de l'orthographe usuelle. » (M. Gréard.)

— « Ne définir les parties du discours qu'après avoir multiplié les exemples, pour conduire naturellement l'élève à trouver lui-même la définition. Appliquer le même principe à l'étude de la syntaxe. » (Ibid.)

— « La grammaire, telle qu'on l'a trop souvent jusqu'ici enseignée à l'école, consiste presque exclusivement dans l'art d'orthographier, et non dans l'art de parler et d'écrire, qui est pourtant, suivant la commune définition qu'on en donne, son objet propre. Dans un trop grand nombre de classes, corriger une dictée, c'est examiner successivement les formes et les constructions de chaque phrase, en s'aidant d'une épellation psalmodiée qui rend encore le travail plus monotone. L'enfant ne saisirait-il pas mieux les règles de ces formes et de ces constructions si, après les avoir observées sur les exemples de la dictée, il était amené à les expliquer sur des exemples inventés par lui? La dictée nécessairement devrait être plus courte : elle n'en serait que meilleure; et rien n'intéresse l'enfant comme ces applications improvisées où se complaisent son goût et son besoin d'action. Supposons, par exemple, qu'on lui fasse analyser une proposition qu'il a successivement enrichie de tous les compléments qu'elle comporte, n'est-il pas évident que les relations des divers compléments entre eux lui apparaîtront en pleine lumière? Cette logique qu'on s'efforce de lui faire tirer d'une idée, qui trop souvent lui est ou tout à fait étrangère ou peu familière, jaillira, pour ainsi dire, tout naturellement de son esprit qui l'aura créée. L'analyse s'appuiera sur le fond même des choses; elle sera un exercice de jugement en même temps qu'un exercice de grammaire ; elle apprendra à l'enfant à penser correctement, ce qui est le moyen le plus sûr de lui apprendre à parler et à écrire correctement. » (Ibid.)

Exercices de rédaction et de composition. — «Les idées ne viennent pas d'elles-mêmes à l'esprit de l'enfant; il faut lui apprendre à trouver. Encore moins prennent-elles toutes seules l'ordre et la forme qu'elles doivent revêtir : il faut lui apprendre à composer. Or c'est de très bonne heure qu'on peut commencer ces exercices avec profit.

« Si jeune qu'il soit, l'enfant est capable de créer lui-même les exemples sur lesquels on lui fait reconnaître la nature et

l'usage des mots de la langue : il a dans l'esprit des propositions simples toutes faites ; il les possède inconsciemment sans
doute, mais il les possède : ses jeux, les objets qui l'entourent,
lui en fournissent incessamment la matière ; il ne demande qu'à
les exprimer. La seule chose nécessaire alors, c'est, en stimu-
lant cette faculté naturelle d'invention, de tenir la main à ce
qu'il exprime correctement tout ce qu'il invente.

« Si cet exercice élémentaire d'invention est habilement combiné avec celui de la lecture, si son attention est appelée avec
soin, au fur et à mesure, sur les choses qui lui sont moins familières et sur les mots qui servent à les rendre, peu à peu les
ressources de son vocabulaire s'augmenteront avec celles de son
esprit, et de l'invention de la proposition simple il passera aisément, d'abord à l'invention d'une proposition complexe, puis à
la liaison de deux propositions. Tout cela constituera au plus
une phrase ; de là à la composition proprement dite, il y a encore loin assurément. Dès ce moment, toutefois, la difficulté
fondamentale sera vaincue : car, dans ce travail purement oral
encore, l'enfant aura commencé à se faire une idée des éléments
d'une pensée et des formes qui donnent à la pensée son expression ; il aura fait effort, il aura réfléchi pour trouver et rendre
une observation, un sentiment.

« Viendra, avec les progrès de l'âge, le travail écrit. L'idée
première d'un développement de quelques phrases, quatre ou
cinq au plus au début, sera fournie par le maître ; le cadre
même du développement sera préparé ; le travail de l'enfant
consistera à le remplir, en indiquant les causes, les effets, les
circonstances accessoires de temps, de lieu, etc. Cette sorte de
thème pourra même servir parfois de texte à l'exercice d'orthographe. De quelque façon que le devoir soit donné, la correction se faisant en classe, au tableau noir, et chaque élève apportant le complément d'idées plus ou moins juste, plus ou moins
heureux qu'il a trouvé, ce sera pour le maître l'occasion d'exercer par la comparaison le jugement de tous. L'enfant apprendra
ainsi à reconnaître les sources des idées, à en faire le choix, à
les enchaîner dans leur ordre logique ; et il se rendra compte
du travail opéré par son esprit : car c'est le raisonnement qui
lui suggérera les développements complémentaires et qui lui en
fera apprécier la convenance et le lien.

« Il sera prêt alors à aborder les sujets de composition proprement dite, ceux où il aura tout à tirer de son propre fonds ;
et, pour peu qu'ils soient empruntés encore à l'ordre des choses
au milieu desquelles il vit ou dans lesquelles ses lectures l'ont
introduit, il les abordera sans étonnement, il s'y trouvera à
l'aise. Habitué à analyser, à mettre en ordre les éléments de sa
pensée, à chercher le mot propre, la forme correcte pour la
rendre, il saura porter dans sa composition la méthode, l'abon-
dance et la clarté. » (M. Gréard.)

RÉPARTITION DES PROGRAMMES

1° Exercices d'élocution

(Une leçon

DE LANGUE FRANÇAISE.

et Vocabulaire.

par semaine.)

CLASSE ENFANTINE (ENFANTS DE 5 A 7 ANS).	COURS ÉLÉMENTAIRE (ENFANTS DE 7 A 9 ANS).	COURS MOYEN (ENFANTS DE 9 A 11 ANS).	COURS SUPÉRIEUR (ENFANTS DE 11 A 13 ANS).
OCTOBRE Exercices élémentaires oraux d'énumération. — Compléter des propositions très simples par un complément formé d'un seul mot, puis de plusieurs mots.	**OCTOBRE** Exercices d'énumération dans lesquels les objets seront classés selon un ordre déterminé. — Formation de propositions très simples : 1° avec le verbe *être* ; 2° avec un verbe actif ou neutre, le sujet étant donné.	**OCTOBRE** Ce qu'est une langue : ce que comprend l'enseignement ou l'étude d'une langue : objet du vocabulaire, de la composition et de la grammaire. — Ce que sont les mots. — Notions pour arriver à discerner les mots exprimant des idées générales, des mots particuliers. — Exercices oraux ou écrits d'élocution.	**OCTOBRE** Les trois objets de l'enseignement de la langue maternelle. — Objets des études de vocabulaire, des exercices de composition et des notions de grammaire. — *Formation des mots :* racines, préfixes et suffixes ; mots simples, composés, dérivés. — Formation des noms, des verbes et des adjectifs par les suffixes.
NOVEMBRE Suite des exercices oraux relatifs à des propositions qu'il s'agit de compléter. — Formation de propositions simples : 1° en donnant une manière d'être au sujet ; 2° en lui attribuant une action.	**NOVEMBRE** Continuation des exercices d'élocution relatifs à la proposition : compléter le sujet, compléter l'attribut ; sujets simples et composés ; attributs simples et composés. — Formation de phrases à deux ou trois propositions de même nature, puis de nature différente, le sujet étant donné pour chacune.	**NOVEMBRE** Mots primitifs, mots dérivés. — Étude sommaire des principaux *suffixes* ; nombreux exercices oraux d'application. — Étude sommaire des diminutifs, suivie d'exercices oraux ou écrits.	**NOVEMBRE** *Diminutifs.* — Diminutifs des noms, des adjectifs, des verbes. — Formation des mots, au moyen de *préfixes :* préfixes d'origine populaire, d'origine savante. — Étude des principaux préfixes d'origine latine ; — Étude des principaux préfixes d'origine grecque.
DÉCEMBRE Exercices d'élocution portant sur des noms propres, — sur des noms communs usuels. — Trouver le nom commun applicable à plusieurs objets ou êtres particuliers. — Exercices relatifs à la recherche du féminin de certains noms. — Énoncé de noms, d'objets ou d'êtres 1° masculins, 2° féminins.	**DÉCEMBRE** Exercices d'élocution portant sur des noms propres ou communs choisis dans un certain ordre d'idées. — Recherche de termes généraux s'appliquant à des catégories de noms propres ou communs. — Exercices se rapportant à la recherche du féminin de noms communs et de noms propres de personnes ou de choses.	**DÉCEMBRE** Formation de mots composés au moyen de *préfixes.* — Étude de la signification particulière attribuée à chacun des préfixes. Exercices d'application oraux et écrits. Revue des matières étudiées pendant le trimestre.	**DÉCEMBRE** *Notions très élémentaires d'étymologie.* — Étude : 1° des éléments tirés du latin ; 2° des éléments tirés du grec. Recherche du sens des mots dans lesquels figurent ces éléments. Exercices d'application. Revue des matières étudiées pendant le trimestre.

CLASSE ENFANTINE (ENFANTS DE 5 A 7 ANS).	COURS ÉLÉMENTAIRE (ENFANTS DE 7 A 9 ANS).	COURS MOYEN (ENFANTS DE 9 A 11 ANS).	COURS SUPÉRIEUR (ENFANTS DE 11 A 13 ANS).
JANVIER Exercices oraux dans lesquels on recherchera ce que sont telles ou telles choses. — Suite des exercices sur les noms : indiquer quels êtres ou choses peuvent être classés dans telle ou telle catégorie. — Trouver le nom qui correspond à une définition donnée. — Dans des propositions très simples, donner un complément à certains noms.	**JANVIER** Exercices analogues à ceux qui sont indiqués pour l'école enfantine ; ils seront toutefois plus difficiles, et, après la préparation orale, les élèves rédigeront un devoir très court sur l'objet de chaque leçon.	**JANVIER** Recherche du sens précis de mots usuels dans lesquels figurent les préfixes et les suffixes précédemment étudiés. — Exercices élémentaires relatifs à la formation de *familles de mots* (ils seront plutôt oraux qu'écrits).	**JANVIER** Les principaux *suffixes* tirés de la langue grecque. — Exercices raisonnés d'application ; ils seront d'abord faits de vive voix. — *Familles de mots :* 1° familles dérivant d'un radical unique : 2° familles dérivant de mots français à plusieurs radicaux : 3° familles dérivant d'un radical tiré d'une langue étrangère.
FÉVRIER Exercices oraux se rapportant à la recherche d'adjectifs indiquant des couleurs, la forme des choses. — Trouver l'adjectif correspondant à une explication donnée. — Attribuer certains adjectifs à des noms proposés. — Définir d'une manière très simple des adjectifs donnés.	**FÉVRIER** Exercices analogues à ceux qui sont indiqués pour la classe enfantine, etc., etc. (comme il a été dit ci-dessus).	**FÉVRIER** Étude très élémentaire des termes généraux. — Citer et faire trouver des *termes généraux.* — Y rattacher un certain nombre de mots qui en dépendent par le sens : noms, adjectifs, verbes. — Exercices d'application oraux et écrits dont le sujet sera souvent tiré d'une lecture récente.	**FÉVRIER** *Termes généraux ; termes particuliers.* — Faire ressortir l'utilité de la connaissance des termes généraux. — Nomenclature des termes généraux les plus usuels ou les plus nécessaires. — Rattacher à chacun d'eux des dérivés et des composés.
MARS Formation d'adjectifs en citant les noms d'où ils dérivent. — Trouver l'adjectif contraire d'un autre adjectif. — Trouver le contraire d'expressions où figure un adjectif. — Former un nom avec un adjectif donné. — Trouver les diminutifs de certains noms. — Retrouver le nom primitif d'après le diminutif. — Exercices très simples de permutation.	**MARS** Exercices analogues à ceux qui sont indiqués pour la classe enfantine.	**MARS** *Définition des mots.* — Ce que c'est que définir un mot. — Méthode à suivre pour définir : exemples. — Définition de noms choisis dans les exercices de l'ouvrage adopté, ou parmi ceux d'une récente leçon de lecture. Revue des matières étudiées pendant le trimestre.	**MARS** *Définition des mots.* — Rappeler en quoi consiste la définition d'un mot : nom, adjectif, verbe. — Méthode pour définir clairement un mot. — Définition des noms et exercices oraux ou écrits d'application. Revue des matières étudiées pendant le trimestre.
AVRIL Exercices d'élocution sur le verbe. — Un sujet étant donné, former une proposition avec un verbe d'action : exercice contraire. — Exercices sur les compléments. — Attribuer plusieurs actes à un sujet.	**AVRIL** Exercices analogues à ceux qui sont indiqués pour la classe enfantine. Faire terminer des propositions, soit par un complément direct, soit par un complément indirect, étant donnés le sujet et le verbe, ou simplement le sujet.	**AVRIL** Définition des adjectifs, puis des verbes. (Choisir ces mots parmi ceux dont la définition ne présente pas de difficultés sérieuses ; bien suivre la méthode indiquée, afin que les élèves ne donnent pas des synonymes au lieu des définitions demandées.) Ne pas tolérer l'usage d'un dictionnaire.	**AVRIL** Définition des adjectifs. Définition des verbes. Préciser, pour chaque catégorie de mots, la méthode à suivre. Exercices oraux et écrits d'application pour lesquels l'usage d'un dictionnaire sera interdit.

CLASSE ENFANTINE (ENFANTS DE 5 A 7 ANS).	COURS ÉLÉMENTAIRE (ENFANTS DE 7 A 9 ANS).	COURS MOYEN (ENFANTS DE 9 A 11 ANS).	COURS SUPÉRIEUR (ENFANTS DE 11 A 13 ANS).
MAI Remplacer une proposition par un nom. — Conjuguer des temps de verbes, et faire suivre chaque personne d'un complément. — Exercices sur le verbe et la proposition, dans lesquels les verbes devront figurer au pluriel. Formation de verbes dérivés de noms ou d'adjectifs. (On rappelle que tous ces exercices doivent être oraux, très courts, très simples.)	**MAI** Exercices analogues à ceux qui sont indiqués pour la classe enfantine. (Chaque exercice oral sera suivi d'un devoir écrit qui résumera le travail des élèves.)	**MAI** *Les synonymes.* — Donner, par un choix judicieux d'exemples portant sur des mots usuels, une idée des synonymes et de l'importance de ces termes dans le langage. Étude élémentaire des synonymes à radical identique : noms, adjectifs, verbes. Donner une idée des nuances qui distinguent les synonymes tirés du même radical.	**MAI** *Les synonymes.* — Ce qu'on doit entendre par synonymes. — Ce qui distingue les synonymes entre eux. — Méthode pour définir les synonymes se rattachant à la même idée générale. Formation des synonymes à radicaux identiques; essais pour discerner les nuances qui distinguent ces mots entre eux.
JUIN Former de nouveaux verbes en faisant usage de préfixes usuels (*dé. re. pré.* etc.). — Faire discerner les nuances qui distinguent ces mots. — Trouver les contraires de verbes. — Remplacer une expression par un verbe. — Trouver les verbes dérivés de noms donnés, et réciproquement.	**JUIN** Exercices analogues à ceux qui sont indiqués pour la classe enfantine. (Tenir compte de la remarque qui précède.)	**JUIN** Étude élémentaire des synonymes à radicaux différents; en faire rechercher par les élèves parmi les noms, parmi les verbes, et enfin parmi les adjectifs. — Indications sommaires sur les nuances qui séparent les synonymes en question.	**JUIN** Études et exercices analogues à ceux qui sont indiqués au cours moyen pour le même mois. (On insistera sur la recherche des nuances, et toujours sans l'aide d'un dictionnaire, à moins qu'on n'ait donné le devoir à préparer à l'avance.)
JUILLET Définir un verbe en se servant de l'adjectif dont il dérive. — Définir un verbe en se servant du nom dont il dérive. — Définir un verbe au moyen d'une proposition dans laquelle ne figurera ni ce verbe ni un mot de même famille. — Recherche des racines de certains noms, adjectifs ou verbes.	**JUILLET** Exercices analogues à ceux qui sont indiqués pour la classe enfantine.	**JUILLET** Étude récapitulative sur la définition des mots. On fera définir des mots tirés des leçons de lecture. Étude des principaux *homonymes* et exercices d'application.	**JUILLET** *Des doublets.* — Étude des doublets les plus usités : 1° noms; 2° adjectifs; 3° verbes. — Des *acceptions.* Ce qu'on entend par acception : étude raisonnée des acceptions de certains mots usuels. *Homonymes et paronymes.* — Étude des principaux termes de cette catégorie de mots.
AOUT Revue des matières étudiées depuis le mois d'avril principalement.	**AOUT** Revue des matières étudiées depuis le mois d'avril principalement.	**AOUT** Revue des matières étudiées depuis le mois d'avril principalement.	**AOUT** Revue des matières étudiées depuis le mois d'avril principalement.

LANGUE FRANÇAISE :

2° Exercices de composition (1).

(Deux exercices par semaine.)

CLASSE ENFANTINE (ENFANTS DE 5 A 7 ANS).	COURS ÉLÉMENTAIRE (ENFANTS DE 7 A 9 ANS).	COURS MOYEN (ENFANTS DE 9 A 11 ANS).	COURS SUPÉRIEUR (ENFANTS DE 11 A 13 ANS).
OCTOBRE Les exercices de composition seront d'abord exclusivement oraux. Ils consisteront en causeries sur un objet, une image, et les élèves en reproduiront la substance à l'aide ou non d'un sommaire. Exemples : Causerie sur l'eau. — la terre. — l'air. — la neige.	**OCTOBRE** Placer sous les yeux des élèves, pour qu'ils les examinent, un objet, un être animé, un atelier, etc. ; ils en discerneront les parties, le contenu, puis les énuméreront dans un ordre déterminé. Ils rédigeront ensuite un devoir qui reproduira, sur un plan donné, le sujet de l'entretien. Exemples : Dans le jardin de l'école, on cultive... Un habillement d'enfant se compose de... Les métaux que je connais sont...	**OCTOBRE** Exercices préliminaires de rédaction consistant à remplir, d'abord oralement et sous la direction du maître, le canevas d'un sujet donné, puis à reproduire par écrit le cadre préparé. Exemples : Le départ des conscrits. Un bon, un mauvais camarade. Respect du bien d'autrui. La propriété.	**OCTOBRE** *Rédactions.* — Le maître lit une historiette, en tout ou partie, et successivement les élèves rendent compte de l'objet de la lecture. Puis, d'après un plan donné, ils le reproduisent par écrit. Ainsi, on les forme à exprimer avec ordre et correction leurs idées. Exemples : Le nid d'oiseau (Charton). Les clous dans le poteau. Le danger d'une porte ouverte.
NOVEMBRE Causerie sur la lune. — les arbres en général. — un sapin. — un chêne.	**NOVEMBRE** *Exercices sur la proposition.* Terminer une proposition par l'addition d'un attribut. — Terminer une proposition en lui donnant un sujet. — Terminer une proposition en complétant le verbe attributif qu'elle renferme, etc., etc.	**NOVEMBRE** *Rédactions d'après une lecture et un sommaire.* — On fera cette sorte de devoirs comme on l'a indiqué pour octobre au cours supérieur. Les sujets seront analogues à ceux que l'on y a proposés, mais plus simples, plus courts.	**NOVEMBRE** *Rédactions (suite).* — Les sujets seront, autant que possible, choisis parmi ceux proposés aux examens du certificat d'études. Exemples : Le charretier brutal (Paris). La désobéissance (Morbihan).
DÉCEMBRE Causerie sur un pommier, une pomme. — le coton et ses usages. — le raisin et le vin. — les légumes.	**DÉCEMBRE** *Exercices d'intelligence.* — Le maître vise une vérité morale, les services d'un animal, un vice, etc.; et, suivant le plan d'un sommaire préparé à l'avance, il fait développer le sujet aux élèves dans un entretien qu'ils résument par écrit. Exemples : Je suis à l'école pour... Le chien rend mille services..., etc.	**DÉCEMBRE** *Rédactions historiques.* — On aborde une série de devoirs d'une difficulté supérieure à celle des exercices précédents. Le procédé à suivre est le même. Exemples : Siège de Paris par les Normands. Le jeune Casabianca à la bataille d'Aboukir. Discrétion pendant la guerre. Le général Eblé à la Bérésina.	**DÉCEMBRE** *Rédactions historiques.* — La préparation des devoirs sera telle qu'on l'a exposé plus haut; les sujets continueront d'être choisis dans les textes proposés aux examens du certificat d'études. Exemples : Vercingétorix (Ardennes). Les croisades (Rhône). Hommes illustres depuis le xiii° siècle (Jura). Quelques pensées sur Jeanne d'Arc (Jura).

(1) Le titre des devoirs que nous indiquons comme exemples est emprunté au *Cours* de composition française (degrés élémentaire, moyen et supérieur) de M. E. Laporte (Paul Delaplane, éditeur).

CLASSE ENFANTINE	COURS ÉLÉMENTAIRE	COURS MOYEN	COURS SUPÉRIEUR
(ENFANTS DE 5 A 7 ANS).	(ENFANTS DE 7 A 9 ANS).	(ENFANTS DE 9 A 11 ANS).	(ENFANTS DE 11 A 13 ANS).

JANVIER

CLASSE ENFANTINE	COURS ÉLÉMENTAIRE	COURS MOYEN	COURS SUPÉRIEUR
Causerie sur les rosiers et les roses. — un nid d'oiseau. — la poule et les poussins. — la vache et le lait.	*Exercices de composition d'après une image.* — On reproduira par écrit, d'après un sommaire donné, la substance de l'entretien sur l'image. Exemples : L'enfant au berceau. L'intérieur d'une école. La ruche d'abeilles. Un petit rouge-gorge en hiver, etc.	*Comptes rendus de lectures classiques ou de leçons de choses.* Les élèves, familiarisés par les exercices précédents à formuler leurs idées avec ordre et quelque clarté, reproduiront la lecture faite ou la leçon exposée. Il sera utile de les guider par un sommaire très abrégé. Exemples : Lectures sur les élections. Leçon sur les rivages de la mer, etc.	*Développement d'un sujet de leçon d'après un texte donné.* Ces textes seront empruntés aux sujets proposés aux examens du certificat d'études. Exemples : Les combustibles : la houille (Allier). Les animaux domestiques (Meurthe-et-Moselle). Le lavage du linge (Morbihan). Les inventions modernes (Nord). La télégraphie électrique (Meurthe-et-Moselle).

FÉVRIER

CLASSE ENFANTINE	COURS ÉLÉMENTAIRE	COURS MOYEN	COURS SUPÉRIEUR
Causerie sur le lièvre et le chasseur. — l'âne. — le porc. — l'œil de l'homme.	*Exercices élémentaires de description.* — Les élèves décriront, selon le plan indiqué, un objet placé sous leurs yeux ou représenté par une image. Ainsi qu'on l'a dit précédemment, il y aura toujours une préparation orale. Exemples : La tige et le feuillage d'un arbre. Une maison. La chaux et ses usages. Le mouton, la laine.	*Traduction en prose d'une pièce de vers.* — Sur le fonds d'idées de l'auteur, l'élève traitera le même sujet en adoptant une forme d'expression différente qui se rapprochera du langage usuel. Exemples : L'âne et le chien (La Fontaine). Les deux abeilles (Lachambeaudie). Le labour (Lamartine), etc.	*Traduction en prose d'une pièce de vers : fable, récit, description, etc.* Comme au cours moyen. Les sujets choisis présenteront la matière de plus amples développements.

MARS

CLASSE ENFANTINE	COURS ÉLÉMENTAIRE	COURS MOYEN	COURS SUPÉRIEUR
Causerie sur la tête de l'homme. — le corps de l'homme. — le malade et le médecin. — les gendarmes et le voleur.	*Exercices de rédaction.* — Les élèves entendront le récit ou la lecture d'une historiette à portée de leur âge. Ils en rendront compte de vive voix ; puis, aidés d'un sommaire qui leur rappellera la suite des faits, ils reproduiront le sujet par écrit. Exemples : Le gros bon à rien. La petite bienfaitrice. Les deux renards. Jacques Amyot, etc.	*Descriptions élémentaires.* (Outils, instruments, objets fabriqués, machines simples, animaux, etc.) On placera sous les yeux des élèves, soit l'objet ou l'être lui-même, ou tout au moins l'image qui les figure. Un sommaire guidera les enfants dans leur rédaction. Exemples : Une table de classe. Une cheminée. Un couteau, etc.	*Descriptions élémentaires* (comme au cours moyen). Les sujets seront choisis dans les textes proposés aux examens du certificat d'études, et l'on ne donnera aucune indication complémentaire. Exemples : Animaux utiles et animaux nuisibles (Nord). Un lit (Ardennes). Le dé à coudre (Morbihan). Un lapin (Seine-et-Marne).

CLASSE ENFANTINE (ENFANTS DE 5 A 7 ANS).	COURS ÉLÉMENTAIRE (ENFANTS DE 7 A 9 ANS).	COURS MOYEN (ENFANTS DE 9 A 11 ANS).	COURS SUPÉRIEUR (ENFANTS DE 11 A 13 ANS).
AVRIL Causerie sur un bon ouvrier. Causerie-étude sur une porte. Causerie sur une chaumière. — les escaliers.	**AVRIL** *Traduction en prose d'une petite pièce de vers.* Après que les élèves auront entendu la lecture du morceau, ils en reproduiront le sujet dans le langage qui leur est habituel : on leur facilitera cet exercice par des questions. Ils rédigeront ensuite ledit sujet. Exemples : Le laboureur et ses enfants (La Fontaine). Le tuteur de la rose trémière (Ratisbonne). Le cheval et l'âne (La Fontaine).	**AVRIL** *Descriptions proprement dites.* — (Autant que possible, les élèves devront avoir sous les yeux ce qu'ils ont à décrire, ou bien une image. On leur donnera un sommaire abrégé pour les guider.) Exemples : Une chambre de votre maison. La maison de vos parents. Une ferme du village, ou une petite usine. Un chêne.	**AVRIL** *Descriptions proprement dites.* — On tirera la matière des devoirs des sujets proposés aux examens du certificat d'études. Exemples : Le jardin de mon père (Orne). Mon village ou mon quartier (Mayenne). Une visite à une usine (Hérault). La prairie (Eure). Une place publique (Lot).
MAI Causerie sur un pont. — une rue. — un bateau de pêche. — un tonneau.	**MAI** *Comptes rendus de lectures ou de leçons de choses.* (Voir les indications données au cours moyen, mois de janvier.) Exemples : Le feu : son origine ; ses usages. Les ballons. L'argile ; ses propriétés ; ses usages ; etc.	**MAI** *Développement d'un proverbe.* Cet exercice est un de ceux qui sont le plus recommandés dans les directions officielles. Il comporte nécessairement une préparation orale. Exemples : Faute d'occupations utiles, on en prend de nuisibles. Ne remets jamais à demain ce que tu peux faire aujourd'hui.	**MAI** *Développement d'un proverbe.* Continuer à choisir le sujet de chaque devoir dans les textes proposés pour les examens du certificat d'études. Exemples : Tant vaut l'homme, tant vaut la terre (Nord). Rien ne sert de courir, il faut partir à point.
JUIN Causerie sur les paniers. — un bassin. — une table. — un lit et la literie.	**JUIN** *Développement d'un sujet donné.* (Morale, voyages, circonstances de la vie, événements, etc.) Exemples : Emploi d'une journée de classe. Récit d'un voyage à une localité voisine. Quels avantages procure la lecture ? etc.	**JUIN** *Développement de sujets relatifs à des vérités morales, à des faits de la vie de l'enfant, etc.* Exemples : A quoi reconnaît-on un bon élève ? Pourquoi faut-il travailler ? Que vous rappelle le tableau noir de l'école ?	**JUIN** *Développement de sujets relatifs à des vérités morales, à des faits de la vie ordinaire, etc.* Tous les sujets seront empruntés aux textes proposés pour les examens du certificat d'études. Exemples : Pourquoi est-il bon pour un pays d'avoir des routes, des canaux, des chemins de fer (Vosges) ?
JUILLET ET AOUT Causerie sur le cuir. — l'encre. — une épicerie. — l'atelier d'un forgeron. — la disposition d'un couvert. — la moisson.	**JUILLET ET AOUT** *Rédaction de lettres ou billets sur des sujets familiers.* — Après une préparation orale, on rédigera la lettre ou le billet d'après les indications d'un sommaire. Exemples : Un enfant écrit à l'un de ses condisciples pour l'inviter à passer avec lui la journée du jeudi.	**JUILLET ET AOUT** *Rédaction de lettres de famille ou d'affaires.* Après une préparation orale, les élèves rédigeront la lettre d'après les indications d'un sommaire. Exemples : Lettre à un père absent depuis quelques jours. Lettre d'excuse à un condisciple qui vous a invité à le venir voir et chez lequel vous ne pouvez vous rendre.	**JUILLET ET AOUT** *Rédaction de lettres de famille ou d'affaires.* Les sujets seront empruntés aux textes proposés pour les examens du certificat d'études. Ils seront l'objet d'une préparation orale, mais on ne donnera aucun sommaire : les textes en question seuls devront être consultés par les élèves.

LANGUE FRANÇAISE :

(Deux leçons

3° Grammaire.

par semaine.)

Le livre du maître devra contenir les textes des *dictées grammaticales* principalement de celles du certificat d'études pour le cours supérieur. *nalyse logique* et d'*analyse grammaticale*, ainsi que des exercices gradués Les leçons de grammaire devant toujours être distinctes, la répartition correspondant à chacune des leçons, ainsi que les dictées diverses tirées Le livre de l'élève renfermera des *exercices grammaticaux*, des textes d'o d'*orthographe d'usage ;* ces derniers seront copiés sur le cahier de devoirs des matières n'est pas toujours rigoureusement parallèle.

CLASSE ENFANTINE (ENFANTS DE 5 A 7 ANS).	COURS ÉLÉMENTAIRE (ENFANTS DE 7 A 9 ANS).	COURS MOYEN (ENFANTS DE 9 A 11 ANS).	COURS SUPÉRIEUR (ENFANTS DE 11 A 13 ANS).
OCTOBRE	**OCTOBRE**	**OCTOBRE**	**OCTOBRE**
Distinction des mots dans des phrases très simples. — Les syllabes. — Les lettres : voyelles, consonnes. — Faire discerner les trois sortes d'*e*. — Emploi des accents.	Utilité et objet de la grammaire. — Ce qu'on entend par mots et syllabes. — Les lettres : voyelles et consonnes. — Les diverses sortes d'*e* ; les trois accents et leur emploi. Dictées graduées d'orthographe d'usage et d'orthographe de règles. — Petits exercices se rapportant à l'objet de la leçon. — Exercices oraux et écrits de conjugaison.	Objet de l'enseignement de la grammaire. — Les mots, les voyelles, les consonnes, les accents et les trois sortes d'*e*. — **La proposition.** Idée, jugement ; la proposition et ses termes. — Formes de la proposition ; compléments du sujet et de l'attribut. — Sujet simple et composé ; attribut simple et composé. Dictées grammaticales et exercices d'orthographe d'usage. — Analyse logique. — Analyse grammaticale. — Exercices oraux et écrits de conjugaison.	*Préliminaires.* — Langue, mot, idée. — Objets de l'enseignement d'une langue. — Les divisions de la grammaire. **La proposition.** — Définition de la proposition ; sa forme, ses termes. — Compléments ; formes du sujet et de l'attribut. — Les diverses sortes de proposition. Ordre logique : analyse logique. Dictées grammaticales et exercices d'orthographe d'usage. — Analyse logique. — Exercices oraux et écrits de conjugaison.
NOVEMBRE	**NOVEMBRE**	**NOVEMBRE**	**NOVEMBRE**
Idée de l'usage de l'apostrophe, du tréma, de la cédille, par la lecture de mots choisis à cet effet. — Formation de propositions très simples, sans donner des définitions. — Idée des deux formes du verbe dans la proposition. Exercices de conjugaison.	Emploi de l'apostrophe, du tréma, du trait d'union, de la cédille. — *Idée de la proposition ;* ses trois termes ; idée de la ponctuation. — Les deux formes du verbe dans la proposition. Mêmes exercices que précédemment ; donner une attention particulière aux exercices de conjugaison.	Idée de la phrase ; idée de ce qu'est une proposition principale, une proposition incidente, une proposition subordonnée. — En quoi consistent une ellipse, une inversion. — La ponctuation. Mêmes exercices que précédemment ; donner une attention particulière aux exercices de conjugaison.	La ponctuation. — **Notions générales sur les parties du discours :** nom, adjectif, pronom, verbe, participe, adverbe, préposition, conjonction, interjection. — Des adjectifs déterminatifs et de l'article. — Analyse grammaticale. Mêmes exercices que précédemment ; donner une attention particulière aux exercices de conjugaison.
DÉCEMBRE	**DÉCEMBRE**	**DÉCEMBRE**	**DÉCEMBRE**
Donner une idée du *nom ;* faire discerner les noms dans un texte du livre de lecture. — Indiquer que les êtres et les choses sont classés en deux genres ; faire distinguer le genre de noms usuels.	**Notions sur les espèces de mots.** *Du nom.* — Nom propre et nom commun. — Le genre : genre masculin, genre féminin. — Genre de noms autres que ceux des animaux, etc. — Revue des matières étudiées pendant le trimestre. Exercices (Voir au mois précédent).	**Étude des espèces de mots.** — Notions générales sur le nom, l'article, l'adjectif, le verbe, le participe. — Notions générales sur le pronom. — Notions générales sur l'adverbe, la préposition, la conjonction et l'interjection. — Des adjectifs déterminatifs et de l'article. — Revue des matières étudiées pendant le trimestre. Exercices (Voir au mois précédent).	**Étude des espèces de mots.** — *Du nom ;* les différentes sortes de noms ; le genre et le nombre dans les noms. — Noms collectifs et noms de nombre. *De l'article.* — Élision, contraction ; article partitif. *De l'adjectif.* — Adjectifs déterminatifs et adjectifs qualificatifs. — Revue des matières étudiées pendant le trimestre. Exercices (Voir au mois précédent).

CLASSE ENFANTINE (ENFANTS DE 5 A 7 ANS).	COURS ÉLÉMENTAIRE (ENFANTS DE 7 A 9 ANS).	COURS MOYEN (ENFANTS DE 9 A 11 ANS).	COURS SUPÉRIEUR (ENFANTS DE 11 A 13 ANS).
JANVIER Indiquer dans quels cas on reconnaît qu'un nom est au singulier et au pluriel. — Faire remarquer quelles terminaisons différentes prennent les noms au pluriel. — Parler des noms terminés par *au, eu, al.* Donner une idée de l'*article.*	**JANVIER** Le singulier et le pluriel dans les noms. — Formation du pluriel dans les noms. Exceptions principales à la règle générale de la formation du pluriel. *De l'article ;* élision et contraction. Exercices (Voir au mois précédent).	**JANVIER** *Du nom.* — Noms communs et noms propres. — Du genre des noms : le masculin, le féminin. — Du nombre dans les noms : le singulier et le pluriel. — Des noms et des adjectifs de nombre. *De l'article.* — Elision, contraction. *De l'adjectif.* — Adjectifs qualificatifs, adjectifs déterminatifs. *Du pronom.* — Les diverses espèces de pronoms. Exercices (Voir au mois précédent).	**JANVIER** *Du pronom.* — Pronom en général ; les cinq espèces de pronoms. *Du verbe.* — Sujet, compléments. — Verbes attributifs. — Conjugaison, nombres, personnes, modes, temps. — Tableau d'une conjugaison. — Etude des temps. Exercices (Voir au mois précédent).
FÉVRIER Donner la notion précise de la fonction de l'*adjectif.* — Faire reconnaître les adjectifs qualificatifs. — Enoncer les adjectifs déterminatifs. — Faire trouver le féminin d'adjectifs usuels.	**FÉVRIER** *De l'adjectif.* — De l'adjectif en général. — Formation du féminin dans les adjectifs. — Formation du pluriel dans les adjectifs. Exercices (Voir au mois précédent).	**FÉVRIER** *Du verbe.* — Le verbe substantif : les verbes attributifs. — Le sujet et les différentes sortes de compléments. — Conjugaison : la personne et le nombre du verbe. — Les modes ; tableau d'une conjugaison. Exercices (Voir au mois précédent).	**FÉVRIER** Conjugaison des verbes *avoir* et *être.* — Temps simples et temps composés ; verbes auxiliaires. — Conjugaison des verbes modèles : *aimer, finir, recevoir, rendre.* — Formes de conjugaison : passive, pronominale, impersonnelle, interrogative. Exercices (Voir au mois précédent).
MARS Faire voir que l'adjectif qui qualifie un nom pluriel change comme lui de terminaison. — Faire énoncer des adjectifs de nombre, des adjectifs possessifs. — Montrer des pronoms dans quelques phrases et en indiquer la fonction.	**MARS** Accord de l'adjectif avec le nom. — Les adjectifs déterminatifs. — Le pronom : pronoms personnels ; autres sortes de pronoms. Exercices (Voir au mois précédent).	**MARS** Conjugaison des verbes *avoir* et *être.* — Les temps simples et les temps composés. — Radical, terminaison. — Verbes actifs, verbes neutres. — Conjugaison des verbes modèles : *aimer, finir, recevoir, rendre.* Exercices (Voir au mois précédent).	**MARS** Remarques sur l'orthographe des verbes réguliers. — Formation des temps. — Remarques sur les verbes irréguliers de chacune des quatre conjugaisons. — Revue des matières étudiées pendant le trimestre de janvier. Exercices (Voir au mois précédent).
AVRIL Faire trouver dans des phrases choisies le verbe *être* et ses formes du présent de l'indicatif. Faire trouver dans d'autres phrases des verbes marquant l'action. — Apprendre comment on reconnaît la personne ou la chose faisant l'action ; exercices oraux.	**AVRIL** *Du verbe.* — Le verbe *être* ; les verbes attributifs. — Le sujet du verbe. — Les compléments du verbe. — Revue des matières étudiées pendant le trimestre de janvier. Exercices (Voir au mois précédent).	**AVRIL** Conjugaison passive. — Conjugaison pronominale. — Conjugaison impersonnelle. — Conjugaison interrogative. — Remarques sur les auxiliaires employés. — Revue des matières étudiées pendant le trimestre de janvier. Exercices (Voir au mois précédent).	**AVRIL** *Du participe :* participe présent et adjectif verbal ; participe passé. *Adverbe, préposition, conjonction et interjection.* **Formation du féminin et du pluriel. Règles d'accord.** Pluriel des noms : pluriel des noms empruntés aux langues étrangères et des noms propres. — Pluriel des noms composés et des noms compléments. — Formation du féminin dans les noms. Exercices (Voir au mois précédent).

CLASSE ENFANTINE (ENFANTS DE 5 A 7 ANS).	COURS ÉLÉMENTAIRE (ENFANTS DE 7 A 9 ANS).
MAI *Conjugaison.* — Donner une idée des formes de conjugaison : 1° selon les personnes ; 2° selon le nombre ; 3° selon les trois temps généraux. — Conjugaison orale des principaux temps des verbes *être* et *avoir*.	**MAI** *Conjugaison.* — Formes de la conjugaison : 1° selon les personnes ; 2° selon le nombre du sujet ; 3° selon les temps présent, passé et futur. — Verbe actif, verbe neutre. — Ce qu'on appelle temps et personnes dans les verbes. — Conjugaison des verbes *avoir* et *être*. Exercices (Voir au mois précédent).
JUIN Conjugaison du verbe *aimer* ; on commencera par les temps principaux et l'on fera épeler chaque personne du verbe. — Conjugaison des temps principaux de quelques verbes usuels de la première conjugaison.	**JUIN** Les quatre conjugaisons ; conjugaison du verbe *aimer* et d'autres verbes de la première conjugaison. — Notions élémentaires sur l'accord du verbe. — Principales remarques sur l'orthographe des verbes de la première conjugaison. Exercices (Voir au mois précédent).
JUILLET Conjugaison et épellation des temps principaux des verbes *finir, recevoir, rendre*, et de quelques verbes réguliers de ces trois dernières conjugaisons.	**JUILLET** Conjugaison du verbe *finir* et de quelques verbes réguliers de cette conjugaison. — Conjugaison du verbe *recevoir*. — Conjugaison du verbe *rendre*. — Conjugaison des principaux temps de quelques verbes irréguliers dont l'usage est fréquent. Exercices (Voir au mois précédent).
AOUT Faire conjuguer quelques temps usuels, simples ou composés, de verbes pronominaux. — Notions de conjugaison sous la forme interrogative.	**AOUT** Donner une idée de la conjugaison pronominale et de la conjugaison interrogative. — Détails sommaires sur le *participe*, l'accord du participe, et sur chacun des *mots invariables.* Exercices (Voir au mois précédent).

COURS MOYEN (ENFANTS DE 9 A 11 ANS).	COURS SUPÉRIEUR (ENFANTS DE 11 A 13 ANS).
MAI **Formation du pluriel et du féminin. Règles d'accord.** Formation du pluriel dans les noms ; exceptions. — Formation du pluriel dans les noms composés. — Formation du féminin des noms. — Formation du féminin des adjectifs et exceptions. — Formation du pluriel des adjectifs ; remarques sur *un, demi, quelque, même, tout.* — Accord de l'adjectif. — Accord du verbe. — Accord du *participe présent* et de l'*adjectif verbal.* Exercices (Voir au mois précédent).	**MAI** Formation du féminin des adjectifs ; exceptions. — Formation du pluriel des adjectifs et exceptions. — Accord de l'adjectif. — Remarques sur l'accord de *vingt, cent, mille ; de feu ;* des adjectifs pris comme adverbes ; de *quelque, même, nul, tout.* — Accord du pronom : *le, la, les ; on.* Exercices (Voir au mois précédent).
JUIN Accord du *participe passé.* — Règle des participes employés comme adjectifs ou comme attributs. — Accord du participe passé conjugué avec l'auxiliaire *avoir.* **Orthographe des verbes.** — Remarques sur les finales des temps simples des verbes réguliers, dans chacun des temps simples des quatre conjugaisons. Exercices (Voir au mois précédent).	**JUIN** Accord du verbe. — Remarques sur divers cas particuliers. — Accord du *participe présent* et de l'*adjectif verbal.* — Accord du *participe passé :* 1° employé sans auxiliaire ou avec l'auxiliaire *être ;* — 2° employé avec l'auxiliaire *avoir.* — Examen de certaines difficultés dans l'application de cette dernière règle. Exercices (Voir au mois précédent).
JUILLET Remarques sur l'orthographe des verbes en *cer, ger, eler, eter ;* — des verbes en *oyer, uyer* et *ayer.* — Rappeler la définition de l'*adverbe,* de la *préposition,* de la *conjonction* et de l'*interjection.* — Remarques sur quelques mots invariables : *plutôt, quoique,* etc. — Les homonymes. Exercices (Voir au mois précédent).	**JUILLET** **Construction.** — Construction de la proposition et de la phrase. — Construction figurée : ellipse, inversion, pléonasme, syllepse. — Emploi de l'article et de l'adjectif. — Emploi du pronom ; — Emploi du verbe : — Emploi des modes et des temps. — Concordance des temps du subjonctif avec ceux de l'indicatif. — Emploi de chacun des mots invariables. — Emploi de certaines locutions et de certains mots invariables. Exercices (Voir au mois précédent).
AOUT Revue générale des matières étudiées pendant l'année scolaire et spécialement depuis le mois de mai. Exercices récapitulatifs.	**AOUT** Revue générale des matières étudiées pendant l'année scolaire et spécialement depuis le mois de mai. Exercices récapitulatifs.

V. — HISTOIRE.

Conseils et directions. — « L'enseignement de l'histoire contribue à l'éducation intellectuelle en exerçant la mémoire ; en cultivant l'imagination, à laquelle il donne des objets réels, mais variés et pittoresques ; en habituant l'esprit à discerner, à apprécier et juger des faits, des personnes, des idées, des époques, des pays ; en plaçant les faits intellectuels, les lettres et les arts dans leur milieu, c'est-à-dire à leur place dans la vie politique et sociale. L'enseignement de l'histoire contribue à l'éducation morale, parce qu'il est une recherche de la vérité ; il fait effort pour la prouver ; il la dit sans réticences. Le professeur est un juge impartial des faits et des doctrines ; son équité doit être absolue. Il s'arrêtera devant les honnêtes gens quand il en rencontrera. » (M. Lavisse.)

— « Le professeur ne se perdra point dans la quantité des faits et des détails, qui sont le fléau de l'enseignement historique. Il procédera par sélection. Il choisira les personnages dont les actes ont duré et les faits qui ont eu de longues conséquences. » (Ibid.)

— « L'enseignement de l'histoire doit être une *démonstration...* Il faut donner aux élèves à l'avance une idée de l'ensemble et des diverses parties ; il faut les conduire du point de départ à la conclusion, en marquant bien chacun de ses pas, de façon que la route entière soit visible. En même temps que démonstratif, l'enseignement de l'histoire doit être pittoresque, c'est-à-dire peindre les personnes et décrire les faits. » (Ibid.)

— Dans chaque période de l'histoire, mettre en relief les notions générales, les grandes idées qui dominent et expliquent les faits particuliers ; faire rechercher aux enfants les causes et les conséquences des grands événements : ceci se rapporte au procédé démonstratif.

— Et, d'autre part, présenter, soit oralement, soit dans des livres bien faits, des récits animés, vivants, qui fassent voir aux enfants les hommes et les choses, qui ressuscitent devant eux le passé : ceci est l'application de la méthode pittoresque.

— Le véritable enseignement doit être oral, mais il est nécessaire aussi de faire usage du livre, pour fixer, résumer ou compléter les leçons faites en classe.

— Toute leçon comportera un résumé aussi complet et aussi bref que possible, qui devra être appris par cœur.

— « L'enseignement de l'histoire ne va jamais sans sacrifices ; c'est sur les temps les plus éloignés qu'il faut les accomplir. La période antérieure à 987 peut être considérée comme une simple introduction. » (M. Lemonnier.)

— « Je répugne aux revisions faites d'une année à l'autre ; au contraire, je désire les revisions faites très fréquemment, sur le cours de l'année même. » (Ibid.)

— « La méthode pédagogique en histoire devra tendre à simplifier le travail de la mémoire, à faire saisir et comprendre les grandes choses, à montrer le passé dans ce qu'il a eu de plus vivant. » (Id.)

— « Dans l'enseignement de l'histoire, le péril, c'est l'inertie de l'élève. Il faut donc que le maître procède à de fréquentes interrogations. Même au cours de l'exposition orale, il faut faire intervenir les élèves, en leur demandant soit de juger un fait, soit de rappeler des événements antérieurs. » (M. Lavisse.)

— Se servir du tableau noir, où l'on écrira les noms propres; se servir aussi de la carte, où l'on montrera les pays, les villes, dont il est question dans la leçon.

— Faire tracer au tableau noir la carte de la France aux principales époques de notre histoire.

— Dès le cours moyen, exiger de petits devoirs écrits, qui seront plus nombreux au cours supérieur.

— L'enseignement de l'histoire doit être une école de patriotisme. Il faut que l'enfant apprenne, dès l'école, « quels sont les intérêts de la France, quels dangers la menacent, quelles espérances lui sont ouvertes, quels devoirs lui sont imposés. »

— Au cours supérieur, dans l'enseignement de l'histoire générale, se rappeler toujours que le but essentiel est d'arriver à une intelligence complète de l'histoire nationale. Ce cours comportant beaucoup de notions nouvelles, le maître pourra passer légèrement sur les faits de l'histoire de France déjà suffisamment étudiés dans le cours précédent.

— « L'enseignement de l'histoire et de la géographie, auquel se rattache l'instruction civique, comportera environ une heure de leçon tous les jours. » (Arrêté du 18 janvier 1887, art. 19.) En supposant qu'une leçon spéciale soit consacrée à l'instruction civique, c'est donc au moins deux heures, et au plus trois, que l'enseignement de l'histoire occupera sur les cinq heures consacrées par semaine à ce triple enseignement.

— La répartition des matières, telle qu'elle est indiquée au programme officiel pour l'enseignement historique, ne permet pas aux instituteurs d'appliquer la méthode concentrique. Il n'en résultera aucun inconvénient dans les écoles à plusieurs classes, où des leçons distinctes peuvent être données par les différents maîtres.

La répartition mensuelle que nous proposons ne saurait convenir qu'à cette catégorie particulière d'établissements.

Dans les écoles dirigées par un seul maître, on ne peut donner qu'*une leçon commune* aux cours moyen et supérieur, pendant laquelle un moniteur fera ou lira un récit historique aux élèves du cours élémentaire et de la section enfantine.

On suivra alors, dans les cours moyen et supérieur, le programme indiqué pour le cours moyen, et, dans les autres, le programme de deuxième année du cours élémentaire.

RÉPARTITION DES PROGRAMMES D'HISTOIRE.

CLASSE ENFANTINE (ENFANTS DE 5 A 7 ANS).	COURS ÉLÉMENTAIRE (ENFANTS DE 7 A 9 ANS).		COURS MOYEN (ENFANTS DE 9 A 11 ANS).	COURS SUPÉRIEUR (ENFANTS DE 11 A 13 ANS).
	ANNÉE PRÉPARATOIRE	DEUXIÈME ANNÉE		
L'enseignement sera donné sous forme d'anecdotes. de biographies, de récits.	Récits et entretiens familiers.	Depuis les origines jusqu'en 1328.	Depuis 1328 jusqu'à nos jours.	Cours d'histoire générale.
OCTOBRE Tableau des mœurs gauloises. La récolte du gui. Vercingétorix et César. Attila et sainte Geneviève. Clovis et Clotilde. Le vase de Soissons.	**OCTOBRE** *La Gaule et les Gaulois.* — Les premiers habitants de notre pays. Mœurs des Gaulois. Cérémonies religieuses. Conquête de la Gaule par les Romains. Vercingétorix et Jules César. Les Francs. Portrait et mœurs des Francs. Le christianisme en Gaule. Clovis et Clotilde.	**OCTOBRE** *La Gaule et les Gaulois.* — La Gaule avant la conquête romaine. La Gaule sous l'empire romain. Invasion des Germains. Les Huns et Attila. Les Goths et Théodoric. Les Francs. Clovis.	**OCTOBRE** Résumé de l'histoire de France jusqu'en 1328. *La guerre de Cent ans.* — Les Valois. Philippe de Valois et Jean le Bon. Crécy et Poitiers. Les Etats généraux et Etienne Marcel. La jacquerie. Charles V et Duguesclin. Charles VI. Les Armagnacs et les Bourguignons. Bataille d'Azincourt. Charles VII et Jeanne d'Arc. Expulsion des Anglais.	**OCTOBRE** *L'antiquité.* — Les peuples de l'Orient : les Israélites, les Egyptiens, etc. *Les Grecs.* — Athènes et Sparte. Les guerres médiques. Le siècle de Périclès. Les arts, les lettres. les monuments de la Grèce. La Macédoine. Philippe et Alexandre le Grand. Démosthène. Les royaumes grecs en Orient. Alexandrie.
NOVEMBRE Épisodes des temps mérovingiens. Mariage et mort de Galswinthe. Frédégonde et Brunehaut. Récits des temps carlovingiens. Charlemagne et les écoles. Roland à Roncevaux. Les Normands.	**NOVEMBRE** *Les Mérovingiens.* — Les successeurs de Clovis. Mœurs barbares. Brunehaut et Frédégonde. Les rois fainéants. Charles Martel et les Arabes. Bataille de Poitiers. *Les Carlovingiens.* — Récits sur Charlemagne. Charlemagne et les écoles. Les guerres de Charlemagne. Ses successeurs. Invasion des Normands.	**NOVEMBRE** *Les Mérovingiens.* — Les fils de Clovis, Clotaire II, Dagobert. Les rois fainéants et les maires du palais. Pépin d'Héristal. Charles Martel et les Arabes. Fin de la dynastie mérovingienne. Pépin le Bref prend pour lui-même le titre de roi.	**NOVEMBRE** *Le triomphe du pouvoir royal sur la féodalité.* — Institutions de Charles VII : l'armée permanente. Louis XI, ses luttes avec les seigneurs. Charles le Téméraire. Agrandissement de la France. Charles VIII. *Les guerres d'Italie.* — Charles VIII à Naples. Louis XII et le Milanais. Bataille de Ravenne. François Ier. Bataille de Marignan.	**NOVEMBRE** *Les Romains.* — Fondation de Rome. Les rois de Rome. La république romaine : le sénat, les consuls et les tribuns du peuple. Les plébéiens et les patriciens. Les Gaulois à Rome. Puissance militaire des Romains. Conquête de l'Italie. Les guerres puniques et la destruction de Carthage. Conquête de la Grèce et de l'Orient. Soumission des Gaulois et de l'Occident. Les guerres civiles. Cicéron, Pompée et César. Le siècle d'Auguste. Les empereurs. Constantin. Fondation de Constantinople. Empire d'Occident et empire d'Orient.
DÉCEMBRE Récits et descriptions sur les mœurs féodales. Les châteaux forts. Ménétriers et trouvères. Un chevalier. La trève de Dieu. Les seigneurs et les vilains.	**DÉCEMBRE** *Les Capétiens et la féodalité.* — Etablissement du régime féodal. Le château du seigneur; les fiefs. Les suzerains et les vassaux. Vie des seigneurs. Les paysans, les serfs. La chevalerie. Le mouvement communal. Les quatre premiers Capétiens.	**DÉCEMBRE** *La seconde dynastie : les Carlovingiens.* — Charlemagne : ses guerres. Rétablissement de l'empire d'Occident. Les Capitulaires. Charles le Chauve. Les Normands. Démembrement de l'empire en royaumes et de la France en grands fiefs. Edit de Kiersy-sur-Oise.	**DÉCEMBRE** *Le XVIe siècle : la Renaissance et la Réforme.* — Causes de la Renaissance. Les grandes inventions : l'imprimerie. Les lettres et les arts. François Ier et la Renaissance. Rivalité de la France et de l'Autriche. Charles-Quint. Bataille de Pavie.	**DÉCEMBRE** *Le christianisme et le moyen âge.* — La religion chrétienne et le paganisme. L'Eglise chrétienne : évêques, papes, conciles. Invasions des barbares. Les Germains. Les Goths, etc. Etablissement des Francs en Gaule : Clovis. Conversion des Francs. Les Mérovingiens et les Carlovingiens. Charles Martel. Les musulmans. Mahomet. Conquêtes des Arabes : leur défaite à Poitiers. Les Sarrasins. Charlemagne et l'empire romain d'Occident.

	CLASSE ENFANTINE (ENFANTS DE 5 A 7 ANS).	COURS ÉLÉMENTAIRE (ENFANTS DE 7 A 9 ANS). ANNÉE PRÉPARATOIRE	COURS ÉLÉMENTAIRE (ENFANTS DE 7 A 9 ANS). DEUXIÈME ANNÉE	COURS MOYEN (ENFANTS DE 9 A 11 ANS).	COURS SUPÉRIEUR (ENFANTS DE 11 A 13 ANS).
JANVIER	Récits sur les croisades : biographie de Pierre l'Ermite. de Godefroy de Bouillon. La justice de saint Louis. La mort de saint Louis. Description d'une cathédrale gothique.	*Les croisades.* — La première croisade. Prédication de Pierre l'Ermite. Concile de Clermont. Godefroy de Bouillon à Jérusalem. Les autres croisades. La prise de Constantinople. Les croisades de saint Louis : vie et mort de saint Louis.	*La féodalité.* — Le régime féodal : l'hommage, le fief, le château, le serf. La chevalerie. Les guerres privées. La trève de Dieu. Expéditions des seigneurs en Portugal, dans l'Italie méridionale. Guillaume le Conquérant en Angleterre.	*Henri IV et Louis XIII.* — Les Bourbons et la monarchie absolue. Henri IV et Sully. Les projets de Henri IV. Louis XIII et Richelieu. Lutte contre les protestants et les grands. Accroissement de l'autorité monarchique. Minorité de Louis XIV : Mazarin. Paix de Westphalie. La Fronde. Guerre avec l'Espagne. Traité des Pyrénées.	*La féodalité.* — Division de l'empire de Charlemagne. Régime féodal en France et en Europe. La chevalerie. Les serfs. Les bourgeois. L'affranchissement des communes. Conquêtes des Normands en Italie et en Angleterre. Les croisades et leurs résultats. Croisade d'Orient. Croisade d'Espagne. Croisade de Prusse. L'Allemagne et l'Italie au moyen âge. Querelle des investitures. L'empereur Henri IV et le pape Grégoire VII. Les villes libres de l'Italie : Gênes et Venise. Revision de l'histoire de France. Les Capétiens. Philippe Auguste. saint Louis, Philippe le Bel. Boniface VII. Les papes à Avignon.
FÉVRIER	Bataille de Crécy. Le roi Jean à la bataille de Poitiers. Prise de Calais et Eustache de Saint-Pierre. Duguesclin. La folie de Charles VI. Jeanne d'Arc. Jeanne à Orléans et à Reims.	*La guerre de Cent ans.* — Les Anglais en France. Désastres sous Philippe VI et Jean le Bon. Les Jacques. Etienne Marcel. Charles V et Duguesclin. Charles VI. Les Armagnacs et les Bourguignons. Charles VII et Jeanne d'Arc. Louis XI et Charles le Téméraire. Triomphe de la royauté.	*Les Capétiens.* — Hugues Capet. Guerres de Louis VI. Le roi, sa cour. ses domaines, les grands vassaux. Progrès de la royauté et des communes. Rôle de la royauté dans le mouvement. Les chartes communales. Louis VI le Gros.	*Louis XIV.* — Gouvernement personnel de Louis XIV. Les quatre guerres de son règne. Traité de Nimègue. Grandeur de Louis XIV. Colbert et Louvois. Vauban. La révocation de l'édit de Nantes. La coalition contre Louis XIV. État déplorable du royaume à la mort de Louis XIV.	*Le XIVe et le XVe siècle.* — Les Valois. Revision de la guerre de Cent ans. Tentative de gouvernement populaire. Etienne Marcel. Accroissement du pouvoir royal. Charles VII et la praguerie. L'armée permanente. Louis XI et la maison de Bourgogne. L'Angleterre : guerre des deux Roses. Henri VII. Avènement des Tudors. L'Espagne. Ferdinand et Isabelle. La papauté. Le grand schisme d'Occident. Le concile de Constance. Jean Huss. Le concile de Bâle. Préludes de la Réforme. Grandes découvertes maritimes : Christophe Colomb. Prise de Constantinople par les Turcs. État de l'Europe à la fin du moyen âge.
MARS	Christophe Colomb et la découverte de l'Amérique. Gutenberg et l'imprimerie. La mort de Bayard. Siège de Metz par Charles-Quint. La Saint-Barthélemy.	*Le XVIe siècle.* — La Renaissance. Les grandes inventions. Les lettres et les arts. Les guerres d'Italie. François Ier et Charles-Quint. La Réforme. Calvin. Les guerres de religion. Charles IX et Henri III.	*Les croisades.* — Origine des croisades. La première croisade. Fondation du royaume de Jérusalem. Les ordres militaires. La prise de Constantinople. Influence de la civilisation orientale dans l'Occident.	*Louis XV et Louis XVI.* — Minorité de Louis XV. Idée du système de Law. Les trois guerres du règne de Louis XV. La France dans les Indes. La France au Canada. Philosophes et économistes. Louis XVI. Turgot. Malesherbes et Necker. Guerre d'Amérique. Calonne. Loménie. Convocation des États généraux.	*Le XVIe siècle.* — La Renaissance et la Réforme. Les guerres d'Italie. François Ier. La Renaissance en Italie. Les Médicis. Léon X. La Renaissance en France. La Réforme en Allemagne : Luther. Le concile de Trente. La paix d'Augsbourg. En Angleterre : Henri III. Elisabeth et Marie Stuart. Dans les Pays-Bas : le duc d'Albe. Guillaume d'Orange. A Genève et en France : Calvin. Guerres de religion. François II. Charles IX. Henri III. La Ligue. Philippe II d'Espagne. Les jésuites. L'Inquisition.

CLASSE ENFANTINE (ENFANTS DE 5 A 7 ANS).	COURS ÉLÉMENTAIRE (ENFANTS DE 7 A 9 ANS). — ANNÉE PRÉPARATOIRE	COURS ÉLÉMENTAIRE — DEUXIÈME ANNÉE	COURS MOYEN (ENFANTS DE 9 A 11 ANS).	COURS SUPÉRIEUR (ENFANTS DE 11 A 13 ANS).
AVRIL La naissance et l'enfance de Henri IV. Le siège de Paris. La mort de Henri IV. Le siège de La Rochelle. Saint Vincent de Paul. Le château de Versailles. Mort de Turenne. La famine en 1709.	**AVRIL** *Le XVIIe siècle.* — Henri IV. Éducation de Henri IV. Entrée de Henri IV à Paris. Sully et son œuvre. Mort de Henri IV. Louis XIII et Richelieu. Minorité de Louis XIV. Mazarin. Condé et Rocroy. Le règne de Louis XIV. Louvois, Colbert, etc. Apogée de la monarchie absolue.	**AVRIL** *Extension du domaine royal.* — Louis VII et Suger. Éléonore de Guyenne. Philippe Auguste. Troisième croisade. Guerre avec Richard Cœur de Lion et Jean sans Terre. Victoire de Bouvines. Réorganisation du royaume. Croisade contre les Albigeois.	**AVRIL** *La Révolution française.* — Causes de la Révolution française. L'Assemblée constituante. La nuit du 4 août. L'Assemblée législative. La Convention. Les Montagnards et les Girondins. Le procès de Louis XVI. Le 9 thermidor. Le Directoire. Bonaparte en Italie et en Égypte. Le 18 brumaire.	**AVRIL** *Le XVIIe siècle.* — Henri IV et Sully. L'édit de Nantes. Louis XIII. États généraux de 1614. Richelieu : les grands, les protestants, la maison d'Autriche. La guerre de Trente ans. Révolution d'Angleterre. Charles Ier et Cromwell. La royauté rétablie avec Charles II. Le roi Guillaume et le régime parlementaire. Mazarin et la minorité de Louis XIV. Victoires et conquêtes de Louis XIV. Colbert, Louvois, Vauban. Révocation de l'édit de Nantes. Le siècle de Louis XIV. Sciences, lettres, beaux-arts.
MAI Le sergent Dubois et d'Assas. Biographie de Franklin. Les lettres de cachet. Les corporations. Biographie de Turgot, de La Fayette et de Washington.	**MAI** *Le XVIIIe siècle.* — Décadence de la monarchie absolue. Louis XV. Le système de Law. La guerre de la succession d'Autriche. La guerre de Sept ans. Dupleix dans l'Inde. Traité de Paris. Perte des colonies françaises. Louis XVI et Marie-Antoinette. La guerre d'Amérique.	**MAI** *Le règne de saint Louis.* — Blanche de Castille et la minorité de Louis IX. Apogée de la monarchie française au moyen âge. Lutte de Louis IX contre la féodalité. Guerre contre le roi d'Angleterre Henri III. Victoires de Taillebourg et de Saintes. Saint Louis arbitre de l'Allemagne. Le sire de Joinville. La justice de saint Louis.	**MAI** *Le Consulat et l'Empire.* — Le Code civil. Le Concordat. La Légion d'honneur. L'Université. Les guerres de l'Empire : Trafalgar et Austerlitz. Iéna, Eylau. Guerre de Russie. Soulèvement de l'Europe. Abdication de Napoléon. Première restauration. Waterloo. Les traités de 1815.	**MAI** *Le XVIIIe siècle.* — La Régence. Louis XV. Guerres de la succession de Pologne et de la succession d'Autriche. Bataille de Fontenoy. Guerre de Sept ans. Fondation de l'État prussien. Frédéric le Grand. Prise et partage de la Pologne. Dupleix et La Bourdonnais. Conquête de l'Inde par les Anglais. Formation de l'Empire russe. Charles XII et Pierre le Grand. Louis XVI. Turgot. Fondation des États-Unis. Franklin. La Fayette, Washington.
JUIN Récits sur la Révolution française. Le serment du Jeu de paume. La prise de la Bastille. Viala et Barra. Hoche. Le grand Carnot. Les enrôlements volontaires.	**JUIN** *La Révolution française.* — La réunion des États généraux : Mirabeau. Les trois assemblées de la Révolution. Procès et mort de Louis XVI. La guerre civile. La Terreur. La guerre étrangère. Victoires de la République. Les grands généraux de la Révolution. Bonaparte : ses victoires en Italie et en Égypte.	**JUIN** *Les derniers Capétiens.* — Commencement de la royauté moderne. Philippe III le Hardi. Les Vêpres siciliennes. Philippe IV le Bel. L'impôt et l'armée : les premiers États généraux. Condamnation des Templiers.	**JUIN** *La Restauration.* — Louis XVIII. Expédition d'Espagne. Charles X : affranchissement de la Grèce. La prise d'Alger. Révolution de 1830. *La monarchie de Juillet.* — Louis-Philippe. La Charte. Conquête de l'Algérie. *République de 1848.* — L'Assemblée constituante et l'Assemblée législative. Le prince Louis-Napoléon Bonaparte : le coup d'État du 2 décembre 1851.	**JUIN** *La Révolution française.* — Déclaration des droits de l'homme. Les principes de 1789. Les Assemblées de la Révolution. Coalition de l'Europe contre la France. Victoires de la Convention. Les républiques alliées. Le Consulat et l'Empire. Les guerres de Napoléon Ier. Les traités de 1815.
JUILLET Récits sur les principaux événements du XIXe siècle. Les victoires de Napoléon Ier. La retraite de Russie. Waterloo. La prise d'Alger. La République de 1848. Le coup d'État du 2 décembre. La guerre de 1870.	**JUILLET** *Le XIXe siècle.* — Napoléon Ier. Les guerres de l'Empire. Les grands généraux de l'Empire. Les grandes victoires : Austerlitz, Iéna, etc. Campagne de Russie. La Restauration. La monarchie de Juillet. La seconde République. Le second Empire. La République actuelle.	**JUILLET** *Les fils de Philippe le Bel.* — Louis X. Philippe V. Charles IV. La loi salique. La fin des Capétiens directs.	**JUILLET** *Le second Empire et la troisième République.* — Le pouvoir absolu de Napoléon III. Guerres d'Orient, d'Italie, du Mexique. La guerre de 1870. Le 4 septembre. Le siège de Paris. Le traité de Francfort. Le gouvernement de M. Thiers. Gambetta. La Constitution de 1875. Les réformes de la République.	**JUILLET** *L'histoire contemporaine.* — La Restauration. Louis XVIII. La Sainte-Alliance. Expédition d'Espagne. Charles X. Affranchissement de la Grèce. Expédition d'Alger. Révolution de 1830. Louis-Philippe Ier et la Charte. Intervention en faveur de la Belgique. La République de 1848 et le suffrage universel. Le deuxième Empire. Guerres de Crimée, d'Italie, du Mexique, etc.
AOÛT Révision générale.	**AOÛT** Révision générale.	**AOÛT** Révision générale.	**AOÛT** Révision générale.	**AOÛT** Révision générale.

VI. — INSTRUCTION CIVIQUE.

Conseils et directions. — « L'instruction civique ne doit pas seulement comprendre l'exposé fait par l'instituteur de la Constitution qui nous régit, de l'organisation civile, administrative, financière, militaire, politique de notre société démocratique : elle doit être bien plus encore. La souveraineté et l'indivisibilité de la nation, l'égalité devant la loi, le respect de la liberté individuelle, l'égale participation aux charges sociales, l'égale accession aux emplois publics, le suffrage universel, le vote libre de l'impôt, et par-dessus tout peut-être la liberté de conscience, toutes ces conquêtes de la Révolution française devront être enseignées à l'enfant avec respect, avec reconnaissance. » (Paul Bert.)

— Dans un pays qui se gouverne lui-même, où chaque individu participe librement par ses votes à la direction des affaires publiques, comment admettre que la majorité des hommes, ceux qui ne fréquentent que l'école primaire, restent dans l'ignorance de leurs obligations politiques et sociales? Vous leur demandez de respecter, d'aimer la Constitution; et ils ne connaissent pas la Constitution! Vous leur demandez d'exercer des droits, de satisfaire à des devoirs; et ils ignorent le sens, la portée de ces droits et de ces devoirs! Citoyens qui se parent de ce beau nom sans savoir à quoi il oblige, électeurs qui votent sans comprendre l'importance de leur vote, contribuables qui paient l'impôt sans comprendre à quoi sert l'impôt, habitants d'un pays qu'on ne leur a pas appris à connaître et à aimer... tels sont nécessairement les membres d'un peuple à qui manque l'instruction civique. (*Éléments d'instruction civique et morale*, P. Delaplane, éditeur.)

— Commenter par le raisonnement et par l'histoire les institutions dont on étudie le fonctionnement.

— Écarter tout ce qui pourrait passionner et troubler les esprits, et les jeter prématurément dans les partis politiques.

— Éviter la recherche des détails, les curiosités et les subtilités qui feraient perdre à l'enseignement civique son caractère général et patriotique.

— « Le manuel qu'on met aux mains des enfants ne suffit pas. Il faut à l'enseignement civique des leçons directes, dogmatiques. » M. Mabilleau, *Monographies pédagogiques*, t. II, p. 217.

RÉPARTITION DES PROGRAMMES D'INSTRUCTION CIVIQUE.

« L'enseignement de l'instruction civique se rattache à l'enseignement de l'histoire et de la géographie. » (Arrêté du 18 janvier 1887, art. 19.)

COURS ÉLÉMENTAIRE (ENFANTS DE 7 A 9 ANS).	COURS MOYEN (ENFANTS DE 9 A 11 ANS).	COURS SUPÉRIEUR (ENFANTS DE 11 A 13 ANS).
OCTOBRE	**OCTOBRE**	**OCTOBRE**
Idée du citoyen. — Y avait-il des citoyens à proprement parler sous l'ancien régime? Les devoirs et les droits du citoyen. Comment on naît et comment on devient citoyen français. Naturalisation. Idée générale de l'État. La France est une République.	*L'État et les citoyens.* — Tout le monde doit s'intéresser aux affaires publiques. Le suffrage universel. Obligation de voter. Les pouvoirs politiques fondés sur le suffrage universel, qui est l'expression de la volonté populaire. Ce que c'est que la République.	*Organisation politique de l'État.* — L'État est l'ensemble des citoyens. Nécessité d'un gouvernement. Diverses formes de gouvernement : la monarchie et la république. Supériorité de la forme républicaine, seule compatible avec le principe de la souveraineté nationale.
NOVEMBRE	**NOVEMBRE**	**NOVEMBRE**
La commune. — Celle que l'on habite. Le maire et le conseil municipal. Élection du conseil municipal. Élection du maire. Le maire officier de l'état civil. Le mariage civil. Le secrétaire de la mairie. Le garde champêtre, les sergents de ville, etc.	*L'administration municipale.* — Les communes en général. Les maires et les adjoints. Attributions du conseil municipal. Attributions du maire. La police municipale. Le service de la voirie. Les registres de l'état civil.	*Organisation de la commune.* — Détermination plus approfondie des attributions des maires et des conseils municipaux. Notions sur le budget communal. La tutelle que l'État exerce sur les communes.
DÉCEMBRE	**DÉCEMBRE**	**DÉCEMBRE**
Le canton. — Celui dont fait partie la commune qu'on habite. Les autres communes du canton. Le tirage au sort. Une audience de la justice de paix. L'arrondissement au point de vue administratif: le sous-préfet.	*Le canton en général.* — Le juge de paix, le percepteur. Le conseiller général. Les délégués cantonaux. La brigade de gendarmerie. Distinguer dans l'organisation cantonale les divers éléments de l'administration générale du pays, justice, finances, etc.	*Organisation cantonale.* — Les autorités diverses qui siègent au chef-lieu de canton : percepteur, juge de paix, etc. Comment le canton est représenté au conseil d'arrondissement, au conseil général. L'arrondissement, les conseils d'arrondissement et leurs attributions.

COURS ÉLÉMENTAIRE (ENFANTS DE 7 A 9 ANS).	COURS MOYEN (ENFANTS DE 9 A 11 ANS).	COURS SUPÉRIEUR (ENFANTS DE 11 A 13 ANS).
JANVIER	**JANVIER**	**JANVIER**
Le département. — Le préfet. Quand apparait-il dans le canton : conseil de révision. Le rôle du préfet au conseil général. Ses attributions. Une séance du conseil général. Publicité des séances.	*Le département.* — Les autorités administratives : le préfet. Le préfet agent du gouvernement, représentant du département, tuteur des communes. Autres autorités départementales, judiciaires, ecclésiastiques, universitaires, etc.	*Organisation départementale.* — Le préfet, le secrétaire général. Le conseil général. La commission départementale. Notions sur le budget départemental. Les autres autorités départementales.
FÉVRIER	**FÉVRIER**	**FÉVRIER**
L'État. — Élection des députés. Élection des sénateurs. Idée de la Constitution. La République. Attributions du président de la République.	*L'État.* — La Constitution de 1875. Les deux Chambres. Le gouvernement : le président de la République, les ministres. Attributions de la Chambre des députés et du Sénat. Les lois.	*Organisation de l'État.* — Les Constitutions en général. Distinction des pouvoirs publics : le pouvoir législatif, le pouvoir exécutif, le pouvoir judiciaire. Du pouvoir législatif : les deux Chambres. Le scrutin de liste et le scrutin d'arrondissement. Le suffrage à plusieurs degrés.
MARS	**MARS**	**MARS**
Le gouvernement. — Ce que c'est que faire une loi ; ce que c'est que l'exécuter ; ce que c'est qu'en surveiller l'application. Distinction des pouvoirs législatif, exécutif, judiciaire. Exemples et analogies empruntés à ce qui se passe dans la commune.	*Le gouvernement.* — Élection du président de la République. Promulgation des lois. Droit de grâce. Nomination des ministres. Une crise ministérielle. Responsabilité des ministres. Énumération des différents ministères.	*Le gouvernement.* — Le pouvoir exécutif. Le président de la République. Le conseil d'État. Les divers ministères. Attributions propres à chaque ministère. Les décrets, les arrêtés. Notions sur le budget de l'État.
AVRIL	**AVRIL**	**AVRIL**
La justice. — Le juge de paix de canton. Une séance de la justice de paix. Les tribunaux d'arrondissement. Les tribunaux d'appel. Le jury et la cour d'assises. Quels sont les devoirs des jurés ?	*Le pouvoir judiciaire.* — Le ministère de la justice. Justice civile et justice criminelle. La justice de paix. Les tribunaux de première instance et les tribunaux correctionnels. Les cours d'appel. Les cours d'assises. La cour de cassation.	*Notions de droit pratique.* — Les actes de l'état civil. Règles spéciales aux actes de naissance, de mariage et de décès. La minorité. La tutelle. La protection des mineurs. — La propriété mobilière et immobilière. Les successions. Les contrats. Différentes sortes de contrats. La vente. Le louage.

COURS ÉLÉMENTAIRE (ENFANTS DE 7 A 9 ANS).	COURS MOYEN (ENFANTS DE 9 A 11 ANS).	COURS SUPÉRIEUR (ENFANTS DE 11 A 13 ANS).
MAI	**MAI**	**MAI**
L'armée. — Organisation militaire. Le service militaire pour tous. Les dix-neuf corps d'armée. Hiérarchie militaire. Le drapeau. Organisation de la marine. La force militaire de la France.	*Organisation militaire.* — Le ministère de la guerre. Le conseil supérieur de la guerre. Explication de la loi militaire. Dispenses. Exemptions. — Le ministère de la marine et des colonies. Conseil supérieur de la marine. Les préfectures maritimes.	*Notions d'économie politique.* — Production, consommation et distribution de la richesse. Les besoins de l'homme. Le travail. De la division du travail. Le capital. Les caisses d'épargne. La liberté du travail.
JUIN	**JUIN**	**JUIN**
Les autres ministères. — Ministère de l'intérieur. Administration départementale et communale. Service pénitentiaire. — Ministère des finances. Perception de l'impôt. — Ministère des cultes : archevêques et évêques. — Ministère de l'instruction publique et des beaux-arts. L'Université. Les trois degrés de l'enseignement. Écoles primaires élémentaires. Écoles primaires supérieures, etc.	*Organisation administrative.* — Ministère de l'intérieur. Direction de la sûreté générale. Services pénitentiaires. — Organisation financière. Contributions directes et indirectes. — Organisation des cultes : le Concordat. Les différents cultes. — Organisation de l'instruction publique : Académies et recteurs, inspecteurs, etc.	*Notions d'économie politique.* — L'échange. La loi de l'offre et de la demande. La monnaie. La liberté du commerce. Le libre-échange et la protection. La rémunération du travail. Le salaire. Les grèves. Les associations. Sociétés de secours mutuels. Les caisses de retraites.
JUILLET	**JUILLET**	**JUILLET ET AOUT**
Les autres ministères (suite). — Ministère des affaires étrangères. Les ambassadeurs ; les consuls. — Ministère des travaux publics. Les ponts et chaussées. Les chemins de fer. — Ministère du commerce et de l'industrie. — Ministère de l'agriculture. — Ministère des postes et des télégraphes.	Rapports avec l'étranger. Les grandes ambassades. Organisation des travaux publics. Service des chemins vicinaux. Protection du commerce, de l'industrie, de l'agriculture. L'État et l'industrie privée. Les postes et les télégraphes.	Revision générale.
AOUT	**AOUT**	
Revision générale.	Revision générale.	

VII. — GÉOGRAPHIE.

Conseils et directions. — Employer au début la méthode intuitive, celle qui consiste à montrer aux enfants les accidents géographiques qu'ils ont sous les yeux.

— Recourir sans cesse à la carte murale pendant la leçon.

— Faire un emploi fréquent de la sphère.

— Exercer les enfants à tracer des cartes sur le tableau noir ou sur le papier.

— « Nos maîtres commencent à sortir des nuages de l'abstraction. On ne définit plus les accidents géographiques en l'air, on les vé-rifie sur la carte; on les observe même sur le terrain. » (M. Gréard.)

— Ne pas attacher une importance trop considérable à l'étude de la configuration physique du sol. « Ce que l'enfant destiné au travail professionnel a besoin de connaître avant tout, c'est la vie agricole, industrielle et commerciale des différentes régions de la France et du monde entier, leurs richesses naturelles, les voies de communication qui permettent les échanges. » (Id.)

— « On sépare d'ordinaire très nettement la géographie physique de la géographie politique. C'est là une séparation fautive, et qui ne facilite guère les moyens d'apprendre vite et bien. La pratique de l'enseignement prouve au contraire que les détails physiques et politiques se complètent et s'étayent pour ainsi dire les uns les autres, que ceux-ci aident à retenir ceux-là, et réciproquement. » (M. Foncin.)

— « Le précis, l'atlas ou le texte-atlas, dont le choix a une grande importance, resteront les auxiliaires essentiels de l'enseignement; mais ils ne sauraient le donner: c'est le maître seul qui peut montrer et démontrer. L'enseignement est dans la leçon parlée, comme pour l'histoire. » (M. Jallifier.)

— « La géographie ne peut pas être entièrement fondée sur les leçons de choses ; l'emploi excessif de la méthode intuitive a paralysé l'imagination des maîtres et des élèves ; elle a donné une place exagérée aux cartes. » (M. P. Dupuy.)

— « Grâce aux progrès qu'ont accompli dans leurs domaines divers les sciences physiques et naturelles, et en même temps les sciences historiques et politiques, la géographie n'est plus, ne peut plus être une science isolée et restreinte : elle ne décrit pas seulement, elle explique. La vue des phénomènes actuels suggère, soit pour le passé, soit pour l'avenir, les plus fécondes inductions ; les accidents du sol, qu'on se bornait autrefois à enregistrer comme autant de bizarreries de la nature, ont trouvé eux-mêmes leurs lois, leurs raisons d'être, leur place dans une harmonie universelle. Toute cette surface terrestre devient un monde vivant et mouvant, et la monotonie ou le désordre que l'ignorance y trouvait fait place à de grandes notions générales, aussi importantes par leurs applications pratiques que par leur portée scientifique. Ce ne sont plus des noms à retenir, ce sont de grandioses phénomènes qu'il s'agit de saisir dans leur ensemble et dans leurs détails; c'est la physionomie de tout un relief orographique, de tout un réseau hydrographique, qu'il faut envisager; c'est la structure et la configuration de chaque région dont il faut se pénétrer, pour y rattacher les innombrables phénomènes qui en dépendent et dont aucun n'est un jeu du hasard, depuis les particularités du sol et du climat jusqu'à celles de la faune et de la flore qui s'y développent.

« Quand on connaît de la sorte le théâtre physique où va s'exercer l'activité humaine, y a-t-il rien de plus riche en enseignements que la géographie historique, politique, statistique ? Dès que l'homme entre dans cette science, une double action s'offre sans cesse à l'étude : celle qu'exercent sur l'homme la situation, le climat, la forme, la nature du pays où il naît, et en retour celle que l'homme déploie pour modifier toutes ces circonstances, pour les combattre ou bien pour les exploiter, pour tirer parti de la terre et du sol, de l'air et de l'eau, selon le degré d'intelligence et d'énergie dont il est doué. Ainsi l'étude de la géographie ne se sépare pas de celle des civilisations : c'est une sorte de monument universel où se grave dans tous ses épisodes marquants, depuis l'âge des cavernes et des stations lacustres jusqu'à l'heure où nous vivons, l'histoire des influences de la nature sur l'homme et des conquêtes de l'homme sur la nature. C'est de la science ainsi entendue que Herder pouvait dire avec élan : « Accuser la géographie d'aridité, « autant vaudrait accuser l'Océan de sécheresse. » (M. Buisson.)

(*Voir, d'autre part, la répartition des programmes de géographie.*)

RÉPARTITION DES PROGRAMMES DE GÉOGRAPHIE.

CLASSE ENFANTINE (ENFANTS DE 5 A 7 ANS).	COURS ÉLÉMENTAIRE (ENFANTS DE 7 A 9 ANS).	COURS MOYEN (ENFANTS DE 9 A 11 ANS).	COURS SUPÉRIEUR (ENFANTS DE 11 A 13 ANS).
OCTOBRE	**OCTOBRE**	**OCTOBRE**	**OCTOBRE**
Causeries : 1° Sur le soleil, les étoiles; 2° Sur la terre (sa forme, sa révolution autour du soleil et sur elle-même); 3° Sur la lune. Donner, au cours d'entretiens familiers, et par la vue des objets ou d'images, une idée des terres et des eaux, d'une montagne, d'une rivière ou d'un fleuve, d'une île, d'une ville, d'un village. Apprendre à les distinguer sur des cartes très simples.	*L'univers.* — Le ciel et les étoiles. — Le soleil, les planètes, la terre, la lune. *Les cartes.* — Examen du plan d'une maison (de l'école, par exemple), de la rue, du quartier, du village ou de la ville, du territoire communal, du canton, de l'arrondissement, du département, de la France, enfin d'une mappemonde ou mieux d'une sphère. *Les points cardinaux.* — Moyen de les déterminer et de les reconnaître. La boussole.	*L'univers.* — Idée générale de l'univers : les étoiles, les constellations. — Le soleil et le système planétaire. — La terre et la lune. *Les cartes.* — Indiquer ce qu'est une carte; former les élèves à y reconnaître les lieux et les principaux accidents géographiques. Suivre le même ordre que celui indiqué au cours élémentaire. — Reproduction sommaire des cartes étudiées. Lecture des principaux détails des cartes de l'état-major à l'échelle de 1/40000. *Les points cardinaux.* — Les nommer et apprendre à en déterminer la situation; points collatéraux. La boussole.	*L'univers.* — Idée générale de l'univers et de son immensité : le ciel, les étoiles, les constellations, la voie lactée, les nébuleuses. — Le soleil, les planètes; la terre, la lune et les comètes. *Les cartes.* — Énumération des divers termes ou accidents géographiques; indiquer ou plutôt montrer, sur de bonnes cartes et sur la sphère, comment on les représente. — Notions sur l'équateur, les tropiques, les cercles polaires, les méridiens, les parallèles. Longitude et latitude. Lecture des cartes murales, de la sphère et des cartes de l'état-major : évaluation des distances géographiques. Conseils sur les tracés de cartes.
NOVEMBRE	**NOVEMBRE**	**NOVEMBRE**	**NOVEMBRE**
Causeries, d'après la vue directe des objets ou d'après des images, sur : Les montagnes; Les volcans; Les mers; Les îles; Les fleuves, les rivières; Les races d'hommes.	*La terre.* — Détails pittoresques sur les accidents de la surface terrestre : plaines, montagnes, glaciers, volcans, vallées, caps (les faire distinguer sur les cartes). — Mêmes entretiens sur les eaux : mers, golfes, détroits, îles, presqu'îles, isthmes, lacs, fleuves, rivières, etc. — Les productions et les animaux des régions glaciales, tempérées et chaudes. — Notions sommaires sur les races humaines et les régions qu'elles habitent.	*Les terres et les eaux.* — Les terres : continents, parties du monde, contrées : — plaines, déserts, montagnes, plateaux, vallées, glaciers, volcans, etc. — Les eaux : mers, marées, côtes, îles, archipels, rivières, fleuves, canaux, lacs, etc. — Indications générales sur les productions minérales, végétales et animales des différentes zones. — Indications générales des animaux qui leur sont propres. Les races humaines : caractères qui les distinguent; régions où elles habitent.	*Les terres et les eaux.* — Notions détaillées sur les accidents de la surface du globe : plaines, plateaux, vallées, montagnes; — pics, ballons, cols, défilés, glaciers, volcans; — tremblements de terre, etc. — Les mers : leur étendue, leurs mouvements, leurs courants, leurs profondeurs; banquises, détroits, caps, îles, etc. — Climats et productions des différentes régions du globe. — Les races humaines et leurs principales subdivisions : caractères particuliers à chacune d'elles; lieux qu'elles habitent de préférence.

CLASSE ENFANTINE (ENFANTS DE 5 A 7 ANS).	COURS ÉLÉMENTAIRE (ENFANTS DE 7 A 9 ANS).	COURS MOYEN (ENFANTS DE 9 A 11 ANS).	COURS SUPÉRIEUR (ENFANTS DE 11 A 13 ANS).
DÉCEMBRE Causeries sur la *ville* ou le *village* : ses rues et places principales, ses monuments ou édifices ; — sur l'aspect du territoire environnant et les accidents géographiques qu'il présente ; noms des rivières, chemins, etc. : — sur les productions des champs, sur les divers objets vendus ou fabriqués dans la localité. — Les communes du canton : les arrondissements et leurs chefs-lieux ; le département et son chef-lieu.	**DÉCEMBRE** *Géographie locale.* — Le village ou la ville avec leur territoire : accidents géographiques, cours d'eau, voies de communication principales. Productions, monuments. — Le canton : étude analogue. Le département : étude analogue, mais très sommaire. — Divisions du département ; détails sur les principales villes et autres lieux remarquables. Revue trimestrielle.	**DÉCEMBRE** *Géographie locale.* — La ville ou le village et le canton : étude portant sur les accidents géographiques et les voies de communication : sur les productions, le commerce, l'industrie ; sur les monuments et les curiosités naturelles. — Le *département* : géographie physique, ports, canaux, chemins de fer ; population, monuments, curiosités naturelles, commerce, industrie. — Géographie politique du département : divisions et renseignements sur les villes et localités les plus remarquables ; les principaux souvenirs historiques et les grands hommes. — Tracés de cartes. Revue trimestrielle.	**DÉCEMBRE** *Géographie locale.* — Étude historique et géographique, avec tracé de cartes, de la ville ou du village ainsi que du canton. Étude du département : 1° Géographie physique et voies de communication. 2° Productions, commerce, industrie. 3° Géographie politique : divisions, population ; localités principales. 4° Détails sur les localités : curiosités naturelles ; souvenirs historiques. Revue trimestrielle.
JANVIER Le *littoral* de la France ; entretiens familiers sur les côtes, les ports, les navires, les phares, les pêcheurs, etc. Entretiens analogues sur les montagnes de France dont on nommera et montrera les principales ; — id. sur les grands fleuves.	**JANVIER** *La France.* — Bornes. — Le *littoral* : les mers, les côtes, les détroits, les caps, les îles, les presqu'îles, les golfes, etc. ; les ports les plus importants. Les *montagnes* : principales chaînes avec les sommets les plus élevés ; chaînes secondaires ; détails pittoresques sur chacune d'elles. Les principaux *fleuves* de la France avec les rivières qu'ils reçoivent : villes arrosées. Donner une idée d'un bassin fluvial. Exercices très simples de tracés se rapportant au littoral, aux montagnes, aux fleuves.	**JANVIER** *La France.* — Bornes. — Le littoral : aspect des côtes ; accidents géographiques ; îles ; ports avec détails sur l'installation d'un port : bassins, quais, écluses, phares, jetées. Les montagnes. La ligne de faîte et les principales chaînes avec leurs altitudes et leurs ramifications. Division de la France en bassins ; cours d'eau de chaque bassin fluvial : départements et villes principales arrosés par les fleuves. Tracés géographiques au tableau noir et sur cahier, faits sans le secours d'aucune carte.	**JANVIER** *La France.* — Bornes physiques et politiques. — Le littoral : décrire les côtes ; indiquer les accidents géographiques qu'elles présentent ; tracer de mémoire le croquis du littoral français. — Les ports. Montagnes. — Décrire la ligne de faîte ; décrire les principaux massifs ainsi que leurs ramifications les plus connues. Les bassins fluviaux avec leurs cours d'eau respectifs ; provinces, départements et villes arrosés par chacun des fleuves et des rivières. Tracés géographiques au tableau noir et sur cahier, faits sans le secours d'aucune carte.
FÉVRIER Montrer sur la carte les principales provinces de chacune des régions de la France. En indiquer les capitales et quelques villes principales. Faire distinguer sur la carte les départements formés par la province que l'on habite. En indiquer les chefs-lieux et quelques villes principales.	**FÉVRIER** *France politique.* — Les cinq grandes régions de la France et les caractères particuliers de chacune d'elles. Les anciennes provinces et leurs capitales : villes historiques. — Départements formés des provinces du nord avec leurs chefs-lieux et leurs villes principales. — Départements formés des provinces de l'est (ne pas omettre ceux qui ont été enlevés à la France). — Tracés de cartes.	**FÉVRIER** *France politique.* — Rappeler les bornes politiques de la France ; — les cinq grandes régions ; détails sur l'aspect, le climat de chacune d'elles. — Les anciennes provinces avec leur capitale et leurs villes historiques. — Départements formés des provinces du nord et de l'est (y compris l'Alsace-Lorraine), avec leurs chefs-lieux et leurs sous-préfectures. Détails sommaires. — Tracés de mémoire.	**FÉVRIER** *France politique.* — Aspect, climat, population de chacune des grandes régions de la France. — Énumération des provinces avec quelques-unes de leurs anciennes divisions et leurs villes historiques. — Énumération des départements de la région du nord et de celle de l'est avec leurs sous-préfectures ; détails sur chaque département et sur les localités les plus importantes. — Tracés géographiques.
MARS Entretiens sur les principales villes de France ; les désigner sur la carte ; détails sur ce que chacune présente de plus intéressant.	**MARS** Suite de l'étude des départements : régions du sud, de l'ouest et du centre. Croquis géographiques. Revue trimestrielle.	**MARS** Suite de l'étude des départements : régions du sud, de l'ouest et du centre. Croquis géographiques. Revue trimestrielle.	**MARS** Suite de l'étude des départements : régions du sud, de l'ouest et du centre. Croquis géographiques. Revue trimestrielle.

CLASSE ENFANTINE (ENFANTS DE 5 A 7 ANS).	COURS ÉLÉMENTAIRE (ENFANTS DE 7 A 9 ANS).	COURS MOYEN (ENFANTS DE 9 A 11 ANS).	COURS SUPÉRIEUR (ENFANTS DE 11 A 13 ANS).
AVRIL Entretiens sur ce que sont les colonies ; détails sur le climat de celles des régions tropicales, sur les habitants, les végétaux, etc. Donner une idée de ce qu'on extrait du sol pour les besoins de l'homme. Produits végétaux de la France. Entretiens sur les canaux. — sur les chemins de fer. Les faire discerner sur la carte.	**AVRIL** *Colonies françaises.* — Notions sommaires sur la Cochinchine, le Tonkin. l'Inde française, l'Algérie, la Tunisie. la Réunion. les îles des Antilles, la Nouvelle-Calédonie. *France économique.* — Productions minérales, végétales, animales et lieux de production. — Productions industrielles ; centres de fabrication. Aperçu sur le commerce de la France. Les principaux canaux et les lignes de chemins de fer les plus importantes.	**AVRIL** *Colonies françaises.* — Situation, population, habitants, montagnes, cours d'eau, villes, productions et commerce de nos principales colonies. *France économique.* — Notions sur la géologie de notre pays. Productions minérales, végétales, animales et lieux de production. — Productions industrielles et principaux centres de production. — Aperçu sur le commerce de la France. Les canaux et les lignes de chemins de fer les plus importantes ; localités desservies.	**AVRIL** *Colonies françaises.* *France économique.* Revision des matières étudiées au cours moyen et détails complémentaires. Importance commerciale de la France comparée à celle des principaux États du monde.
MAI Nommer les principaux peuples de l'Europe ; donner quelques détails sur leurs pays en les montrant sur la carte. Indiquer les principales mers, quelques grandes îles, les montagnes les plus élevées, les volcans, les fleuves les plus considérables, avec quelques détails intéressants.	**MAI** *Europe.* — Bornes. — Les principales contrées avec un aperçu de leur population, de leurs productions, de leurs villes. — Les principales mers avec les îles, les détroits, les caps, les presqu'îles les plus importants. Étude analogue sur les montagnes, les volcans, les lacs, les fleuves et les rivières. Croquis géographiques.	**MAI** *Europe.* — Bornes. — Contrées ; mers, détroits, îles et presqu'îles, caps ; montagnes, volcans, lacs. fleuves, rivières. Détails sommaires sur chaque contrée : bornes, climat, productions, commerce : villes principales, avec quelques détails sur la population, le commerce, l'industrie, les monuments de chacune d'elles. Races, langues, religions des peuples de l'Europe.	**MAI** *Europe.* — Revision complétée de la géographie physique de l'Europe. Grandes lignes de chemins de fer et de navigation. Étude particulière de chacune des contrées : bornes, sol, climat, productions, commerce. — Villes remarquables avec détails sur chacune d'elles. Races, langues, religions des peuples de l'Europe.
JUIN Entretiens : 1° Sur les peuples de l'Asie : ce qui les caractérise ; leur costume ; leur manière de vivre. 2° Sur les productions végétales originaires de cette partie du monde ou particulières à certaines contrées : thé, café, soie, etc. 3° Sur les animaux : chevaux arabes, éléphants, tigres, chameaux, serpents, etc. 4° Étude élémentaire de la carte d'Asie. Mêmes entretiens sur l'Afrique. Le canal de Suez.	**JUIN** *Asie et Afrique.* — Limites. — Aspects divers de ces parties du monde ; les habitants ; les animaux ; les productions, l'industrie, les principaux objets du commerce. Contrées, mers, détroits, îles, caps, presqu'îles, montagnes, volcans, lacs, fleuves les plus remarquables. Le canal de Suez. Citer les grandes villes et donner quelques détails sur chacune d'elles. Ne pas omettre de rappeler les colonies françaises et celles des autres nations.	**JUIN** *Asie et Afrique.* — Comme pour l'Europe, mais avec une plus grande sobriété de détails. Étude spéciale des colonies européennes.	**JUIN** *Asie et Afrique.* — Comme pour l'Europe, mais avec une plus grande sobriété de détails. Étude spéciale des colonies européennes et des grandes lignes de navigation qui relient l'Europe à l'Asie et à l'Afrique. Détails sommaires sur les explorations dont l'intérieur de l'Afrique a été l'objet, depuis un demi-siècle principalement.
JUILLET Même programme que ci-dessus pour l'Amérique et l'Océanie.	**JUILLET** *Amérique et Océanie.* — Même programme que ci-dessus.	**JUILLET** *Amérique et Océanie.* — Même programme que ci-dessus.	**JUILLET** *Amérique et Océanie.* — Même programme que ci-dessus.
AOUT Revision générale.	**AOUT** Revision générale.	**AOUT** Revision générale.	**AOUT** Revision générale.

VIII. — ARITHMÉTIQUE ET GÉOMÉTRIE.

Conseils et directions. — « L'enseignement scientifique occupera en moyenne, et suivant les cours, de une heure à une heure et demie par jour, savoir : trois quarts d'heure ou une heure pour l'arithmétique et les exercices qui s'y rattachent, le reste pour les leçons de choses et les premières notions scientifiques. » (Arrêté du 18 janvier 1887, art. 19.)

— Les programmes de 1882 n'ont pas accru la part proportionnelle de l'arithmétique et de la géométrie. On leur a même fait subir une diminution de temps : d'où la nécessité, si l'on veut arriver au moins aux mêmes résultats, d'améliorer encore les méthodes.

— Renoncer, avec les débutants, aux définitions abstraites, « à tous ces prolégomènes de nos vieux livres qui promenaient leurs jeunes lecteurs à travers les mots : grandeur, quantité, nombre..., et leurs définitions ».

— Dans le cours élémentaire, exercer l'élève à résoudre de petits problèmes sur des données très simples, se rapportant à la comptabilité d'un ménage, aux industries locales, aux travaux des champs, etc.

— Employer au début, pour la numération et les premières opérations de l'arithmétique, le boulier compteur ou des objets usuels : ne faire opérer que sur des nombres concrets.

— Exercices de calcul mental (ou de tête) sans recourir aux nombres écrits.

— « En arithmétique, pas de questions fantaisistes. Les applications journalières et réelles du calcul sont assez nombreuses pour que vous ne soyez jamais embarrassés de trouver des problèmes intéressants et instructifs. Quand vous donnez une question relative à un achat, donnez le prix réel, le cours du jour de la marchandise ; quand vous parlez d'une robe à confectionner, procurez-vous le prix exact des étoffes, des garnitures, de la façon ; de manière que l'élève apprenne autre chose que le seul maniement des chiffres. »

(Voir, page 130, la répartition des programmes d'arithmétique et de géométrie.)

IX. — ÉLÉMENTS USUELS DES SCIENCES PHYSIQUES ET NATURELLES.

Conseils et directions. — « Pour l'histoire naturelle, l'instituteur pourra trouver autour de lui beaucoup d'échantillons utiles de minéraux, végétaux, animaux. Les enfants seront enchantés de courir le dimanche pour ramasser les éléments du petit musée scolaire, surtout si l'on inscrit sur chaque pièce le nom du donateur. Je ne parle que pour mémoire des collections acquises à des prix toujours trop élevés, et que, pour cette raison, on regarde avec respect sans oser s'en servir. Il faut bien se mettre dans la tête qu'un objet d'histoire naturelle destiné à l'enseignement doit être *manié*, et, par suite, fatalement disloqué et cassé. » (Paul Bert.)

— L'enseignement élémentaire des sciences naturelles suppose, pour être donné utilement, l'établissement d'un petit musée scolaire..

Voici la classification que propose le *Dictionnaire de pédagogie* de M. Buisson, pour les divisions et les subdivisions du musée scolaire :

Produits alimentaires.	Céréales, légumineuses. Farines, fécules. Café, cacao, thé, sucre, etc. Epices. Boissons.
Industries diverses.	Matières textiles. Matières colorantes. Cuir. Métaux et minerais. Verres. Porcelaine, faïences, poterie. Papier.
Matériaux de construction.	Bois (section transversale, section longitudinale avec écorce, bois poli, verni). Pierres, plâtre, chaux, etc. Ardoise, tuile.
Chauffage et éclairage.	Bois. Houille, coke, etc. Chandelles, bougies. Pétrole. Huile, graines oléagineuses.
Géologie et minéralogie.	Principaux minéraux. Fossiles, houille avec empreintes.
Botanique.	Herbier (signes caractéristiques pour les plantes médicinales usuelles et pour les plantes vénéneuses).
Zoologie.	Insectes..... { Utiles. / Nuisibles. Mammifères et oiseaux. { Utiles (gravures ou, à défaut, une simple nomenclature les rappelant à l'attention du maître et des élèves). / Nuisibles.
Agriculture.	Instruments et machines agricoles (modèles réduits exécutés par les élèves).
Chimie.	Produits chimiques usuels.
Physique.	Petits appareils fabriqués par le maître et les élèves.

(*Voir, page 140 et suiv., la répartition des programmes des éléments usuels des sciences physiques et naturelles.*)

RÉPARTITION DES PROGRAMMES

(Quatre leçons d'arithmétique par semaine : une théorique, trois pratiques ; une de

D'ARITHMÉTIQUE ET DE GÉOMÉTRIE.

géométrie. Les applications de la géométrie se confondront avec celles de l'arithmétique

CLASSE ENFANTINE (ENFANTS DE 5 A 7 ANS).	COURS ÉLÉMENTAIRE (ENFANTS DE 7 A 9 ANS).	COURS MOYEN (ENFANTS DE 9 A 11 ANS).	COURS SUPÉRIEUR (ENFANTS DE 11 A 13 ANS).
OCTOBRE Apprendre aux élèves à compter par unités et dizaines d'abord, par centaines plus tard. — Compter ensuite les nombres de 1 à 100. — Montrer ce qu'est un dixième. — Lecture et écriture des nombres entiers de 1 à 100. — Montrer un mètre, un litre, un franc. Géométrie. — Tracé de lignes droites, brisées, courbes ; de lignes parallèles ; d'un angle droit, d'un angle aigu, d'un angle obtus (donner seulement le nom des figures tracées).	**OCTOBRE** **Les nombres.** — Idée du nombre entier, des fractions. — Idée de la numération parlée : les ordres et les classes d'unités ; les chiffres. — Règles pour lire et pour écrire un nombre entier de deux ou de trois chiffres. — Notion des fractions décimales : les dixièmes, les centièmes. — Règles pour lire et écrire une fraction décimale. — Montrer les mesures métriques principales. *Exercices.* — Lecture et écriture : 1° de nombres entiers ; 2° de fractions décimales. — Emploi de la virgule ; manière de rendre un nombre entier ou une fraction 10, 100 fois plus grands ou plus petits. Géométrie. — *La ligne :* lignes droites, brisées, courbes, perpendiculaires, parallèles. — *Angles :* droit, aigu, obtus.	**OCTOBRE** **Nombres et numération.** — Définitions préliminaires relatives aux nombres. — Numération parlée ; formation des nombres et règle pour les énoncer. Écriture des nombres entiers (unités simples et mille). — Formation des fractions décimales ; manière de lire et d'écrire ces fractions. — Définition, multiples et sous-multiples des unités métriques. *Exercices.* — Lecture et écriture de nombres entiers et de fractions. — Exercices de calcul oral relatifs aux nombres et aux unités métriques. — Problèmes usuels se rapportant aux notions déjà étudiées au cours élémentaire. Géométrie. — Les différentes sortes de *lignes.* — *Les angles :* mesure et construction des angles.	**OCTOBRE** **Nombres et numération.** — Définitions préliminaires. — Numération parlée et numération écrite des nombres entiers. — Notions générales sur les fractions ordinaires. — Numération des nombres décimaux. — Ce qu'on entend par système métrique ; nomenclature des unités métriques avec leurs multiples et leurs sous-multiples. *Exercices.* — Applications à la lecture et à l'écriture des nombres entiers et des fractions (orales et écrites). — Problèmes récapitulatifs se rapportant à l'objet des études du cours moyen. Géométrie. — *Les lignes.* — *Les angles :* angles adjacents ; angles opposés par le sommet. Élever les perpendiculaires tracer un angle de valeur donnée.
NOVEMBRE **Addition.** — Exercices de calcul mental portant sur des unités simples. — **Soustraction :** exercices analogues. Les nombres donnés seront toujours concrets : on opérera même, en premier lieu, sur des objets tels que billes, haricots, brins de paille, pièces de monnaie. Écriture de nombres entiers de 1 à 100. — Opérations (additions ou soustractions) sur des nombres d'un seul chiffre. Géométrie. — Tracé d'arcs avec leurs cordes ; d'une demi-circonférence ; d'une circonférence ; de rayons, de diamètres.	**NOVEMBRE** **Addition.** — Définition ; règle générale ; preuve (opérer sur des nombres de trois chiffres au plus). — **Soustraction.** Définition ; règle générale ; preuve. — **Multiplication.** Définition très simple : le multiplicande, le multiplicateur, le produit. — Étude de la table de multiplication par 2 et par 3. *Exercices.* — Ils seront oraux et écrits et porteront sur des nombres de trois chiffres au plus. — Petits problèmes oraux et écrits portant sur les sujets les plus usuels. — Exercices de raisonnement sur les problèmes et sur les opérations exécutées. Géométrie. — *Circonférence.* — Différence entre le cercle et la circonférence. — Rayon, diamètre, arc, corde.	**NOVEMBRE** **Addition.** — Définition. Règle générale, preuves et usages de l'addition des nombres entiers et des nombres décimaux. — **Soustraction** (comme pour l'addition). — **Multiplication.** Définition, facteurs, produit : étude de la table. Les divers cas de la multiplication des nombres entiers et des nombres décimaux. — Usages et preuves de cette opération. *Exercices.* — Exercices de calcul mental appliqués aux opérations étudiées. — Exercices de calcul écrit. — Problèmes usuels : solutions raisonnées. — Factures, comptes se rapportant aux industries locales. — Rédaction de petits mémoires. Géométrie. — *Circonférence.* — Le cercle ; centre, rayon, diamètre, arc, corde. — Mesure de la circonférence.	**NOVEMBRE** **Opérations fondamentales.** — (Revision et développements théoriques raisonnés). *Addition, soustraction et multiplication* des nombres entiers et des nombres décimaux. Preuves de ces opérations. — Principes de la multiplication. *Exercices.* — Exercices nombreux de calcul mental appliqués aux opérations étudiées. — Exercices de calcul écrit pour accoutumer les élèves à calculer vite et juste. — Problèmes usuels avec solutions raisonnées. — Factures, mémoires, comptes. Géométrie. — *Circonférence et cercle :* centre, rayon, diamètre, arc, corde. — Mesure de la circonférence. — Emploi du rapporteur ; mesure des arcs et des angles.

CLASSE ENFANTINE (ENFANTS DE 5 A 7 ANS).	COURS ÉLÉMENTAIRE (ENFANTS DE 7 A 9 ANS).	COURS MOYEN (ENFANTS DE 9 A 11 ANS).	COURS SUPÉRIEUR (ENFANTS DE 11 A 13 ANS).
DÉCEMBRE **Multiplication et division.** — Exercices de calcul mental portant sur la multiplication de 2, 3, 4 par ces mêmes chiffres. — Exercices de calcul mental sur la division des produits obtenus par les nombres 2, 3, 4. Continuation des exercices relatifs à l'écriture des nombres et opérations très simples sur l'addition et la soustraction (Voir au mois précédent). Géométrie. — Tracé de courbes simples, avec continuation des exercices précédents. — Faire nommer les lignes et figures tracées.	**DÉCEMBRE** **Division** des nombres entiers. — Objet de la division: définition très simple. — Apprendre à diviser par 2 et par 3 des nombres concrets de trois chiffres. — Apprendre à multiplier par 4, 5, 6 ces mêmes nombres. *Revue trimestrielle.* *Exercices.* — Exercices oraux d'abord, puis écrits, portant sur les quatre opérations et appliqués à des nombres très simples. — Petits problèmes sur des sujets usuels. Géométrie. — *Polygones.* — Des polygones en général; côtés, périmètre, diagonales; polygones réguliers et irréguliers. *Revue trimestrielle.*	**DÉCEMBRE** **Division** des nombres entiers. — Définition, termes: détails raisonnés sur les trois cas. — Règle générale, preuve, usages de la division (opérer sur des nombres simples). — Division des nombres décimaux. *Revue trimestrielle.* *Exercices.* — Exercices de calcul mental spécialement appliqués à la division. — Exercices de calcul écrit sur les quatre opérations (ils seront plus difficiles que ceux du mois précédent). — Problèmes usuels avec solutions raisonnées. Factures, comptes, mémoires. Géométrie. — *Polygones.* — Des polygones en général; côtés, diagonales, périmètre, angles: division des polygones. — Polygones réguliers et irréguliers. Tracés à la règle et à l'équerre de polygones irréguliers. *Revue trimestrielle.*	**DÉCEMBRE** **Division** des nombres entiers; les trois cas. — Principes relatifs à la division et preuves de cette opération. — Division des nombres décimaux. *Revue trimestrielle.* *Exercices.* — Exercices de calcul mental sur les quatre premières opérations et notamment sur la division. — Exercices de calcul écrit pour former les élèves à calculer vite et juste. — Problèmes usuels avec solutions raisonnées. Copie de modèles d'actes en usage dans la vie privée. Géométrie. — *Polygones.* — Des lignes se rapportant aux polygones; tracé des polygones irréguliers à une échelle donnée très simple. *Revue trimestrielle.*
JANVIER Continuation des exercices du mois précédent, en rattachant toujours les calculs à des énoncés d'opérations de la vie usuelle ou de la vie de l'écolier. On commencera à faire reproduire sur l'ardoise les exercices écrits très simples effectués sur les tableaux noirs. Géométrie. — Tracés de triangles, de rectangles, de carrés. — Apprendre à distinguer et à nommer ces figures.	**JANVIER** Former les élèves à effectuer une division par les nombres 2, 3, 4, 5, sans poser d'opération. — Pratique de l'addition et de la soustraction sur des nombres de trois chiffres, entiers ou décimaux. — Multiplication par les chiffres 7, 8, 9. — Pratique de la division sur des nombres entiers ou décimaux de trois chiffres au dividende (il n'y aura qu'un chiffre au diviseur). *Exercices.* — Comme le mois précédent. Y joindre des applications relatives à la simplification des nombres. Géométrie. — Tracé et définition élémentaire du triangle, du carré, du rectangle, du parallélogramme et du trapèze. — Calcul de la surface du carré et du rectangle. Problèmes d'application.	**JANVIER** **Divisibilité des nombres.** — Caractères de divisibilité d'un nombre par 2, 3, 4, 5, 9. — Simplification de certaines opérations et de certains calculs. — Preuve par 9 de la multiplication. *Exercices.* — Comme le mois précédent, en ajoutant quelque peu à la difficulté des exercices pratiques de calcul mental et écrit. Géométrie. — Tracé et définition du carré, du rectangle, du parallélogramme, des triangles, du trapèze, du losange. — Mesure de la surface du carré, du rectangle, du triangle et du trapèze. Problèmes d'application.	**JANVIER** **Divisibilité des nombres.** — Les principaux théorèmes sur la divisibilité. — Nombres premiers et décomposition d'un nombre en ses facteurs premiers. — Caractères de divisibilité par 2, 4, 5, 8, 3 ou 6, 9. — Preuve de la division. — Exercices de simplification. — Recherche du plus grand commun diviseur. *Exercices.* — Comme le mois précédent. Continuer la copie de modèles d'actes en usage dans les affaires. Géométrie. — Les triangles et les quadrilatères. — Définition et tracé de ces figures. — Mesure de la surface des triangles et des quadrilatères; démonstrations élémentaires. — Problèmes d'application.

CLASSE ENFANTINE (ENFANTS DE 5 A 7 ANS).	COURS ÉLÉMENTAIRE (ENFANTS DE 7 A 9 ANS).	COURS MOYEN (ENFANTS DE 9 A 11 ANS).	COURS SUPÉRIEUR (ENFANTS DE 11 A 13 ANS).
FÉVRIER	**FÉVRIER**	**FÉVRIER**	**FÉVRIER**
Fractions ordinaires. — Donner aux enfants l'idée de ce qu'est la 1/2 d'une chose, d'un nombre : — donner l'idée du 1/3; du 1/4. Exercices très simples d'application. Continuation des exercices relatifs à l'écriture des nombres de 1 à 100. — Addition, soustraction de nombres d'un ou de deux chiffres. — Exercices sur la multiplication et la division de petits nombres par 2, 3.	Continuer l'étude des quatre opérations avec les procédés précédemment conseillés. **Fractions ordinaires.** — Donner aux élèves la notion de ce que sont : la 1/2, le 1/3, le 1/4, le 1/5, etc., d'une quantité, d'un nombre. — Comparer ces fractions entre elles; exercices oraux de calcul sur ces nombres. *Exercices.* — Comme le mois précédent.	**Fractions ordinaires.** — Formation de ces fractions ; le numérateur, le dénominateur. — Comment on rend 2, 3, 4, etc., fois plus grande ou plus petite une fraction ordinaire. — Réduction de deux fractions au même dénominateur. — Addition et soustraction de deux fractions ordinaires. *Exercices.* — Comme il a été indiqué précédemment.	**Fractions ordinaires.** — Propriétés principales des fractions ordinaires. — Réduction de ces fractions au même dénominateur. — Réduction de ces fractions à leur plus petit dénominateur commun. — Pratique des quatre opérations sur les fractions ordinaires et les nombres fractionnaires. *Exercices.* — Comme il a été indiqué précédemment. Continuer la copie de modèles d'actes en usage dans les affaires ordinaires.
GÉOMÉTRIE. — Tracé du cercle, du diamètre, du rayon; montrer un arc de cercle et sa corde.	GÉOMÉTRIE. — Tracé d'un triangle équilatéral, d'un hexagone régulier, d'un cercle. Problèmes d'application se rapportant à la mesure de la surface du carré, du rectangle et du triangle.	GÉOMÉTRIE. — Calcul de la surface d'un polygone irrégulier très simple. Calcul de la surface d'un polygone régulier, du cercle. Problèmes d'application se rattachant toujours à des questions de la vie usuelle.	GÉOMÉTRIE. — Polygones réguliers et irréguliers : le cercle, le secteur. — Calcul de la surface des figures; démonstrations élémentaires. — Problèmes d'application.
MARS	**MARS**	**MARS**	**MARS**
Système métrique. — Montrer le mètre : le définir par les usages auxquels on l'applique. — Parler du décimètre, du centimètre, du millimètre ; en donner l'idée. Montrer un mètre carré et un décimètre carré. *Exercices.* — Faire mesurer des longueurs, et les faire évaluer en mètres, en centimètres ou en mètres et centimètres. Continuation des exercices précédents sur les nombres concrets se rapportant aux unités de longueur ou de surface.	**Système métrique.** — Le mètre et les unités métriques ; multiples et sous-multiples. Mesures de longueur : le mètre, ses usages; les multiples et les sous-multiples du mètre. Mesures de surface et mesures agraires; leurs usages; multiples et sous-multiples. *Exercices.* — Exercices de calcul mental relatifs aux mesures métriques et portant sur les quatre opérations. — Exercices écrits portant sur les quatre opérations appliquées aux mesures métriques étudiées. Petits problèmes d'application.	**Système métrique.** — Le mètre et les unités métriques ; — multiples et sous-multiples. — Mesures de longueur. Mesures de surface proprement dites et mesures agraires. — Leurs rapports mutuels. *Exercices.* — Exercices de calcul mental sur les quatre opérations appliquées au système métrique. — Exercices de calcul écrit conçus dans le même ordre d'idées. — Problèmes avec solutions raisonnées.	**Système métrique.** — Historique. — Les unités métriques. — Mesures de longueur. — Mesures de surface proprement dites et mesures agraires. — Extraction de la racine carrée. *Exercices.* — Exercices de calcul mental sur les quatre opérations appliquées aux mesures de longueur et de surface. — Exercices de calcul écrit pour former les élèves à calculer rapidement avec exactitude. — Problèmes pratiques avec solutions raisonnées. Copie de formules d'actes en usage dans les affaires.
GÉOMÉTRIE. — Montrer le cube, le parallélipipède. Faire discerner et mesurer les côtés, les faces, la base, la longueur, la largeur, la hauteur.	GÉOMÉTRIE. — Donner une idée des corps géométriques : montrer et définir le cube, le parallélipipède. En faire discerner et mesurer les dimensions. *Revue trimestrielle.*	GÉOMÉTRIE. — *Corps géométriques.* — Définition du cube, du parallélipipède ; mesure du volume de chacun de ces corps. — Exercices d'application. *Revue trimestrielle.*	GÉOMÉTRIE. — *Du plan :* lignes et angles se rapportant aux plans. — *Des corps :* le cube, le parallélipipède, le prisme; — mesure de la surface et du volume de ces corps. *Revue trimestrielle.*

CLASSE ENFANTINE (ENFANTS DE 5 A 7 ANS).	COURS ÉLÉMENTAIRE (ENFANTS DE 7 A 9 ANS).	COURS MOYEN (ENFANTS DE 9 A 11 ANS).	COURS SUPÉRIEUR (ENFANTS DE 11 A 13 ANS).
AVRIL	**AVRIL**	**AVRIL**	**AVRIL**
Mesures de volume et de capacité. — Montrer un cube, un décimètre cube, un centimètre cube. — Faire connaître et pratiquer le litre, le demi-litre, le double décilitre et le décilitre. *Exercices.* — Se conformer aux indications données pour le mois précédent. Géométrie. — Montrer une pyramide, un cylindre, le cône, la sphère : apprendre aux élèves à discerner et à nommer ces corps.	**Mesures de volume.** — Donner une idée exacte d'un cube ; montrer un mètre cube, un décimètre cube, un centimètre cube. — Définir ces mesures. — Le stère. — **Mesures de capacité.** En faire connaître et pratiquer les principales. *Exercices.* — Ils seront choisis dans le même ordre d'idées que le mois précédent. Géométrie. — Montrer la pyramide, le cylindre, le cône, la sphère. En faire discerner et mesurer les dimensions.	**Mesures de volume.** — Le mètre cube et le stère ; leurs usages ; leurs multiples et leurs sous-multiples. — **Mesures de capacité.** Le litre ; ses multiples et ses sous-multiples ; usages de ces mesures ; leurs rapports avec le mètre cube et ses sous-multiples. *Exercices.* — Ils seront choisis dans le même ordre d'idées que ceux du mois précédent. Géométrie. — Définition de la pyramide, du cylindre, du cône, de la sphère. — Mesure du volume du cylindre. Problèmes d'application.	**Mesures de volume.** — Le mètre cube ; ses sous-multiples ; leurs rapports numériques. — Mesures pour le bois de chauffage et de construction. — **Mesures de capacité.** Le litre : ses multiples et ses sous-multiples. *Exercices.* — Ils seront choisis dans le même ordre d'idées que ceux du mois précédent. Copie de formules d'actes usuels. Géométrie. — Définition et mesure de la surface et du volume de la pyramide, du cylindre, du cône et de la sphère. Problèmes d'application.
MAI	**MAI**	**MAI**	**MAI**
Mesures de poids et mesures monétaires. — Montrer aux enfants l'unité de poids, le décagramme, l'hectogramme, le kilogramme : puis les différents poids. — Les initier de la même manière à la connaissance des pièces de monnaie d'or, d'argent et de cuivre. — Donner une notion des principales unités adoptées pour la mesure du temps : jour, heure, minute, semaine, mois, année. *Exercices.* — Comme le mois précédent. Géométrie. — Étude récapitulative portant sur les lignes.	**Mesures de poids.** — Définition du gramme ; ses multiples principaux ; ses sous-multiples. Les poids ; pratique de ces mesures. **Mesures monétaires.** — Le franc ; le décime, le centime. — Pièces de monnaie ; poids de celles d'argent et de cuivre. Indication des unités pour la mesure du temps : en faire connaître les rapports. *Exercices.* — Comme le mois précédent. Géométrie. — Exercices récapitulatifs très simples sur les tracés des lignes et des surfaces, ainsi que sur les calculs relatifs à la mesure des surfaces.	**Mesures de poids.** — Le gramme ; ses multiples et ses sous-multiples. — Les mesures effectives de poids ; leurs rapports avec les divers multiples et sous-multiples. **Mesures monétaires.** — Le franc ; ses sous-multiples ; les diverses pièces de monnaie ; titre des monnaies. Mesures relatives au temps et à la circonférence ; addition et soustraction de nombres complexes. *Exercices.* — Comme le mois précédent. Géométrie. — Exercices récapitulatifs d'application sur la mesure des lignes, des surfaces et des volumes.	**Mesures de poids.** — Le gramme ; définition expliquée ; ses multiples, ses sous-multiples ; les mesures effectives de poids ; leurs rapports avec les mesures de capacité et de volume. **Mesures monétaires.** — Le franc ; les titres des monnaies d'or et d'argent. Mesures relatives au temps et à la circonférence. Notions sur le calcul des nombres complexes. — Règles de trois et résolution de ces règles par la méthode de l'unité. *Exercices.* — Comme le mois précédent. Géométrie. — Application de la géométrie à l'arpentage et au nivellement.

CLASSE ENFANTINE (ENFANTS DE 5 A 7 ANS).	COURS ÉLÉMENTAIRE (ENFANTS DE 7 A 9 ANS).	COURS MOYEN (ENFANTS DE 9 A 11 ANS).	COURS SUPÉRIEUR (ENFANTS DE 11 A 13 ANS).
JUIN	**JUIN**	**JUIN**	**JUIN**
Former les élèves à résoudre, soit mentalement, soit par le calcul écrit, des problèmes très simples. Revenir sur les notions théoriques données jusqu'au mois de mars. *Exercices.* — Comme le mois précédent. *Géométrie.* — Étude récapitulative portant sur les surfaces.	Étude récapitulative sur les définitions et les règles générales concernant les quatre opérations. — Notions sur les preuves de ces mêmes opérations. — Écriture et lecture de nombres dans lesquels entreront des unités, des dizaines et des centaines de mille. *Exercices.* — Comme le mois précédent. *Géométrie.* — Comme le mois précédent.	**Règles d'intérêt, escompte.** — Notions sur l'intérêt, le capital, le taux. — Calcul de l'intérêt simple. — Rédaction d'un billet à ordre, d'une traite ; calcul de l'escompte dans les cas les plus faciles. — Calculs des remises. *Exercices.* — Comme le mois précédent. *Géométrie.* — Comme le mois précédent. *Revue trimestrielle.*	**Intérêt, escompte, etc.** — Règle d'intérêt. — Escompte des effets de commerce et notions relatives aux billets, traites, chèques, etc. — Méthodes abrégées de calcul pour les opérations se rattachant à ces règles. *Comptabilité.* — Notions sur la tenue du brouillard, du journal, du livre de caisse. *Exercices.* — Comme le mois précédent. *N. B.* Les notions de comptabilité sont données aux heures consacrées antérieurement à la géométrie. *Revue trimestrielle.*
JUILLET	**JUILLET**	**JUILLET**	**JUILLET**
Étude récapitulative portant sur les mesures métriques. Familiariser les élèves avec l'usage des mesures de longueur, de poids et de monnaie. *Exercices.* — Comme le mois précédent. *Géométrie.* — Étude récapitulative portant sur les corps géométriques.	Étude récapitulative portant sur le système métrique. Insister sur les définitions et sur l'usage des mesures, poids et monnaies. Suite des directions et conseils pour la lecture et l'écriture de nombres où figureront les mille. *Exercices.* — Comme le mois précédent. *Géométrie.* — Comme le mois précédent.	Notions sur la caisse d'épargne, sur les assurances. — Emprunts d'État ; rentes : calcul du revenu pour cent des rentes, des actions, des obligations. *Exercices.* — Comme le mois précédent. *Géométrie.* — Comme le mois précédent.	**Fonds publics, actions, obligations.** — Notions élémentaires sur les rentes sur l'État. — sur les actions, les obligations. — Billets de banque, caisses d'épargne, etc. **Règles de partage, de moyennes.** *Comptabilité.* — Notions sur la tenue d'un grand-livre, sur le livre d'entrée et de sortie des marchandises, sur le carnet d'échéances, sur les inventaires et les balances. *Exercices.* — Comme le mois précédent.
AOUT	**AOUT**	**AOUT.**	**AOUT**
Revision générale.	Revision générale.	Revision générale.	Revision générale.

RÉPARTITION DES PROGRAMMES DES
1° Éléments usuels

(Deux leçons par semaine et, autant que possible, une lecture dans

SCIENCES PHYSIQUES ET NATURELLES.
des sciences naturelles.

un livre de sciences contenant les matières du programme.)

CLASSE ENFANTINE (ENFANTS DE 5 A 7 ANS).	COURS ÉLÉMENTAIRE (ENFANTS DE 7 A 9 ANS).	COURS MOYEN (ENFANTS DE 9 A 11 ANS).	COURS SUPÉRIEUR (ENFANTS DE 11 A 13 ANS).
OCTOBRE (Ce programme est la reproduction textuelle du programme officiel.) *La vendange.* — Vigne, raisin, vin. — Cuve, tonneau, bouteille, verre, bouchons, litre. — Pommes, cidre. — Houblon, bière.	**OCTOBRE** **L'homme.** — Étude générale du corps humain : La peau ; Les os principaux ; Rôle des muscles et des nerfs. *Digestion.* — Les organes de la digestion : dents, estomac, intestins.	**OCTOBRE** **L'homme.** — Notions sommaires sur le corps humain. 1° La peau ; 2° Les pièces principales du squelette ; 3° Les muscles, la chair, les tendons ; leurs fonctions. 4° Les nerfs ; idée de leur rôle dans l'organisme. — La moelle épinière, le cerveau. *Digestion.* — Description abrégée de l'appareil digestif ; insister sur la fonction de l'estomac.	**OCTOBRE** **L'homme : conseils pratiques d'hygiène.** — Description sommaire du corps humain : la peau, les cheveux, les ongles. — Le squelette ; nomenclature des principaux os. — Les muscles, les nerfs, ainsi que la moelle épinière et le cerveau. — L'appareil digestif et la digestion ; dents, estomac, intestins. *Hygiène.* — Conseils relatifs à la propreté du corps, aux soins que réclame la chevelure ; — à la nourriture, au nombre des repas, au choix des aliments selon les âges et les saisons.
NOVEMBRE *Le labourage.* — Charrue, semailles. *L'éclairage.* — Chandelle, bougie, lampes, gaz. — Phare.	**NOVEMBRE** *Respiration.* — Étude de l'appareil respiratoire au moyen d'un dessin colorié. Gorge, trachée-artère, bronches et poumons. *Circulation.* — Le sang ; son rôle dans le corps. Le cœur, les artères, les veines. *Organes des sens.* — L'œil, l'oreille, le nez, la main.	**NOVEMBRE** *Respiration.* — Nécessité de la respiration ; rôle de l'air. — Description de l'appareil respiratoire dans ses principaux organes. *Circulation.* — Nature et rôle du sang. — Fonction du cœur ; les artères, le pouls et les veines. *Sécrétion :* sueur, salive, etc. Conseils hygiéniques à ce sujet. — Organes des sens : œil, oreille, nez.	**NOVEMBRE** *La respiration :* fosses nasales, trachée-artère, larynx, poumons ; ce qu'est l'air expiré ; les asphyxies. *La circulation :* du sang et de ses éléments : le cœur, les artères et le pouls, les veines. *Les sécrétions.* — L'œil, l'oreille, le nez. *Hygiène.* — Inconvénients de l'usage des liqueurs alcooliques et du tabac. — Ventilation des appartements. — Soins à donner aux asphyxiés et aux noyés. — La fièvre ; soins que réclament les malades. — Vaccination.
DÉCEMBRE *Le chauffage.* — Froid, neige, glace, avalanche ; Suisse, Alpes ; patins, traineaux. Thermomètre. — Poêle, cheminée. — Bois, charbon, allumettes. Engelures, rhumes. Le foyer, la famille.	**DÉCEMBRE** **Les animaux.** — Descriptions et récits se rapportant aux animaux utiles : cheval, âne, chien, castor, éléphant, bœuf, mouton, chameau, chat, porc, baleine. — Le gibier. Revue trimestrielle.	**DÉCEMBRE** **Les animaux.** — Idée des grands embranchements ; mammifères, oiseaux, reptiles, poissons, insectes, mollusques. *Animaux utiles.* — Descriptions et récits d'après images ou d'après les animaux eux-mêmes. Cheval, chien, âne, castor, éléphant, bœuf, mouton, chameau, chat, porc, baleine ; le gibier. Revue trimestrielle.	**DÉCEMBRE** **Les animaux.** — Grands traits de la classification : mammifères, oiseaux, reptiles, batraciens, poissons, insectes, crustacés, mollusques, polypes. *Animaux utiles.* — Mammifères : hérisson, taupe, castor, éléphant, cheval, chien, etc. — Ruminants : bœuf, mouton, chameau, antilope. — Porc, chat, phoque, baleine, tortue ; le gibier. Revue trimestrielle.

CLASSE ENFANTINE (ENFANTS DE 5 A 7 ANS).	COURS ÉLÉMENTAIRE (ENFANTS DE 7 A 9 ANS).	COURS MOYEN (ENFANTS DE 9 A 11 ANS).	COURS SUPÉRIEUR (ENFANTS DE 11 A 13 ANS).
JANVIER	**JANVIER**	**JANVIER**	**JANVIER**
Nouvelle année. — Mouvement de la terre antour du soleil. Compliments, étrennes, charité. Oranges, marrons. *L'habillement.* — Fourrures, couvertures. édredon, laine, coton, drap, flanelle. tissage, filage, teinture, aiguilles, épingles.	Descriptions et récits se rapportant aux oiseaux. Les oiseaux chanteurs, les passereaux, la poule et le coq, les pigeons, les hirondelles. Descriptions relatives à quelques poissons et quelques insectes.	*Oiseaux.* — Ce qui les caractérise. Descriptions et récits sur les passereaux. la poule, l'oie, le pigeon, les hirondelles. les oiseaux chanteurs. — Poissons : détails sur les poissons des rivières du pays ; poissons de mer : harengs, morues. — Insectes : abeille, ver à soie. — Mollusques et coquillages.	Oiseaux : détails sur l'œuf. Passereaux, poule et autres gallinacés ; hirondelles et autres oiseaux sujets à émigrer. — Poissons : poissons d'eau douce : carpe, truite, barbeau, etc. ; poissons de mer : harengs, morues, raies, etc. — Insectes : abeille, ver à soie, cochenille. — Crustacés : langoustes, homards, écrevisses. — Coquillages.
FÉVRIER	**FÉVRIER**	**FÉVRIER**	**FÉVRIER**
Le corps humain. — Principaux organes des sens. *L'alimentation.* — Mets et boissons : boulanger. boucher, fruitier, épicier. Faim, appétit, indigestion.	Descriptions et récits relatifs à quelques animaux nuisibles : Singes. lion. loup, renard, serpents, crocodiles ; — hannetons, mouches, etc.	*Animaux nuisibles.* — Récits, entretiens ayant pour objet les singes, les grands carnassiers, les hippopotames, les rhinocéros, etc., serpents. — Poissons de mer : requins. — Les crocodiles. Les insectes malfaisants : hannetons, araignées, mouches, etc., etc.	*Animaux nuisibles.* — Singes, chauves-souris, rats, ours, hyènes. lions, tigres, panthères, rhinocéros, hippopotames, loups, renards ; — vipères et autres serpents ; — crocodiles ; — requins ; — araignées, moustiques. mouches, pyrale, altise, phylloxera, hannetons, etc., etc.
MARS	**MARS**	**MARS**	**MARS**
L'habitation. — Bois. pierre, fer, briques, ardoise, plâtre, chaux ; tuile, chaume. zinc. Diverses industries du bâtiment. *Les abeilles.* — Ruche, cellules, cire, miel.	**Les végétaux.** — Études d'après nature relatives : 1° A la fleur et à ses parties ; 2° Au fruit — 3° A la graine — La germination. Revue trimestrielle.	**Les végétaux.** — Étude d'après nature des organes de nutrition des plantes : racines, tige, sève, feuilles. *Fleur.* — Étude des organes de la fleur. d'après nature : idée de la fonction de chacun. *Fruit.* — Les parties du fruit ; les diverses espèces de fruits. *Graine.* — Examiner quelques graines et apprendre à en distinguer les parties ; germination. Revue trimestrielle.	**Les végétaux.** — Parties essentielles : les tissus et les vaisseaux ; — les *organes* de nutrition : racine. tige, sève, feuilles. — Respiration des plantes. *Fleur.* — Parties constitutives de la fleur ; rôle de chacune d'elles. *Fruit.* — Différentes espèces de fruits : simples, secs, charnus, multiples. *Graine.* — Parties de la graine ; la germination. Revue trimestrielle.
AVRIL	**AVRIL**	**AVRIL**	**AVRIL**
La végétation. — Graines, racines, tige, fleurs, etc. *Les insectes.* — Hannetons, chenilles, vers à soie. *Les nids d'oiseaux.* — Services que nous rendent les oiseaux ; hirondelles.	Descriptions et récits sur les végétaux qu'il importe le plus de faire connaître aux enfants. Les céréales de la contrée. — Les dattes, les aulx, les oignons et autres légumes. — Le lis, la tulipe. — Le pin, le sapin et les autres arbres verts.	*Principaux végétaux.* — Champignons, blé, orge. avoine, seigle, maïs ; palmiers et dattes, ail. oignon et autres plantes bulbeuses ; lis, tulipe ; pins, sapin ; houblon, le poivrier et autres plantes à épices.	*Principaux groupes des végétaux.* — Les champignons ; les mousses ; les fougères ; les graminées (blé, seigle, orge, etc., etc.) ; les palmiers ; la jacinthe, l'ail, l'oignon, le poireau, etc., le lis, la tulipe et les autres liliacées ; les conifères : pin, sapin, cèdre, etc. ; le houblon, le poivrier, la moutarde ; la rhubarbe.

CLASSE ENFANTINE (ENFANTS DE 5 A 7 ANS).	COURS ÉLÉMENTAIRE (ENFANTS DE 7 A 9 ANS).	COURS MOYEN (ENFANTS DE 9 A 11 ANS).	COURS SUPÉRIEUR (ENFANTS DE 11 A 13 ANS).
MAI *L'eau.* — Ruisseau, rivière, fleuve, mer, marée, bains froids, natation. *La pêche.* — Poissons de mer et poissons d'eau douce. *Le blanchissage.* — Savon, propreté.	**MAI** La betterave, le chou, le melon. Arbres fruitiers : pommier, poirier, prunier, cerisier, olivier, oranger, etc. — La pomme de terre. — Le caféier, le cacaoyer, la canne à sucre, le thé. Les salades. Les roses, les lis, les tulipes, les dahlias, les violettes, les pensées, etc., etc.	**MAI** La betterave, les œillets, le chou, le cresson, le melon et les citrouilles ; les arbres fruitiers de la contrée : pommier, poirier, cerisier, olivier, oranger, pêcher, etc. La pomme de terre. Le thym, la menthe. Le quinquina, le caféier, le cacaoyer, le thé, la canne à sucre. Les salades et les artichauts. Les principales fleurs des jardins.	**MAI** Les épinards, la betterave : les œillets, la saponaire, le chou, le raifort, le cresson ; le pavot ; le melon, la citrouille ; le poirier, le pommier, le prunier, le cerisier, le mûrier, le pêcher, l'olivier, l'oranger, l'amandier, etc., etc. ; le tabac, la belladone, la pomme de terre ; la sauge, le thym, la menthe, la mélisse ; le quinquina, la garance, le caféier, le cacaoyer, le thé, la canne à sucre : l'artichaut, la laitue, la chicorée, etc. Les fleurs des jardins.
JUIN *La ferme.* — La fenaison. — Cheval, âne, chien de berger, loup, mouton, porc, dindon, poule, oie, canard, pigeon. Laiterie, lait, beurre, fromage.	**JUIN** **Minéraux.** — Descriptions et récits se rapportant à la formation de la croûte terrestre. Notions sur le granit, le grès, la pierre calcaire, le plâtre, la houille, la craie. Un volcan, un tremblement de terre.	**JUIN** **Minéraux.** — Idée de la composition de la couche terrestre, principalement dans la commune que l'on habite. Formation de la partie solide de la croûte terrestre : montrer des échantillons du granit, des schistes, du grès, du calcaire, du plâtre, de la houille, du pétrole, de la craie. Détails sur les terrains volcaniques.	**JUIN** **Minéraux.** — Notions sommaires sur le sol, les roches et les terrains. *Le sol.* — Ce qu'était le globe de la terre à l'origine; refroidissement de la masse liquide ; formation des granits ; apparition des eaux ; formation des schistes, des grès, puis du calcaire, du plâtre, etc. Formation des tourbières, de la houille, du pétrole, de la craie, des récifs madréporiques, du tripoli. Terrains volcaniques ; tremblements de terre.
JUILLET *L'orage.* — Éclair, tonnerre, grêle, vent, paratonnerre, arc-en-ciel. *Les fruits.* — Cerises, fraises, abricots, poires, pommes, prunes.	**JUILLET** Étude d'après nature de différentes sortes de pierres et de terres, dont on désignera les usages : Silex, marbre, pierre calcaire, argile, marne, sable. Montrer quelques fossiles et en dire l'origine.	**JUILLET** Continuer à étudier sur échantillons les différentes sortes de pierres : en indiquer quelques propriétés et usages ; silex, pierre meulière, marbre, pierre calcaire, marne, argile, sable. *Fossiles.* — Mettre sous les yeux des élèves des spécimens de fossiles, surtout de fossiles recueillis dans la contrée. Entretiens sur les races d'animaux disparues. Placer sous les yeux des élèves des restes de l'industrie des populations primitives.	**JUILLET** *Roches.* — Ce que sont le quartz, les basaltes, le cristal de roche, le silex, la pierre meulière, le grès, l'ardoise. — Pierres calcaires : marbre, albâtre, marne. — Les argiles et les sables. *Fossiles.* — Idée générale des diverses couches de terrain et de leur classement. — Noms des principaux terrains ; débris organisés qu'on y trouve ; les fossiles Étude des fossile e de la région ; formation d'une collection. Cavernes et ossements ; restes très anciens de l'industrie humaine : silex taillés, os travaillés.
AOUT *La moisson.* — Blé, orge, avoine, farine, pain, pâte, four, boulanger, pâtissier. *Les voyages.* — Routes, chemins de fer, bateaux à vapeur ; cartes, points cardinaux, boussole, aimant. — Christophe Colomb ; races d'hommes, la patrie, le monde. **SEPTEMBRE** *La chasse.* — Chevreuil, cerf, sanglier, loup, renard, lièvre, lapin, perdrix, alouette, caille. — Fusil. *La fête du village.* — Foire, boutique, feu d'artifice, poudre. — Monnaie.	**AOUT** Revision générale.	**AOUT** Revision générale.	**AOUT** Revision générale.

SCIENCES PHYSIQUES
2° Éléments usuels

(Deux leçons par semaine, si le cours a

ET NATURELLES (suite).
des sciences physiques.

lieu de deux en deux ans, — sinon, une.)

CLASSE ENFANTINE (ENFANTS DE 5 A 7 ANS).	COURS ÉLÉMENTAIRE (ENFANTS DE 7 A 9 ANS).	COURS MOYEN (ENFANTS DE 9 A 11 ANS).	COURS SUPÉRIEUR (ENFANTS DE 11 A 13 ANS).
Voir, pages 140 et suiv., le programme officiel des éléments usuels des sciences naturelles, lequel présente l'ensemble des *leçons de choses* à donner dans la classe enfantine.	**OCTOBRE** **Premières notions de physique.** — *Attraction, pesanteur.* Ce qu'il faut entendre par attraction: exemples. — Attraction exercée par le soleil, par la terre. — Définition de la pesanteur; direction de la pesanteur: le fil à plomb. — Corps en équilibre; comment on obtient l'équilibre. (Les leçons sont tout intuitives.) **NOVEMBRE** Le levier simple et ses divers usages; la balance ordinaire. — *Propriétés des liquides.* De l'horizontalité des surfaces liquides au repos; courbure des mers. — Niveau d'eau; jets d'eau; puits artésiens. — Diminution du poids des corps plongés dans un liquide ou un gaz. — Les ballons. **DÉCEMBRE** *Atmosphère.* — Ce qu'est l'atmosphère. Les vents. Pesanteur de l'air. — Etude sommaire du baromètre et des usages auxquels on l'applique. — Exposer le fonctionnement d'une seringue, d'une pompe foulante. Revue trimestrielle.	**OCTOBRE** **Premières notions de physique.** — *Préliminaires.* Ce qu'on entend par phénomènes: les deux sortes de phénomènes. (Procéder par voie d'exemples, par des expériences très simples.) — *Attraction, pesanteur.* Effets d'attraction; définition de l'attraction. — La pesanteur, le poids: direction de la pesanteur. — Corps en équilibre; conditions pour obtenir l'équilibre; le fil à plomb. **NOVEMBRE** Le levier ordinaire; ses applications usuelles; la balance, ses parties, ses usages: calcul des pesées sur la balance à bascule. — *Propriétés des liquides.* Horizontalité des surfaces liquides; niveau d'eau et ses applications; jets d'eau, puits artésiens. — Diminution du poids des corps plongés dans les liquides et les gaz. Corps flottants. Les ballons; récits de voyages aériens. Densité d'un corps. **DÉCEMBRE** *Atmosphère.* — La couche atmosphérique: les vents; preuves de la pesanteur de l'air: expériences à l'appui. — Notions très simples sur l'établissement du baromètre, son fonctionnement, ses applications diverses. — Exposer le fonctionnement de la pompe aspirante, de la pompe foulante, du siphon. Revue trimestrielle.	**OCTOBRE** **Premières notions de physique.** — *Préliminaires.* Phénomènes physiques et phénomènes chimiques: exemples. Objet de la physique; objet de la chimie. — *De l'attraction:* attraction des molécules; attraction des corps célestes. — *De la pesanteur:* sa direction; centre de gravité: équilibre et applications; force centrifuge, fil à plomb. **NOVEMBRE** Le levier; les diverses sortes de leviers. *Balances:* ordinaire, de Roberval, à bascule. — *Propriétés des liquides.* Surface des liquides au repos; équilibre des liquides dans les vases communicants; le niveau d'eau, les jets d'eau, les puits artésiens. — Exposé du principe d'Archimède. Les ballons; récits sur les voyages aériens. Densité. Pression exercée par les liquides. **DÉCEMBRE** *Atmosphère.* — Notions sur l'atmosphère et les courants qui s'y établissent. Pression de l'air atmosphérique sur les corps; expérience du tube barométrique et autres. — Le baromètre: comment on l'établit: phénomènes qu'il permet de constater: ses applications ordinaires. — Pompes. La pompe aspirante, la pompe foulante, la pompe aspirante et foulante, le siphon. — Idée de la machine pneumatique. Revue trimestrielle.

CLASSE ENFANTINE. (ENFANTS DE 5 A 7 ANS).	COURS ÉLÉMENTAIRE (ENFANTS DE 7 A 9 ANS).	COURS MOYEN (ENFANTS DE 9 A 11 ANS).	COURS SUPÉRIEUR (ENFANTS DE 11 A 13 ANS).
Voir page 146.	**JANVIER** *La lumière.* — Sources de la lumière : réflexion des rayons lumineux : décomposition des rayons lumineux par le prisme. — Arc-en-ciel. — *La chaleur :* effets de dilatation qu'elle produit ; citer quelques applications industrielles. — *Le froid :* phénomènes qu'il produit ; notions élémentaires sur le thermomètre. **FÉVRIER** *La vapeur.* — Causes qui favorisent la production de la vapeur d'eau : les nuages, la pluie, la rosée, la gelée blanche, la neige. — Détails sur la force d'expansion de la vapeur. — *Le son.* Production du son : corps sonores. — Echo. **MARS** *Électricité.* — Expériences démontrant que le frottement développe l'électricité des corps. — Phénomènes produits ; manifestations ordinaires de l'électricité : éclairs, tonnerre ; lumière électrique. — Orages, effets terribles de l'électricité ; le paratonnerre et Franklin. Revue trimestrielle. **AVRIL** Notions très élémentaires sur l'éclairage électrique. le télégraphe électrique. — Expériences avec les aimants ; la boussole et ses divers usages.	**JANVIER** *La lumière.* — Ce qu'elle est ; sources de la lumière ; direction des rayons lumineux ; réflexion des rayons lumineux ; décomposition des rayons lumineux dans le prisme. — L'arc-en-ciel : phénomènes dus à la réfraction. — *La chaleur.* Effets de dilatation par la chaleur ; applications usuelles. — *Le froid :* phénomènes qu'il provoque ; la glace, ses propriétés. Le thermomètre et ses usages. **FÉVRIER** *La vapeur.* — Formation de la vapeur d'eau ; les nuages, la pluie, la rosée, la gelée blanche, la neige, le verglas, le brouillard. — Force expansive de la vapeur d'eau ; expériences ; expliquer d'une manière sommaire le fonctionnement d'une machine à vapeur. — *Le son.* Causes du son : corps sonores ; l'air est le véhicule du son ; vitesse du son dans l'air. — Transmission du son dans les corps solides, liquides ou gazeux ; écho. **MARS** *Électricité.* — Production de l'électricité par le frottement ; montrer, s'il se peut, une machine électrique ; phénomènes dus à l'électricité. — Manifestations de l'électricité : lumière, éclairs, tonnerre : vitesse de ce fluide. — Les orages et les ouragans ; foudroiement ; le paratonnerre. Revue trimestrielle. **AVRIL** La pile électrique de Volta ; en montrer la construction, en faire constater les effets. — Applications utiles de la pile : éclairage et télégraphe électriques. — Des aimants : leurs propriétés ; propriété particulière de l'aiguille aimantée ; la boussole et ses usages.	**JANVIER** *La lumière.* — Origine de la lumière ; les rayons lumineux ; angles qu'ils forment lorsqu'ils sont réfléchis ; décomposition des rayons de lumière blanche à travers un prisme. — Réfraction des rayons lumineux. — La chambre obscure ; les lentilles de verre, les loupes, les lunettes ; idée du microscope. — *Chaleur* et *froid.* Dilatabilité de certains corps sous l'influence de la chaleur. — Le thermomètre, ses applications usuelles. **FÉVRIER** *La vapeur.* — Formation et propriétés de la vapeur d'eau ; condensation, distillation : nuage, brouillard, pluie, etc. ; température d'ébullition. — Démonstration de la force expansive de la vapeur d'eau : marmite de Papin ; explication du fonctionnement d'une machine à vapeur très simple ; bateaux à vapeur ; locomotives. — *Le son.* Sources du son : les vibrations des corps sonores ; cordes à boyaux ; vitesse du son dans l'air. — Transmission du son dans les corps ; écho ; le téléphone, le porte-voix. — Idée du phonographe. **MARS** *Électricité.* — Développement de l'électricité par le frottement ; phénomènes électriques ; les deux sortes d'électricité ; électrophore, machine électrique. — Effets de l'électricité : lumière, éclairs, tonnerre ; formation de la grêle dans les nuages orageux ; vitesse de l'électricité. — Le paratonnerre ; conseils relatifs aux précautions à prendre durant les orages. Revue trimestrielle. **AVRIL** Notions élémentaires sur la pile électrique ; pile de Volta, pile de Bunsen ; effets de cet appareil sur le corps humain. — Effets lumineux de la pile : lumière électrique. — Les aimants : propriété de l'aiguille aimantée ; la boussole. Aimantation par un courant électrique ; notions sur le télégraphe électrique.

CLASSE ENFANTINE (ENFANTS DE 5 A 7 ANS).	COURS ÉLÉMENTAIRE (ENFANTS DE 7 A 9 ANS).	COURS MOYEN (ENFANTS DE 9 A 11 ANS).	COURS SUPÉRIEUR (ENFANTS DE 11 A 13 ANS).
Voir page 146.	**MAI** **Premières notions de chimie.** — Expériences démontrant que certains phénomènes changent la nature des corps. — Corps simples et corps composés. — Détails pratiques sur l'oxygène et le rôle de ce gaz dans l'économie animale et la végétation. — Détails analogues sur l'hydrogène ; gaz d'éclairage, ses usages, dangers qu'en présente l'emploi. — Le charbon, le soufre, leurs usages.	**MAI** **Premières notions de chimie.** — Etude de certains phénomènes qui changent ou ne changent point la nature des corps ; expériences. — Corps simples, corps composés ; l'eau est un corps composé. Entretiens sur l'oxygène ; la combustion, la respiration. — L'hydrogène ; ses usages dans l'industrie : le gaz d'éclairage, sa fabrication, ses avantages, dangers qu'en présente l'emploi. — Le charbon et le diamant, le soufre ; détails sur ces corps et leurs composés ; usages auxquels on les applique communément.	**MAI** **Premières notions de chimie.** — Objet de la chimie ; expériences très simples relatives aux phénomènes chimiques et physiques (décomposition du carbonate de soude ; action de l'acide azotique sur le cuivre). — Les corps simples, les corps composés ; décomposition de l'eau et recomposition de ce liquide. — Oxygène ; propriétés de ce gaz ; la combustion et la respiration ; l'oxydation, les oxydes, les acides. — Notions sur l'azote et l'hydrogène ; le gaz d'éclairage. — Notions analogues sur le carbone ou charbon, le soufre, le chlore, le phosphore.
	JUIN *Oxydes.* — Montrer des métaux oxydés ; nommer quelques oxydes connus ; indiquer ce que sont les minerais : en montrer quelques spécimens. — Le fer et la rouille : minerais de fer ; minerais de cuivre, de plomb. — Détails sur les mines.	**JUIN** *Oxydes.* — Ce qu'est un oxyde ; comment il se produit ; caractères des oxydes ; détails sur les minerais ; en placer quelques spécimens sous les yeux des élèves. — Le fer et la rouille ; le cuivre et le vert-de-gris ; les oxydes du plomb ; leurs propriétés malfaisantes ; la litharge, la céruse. — Emploi du blanc de zinc. La sonde, la potasse et leurs usages dans l'industrie.	**JUIN** *Oxydes.* — Propriétés de ces composés ; les minerais ; idée des procédés d'extraction des métaux par le traitement des minerais. — Le fer, la fonte, l'acier ; oxydes de fer ; oxydes du cuivre et du plomb ; leurs propriétés toxiques. — Le blanc de zinc, ses usages ; le blanc de céruse ; la soude, la potasse et leurs principaux emplois dans l'industrie ; l'arsenic.
	JUILLET *Acides et sels usuels.* — Des acides ; indiquer et faire constater quelques-unes de leurs propriétés. — Entretiens sur l'acide carbonique et les dangers qu'il présente ; asphyxie. — *Sels.* Formes particulières de ces composés : le salpêtre, le sel marin.	**JUILLET** *Acides et sels usuels.* — Caractères propres aux acides en général ; propriétés particulières à certains d'entre eux : montrer ces derniers. — Propriétés et usages de l'acide carbonique ; asphyxie et moyens d'y remédier. — *Sels.* Ce qu'on doit entendre par sels ; formes des sels ; le salpêtre, le sel marin. — Exposition sommaire des procédés de la photographie.	**JUILLET** *Acides et sels usuels.* — Ce que sont les acides ; propriétés générales de ces corps, propriétés de divers acides, tels que l'acide azotique, l'acide sulfureux, l'acide sulfurique. — Propriétés et usages de l'acide carbonique ; asphyxie ; eaux gazeuses ; fermentation. — Acides végétaux : vinaigre. — *Sels.* Ce qu'on entend par sel ; propriétés et formes particulières des sels ; usages industriels et autres des carbonates, des nitrates. — Le sulfate de soude, le sulfate de chaux. — La photographie.
	AOUT Revision générale.	**AOUT** Revision générale.	**AOUT** Revision générale.

SCIENCES PHYSIQUES

3° Notions sommaires sur

ET NATURELLES (suite).

les principales industries.

e programme comporte le développement et la répartition mensuelle des *Notions* sage courant : aliments, tissus, papiers, bois, pierres, métaux, qui sont inscrites au données sous la forme habituelle des leçons de choses.)

sommaires sur la transformation des matières premières en matières ouvrées du programme officiel. Il y aura une leçon par semaine sur cet objet. — Ces notions sont

CLASSE ENFANTINE (ENFANTS DE 5 À 7 ANS).	COURS ÉLÉMENTAIRE (ENFANTS DE 7 À 9 ANS).	COURS MOYEN (ENFANTS DE 9 À 11 ANS).	COURS SUPÉRIEUR (ENFANTS DE 11 À 13 ANS).
Voir, pages 140 et suiv., le programme officiel des éléments usuels des sciences naturelles, lequel présente l'ensemble des *leçons de choses* à donner dans la classe enfantine.	**OCTOBRE** *Substances alimentaires.* — Fabrication du pain. Lait, beurre, fromage. Fabrication du vin, de la bière et du cidre. Les huiles.	**OCTOBRE** *Substances alimentaires.* — Fabrication du pain; pâtisseries, pâtes d'Italie. Lait, beurre et fromage. Fabrication du vin, de la bière, du cidre, du vinaigre. Café, thé. — Fabrication de l'huile.	**OCTOBRE** *Substances alimentaires.* — Pain, biscuits, pain d'épice, pâtisserie, pâtes d'Italie, amidon, fécule. — Lait, beurre, fromage. — Fabrication du vin, du cidre, de la bière, de l'eau-de-vie, du vinaigre; liqueurs. — Café, thé, cacao. — Fabrication de l'huile.
	NOVEMBRE Le sucre et ses usages; fabrication du sucre de betterave; bonbons. Miel et cire. Les œufs, la volaille.	**NOVEMBRE** Le sucre et ses usages; fabrication du sucre de canne et du sucre de betterave. Miel et cire; usages auxquels on les emploie. Œufs, la volaille, les principales épices.	**NOVEMBRE** Fabrication du sucre de canne et du sucre de betterave: miel et cire. — Les œufs: procédés de conservation; la volaille, la viande, les épices.
	DÉCEMBRE *Matières propres à l'industrie.* — Le cuir et ses principaux usages; les fourrures. Fabrication de la chandelle et de la bougie. Fabrication du verre; les bouteilles. Revue trimestrielle.	**DÉCEMBRE** *Matières propres à l'industrie.* — Le cuir; comment on le prépare: fourrures. — Fabrication des chandelles et des bougies. — Fabrication du savon. — Le verre; procédé de fabrication; les bouteilles, les vitres, les glaces. Revue trimestrielle.	**DÉCEMBRE** *Matières propres à l'industrie.* — Fabrication du cuir; fourrures. — Chandelles et bougies. — Savon. — Verre, cristal; objets qu'ils servent à fabriquer. Revue trimestrielle.
	JANVIER Le caoutchouc; principaux usages auxquels on l'applique. — Le corail. — Le liège. — Les allumettes. — Les éponges. — La vannerie.	**JANVIER** Le caoutchouc et ses usages. — Bambou; objets qu'il sert à confectionner. — Le corail, le liège, les allumettes, les éponges. — Osier et vannerie.	**JANVIER** Caoutchouc et objets qu'on en fabrique. — Gommes végétales: résines. — Bambou, corail, liège, osier et vannerie. — Allumettes, briquets. — Éponges.
	FÉVRIER *Produits industriels.* — Notions générales sur la fabrication et les emplois divers du papier. — Notions générales sur la fabrication des plumes métalliques, de l'encre noire, des crayons à base de mine de plomb.	**FÉVRIER** *Produits industriels.* — Papier, carton. — Fabrication des plumes métalliques, des crayons ordinaires, de l'encre noire. — Aperçu sur la fabrication des pièces de monnaie.	**FÉVRIER** *Produits industriels.* — Papier, carton, parchemin. — Plumes d'oie, plumes métalliques, crayon, encre, craie. — Fabrication des monnaies. — Préparation du tabac à priser, à fumer.

CLASSE ENFANTINE (ENFANTS DE 5 A 7 ANS).	COURS ÉLÉMENTAIRE (ENFANTS DE 7 A 9 ANS).	COURS MOYEN (ENFANTS DE 9 A 11 ANS).	COURS SUPÉRIEUR (ENFANTS DE 11 A 13 ANS).
Voir page 152.	**MARS** Idée de l'installation d'une tuilerie. — Comment on moule et comment on fait cuire les tuiles et les briques. — En quoi consiste la terre à poterie, la porcelaine ; objets qu'on fabrique avec ces matières. Étude d'une serrure, d'une clef. Revue trimestrielle.	**MARS** Ce que devient l'argile soumise au feu. — Notions sur l'installation d'une tuilerie et la fabrication des tuiles, des briques, etc. — Ce qu'est la poterie ; — ce qu'est la porcelaine. Fabrication des clous et des pointes. Les pièces principales d'une serrure, d'une clef. Revue trimestrielle.	**MARS** Fabrication des tuiles et des briques ; poterie, faïence, porcelaine. *Ustensiles.* Clous et pointes, limes, scies, serrures. Revue trimestrielle.
	AVRIL *Constructions.* — Ouvriers qui concourent à établir une maison ; indication du travail particulier à chacun d'eux. — Les principaux matériaux employés. Idée de l'établissement de la voie du chemin de fer ; tunnel, remblai, etc. Un bateau, le gouvernail.	**AVRIL** *Constructions.* — Étudier les opérations et travaux relatifs à la construction d'une maison. — Matériaux employés ; d'où on les tire ou manière de les obtenir. — Cheminées. Le chemin de fer ; en quoi consiste la voie ; constructions. — Un phare. — Un bateau, un petit navire à voiles.	**AVRIL** *Constructions.* — Construction d'une maison, pierre, chaux, ciment ; emploi du plâtre ; charpentes, menuiserie, toiture ; peintures. — Construction des ponts, des digues. — Cheminées, poêles, fours, calorifères. Chemins de fer ; voie, tunnel, viaduc, etc. Phares, jetées. — Bateaux, vaisseaux.
	MAI *Machines.* — Notions sur les pièces principales d'un moulin à farine ; fonction de chacune. — Les caractères d'imprimerie ; la composition ; le tirage d'une feuille. Examen d'une horloge ou d'une montre. *Tissus.* — Donner l'idée du métier à tisser ; les principaux tissus de coton et de laine.	**MAI** *Machines.* — Un moulin à farine ; pièces principales. — Idée des caractères d'imprimerie, de la manière d'établir lignes et planches, enfin du procédé de tirage des feuilles. — Une horloge. *Tissus.* — *Habillement.* — Ce que sont les toiles, les draps ; idée du métier avec lequel on fabrique ces tissus. — Idée d'une filature.	**MAI** *Machines.* — Moulin, imprimerie, lithographie. — Notions sur les lampes, les soufflets ; sur les lunettes, les filtres, les horloges. — Machine à coudre. *Tissus.* — *Habillement.* — Fabrication des toiles, du drap. etc. — Filature, métier à tisser ; métier Jacquart. — Tapisseries, dentelles.
	JUIN Notions très générales sur la fabrication des aiguilles à coudre et des épingles ordinaires ; sur la fabrication d'une brosse. Les principales sortes de chaussures ; ce qui les distingue ; usages de chacune.	**JUIN** Fabrication des aiguilles et des épingles, des boutons, d'une brosse à habits. Pièces principales d'un soulier, d'une bottine ; les principales chaussures. Matières avec lesquelles on obtient les couleurs destinées à la teinture.	**JUIN** Le fil, les aiguilles, les épingles, les agrafes, les boutons, les brosses. Chaussures, souliers, bottines, sabots, etc. Teinture ; substances tinctoriales ; procédés pour teindre les étoffes.
	JUILLET Les diverses sortes de chapeaux : notions sur les matières qui servent à les fabriquer. Parties d'un chapeau. Idée des opérations que nécessite le blanchissage du linge.	**JUILLET** Matières propres à la fabrication des chapeaux ; idée du procédé pour obtenir un chapeau. — Les divers chapeaux. Enlèvement des taches.	**JUILLET** Fabrication des gants. Feutre, chapeaux ; chapeaux de paille. Blanchiment. Enlèvement des taches de fruits, de graisse, d'encre, de peinture.
	AOUT Revision générale.	**AOUT** Revision générale.	**AOUT** Revision générale.

X. — AGRICULTURE ET HORTICULTURE.

N. B. Ce programme est spécial aux écoles de garçons et aux écoles mixtes. Il est, pour le cours supérieur, la reproduction du programme rédigé par M. Pamart, professeur d'agriculture et de sciences naturelles à l'école normale de Douai. (Voir les *Notions d'agriculture*, par le même; Masson, éditeur, Paris.)

CLASSE ENFANTINE (ENFANTS DE 5 A 7 ANS).	COURS ÉLÉMENTAIRE (ENFANTS DE 7 A 9 ANS).	COURS MOYEN (ENFANTS DE 9 A 11 ANS).	COURS SUPÉRIEUR (ENFANTS DE 11 A 13 ANS).
Voir, pages 140 et suiv., le programme officiel des éléments usuels des sciences naturelles, lequel présente l'ensemble des *leçons de choses* à donner dans la classe enfantine.	**OCTOBRE** *Agriculture.* — Définition de l'agriculture. Services rendus par les agriculteurs. Notions sommaires sur la culture des céréales : blé, seigle, orge, etc. Instruments agricoles : charrue, herse, rouleau, semoir, houe. *Horticulture.* — Indication des travaux à effectuer en octobre dans les jardins.	**OCTOBRE** *Agriculture.* — Définition de l'agriculture. Importance des professions agricoles et services rendus par les agriculteurs. Culture des céréales qui croissent dans le département : blé, seigle, orge, avoine, etc. Instruments agricoles : la charrue simple, la charrue avec avant-train : la charrue fouilleuse. — Les extirpateurs, les herses, les semoirs, les houes. Objet des sucreries et des distilleries. *Horticulture.* — Travaux à effectuer dans les jardins en octobre.	**OCTOBRE** *Agriculture.* — Définition et importance de l'agriculture. — Qualités nécessaires au cultivateur. — Notions sommaires sur la culture des plantes qui font l'objet de l'agriculture dans le département. — Variétés à recommander : blé, seigle, orge, etc. — Maladies des plantes, des céréales en particulier : moyens préservatifs. — Vesce d'hiver. — Description et usage des instruments et des machines agricoles. — Instruments aratoires divers : charrue simple ou araire ; — charrue à avant-train : — Brabant double ; — charrue fouilleuse ; — charrue polysocs. Extirpateurs, herses, rouleaux, semoirs. Houe ; houe à cheval ; buttoir. Notions sur la sucrerie et la distillerie. *Horticulture.* — Mâches, asperges. Travaux à effectuer en octobre.
	NOVEMBRE *Agriculture.* — Indiquer la composition, les qualités et les inconvénients des terres franches, des terrains argileux et des terrains sablonneux. Le drainage. *Horticulture.* — Conseils pour établir un jardin. Les principaux outils du jardinier. Travaux à effectuer en novembre.	**NOVEMBRE** *Agriculture.* — Les terrains : éléments qui les constituent ; qualités et inconvénients de chacun d'eux. Ce qu'il faut entendre par amendements, par drainage, par rotation. *Horticulture.* — Directions générales pour établir un jardin. Les outils du jardinier ; les châssis, les abris, les cloches. Travaux à effectuer en novembre.	**NOVEMBRE** *Agriculture.* — Étude des terrains. Amendements. Drainage. Rotation. Conservation des racines ; silos. Simples notions de comptabilité agricole. *Horticulture.* — Le jardin. — Choix des terrains. — Disposition générale du jardin : allées, bordures, murs. Outils de jardinage ; abris. Influence de la gelée sur les terres remuées. Travaux à effectuer en novembre.

CLASSE ENFANTINE (ENFANTS DE 5 A 7 ANS).	COURS ÉLÉMENTAIRE (ENFANTS DE 7 A 9 ANS).	COURS MOYEN (ENFANTS DE 9 A 11 ANS).	COURS SUPÉRIEUR (ENFANTS DE 11 A 13 ANS).
Voir page 156.	**DÉCEMBRE** *Agriculture.* — Entretiens sur le cheval et les services qu'il rend à l'agriculture. Entretiens sur le bœuf et la vache. — Le laitage. Entretiens sur le mouton, la basse-cour. *Horticulture.* — Ce qu'il faut entendre par arbres fruitiers; les principaux arbres fruitiers. Travaux à effectuer en décembre.	**DÉCEMBRE** *Agriculture.* — Notions sur les animaux domestiques. — Le cheval; conseils sur les aliments qui conviennent à sa nourriture. Mêmes détails sur le bœuf et la vache, sur le mouton, la chèvre, le porc. Quelques mots sur les volailles. — Les abeilles et les ruches. *Horticulture.* — Les arbres fruitiers; mode de plantation; manière de les cultiver. — Les principaux arbres fruitiers. Travaux à effectuer en décembre.	**DÉCEMBRE** *Agriculture.* — Zootechnie. — Des races d'animaux domestiques; moyens de les améliorer; étude des aliments. — Cheval. — Hache-paille, aplatisseur de grains. Bœuf et vache: laiterie; lave-racines; coupe-racines, brise-tourteaux. Mouton, chèvre, porc; basse-cour; abeilles. *Horticulture.* — Plantation des arbres fruitiers. — Fumure. — Exposition à donner aux arbres fruitiers. — Principales variétés d'arbres fruitiers à cultiver. — Meilleures formes à donner aux arbres fruitiers. Travaux à effectuer en décembre.
	JANVIER *Agriculture.* — Procédés pour séparer le grain de l'épi. Engrais. — Ce qu'il faut entendre par engrais; ce qui fait la valeur de ces substances. Le fumier; son emploi; le purin et son importance. Indiquer quelques engrais animaux; quelques engrais végétaux. *Horticulture.* — Ce qu'est un jardin potager; plantes qu'il convient d'y cultiver; culture qu'il réclame. Travaux à effectuer en janvier.	**JANVIER** *Agriculture.* — Le fléau et les batteuses. Engrais. — Ce que sont les engrais: ce qui en fait la valeur. Fumiers. — Soins à donner aux fumiers; leur emploi; eaux du fumier, purin. Autres engrais. — Engrais humain, guano, os et noir animal; engrais verts, feuilles d'arbres, composts. *Horticulture.* — Établissement d'un jardin potager: son assolement. Soins à donner à un jardin de cette sorte. Travaux à effectuer en janvier.	**JANVIER** *Agriculture.* — Instruments destinés à battre les récoltes: fléau; batteuse mécanique: tarares trieurs. Conservation des grains. Engrais. — De quoi dépend leur valeur: azote, potasse, chaux, acide phosphorique. Fumiers. — Leur confection: soins dont ils doivent être l'objet. Emploi du fumier. — Eaux du fumier. Engrais animaux. — Purin: comment on doit le recueillir et l'employer. — Engrais humain. — Colombine et poudrette. — Guano. — Excréments de mouton. — Os, noir animal, chair et sang des animaux. — Déchets de laine. Engrais végétaux. — Engrais verts. — Fucus. — Tourteaux. — Feuilles d'arbres. — Compost. — Tourbe. *Horticulture.* — Le jardin potager. — Division du jardin potager. Assolement du jardin. Engrais, labourage, semis, arrosage, transplantation. Travaux à effectuer en janvier.

CLASSE ENFANTINE (ENFANTS DE 5 A 7 ANS).	COURS ÉLÉMENTAIRE (ENFANTS DE 7 A 9 ANS).	COURS MOYEN (ENFANTS DE 9 A 11 ANS).	COURS SUPÉRIEUR (ENFANTS DE 11 A 13 ANS).
Voir page 156.	**FÉVRIER** *Agriculture.* — Emploi de la chaux et du plâtre pour améliorer les terrains. Indication des matières fertilisantes perdues dans les campagnes ; conseils pour atténuer ces pertes. *Horticulture.* — Objet de la taille des arbres fruitiers, de la vigne, du groseillier, du framboisier. Emploi des couches et des châssis. Travaux à effectuer en février.	**FÉVRIER** *Agriculture.* — Engrais minéraux. Emploi de la chaux, du plâtre, des phosphates pour améliorer les terrains. Ce qu'est une station agronomique. Observations sur les matières fertilisantes perdues. *Horticulture.* — Avantages qui résultent de la taille des arbres fruitiers ; principes de la taille. Les cultures potagères, les couches, les châssis, les cloches. Travaux à effectuer en février.	**FÉVRIER** *Agriculture.* — Engrais minéraux. — Chaux, plâtre, cendres, charrée, suie, sels ammoniacaux. — Azotates. — Phosphates naturels et superphosphates. — Sels de potasse. Choix des engrais complémentaires. Moyens d'apprécier les engrais chimiques. — Stations agronomiques. — Matières fertilisantes perdues. *Horticulture.* — Principes généraux de la taille appliquée aux espèces du pays : poirier, pommier, prunier, cerisier, pêcher, abricotier, etc. Vigne, groseillier, framboisier. Notions sommaires sur la culture potagère forcée : couches, châssis, cloches, etc. Travaux à effectuer en février.
	MARS *Agriculture.* — Les prairies : prairies naturelles, prairies artificielles. Détails sur le trèfle, la luzerne, le sainfoin. Détails sur l'œillette, le houblon. *Horticulture.* — Culture de la carotte, de l'oignon, de l'ail. Ce qu'il faut entendre par marcotte, bouture, greffe. Travaux à effectuer en mars.	**MARS** *Agriculture.* — Détails sur la culture de l'avoine et des pois. *Prairies.* — Prairies naturelles, prairies artificielles. Culture du trèfle, de la luzerne, du sainfoin. Conservation des fourrages verts. Culture de l'œillette et du houblon. *Horticulture.* — Culture des principaux légumes de printemps : carotte, ciboule, oignon, ail, poireau, épinards, citrouille. Comment on obtient des marcottes et des boutures. Greffe en fente. Travaux à effectuer en mars.	**MARS** *Agriculture.* — Plantes à semer en mars : avoine, fève, pois, lentille. Trèfle commun, trèfle blanc, luzerne cultivée, luzerne lupuline, sainfoin. Prairies naturelles. — Conservation des fourrages verts dans les silos. Œillette, houblon, tabac. Principaux systèmes d'irrigation. *Horticulture* — Culture des diverses espèces de légumes. — Variétés à recommander. — Plantes à semer en mars : carotte, salsifis, scorsonère, ciboule, oignon, poireau, ail, échalote, épinards, fève, citrouille. Le jardin fruitier. — Multiplication naturelle et artificielle. — Pépinière, marcottes, boutures. Greffe en fente, en couronne, à écusson. Travaux à effectuer en mars.
	AVRIL *Agriculture.* — Culture de la pomme de terre, de la betterave, du chanvre. Le poulailler ; les poules couveuses ; couveuses artificielles. *Horticulture.* — Les asperges, les artichauts. Services que rendent les oiseaux ; nécessité de protéger et de conserver les nids. Travaux à effectuer en avril.	**AVRIL** *Agriculture.* — Culture de la pomme de terre, de la betterave, de la carotte fourragère, du chanvre. Poules et poulaillers : les couveuses, soins que réclament les poussins ; couveuses artificielles. *Horticulture.* — Pommes de terre hâtives, asperges, artichauts. Services rendus par les oiseaux. Les nids. Travaux à effectuer en avril.	**AVRIL** *Agriculture.* — Pomme de terre, betterave, carotte fourragère, chicorée, chanvre. Couveuses et mères artificielles. *Horticulture.* — Pommes de terre précoces, tétragone, artichauts, asperges. Rôle des sociétés scolaires protectrices des animaux et des oiseaux utiles. Travaux à effectuer en avril.

CLASSE ENFANTINE (ENFANTS DE 5 A 7 ANS).	COURS ÉLÉMENTAIRE (ENFANTS DE 7 A 9 ANS).	COURS MOYEN (ENFANTS DE 9 A 11 ANS).	COURS SUPÉRIEUR (ENFANTS DE 11 A 13 ANS).
Voir page 156.	**MAI** *Agriculture.* — Expliquer ce que c'est que sarcler et butter ; avantages de ces deux opérations. Culture du colza, du maïs, du lin. *Horticulture.* — Culture des choux, des haricots, des melons. Entretiens sur les fleurs. Travaux à effectuer en mai.	**MAI** *Agriculture.* — Sarclage et buttage : plantes auxquelles on applique ces opérations. Culture du chou-navet, du maïs, du colza, du lin. *Horticulture.* — Choux, céleri, persil, haricots, melons, radis. Conseils sur la culture des fleurs. Travaux à effectuer en mai.	**MAI** *Agriculture.* — Sarclages et buttages. Chou-navet, vesce de printemps, maïs. Colza, cameline, lin. *Horticulture.* — Panais, choux, céleri, persil, haricots, melons, cornichons, radis. Jardin d'agrément. — Culture des fleurs annuelles, bisannuelles et vivaces. — Arbustes d'ornement, principalement le rosier. Travaux à effectuer en mai.
	JUIN *Agriculture.* — Culture du chou dans les champs comme plante fourragère. Les principales plantes nuisibles : chardons, bluets, coquelicots, seneçon, ciguë, ivraie. Insectes utiles et insectes nuisibles. *Horticulture.* — Culture des salades. Travaux à effectuer en juin.	**JUIN** *Agriculture.* — Culture du chou pour l'alimentation du bétail. Plantes nuisibles : chardons, bluets, coquelicots, seneçon, ciguë, ivraie, mouron, prèles, gui, etc. Insectes utiles et insectes nuisibles. *Horticulture.* — Les laitues, la chicorée. Maladies des arbres fruitiers. Travaux à effectuer en juin.	**JUIN** *Agriculture.* — Chou, navet. Principales plantes nuisibles dans les cultures. Insectes utiles et insectes nuisibles à l'agriculture. Services rendus à l'agriculture par les oiseaux. *Horticulture.* — Cerfeuil, laitues, chicorée, endive. Maladies des arbres fruitiers. — Destruction des animaux nuisibles aux arbres fruitiers. Travaux à effectuer en juin.
	JUILLET *Agriculture.* — Emploi de la faux, de la sape, des moissonneuses. La fauchaison, la moisson. *Horticulture.* — Les fraises et les fraisiers. Manière de préparer et de recueillir des graines de bonne qualité. Cueillette et conservation des fruits. Travaux à effectuer en juillet.	**JUILLET** *Agriculture.* — Détails sur la construction et l'emploi de la faux, de la sape, des moissonneuses et des faucheuses. *Horticulture.* — Culture des navets ; les fraises et les fraisiers. Comment on obtient de bonnes semences. Conservation des graines. Cueillette et conservation des fruits. Travaux à effectuer en juillet.	**JUILLET** *Agriculture.* — Instruments servant à couper et à transporter les récoltes : faux, sape, moissonneuse, faucheuse, faneuse, râteau à cheval, tombereau, chariot. *Horticulture.* — Navets, fraisiers. Porte-graines ; récolte et conservation des graines. Culture, récolte et usage de quelques plantes médicinales. De la cueillette des fruits et de leur conservation. Travaux à effectuer en juillet.
	AOUT Revision générale.	**AOUT** Revision générale.	**AOUT** Revision générale.

XI. — ÉCONOMIE DOMESTIQUE.

(Deux leçons par semaine dans toutes les divisions.)

N. B. Ce programme doit être substitué à celui d'agriculture et d'horticulture dans les *Écoles de filles.*

CLASSE ENFANTINE (ENFANTS DE 5 A 7 ANS).	COURS ÉLÉMENTAIRE (ENFANTS DE 7 A 9 ANS).	COURS MOYEN (ENFANTS DE 9 A 11 ANS).	COURS SUPÉRIEUR (ENFANTS DE 11 A 13 ANS).
OCTOBRE	**OCTOBRE**	**OCTOBRE**	**OCTOBRE**
Comme au cours élémentaire.	*Entretien de la maison.* — Aspect d'une maison mal tenue et d'une maison bien tenue. — Ce qu'il faut faire pour qu'une maison, une chambre, soient propres. — Comment on doit ranger les meubles, les ustensiles, la vaisselle, le linge.	*Entretien de la maison.* — Moyens à employer pour obtenir la propreté de la maison : lavage ou cirage des parquets : lavage des carreaux. — Soins à donner aux ustensiles de cuisine. — De l'ordre à maintenir dans les chambres, armoires et placards.	*Entretien de la maison.* — Lavage ou cirage des planchers ; carrelages : nettoyage des cuivres, des ustensiles de ménage. — Ordre et propreté : une place pour chaque chose et chaque chose à sa place. — Réparation et nettoyage des vêtements d'été.
NOVEMBRE	**NOVEMBRE**	**NOVEMBRE**	**NOVEMBRE**
Comme au cours élémentaire.	*Chauffage.* — Énumérer quelques modes de chauffage. — Avantages et inconvénients des cheminées et des poêles. — Aération des chambres. — Comment on doit employer le bois, le charbon de bois et la houille.	*Chauffage.* — Les principaux modes de chauffage : cheminées, poêles, chaufferettes. — Avantages et inconvénients de chacun d'eux. — Nécessité d'aérer les chambres habitées et spécialement celles des malades. — Emploi du bois, de la houille et du charbon de bois.	*Chauffage.* — Des divers modes de chauffage : cheminées, poêles, chaufferettes, brasiers, calorifères. — Nécessité de la ventilation et de l'aérage des lieux habités et spécialement des chambres de malades. — Dangers de certains modes et de certains appareils de chauffage. — Emploi des combustibles : bois, houille, coke, charbon de bois, braise.
DÉCEMBRE	**DÉCEMBRE**	**DÉCEMBRE**	**DÉCEMBRE**
Comme au cours élémentaire.	*Éclairage.* — Substances avec lesquelles on éclaire : huile, pétrole, gaz, cire, suif. — Instruments, objets d'éclairage. — Précautions à prendre dans l'emploi du pétrole, du gaz, des allumettes chimiques. Revue des matières du trimestre.	*Éclairage.* — Substances avec lesquelles on alimente les appareils d'éclairage. — Emploi de l'huile, du pétrole, du gaz, des bougies et des chandelles. — Avantages et dangers des allumettes chimiques. Revue des matières du trimestre.	*Éclairage.* — Allumettes chimiques ; leurs dangers, précautions à prendre ; allumettes soufrées. — Emploi de l'huile, du pétrole, du gaz, de l'électricité, des bougies et des chandelles pour l'éclairage. — Entretien et préparation des lampes. — Précautions à prendre dans l'usage du pétrole, de l'essence minérale, du gaz, de l'électricité. Revue des matières du trimestre.

CLASSE ENFANTINE (ENFANTS DE 5 A 7 ANS).	COURS ÉLÉMENTAIRE (ENFANTS DE 7 A 9 ANS).	COURS MOYEN (ENFANTS DE 9 A 11 ANS).	COURS SUPÉRIEUR (ENFANTS DE 11 A 13 ANS).
JANVIER Comme au cours élémentaire.	**JANVIER** *Entretien du mobilier, des étoffes et du linge.* — Objets dont l'entretien exige des soins quotidiens. — Soins à donner aux meubles. — Blanchissage du linge au savon. — Détails sommaires sur les procédés de la lessive. — Emploi du carbonate de soude. — Repassage du linge.	**JANVIER** *Entretien du mobilier, des étoffes et du linge.* — Indiquer les meubles, les étoffes et les pièces de linge dont l'entretien est le plus nécessaire. — Soins à donner aux meubles. — Blanchissage du linge par le savon. — Lessive : usage des cendres de bois et du carbonate de soude. — Procédés pour sécher le linge. — Repassage du linge.	**JANVIER** *Entretien du mobilier, des étoffes et du linge.* — Soins à donner aux meubles, à la literie : époussetage des étoffes, manière de les brosser. de les placer. — Blanchissage du linge. Emploi du savon, du chlore, de l'eau de Javel, du carbonate de soude. — Lessive ; usage des cendres de bois ; emploi des lessiveuses. — Séchage et repassage du linge. — Inconvénients de faire sécher le linge dans les appartements.
FÉVRIER Comme au cours élémentaire.	**FÉVRIER** *Des vêtements.* — Énumérer les vêtements principaux des enfants. — Indiquer les soins et précautions qu'en réclame l'usage. — Conseils sur les chaussures, les coiffures selon les saisons.	**FÉVRIER** *Des vêtements.* — Énumérer les vêtements des enfants. — Conseils pour en prolonger le bon état et l'usage. — Chaussures qui conviennent aux différentes saisons : comment il les faut choisir. — Coiffures d'hiver ; coiffures d'été. — Comment doivent être confectionnés et entretenus les vêtements.	**FÉVRIER** *Des vêtements.* — Conseils relatifs aux vêtements qu'il convient d'adopter dans chacune des saisons. — Chaussures : inconvénients des chaussures étroites. — Coiffures. — Les vêtements doivent laisser le corps à l'aise ; abus de l'usage du corset. — Entretien et propreté des vêtements : la plus belle parure est la propreté. — Usages et blanchissage de la flanelle.
MARS Comme au cours élémentaire.	**MARS** *Propreté du corps.* — Soins quotidiens de propreté nécessaires aux enfants ; leur utilité. — Emploi de l'eau, du savon. — Avantages des bains de pieds et des bains complets. — Conseils sur le sommeil, les veilles et les précautions à prendre durant les jeux. Revue trimestrielle.	**MARS** *Propreté du corps.* — Indiquer les soins quotidiens de propreté que réclame le corps ; emploi de l'eau à diverses températures. — Avantages des bains chauds ou froids. — Durée et hygiène du sommeil. — Nécessité d'un exercice modéré pour l'enfance : précautions à prendre durant les jeux. Revue trimestrielle.	**MARS** *Propreté du corps.* — Soins de propreté quotidiens ; emploi de l'eau froide. de l'eau chaude, du savon, des pommades, des parfums. des pâtes, etc. — Bains chauds, bains froids. — Durée et hygiène du sommeil : des veillées. — Avantage des habitudes matinales. — Avantages d'un exercice modéré : récréations ; entretien et propreté des lits. Revue trimestrielle.
AVRIL Comme au cours élémentaire.	**AVRIL** *De la cuisine.* — En quoi consiste l'art de la cuisine. — Indiquer comment on prépare les mets usuels : soupe, œufs, pot-au-feu, potage ; friture, salades. Usages des assaisonnements.	**AVRIL** *De la cuisine.* — Indiquer les mets les plus simples et les plus usuels. — Manière de faire une soupe, d'accommoder ou de cuire des œufs ; pot-au-feu. potage ; ragoûts : friture : plats de légumes ; salades ; usage du sel.	**AVRIL** *De la cuisine.* — Principes élémentaires de cuisine. — Conservation des viandes ; cuisson. pot-au-feu, bouillon, consommé. soupe, rôti, ragoût, friture. — Poisson. légumes ; assaisonnements. — Café, thé. chocolat.

CLASSE ENFANTINE (ENFANTS DE 5 A 7 ANS).	COURS ÉLÉMENTAIRE (ENFANTS DE 7 A 9 ANS).	COURS MOYEN (ENFANTS DE 9 A 11 ANS).	COURS SUPÉRIEUR (ENFANTS DE 11 A 13 ANS).
MAI Comme au cours élémentaire.	**MAI** La fabrication du pain à la maison. — Usages du pain. — Détails sur quelques pâtisseries de ménage, — sur la préparation des confitures. — De la régularité dans les repas. — Nécessité et avantages de la sobriété. — Remarques sur les enfants difficiles ou capricieux pour la nourriture.	**MAI** La fabrication du pain à la maison ; le meilleur pain : usages du pain. — Pâtisseries ; confitures, gelées. — Préparation des desserts. — Disposition à donner au couvert. — Avantages que présentent la régularité des repas et la sobriété dans le manger. — Inconvénients des caprices des enfants concernant la nourriture.	**MAI** Farines ; fabrication du pain ; usage du pain tendre et du pain rassis. Préparation des pâtisseries, des confitures, des gelées ; des desserts. — Avantages de la régularité des repas : disposition du couvert. — Une grande propreté, une table mise avec goût rehaussent la valeur des mets les plus simples. — Sobriété. — Conseils sur la manière d'accommoder les restes des repas.
JUIN Comme au cours élémentaire.	**JUIN** *Provisions.* — Indiquer les principales provisions qu'il est d'usage de faire dans un ménage. — Procédés pour conserver certains produits et les fruits d'automne : pommes, poires, raisins.	**JUIN** *Provisions.* — Énumérer les provisions qu'il est d'usage de faire dans un ménage. — Procédés à suivre pour conserver le beurre, les œufs, les fruits. — Manière de conserver les légumes : pois, haricots, choux, carottes, etc. — Manière de conserver les fruits.	**JUIN** *Provisions.* — Des provisions du ménage ; conservation du beurre, des œufs, des fruits. — Conservation des fruits et des légumes ; cuisson des légumes ; manière de manger certains d'entre eux ; directions sur la confection des sauces. — Réparation et nettoyage des vêtements d'hiver : précautions à prendre pour qu'ils ne soient pas détériorés par les insectes.
JUILLET Comme au cours élémentaire.	**JUILLET** *Boissons.* — Conditions nécessaires pour que l'eau à boire soit saine et agréable. — Inconvénients des eaux de puits et des eaux de citerne. — Indiquer ce qu'est un filtre. De l'usage des liqueurs fortes ; rappeler qu'il a de graves inconvénients.	**JUILLET** *Boissons.* — Quelles conditions font qu'une eau est agréable et saine à boire ; eau de puits, eau de citerne, eau de fontaine. — Filtrage des eaux. Propriétés désinfectantes du charbon. — Inconvénients graves et dangers de l'abus du vin et des liqueurs fortes.	**JUILLET** *Boissons.* — Choix de l'eau à boire ; eau filtrée, eau de citerne ; épuration des eaux par le charbon. — Vin, cidre, bière, café, chicorée, thé. — De la manière d'user de ces boissons. — Fabrication des sirops, des fruits à l'eau-de-vie ; liqueurs de ménage. — Inconvénients et dangers de l'abus des liqueurs et notamment de l'alcool.
AOUT Revue des matières étudiées pendant l'année.	**AOUT** Revue des matières étudiées pendant l'année.	**AOUT** Revue des matières étudiées pendant l'année.	**AOUT** Revue des matières étudiées pendant l'année.

BIBLIOGRAPHIE.

Organisation pédagogique des écoles primaires du département du Nord, Lille, 1883.

Les Nouveaux programmes des écoles primaires, par MM. BROUARD et DEFODON; Paris, 1888.

Dans les *Monographies pédagogiques* de 1889 :

L'Enseignement de la lecture, de l'écriture et de la langue française, par M. I. CARRÉ;

L'Enseignement de l'histoire, par M. HENRI LEMONNIER;

La Géographie, par M. DUPUY;

L'Enseignement de l'arithmétique et de la géométrie, par M. J. DALSÈME, etc.

CHAPITRE VIII

LE DESSIN.

Utilité de l'enseignement du dessin. — Le dessin, aussi bien que les autres parties de l'enseignement primaire, doit être considéré comme un élément d'éducation générale, en même temps qu'une acquisition pratique, positive, d'une utilité directe dans toutes les professions.

D'une part, le dessin exerce la précision du coup d'œil ; il forme aussi le goût ; il joue, comme instrument d'éducation esthétique, un rôle analogue à celui de la musique.

D'autre part, le dessin est le principe de tout enseignement professionnel. « Il n'est pas besoin, dit M. E. Guillaume, un maître en ces matières, de dénombrer les arts, les matières et toutes les professions pour lesquelles il est un instrument indispensable. La moindre réflexion suffit à faire comprendre l'étendue de ses applications (1). »

Historique. — Le dessin a donc sa place marquée

(1) *L'Enseignement du dessin*, par M. E. Guillaume et M. J. Pillet, monographie publiée par le *Musée pédagogique*.

dans l'enseignement primaire. Compris au nombre des matières facultatives par la loi de 1850, le dessin n'est devenu obligatoire que dans les programmes de 1882. Remarquons d'ailleurs que la loi de 1850 parlait seulement de dessin linéaire : c'est la loi du 21 juin 1865 qui, au dessin linéaire, avait ajouté le dessin d'ornement et d'imitation.

Principes d'enseignement. — Nous ne pouvons que renvoyer aux ouvrages spéciaux écrits sur la matière (1), et nous nous contenterons de relever quelques points essentiels :

— « En écrivant *Premiers principes du dessin d'ornement,* les auteurs du programme n'ont jamais pensé qu'il s'agirait de donner à des enfants de huit à neuf ans les principes de la composition décorative, ni même des notions sur le style. De telles choses sont pour l'enseignement du dessin ce que la rhétorique est pour l'enseignement des lettres, c'est-à-dire un couronnement d'études. Ils ont voulu dire seulement que l'on profiterait du charme qu'apportent avec elles certaines combinaisons de lignes droites ou courbes, lorsqu'elles sont bien pondérées et bien équilibrées, lorsque la symétrie ou la répétition leur donnent le caractère *décoratif* et *ornemental,* pour rendre plus attrayants et plus fructueux les exercices déjà commencés comme application des deux premiers paragraphes du programme. » (M. Pillet.)

— Le dessin doit être un auxiliaire pour l'étude de l'écriture.

— Le dessin doit servir de principe rationnel à l'enseignement des travaux manuels (travail du fer et du bois pour les garçons ; couture, coupe et assemblage pour les filles).

— Le dessin, si l'on veut en avoir la notion vraie, doit être considéré en lui-même : il faut s'arrêter à ses principes. Rien ne serait plus propre à en altérer l'idée que de l'étendre en se préoccupant tout d'abord de quelqu'une de ses applications.

— L'élève ne doit exécuter matériellement que lorsqu'il a bien vu et bien compris ; lui apprendre à voir et à comprendre est la tâche essentielle du professeur.

— « C'est à la science du dessin, à sa partie certaine, que l'enseignement doit d'abord s'attacher. Mais qu'on ne s'y trompe

---

(1) Voyez la monographie déjà citée, et aussi *le Dessin dans l'enseignement primaire,* conférence par M. J. Pillet (Ch. Delagrave, éditeur).

pas : il ne s'agit point, dans la pratique et d'une manière absolue, de l'emploi de la règle et du compas, d'un travail d'épure. Tout au contraire, le dessin reste, à l'école, un exercice de l'œil et de la main. Mais cet exercice est méthodique, et c'est la correction qu'il doit viser avant tout, comme c'est la correction que l'on a en vue dans le premier enseignement des langues. A bien prendre les choses, le dessin est une langue, et il a sa grammaire. Ici le sentiment particulier de l'élève, sa vocation ne sauraient se présumer, pas plus qu'à l'école primaire et dès les premières classes du lycée on ne prévoit que tel enfant sera un poète, un orateur, un historien. Mais on cherche à mettre à sa disposition l'orthographe comme un instrument indispensable, avec la conviction que, quelle que soit sa carrière, il devra savoir, avant tout, parler et écrire correctement. » (M. Guillaume.)

Programmes. — Nous ne nous sommes pas hasardé à proposer une répartition mensuelle de l'enseignement du dessin. Nous renvoyons sur ce point aux programmes officiels (Voyez plus haut, pages 57 et 58).

« L'enseignement du dessin, commencé par des leçons très courtes dans le cours élémentaire, occupera dans les deux autres cours deux ou trois leçons chaque semaine. » (Arrêté du 18 janvier 1887.)

Programme des écoles de la ville de Paris. — Il y aura intérêt à rapprocher du programme officiel le programme suivi dans les écoles de la ville de Paris. Nous en donnons le texte, qui est ainsi conçu :

COURS ÉLÉMENTAIRE.

Dessin à vue.

1. Tracés de lignes droites. — Évaluation de leurs longueurs. — Reproduction de ces longueurs par le dessin.
2. Division des droites en parties égales. — Évaluation des rapports des lignes droites entre elles.
3. Représentation de la longueur d'une figure plane quelconque par comparaison avec sa hauteur.
4. Appréciation de l'inclinaison d'une ligne droite sur une autre.

NOTA. — Les figures auxquelles se prêtent les combinaisons de lignes droites donneront lieu à des exercices variés et constitueront les applications de cette première partie du cours.

COURS MOYEN.

Dessin à vue.

1. Principes élémentaires du dessin d'ornement. — Circonférence. — Polygones réguliers. — Rosaces étoilées.

2. Courbes régulières autres que la circonférence. — Courbes elliptiques, spirales, etc. — Courbes empruntées au règne végétal, tiges, fleurs, feuilles.

Dessin géométrique.

1. Emploi (au tableau) des instruments pour le tracé des lignes droites et des circonférences. — Emploi de la règle. — Emploi du compas. — Emploi combiné de la règle et du compas. — Emploi de l'équerre. — Emploi des trois instruments. — Emploi du rapporteur. — Les différentes échelles.

COURS SUPÉRIEUR.

Première partie.

(Élèves les plus avancés du cours moyen réunis aux élèves de la deuxième division du cours supérieur.)

Dessin à vue.

Premières notions sur la représentation des objets dans leurs dimensions vraies (Éléments du dessin géométral), et sur la représentation de ces objets tels qu'ils apparaissent à nos yeux.

Nota. — Les exercices sur cette partie du cours seront limités à la représentation au trait des principaux solides tels que : cube, prisme, cylindre, pyramide, cône, objets usuels simples.

Dessin géométrique.

Maniement des instruments de précision.

Faire dessiner à l'aide des instruments les figures faites dans le cours élémentaire de dessin à vue et dans la première partie du cours moyen.

Deuxième partie.

(Élèves de la première division du cours supérieur.)

Dessin à vue.

1. Représentation géométrale au trait, et représentation perspective avec les ombres, de solides géométriques et d'objets

usuels simples, plus compliqués que dans la première partie.

2. Dessin d'après des ornements en relief.

3. Dessin d'après la ronde bosse. Ornements et figures.

Dessin géométrique.

1. Exécution sur le papier, avec l'aide des instruments, des tracés géométriques qui ont été faits au tableau dans le cours moyen. — Notions élémentaires et pratiques sur la détermination des ombres propres et portées.

2. Relevés avec cotes et représentation géométrale, avec une échelle déterminée et au trait, de solides géométriques simples, tels que des assemblages de charpente et de menuiserie, des claveaux de voûtes, des coffres rectangulaires ou cylindriques, des tabourets, des tables, etc. — Emploi du lavis pour exprimer la nature des matériaux. — Lavis des plans et des cartes.

LA GYMNASTIQUE.

Programme de gymnastique. — Il n'est point nécessaire de donner ici des programmes détaillés pour l'enseignement de la gymnastique : les instituteurs et les institutrices n'auront qu'à se reporter aux manuels publiés par le ministère de l'instruction publique.

L'arrêté du 18 janvier 1887 dit expressément : « La gymnastique, outre les évolutions et les exercices sur place qui peuvent accompagner les mouvements de classe, occupera tous les jours ou au moins tous les deux jours une séance dans le courant de l'après-midi. »

La commission instituée, le 18 octobre 1887, pour reviser les programmes relatifs à l'enseignement de la gymnastique, a adopté le programme suivant, que nous reproduisons intégralement :

PROGRAMME DE L'ENSEIGNEMENT DE LA GYMNASTIQUE.

Le temps consacré chaque jour aux exercices physiques doit être de *deux heures*, sur lesquelles on réservera à la gymnastique une *demi-heure* au moins pour les enfants au-dessous de dix ans, *trois quarts d'heure* au moins pour les enfants au-dessus de dix ans. Ce temps serait avantageusement réparti en deux séances. Les travaux manuels pas plus que les exercices militaires spéciaux (maniements d'armes) ne pourront être considérés comme leçons de gymnastique.

1° ÉCOLES DE GARÇONS.

COURS ÉLÉMENTAIRE.

Évolutions. — Premiers mouvements rythmés. — Jeux variés (corde, balle, cerceau, etc., et jeux impliquant l'action de courir). — Premiers exercices d'ordre. — (Formation des rangs, marches, ruptures et rassemblements, etc.). — Sauts divers, à l'exclusion du saut en profondeur.

COURS MOYEN.

Jeux. — Mouvements élémentaires sans appareils. — Continuation des exercices d'ordre. — Marches rythmées. — Doublement. — Dédoublement. — Mouvements élémentaires de la boxe française. — Planche inclinée. — Natation.

COURS SUPÉRIEUR.

Jeux. — Promenades scolaires. — Continuation des exercices indiqués pour le cours moyen. — Évolutions à la course cadencée. — Mouvements d'ensemble avec instruments appropriés à l'âge des enfants. — Suite des exercices de boxe. — Bâton, canne. — Exercices deux à deux avec cordes ou barres. — Exercices aux échelles (échelle horizontale, échelle inclinée, échelle avec planche dorsale, échelles jumelles) (1). — Perches verticales fixes par paire. — Poutre horizontale. — Mât vertical.

2° ÉCOLES DE FILLES.

Mêmes exercices que dans les écoles de garçons, à l'exception de la boxe, du bâton et de la canne, qui seront remplacés par la danse et des jeux spéciaux.

LE CHANT.

Le chant et son rôle dans l'éducation. — Le chant, compris parmi les matières facultatives dans les programmes de 1850, n'est devenu un enseignement obligatoire qu'en 1882. Et cependant, il y a plus

(1) Deux échelles suffisent pour réaliser les différents exercices.

de deux mille ans, Aristote avait écrit : « Il est impossible de ne pas reconnaître la puissance de la musique, et puisque cette puissance est bien réelle, il faut nécessairement s'en servir dans l'éducation des enfants. »

Nous n'insisterons pas sur ce que nous avons dit ailleurs du caractère éducatif de la musique et du chant (1). Voici, du reste, un passage du mémoire de M. Duplan qui résume admirablement la question :

« On a, de tout temps, reconnu l'influence éducative de la musique. Elle tempère la sévérité des études primaires, en y apportant un élément de charme et de grâce. Elle est la première satisfaction donnée à la tendance obscure vers l'idéal qui est au fond de toute âme humaine. Son enseignement bien compris doit avoir pour résultat d'élever l'esprit de l'enfant, de lui donner le sentiment et le goût du beau. Elle constitue un délassement qui contribue à faire aimer l'école; enfin, elle est essentiellement moralisatrice puisque, si l'enfant s'y attache, s'il apprend à l'aimer, il y trouvera, plus tard, un élément de distraction honnête qui le défendra contre l'attrait des plaisirs grossiers (2). »

Conseils et directions. — Le règlement de 1882 disait :

« Les leçons de chant occuperont de une à deux heures par semaine, indépendamment des exercices de chant qui auront lieu tous les jours, *soit dans les intervalles qui sépareront les autres exercices scolaires,* soit à la rentrée et à la sortie des classes. »

Le règlement de 1887 reproduit ces dispositions, en supprimant les mots que nous avons soulignés, et qui manquaient, en effet, de clarté.

— On s'attachera à *former l'oreille* de l'enfant et à lui inspirer le *goût* et le *sentiment* de l'art.

— On accordera à cet enseignement autant de soin qu'aux autres.

— Dès le début on s'efforcera d'obtenir une bonne émission de la voix, une articulation irréprochable, une respiration correcte, une intelligence exacte de la phrase musicale. Ici, plus qu'ailleurs encore, les principes doivent être fermement assurés : il serait difficile, presque impossible, de corriger de mauvaises habitudes.

(1) Voyez notre *Cours de pédagogie théorique et pratique.*
(2) M. Duplan, *op. cit.,* p. 159.

— On fera chanter avec douceur pour ne pas fatiguer la voix.

— On expliquera toujours au préalable le sujet et les paroles des chants mis à l'étude.

— On songera plus à enseigner la pratique que la théorie de la musique.

On tiendra compte aussi des recommandations suivantes :

— Ne pas choisir de morceaux écrits en dehors des limites naturelles de la voix de l'enfant;

— Apporter la plus grande attention au choix des morceaux;

— Donner toujours le ton avant de chanter un morceau et à l'aide du diapason normal ;

— Éviter de ne faire apprendre aux enfants que des marches ou des pas redoublés;

— Se procurer des mélodies de différents caractères, afin de varier l'enseignement ;

— Exiger que tous les élèves battent la mesure par des mouvements de la main, et ne jamais tolérer que les temps soient marqués par des mouvements du pied, etc.

L'éducation musicale doit commencer dès les premières années, alors que la vivacité des impressions, la promptitude de la mémoire, la souplesse des organes, permettent à l'enfant d'acquérir comme en se jouant les notions fondamentales.

LES TRAVAUX MANUELS.

Nécessité du travail manuel. — Pour être le dernier venu dans les programmes de l'école primaire, l'enseignement des travaux manuels n'en est pas, tant s'en faut, la partie la moins importante. Dans tous les pays civilisés, on reconnaît aujourd'hui la nécessité de joindre l'éducation manuelle à l'éducation intellectuelle. En France aussi l'impulsion est donnée et chaque année voit se développer le nouvel enseignement.

Bien entendu, l'enseignement du travail manuel ne doit pas être, à l'école primaire, un commencement d'apprentissage professionnel : il doit conserver son caractère éducatif; il doit préparer à tous les métiers, non à un métier déterminé, et, pour cela, habituer les

enfants au maniement des outils, exercer par une sorte
de gymnastique appropriée la justesse du coup d'œil et
la dextérité de la main. En ce sens, le travail manuel
est véritablement un élément pédagogique, c'est-à-dire
un moyen d'éducation générale.

Organisation du travail manuel. — Il est
évident que l'organisation complète du travail manuel
suppose dans chaque école l'installation d'un atelier.
Les élèves peuvent alors travailler le bois à l'établi et
au tour, le fer à l'étau et à la forge. Il faut aussi que
l'école possède des séries de modèles pour la menuiserie, pour le tournage, et aussi pour le travail du fer.

Mais il s'en faut que toutes les écoles soient encore
outillées, et il n'est pas à espérer qu'elles le soient de
longtemps. A Paris même il reste encore soixante-
quinze écoles de garçons à pourvoir d'ateliers.

En attendant cette organisation complète et générale, qui est si désirable, on peut cependant et l'on
doit, autant pour se conformer à la loi que pour répondre à la vraie destination de l'école primaire, faire
une place aux travaux manuels jusque dans les plus
petites écoles. Des juges compétents, M. R. Leblanc
par exemple, affirment qu' « il est possible de donner
un bon enseignement manuel sans atelier proprement
dit », et les programmes que nous reproduisons plus
loin se rapportent précisément à des écoles dépourvues
d'atelier.

Mais le temps manque, disent encore nombre d'instituteurs, non moins que les outils et les instruments.
Nous ne disconvenons pas que l'encombrement de
l'horaire scolaire ne permet pas, surtout dans des
écoles de village, avec des élèves auxquels on a tout
à apprendre, de faire la part très large aux travaux
manuels. Les élèves ruraux, d'ailleurs, ont encore plus
besoin d'un bon enseignement agricole que d'un apprentissage manuel. Il ne faut pourtant pas oublier les
dispositions impératives du règlement de 1887 qui établit que, « pour les garçons aussi bien que pour les
filles, deux ou trois heures par semaine seront consa-

crées aux travaux manuels ». Dans les écoles de Paris
on va beaucoup plus loin : neuf heures par semaine
sont réservées aux travaux manuels, dont cinq heures
pour le travail manuel proprement dit, et quatre
heures pour le dessin et le modelage. Il est vrai que,
comme on le verra plus loin (p. 192), les heures de
travail scolaire dans les écoles de Paris dépassent
sensiblement le chiffre réglementaire de trente heures
par semaine.

Conseils et directions. — Nous n'avons pas la
prétention d'écrire ici la pédagogie du travail manuel.
On consultera avec profit sur ce point l'excellent journal, *L'Enseignement manuel et expérimental,* que publie
depuis un an M. René Leblanc, un de ceux qui, après
M. Salicis, ont le plus fait pour vulgariser chez nous
cet enseignement et pour en établir les méthodes. Nous
nous contenterons de noter seulement quelques points
particulièrement importants (1) :

— Le dessin étant la base du travail manuel, aucun objet ne
sera exécuté par l'élève, sans qu'il en ait au préalable rédigé le
dessin.

— Les élèves du cours moyen et du cours supérieur iront
seuls à l'atelier.

— Pour les élèves du cours élémentaire, on se contentera en
général d'exercices tels que la construction, le pliage, le décou-
page, le cartonnage, la vannerie.

— Il conviendra de faire précéder les exercices manuels de
leçons théoriques et techniques qui seront d'ailleurs d'une durée
très courte.

— « Dans une certaine mesure, on peut directement commencer, dès l'école, l'éducation professionnelle des enfants, sans
porter préjudice aux études générales. Ce que nous avons fait
sous le nom de cours de taille et d'assemblage, pour développer
chez les jeunes filles l'habitude et le goût de la couture, est
applicable aux garçons sous la forme d'ateliers de travail manuel. Rien n'empêche que les garçons soient exercés au maniement des outils généraux en usage dans toutes les industries.
Ils ne sont point occupés, comme les filles, au détail de la vie
domestique ; ils ont des loisirs dont leurs familles sont souvent
embarrassées et que, le plus souvent, ils n'emploient pas à bien :

____

(1) Voyez aussi la *Pédagogie du travail manuel,* par E. Schmitt ; Paris, Alcide
Picard et Kaan, 1888.

c'est ce temps-là qu'il y aurait lieu d'utiliser. Un contremaître
suffirait dans chaque école pour diriger et suivre les exercices.
Il n'en résulterait aucun surcroît de fatigue, l'activité physique
étant une sorte de repos après le travail intellectuel. Ceux-là
même qui n'en auraient pas le goût y trouveraient un complément d'éducation profitable : savoir se servir de ses doigts, disait
J.-J. Rousseau, est une supériorité dans toutes les conditions de
la vie. Quant aux autres, c'est-à-dire à la grande majorité, ces
exercices ne remplaceraient pas assurément l'apprentissage,
mais ils le prépareraient.

« Les travaux manuels auraient un autre avantage considérable.
Dans son discours sur l'éducation morale des classes ouvrières,
Channing, après avoir montré que tous les travaux de l'industrie
dans les grandes villes ont un lien intime avec les applications de
la mécanique et de la physique, demande qu'on propage le goût de
ces connaissances chez les apprentis, « rien ne pouvant mieux con-
« tribuer à ennoblir un métier, aux yeux de ceux qui le font, que
« l'étude de ses rapports avec les lois de la nature. » (M. Gréard.)

Programmes. — Pour les programmes des travaux manuels des garçons et des filles (voyez les programmes officiels, page 45), nous ne nous sommes pas
risqué à établir nous-même des tableaux de répartition
mensuelle. Mais nous empruntons au journal déjà cité
de M. Leblanc (n°ˢ d'octobre 1889 et de janvier 1890)
un essai qui est dû à un collaborateur autorisé de cette
publication, M. Doin, inspecteur primaire à Perpignan,
et qui porte sur les six premiers mois de l'année (1).

OCTOBRE.

COURS ÉLÉMENTAIRE. — Deux leçons d'un quart d'heure
chaque semaine.

Garçons. — Pliage de bandes de 1 à 2 centimètres de largeur ;
former les lettres les plus simples : L, C, D.

Former un triangle, etc.

Pliage du rectangle : chapeau de gendarme.

Pliage du carré : cocote.

Premiers exercices de tissage (trame et fil de 1 centimètre de
largeur) ; damier à deux couleurs ; damier à trois couleurs ;
damier à deux couleurs, à bandes alternativement de 1 et de
2 centimètres.

(1) On consultera avec profit, pour l'explication de certains détails du programme, la collection complète du journal de M. Leblanc : *L'Enseignement
manuel et expérimental*, Paris, Gédalge jeune, 1888-1889.

Filles. — Nous engageons vivement les institutrices à adopter, pour le cours élémentaire, les travaux indiqués pour les garçons; ces travaux alterneraient avec les premiers exercices. de couture.

Tricot. — Formation du point; montage des mailles.

COURS MOYEN. — Deux leçons de 30 à 40 minutes chaque semaine.

Garçons. *Marqueterie.* — Damier: le décimètre carré divisé en carrés de 2 centimètres de côté; fond gris (couleur du carton), carrés noirs ou d'une couleur foncée quelconque. Même damier, mais les cases disposées suivant la diagonale et laissant entre elles un espace de. 1 centimètre de largeur; carré de 10 centimètres de côté divisé en quatre carrés égaux; séparer ces carrés par des bandes foncées de 5 millimètres de largeur; coller sur chacun un autre carré moitié moins grand, et dont le côté sera parallèle à la diagonale du premier.

Modelage. — Construire une brique carrée de 12 centimètres de côté et 1 centimètre d'épaisseur.

Construire une brique octogonale de 5 centimètres de côté et 1 centimètre d'épaisseur; lui superposer un carré dont les sommets des angles coïncideront avec le milieu des quatre côtés opposés.

Construire une brique de 12 centimètres de côté et 2 centimètres d'épaisseur, y creuser deux saignées en croix de 1 centimètre de largeur et 1 centimètre de profondeur suivant une ligne parallèle aux côtés; on déterminera quatre petits carrés égaux, bordés d'un chanfrein de 5 millimètres.

Filles. — Récapitulation des derniers exercices faits l'année précédente au cours élémentaire. — Faire exécuter sur un morceau d'étoffe de 20 centimètres carrés les divers points de couture : point d'ourlet; de piqûre devant, arrière; point d'épine, russe, etc.

COURS SUPÉRIEUR. — Deux leçons de 45 à 50 minutes chaque semaine.

Garçons. *Cartonnage.* — Panneau décoratif; filet grec (carton blanc sur carton gris); boîte à minéraux de $8^c \times 10^c \times 2^c$, recouverte extérieurement de papier vert et portant une étiquette mobile de $2^c \times 5^c$.

Modelage. — Feuille de chêne sur brique de 12 centimètres carrés, 1 centimètre d'épaisseur, avec chanfrein de 1 centimètre de largeur.

Ornement géométrique composé de quatre demi-cercles formant rosace inscrite dans un carré.

Filles. — Confection d'une ménagère; ornementation de cette ménagère; premiers exercices de reprisage.

Observation. — Pour les écoles de garçons où le programme porte deux séries de travaux, on peut, soit alterner ces séries à chaque leçon, soit exécuter alternativement un exercice de chaque série. — Pour le cours supérieur surtout, où un exercice peut exiger plusieurs séances avant d'être achevé, ce dernier parti nous semble le plus raisonnable.

NOVEMBRE.

COURS ÉLÉMENTAIRE.

Garçons. *Pliage.* — Pliage de bandes : carré ; carré avec diagonales, ornement à doubles dents de scie; filet grec simple.

Pliage de feuille rectangulaire : boîte de pâtissier; bonnet de police; bonnet carré.

Tissage. — Deux ou trois exercices.

Filles. — Les mêmes exercices que ci-dessus, alternant avec la couture.

Couture. — Suite du tricot; jarretière; mousse artificielle.

COURS MOYEN.

Garçons. *Marqueterie.* — Un carré de 10 centimètres partagé en quatre carrés égaux; chacun de ces quatre carrés divisé en deux rectangles de couleurs complémentaires.

Le même carré que dans l'exercice ci-dessus : coller successivement trois autres carrés de couleurs différentes; chaque carré est la moitié du précédent et a ses *diagonales* parallèles aux côtés de celui-ci.

Modelage. — Sur brique de 12 centimètres carrés, tracer une croix latine au moyen d'un filet de 1 centimètre carré de section, chaque côté ayant extérieurement 4 centimètres.

Construire un triangle équilatéral de 12 centimètres de côté; le transformer en un hexagone de 4 centimètres de côté sur lequel on applique les trois petits triangles enlevés.

Filles. *Tricot.* — Montage des mailles; confection d'une petite brassière d'enfant.

COURS SUPÉRIEUR.

Garçons. *Cartonnage.* — Filet grec double; carton pour cahiers de classe, 20ᶜ × 25ᶜ, recouvert de papier chagriné ou glacé de couleur foncée en dehors, de papier blanc, gris ou bleu, mat en dedans. Les deux parties sont réunies par deux galons noirs passant dans des boutonnières entaillées dans le carton.

Construire un cube de 5 centimètres de côté.

Modelage. — Rosace à quatre feuilles simples sur fond formant un cercle de 16 centimètres de rayon. (La rosace laissera un espace libre, tout le tour, de 1 centimètre.)

Deux feuilles de laurier et petit fragment de branche sur brique de 16 centimètres de côté et 1 centimètre d'épaisseur, dont les bords seront arrondis et les quatre angles remplacés par des quarts de cercle.

Filles. — Exercices de petits plis; plis couchés; plis creux.

DÉCEMBRE.

COURS ÉLÉMENTAIRE.

Garçons. — Pliage de bandes; lettres; chiffres; ornements divers.

Pliage de feuille rectangulaire; bateau plat.

Pliage du carré; rosace à quatre pointes.

Tissage. — Deux ou trois exercices.

Filles. — Les exercices précédents, alternant avec les travaux de couture.

Couture. — Étude des principaux points; point devant.

COURS MOYEN.

Garçons. *Marqueterie.* — Huit carrés superposés se recouvrant à moitié (deux couleurs); douze losanges superposés se recouvrant à moitié (trois couleurs).

Bandes entrelacées (deux couleurs).

Modelage. — Filet grec simple sur brique de 12 centimètres de côté et 1 centimètre d'épaisseur.

Brique comme la précédente. surmontée d'un cercle de 5 centimètres de rayon et 5 millimètres d'épaisseur. Dans le cercle, inscrire un triangle équilatéral formant pointe de diamant. (Le tétraèdre formé aura 2 centimètres de hauteur au-dessus du cercle.)

Filles. *Tricot.* — Confection d'un bas.

COURS SUPÉRIEUR.

Garçons. *Cartonnage.* — Construire un prisme dont la base est un carré de 5 centimètres de côté, et la hauteur 10 centimètres.

Construire un parallélipipède dont la base sera un rectangle égal à la moitié du carré servant de base au prisme ci-dessus, et dont les deux grandes faces seront des rectangles.

Construire le parallélipipède ci-dessus en prenant des parallélogrammes pour les deux grandes faces.

Modelage. — Sur brique de 16 centimètres, avec chanfrein de

1 centimètre, et les quatre angles remplacés par un quart de cercle rentrant, modeler une fleur de lis dont les pointes extrêmes viennent affleurer le chanfrein.

Rosace à six feuilles simples, sur brique carrée de 16 centimètres de côté.

FILLES. — Étude des fronces ; exécution d'un tablier d'enfant.

JANVIER.

COURS ÉLÉMENTAIRE.

GARÇONS. *Pliage.* — Pliage de bandes ; lettres ; chiffres ; triangle ; triangle inscrit dans un carré.

Tissage. — Tissages à chaîne et trame de 5 millimètres ; carré inscrit dans un autre carré.

FILLES. — Mêmes exercices que ci-dessus, alternant avec la couture.

Couture. — Point arrière ; exercices de point devant et point arrière ; application sur le canevas.

COURS MOYEN.

GARÇONS. *Marqueterie.* — Carré de 10 centimètres carrés divisé en 4 carrés égaux, chacun d'eux en 4 triangles ; recouvrir les triangles de papiers verts et rouges, en les alternant.

Losange. — Construire un carrelage en losanges de 2 centimètres de côté, recouverts de papier rouge et vert très foncé.

Modelage. — Brique de 12 centimètres carrés sur 1 centimètre d'épaisseur ; la surmonter de 4 quarts de cercle dont la convexité sera tournée vers le centre du carré ; chaque quart de cercle aura 1 centimètre de large et 1 centimètre d'épaisseur.

Brique comme la précédente, surmontée d'une rosace simple formée d'un cercle de 10 centimètres de diamètre, 1 centimètre d'épaisseur, et évidée en forme de coupe avec petit bouton au centre.

FILLES. *Couture.* — Point de chaînette ; ourlet au point de chaînette ; lettres au point de chaînette.

COURS SUPÉRIEUR.

GARÇONS. *Cartonnage.* — Applications du parallélipipède droit construit le mois précédent. Boîte avec couvercle séparé ; boîte avec couvercle adhérent.

Modelage. — Brique formée d'un cercle de 16 centimètres sur 15 millimètres d'épaisseur ; y construire une rosace gothique, formée de 4 demi-cercles de 15 millimètres de large sur 1 centimètre d'épaisseur, avec chanfrein de 5 millimètres sur le côté concave.

Brique de 16 centimètres carrés sur 15 millimètres d'épaisseur ;

remplacer les angles par 4 quarts de cercle rentrants; y construire une feuille de chêne avec fragment de branche et gland.

Filles. *Couture*. — Exercice de piqûre; tirer un fil; piquer en prenant deux fils seulement; piqûre suivant les fils et suivant la diagonale.

FÉVRIER.

COURS ÉLÉMENTAIRE.

Garçons. *Pliage*. — Reprendre la cocote, la continuer pour obtenir la boîte de pâtissier; transformer cette boîte en un bateau.

Pliage de bandes; lettres; chiffres; grecques diverses.

Tissage. — Deux ou trois exercices.

Filles. — Mêmes exercices que ci-dessus, alternant avec la couture.

Couture. — Point de côté; point croisé; applications sur le canevas.

COURS MOYEN.

Garçons. *Marqueterie*. — Parquet dit à bâtons rompus, formé de rectangles de $30^{mm} \times 10^{mm}$, en papier bleu et rouge; *idem* en point de Hongrie (parallélogrammes au lieu de rectangles); exercices sur l'octogone : former des carrelages en octogones de deux couleurs.

Modelage. — Brique de 12 centimètres carrés et 1 centimètre d'épaisseur; y modeler une feuille de violette dont la nervure médiane sera seule accentuée.

Brique comme la précédente, surmontée d'une grecque simple.

Filles. — Point de côté pour coutures rabattues; coutures rabattues; point de piqûre.

COURS SUPÉRIEUR.

Garçons. *Cartonnage*. — Application du parallélipipède droit; boîte de pharmacien, à coulisse.

Stéréotomie. — Parallélipipède; rectangle.

Modelage. — Brique en forme de cercle de 16 centimètres de diamètre; y modeler une feuille de chêne.

Même brique que ci-dessus, avec feuille de vigne simple.

Filles. *Couture*. — Couture rabattue; couture à points devant que l'on rabat ensuite à points d'ourlet; couture à points de côté.

MARS.

COURS ÉLÉMENTAIRE.

Garçons. *Pliage*. — Pliage de bandes; bandes de deux couleurs enlacées; festons; grecques; pliage du rectangle : petit cadre à photographie.

Pliage du carré : salière à quatre compartiments.

Tissage. — Deux ou trois exercices.

Filles. — Les mêmes exercices que ci-dessus, alternant avec la couture.

Couture. — Point de marque ; lettres simples sur canevas.

COURS MOYEN.

Garçons. *Marqueterie.* — Polygone étoilé à six pointes, formé de six losanges alternativement jaunes et roses ; terminer le cercle où est inscrit le polygone en papier bleu ; polygone étoilé à huit pointes, formé de losanges alternativement verts et rouges.

Modelage. — Brique de 12 centimètres carrés et 1 centimètre d'épaisseur ; y dessiner une étoile à quatre branches ; les évider pour former une rosace en creux.

Même brique que ci-dessus ; y inscrire un cercle de 1 centimètre de large et 1 centimètre d'épaisseur, dans lequel on construira, avec les mêmes dimensions, deux diamètres à angle droit.

Filles. *Couture.* — Point de boutonnière ; surjet sur lisière ; surjet pour pièce.

COURS SUPÉRIEUR.

Garçons. *Cartonnage.* — Pyramide à base carrée ; pyramide à base hexagonale.

Stéréotomie. — Prisme droit à base carrée.

Modelage. — Une rosace à quatre pointes, à bords relevés, formant le creux, et fleurons à quatre parties au milieu ; cette rosace sera une brique de 16 centimètres carrés et 15 millimètres d'épaisseur.

Sur une brique comme la précédente, modeler une feuille d'acanthe très simple et d'un faible relief.

Filles. *Couture.* — Pièce de couture ; application de la couture rabattue ; faufiler d'abord la pièce, en ayant soin de fendre l'étoffe aux angles ; puis, coudre à points de côté et rabattre à points d'ourlet.

BIBLIOGRAPHIE.

L'Enseignement du dessin, par M. Eugène Guillaume et M. Jules Pillet, *Monographies pédagogiques,* t. V.

Article *Dessin,* dans le *Dictionnaire de pédagogie.*

Mémoires et documents scolaires, publiés par le Musée pédagogique (fascicule n° 77), *Travaux de la commission de gymnastique,* 1889.

L'Enseignement de la gymnastique et des jeux scolaires, par M. Dally, *Monographies pédagogiques,* t. V.

L'Enseignement du chant, par M. A. Cornet, *Monographies pédagogiques,* t. V.

L'Enseignement du travail manuel, par M. Salicis, *Monographies pédagogiques,* t. V.

CHAPITRE IX

Ce que c'est que l'emploi du temps. — Les
programmes indiquent les matières de l'enseignement
et les répartissent mois par mois. Cela suffit-il pour
que le travail scolaire soit réglé? Non, il faut encore
que l'instituteur et l'écolier sachent comment les diverses occupations, les divers exercices de la classe,
seront distribués jour par jour, heure par heure. L'*emploi du temps* est précisément un tableau qui détermine
l'ordre des leçons, des études, des devoirs, etc. Fran-
klin demandait dans une maison bien tenue une place
pour chaque chose et chaque chose à sa place : de
même, dans une école bien ordonnée, on pourrait dire :
une heure pour chaque exercice, et chaque exercice
à son heure.

Nécessité d'un emploi du temps. — Tous les
pédagogues sont d'accord pour reconnaître que l'établissement d'un emploi du temps doit être une des
premières préoccupations de l'instituteur. « Bien composé et sagement conduit, disait M. Buisson dans son
Rapport sur l'Exposition universelle de Philadelphie,
l'emploi du temps assure le maintien de la discipline,
l'application intelligente du programme, le travail simultané des divisions et la valeur de l'enseignement. »

Dans un article du *Dictionnaire de pédagogie*, M. Jacoulet fait ressortir aussi avec force les avantages d'un
bon emploi du temps: « L'emploi du temps rend le travail plus facile et plus fécond; par la succession des
exercices, il introduit dans l'enseignement la variété,
le mouvement et l'entrain; il maintient chaque partie
du programme dans les limites nécessaires; il tempère
l'ardeur des élèves qui seraient tentés de sacrifier certaines études à celle qui a leurs préférences, et, de même,
il impose aux maîtres une salutaire contrainte qui les
préserve de la tentation de prolonger, au détriment des
autres, les leçons relatives à leur enseignement de
prédilection; enfin il empêche les pertes de temps: il
soulage le maître qui, sachant, à chaque instant de sa
classe, ce qu'il va faire et ce qu'il lui faut dire, ne
s'épuise plus en tâtonnements stériles, en recherches
laborieuses, en vaine agitation; il prépare enfin les enfants à mettre plus tard dans leur vie d'homme l'ordre
qui en est la dignité, et la ponctualité qui en est la
force. »

Un emploi du temps bien réglé ne se proposera pas
seulement d'épuiser toutes les matières des programmes; il les distribuera de manière à établir entre
elles un juste équilibre, une succession rationnelle. Il
faut, en effet, avoir soin de ménager l'attention de l'enfant et de tenir en éveil toutes ses facultés: à un exercice un peu plus difficile, un peu plus abstrait, on
fera succéder un exercice plus attrayant, qui permette
une sorte de détente de l'esprit. Dans certaines écoles
même, on voit les élèves alternativement assis et debout, de demi-heure en demi-heure, afin que leur
soient ainsi épargnés les inconvénients d'une sédenta-
rité trop prolongée.

Rédaction de l'emploi du temps. — A qui appartient la rédaction de l'emploi du temps? Est-ce à
l'administration? Est-ce aux instituteurs eux-mêmes?
Nous n'hésiterons pas à répondre qu'elle doit être
laissée aux instituteurs. La circulaire du 18 novembre 1871 faisait déjà remarquer que les règlements

uniformes « ont le tort de ne tenir compte ni de la situation morale ou matérielle des écoles, ni de l'aptitude des maitres, ni des besoins réels des élèves » ; elle invitait, par suite, les maitres à dresser eux-mêmes leur emploi du temps, tel qu'ils le jugeraient applicable dans leurs écoles. C'est dans le même esprit que le règlement du 27 juillet 1882 et l'arrêté du 18 janvier 1887 ont prescrit que, chaque année, l'emploi du temps serait dressé par le directeur de l'école.

Mais tout en respectant, comme il convient, l'initiative et la liberté des instituteurs, on ne doit pas s'abstenir de leur proposer, à titre d'exemples, des modèles de l'emploi du temps déjà contrôlés par la pratique et consacrés par l'expérience.

Sans doute, il n'est pas question d'imposer des cadres inflexibles qui, selon les fortes expressions de M. Rendu, « paralysent par leur rigidité la réflexion personnelle et le libre choix des instituteurs ». Nous détestons, comme M. Rendu, « la tyrannie minutieuse qui, anéantissant l'homme dans le maitre, donne à l'éducation machinale la place due à l'intelligence ». Mais il y a quelque chose de pire encore que cette tyrannie : c'est l'insouciance de certains maitres qui ne s'astreignent à suivre aucun emploi du temps, sous prétexte qu'il est trop difficile d'en établir un, ou encore l'inconstance de quelques autres qui, sans autre motif que le caprice du moment, introduisent perpétuellement des modifications dans le plan qu'ils ont adopté.

On ne recommandera jamais assez aux instituteurs de dresser un emploi du temps et de le suivre exactement, une fois qu'ils l'auront dressé ; et, d'autre part, on ne les entourera jamais de trop de conseils, de documents et de modèles, pour les mettre à même de surmonter les conditions difficiles que leur crée l'application, dans un temps relativement court, d'un programme surchargé et encombré, et de combiner le mieux possible la distribution de leur temps et de celui des élèves. Les règlements officiels sont entrés eux-mêmes dans la voie des prescriptions précises, puisque, dans l'arrêté du 18 janvier 1887, comme dans l'arrêté du 27 juillet 1882, nous trouvons des règles générales de direction qui établissent un certain ordre dans la distribution des matières du programme et fixent le nombre d'heures à consacrer à chaque étude.

Instructions officielles. — Voici le texte de l'arrêté du 18 janvier 1887 :

ART. 18. — Au commencement de chaque année scolaire, le tableau de l'emploi du temps par jour et par heure est dressé par le directeur de l'école, et, après approbation de l'inspecteur primaire, il est affiché dans les salles de classe.

ART. 19. — La répartition des exercices doit satisfaire aux conditions générales ci-après déterminées :

I. Chaque séance doit être partagée en plusieurs exercices différents, coupés par les récréations réglementaires (soit par les récréations réglementaires, soit par des mouvements, soit par des chants, disait l'article 16 de l'arrêté du 27 juillet 1882).

II. Les exercices qui demandent le plus grand effort d'attention, tels que les exercices d'arithmétique, de grammaire, de rédaction, seront placés de préférence le matin (1), ou, dans les écoles de demi-temps, au commencement de la classe.

III. Toute leçon, toute lecture, tout devoir, sera accompagné d'explications orales et d'interrogations.

IV. La correction des devoirs et la récitation des leçons ont lieu pendant les heures de classe auxquelles se rapportent ces devoirs et ces leçons. Dans la règle, les devoirs sont corrigés au tableau noir en même temps que se fait la visite des cahiers. Les rédactions sont corrigées par le maître en dehors de la classe.

V. Les trente heures de classe par semaine (non compris le temps que les élèves peuvent consacrer, soit à domicile, soit dans des études surveillées, à la préparation des devoirs et des leçons) devront être réparties d'après les indications suivantes :

1º Il y aura, chaque jour, dans les deux premiers cours, une leçon qui, sous la forme d'entretien familier, ou au moyen d'une lecture appropriée, sera consacrée à l'*instruction morale*. Dans le cours supérieur, cette leçon sera, autant que possible, le développement méthodique du programme de morale.

2º L'enseignement du *français* (exercices de lecture, lectures expliquées, leçons de grammaire, exercices orthographiques, dictées, analyses, récitations, exercices de composition, etc.) occupera tous les jours environ deux heures.

(1) L'enseignement de la morale nous ayant paru mériter, à tous les points de vue, qu'on lui consacrât la première heure de la classe du matin, nous avons reporté l'arithmétique à la classe du soir dans les tableaux qui vont suivre.

3° L'enseignement *scientifique* occupera en moyenne, et suivant les cours, de une heure à une heure et demie par jour, savoir : trois quarts d'heure ou une heure pour l'arithmétique et les exercices qui s'y rattachent, le reste pour les leçons de choses et les premières notions scientifiques.

4° L'enseignement de l'*histoire* et de la *géographie*, auquel se rattache l'*instruction civique*, comportera environ une heure de leçon tous les jours.

5° Le temps consacré aux exercices d'*écriture* proprement dite sera d'une heure au moins par jour dans le cours élémentaire et se réduira graduellement, à mesure que les divers devoirs dictés ou rédigés pourront en tenir lieu.

6° L'enseignement du *dessin*, commencé par des leçons très courtes dès le cours élémentaire, occupera dans les deux autres cours deux ou trois leçons chaque semaine.

7° Les leçons de *chant* occuperont de une à deux heures par semaine, indépendamment des exercices de chant, qui auront lieu tous les jours, à la rentrée et à la sortie des classes (soit dans les intervalles qui séparent les autres exercices scolaires, soit à la rentrée et à la sortie des classes, *rédaction de 1882*).

8° La *gymnastique*, outre les évolutions et les exercices sur place qui peuvent accompagner les mouvements de classe, occupera tous les jours, ou au moins tous les deux jours, une séance dans le courant de l'après-midi.

En outre, dans les communes où les bataillons scolaires sont constitués, les exercices de bataillon ne pourront avoir lieu que le jeudi et le dimanche ; le temps à y consacrer sera déterminé par l'instructeur militaire, de concert avec le directeur de l'école.

9° Enfin, pour les garçons comme pour les filles, deux ou trois heures par semaine seront consacrées aux travaux manuels.

Il ne sera pas inutile de rapprocher du texte de l'arrêté quelques articles du *Règlement scolaire*, modèle de 1887.

Art. 4.— Pendant la durée de la classe, l'instituteur ne pourra, sous aucun prétexte, être distrait de ses fonctions professionnelles, ni s'occuper d'un travail étranger à ses devoirs scolaires.

Art. 6. — Les classes dureront trois heures le matin et trois heures le soir ; celle du matin commencera à 8 heures, et celle de l'après-midi à 1 heure. Toutefois, suivant les besoins des localités, les heures d'entrée et de sortie pourront être modifiées par l'inspecteur d'académie, sur la demande des autorités locales et l'avis de l'inspecteur primaire.

Art. 8. — Dans les écoles à plusieurs classes, les exercices seront coupés, pour les élèves du cours élémentaire et du cours moyen, par une récréation de cinq minutes qui aura lieu toutes les heures, et, pour les élèves du cours supérieur, par une seule récréation d'une durée de quinze minutes.

Emploi du temps dans les écoles de la ville de Paris. — Dans les écoles de Paris, l'administration a dressé un tableau réglant l'emploi du temps pendant une semaine, en laissant à l'instituteur le soin d'établir l'emploi quotidien. On remarquera que ce tableau, qu'il nous paraît utile de soumettre à nos lecteurs, attribue à la durée des classes un peu plus de temps que n'en prévoit le règlement officiel. Au lieu des trente heures réglementaires de classe par semaine, la durée du séjour à l'école est fixée à trente-deux heures et demie pour le cours élémentaire et le cours moyen, et elle est portée, dans le cours supérieur, à trente-sept heures pour les garçons, à trente-cinq heures pour les filles. Cette augmentation a eu pour objet de faire rentrer dans les heures de classe certains enseignements spéciaux, tels que la gymnastique, que nous proposons, nous, de placer dans l'intervalle de la classe du matin et de la classe du soir (1).

(1) Au moment où nous mettons sous presse, un règlement nouveau, à la date du 20 janvier 1890, modifie la situation dans les écoles de Paris, et ramène aux trente heures réglementaires la durée des classes par semaine.

EMPLOI DU TEMPS
dans les écoles

PENDANT UNE SEMAINE
de la ville de Paris.

COURS ÉLÉMENTAIRES

ÉCOLES DE GARÇONS ET DE FILLES — Entrée à l'école. 8 h.1/2 — Sortie de l'école. 4 h.1/2 — Temps disponible par semaine. 32 h.1/2

MATIÈRES D'ENSEIGNEMENT. — EXERCICES DIVERS. — RÉCRÉATIONS.	NOMBRE des leçons.	TEMPS consacré à chaque matière.
Instruction morale.	3	1 h. 1/2
Lecture.	13	6 h. 1/2
Écriture.	10	5 h. »
Calcul.	5	2 h. 1/2
Calcul mental (ou système métrique)	3	3/4
Grammaire.	3	1 h. 1/4
Dictées, exercices français.	5	2 h. 1/2
Récitation.	1	1/2
Histoire. Géographie.	5	2 h. 1/2
Leçons de choses.	2	1 h. »
Chant.	2	1 h. »
Dessin.	2	1 h. 3/4
Travail manuel ou couture (pr les filles)	2	1 h. 1/4
Gymnastique.	5	2 h. 1/2
Récréations.	10	2 h. 1/2*
		32 h. 1/2

COURS [MOYENS]

ÉCOLES DE GARÇONS — Entrée à l'école. 8 h.1/2 — Sortie de l'école. 4 h.1/2 — Temps disponible par semaine. 32 h.1/2

MATIÈRES D'ENSEIGNEMENT. — EXERCICES DIVERS. — RÉCRÉATIONS.	NOMBRE des leçons.	TEMPS consacré à chaque matière.
Instruction morale et civique	5	2 h. 1/2
Lecture et récitation.	3	3 h. »
Écriture.	5	2 h. 1/2
Dessin linéaire.	2	1 h. 1/2
Arithmétique et système métrique.	5	5 h. »
Sciences physiques et naturelles.	3	2 h. 1/4
Langue française.	5	5 h. »
Histoire.	2	1 h. 1/2
Géographie.	2	1 h. 1/2
Travail manuel.	2	1 h. 3/4
Gymnastique.	5	2 h. 1/2
Couture.	»	»
Chant.	1	1 h. »
Récréations.	10	2 h. 1/2*
		32 h. 1/2

MOYENS — COURS SUPÉRIEURS

MOYENS : ÉCOLES DE FILLES — Entrée à l'école. 8 h.1/2 — Sortie de l'école. 4 h.1/2 — Temps disponible par semaine. 32 h.1/2

COURS SUPÉRIEURS : ÉCOLES DE GARÇONS — Entrée à l'école. 8 h. » — Sortie de l'école. 5 h. » — Temps disponible par semaine. 37 h.1/2

COURS SUPÉRIEURS : ÉCOLES DE FILLES — Entrée à l'école. 8 h.1/2 — Sortie de l'école. 5 h. » — Temps disponible par semaine. 35 h. »

MATIÈRES D'ENSEIGNEMENT. — EXERCICES DIVERS. — RÉCRÉATIONS.	MOYENS — ÉCOLES DE FILLES — NOMBRE des leçons.	MOYENS — ÉCOLES DE FILLES — TEMPS consacré à chaque matière.	COURS SUP. — ÉCOLES DE GARÇONS — NOMBRE des leçons.	COURS SUP. — ÉCOLES DE GARÇONS — TEMPS consacré à chaque matière.	COURS SUP. — ÉCOLES DE FILLES — NOMBRE des leçons.	COURS SUP. — ÉCOLES DE FILLES — TEMPS consacré à chaque matière.
Instruction morale et civique	5	2 h. 1/2	5	2 h. 1/4	4	2 h. »
Lecture et récitation.	4	4 h. »	3	1 h. 3/4	2	1 h. 3/4
Écriture.	5	2 h. 1/2	2	1 h. 1/4	2	1 h. 3/4
Dessin linéaire.	2	1 h. 1/2	1	1 h. »	1	3/4
Arithmétique et système métrique.	5	5 h. »	5	5 h. »	5	5 h. »
Sciences physiques et naturelles.	»	»	1	1 h. »	1	3/4
Histoire.	2	1 h. 1/2	2	1 h. 1/2	2	1 h. 1/2
Géographie.			2	1 h. 1/2	2	1 h. 1/2
Langue française.	5	5 h. »	5	5 h. »	5	5 h. »
Hygiène. — Économie domestique.	2	1 h. 1/2	»	»	1	3/4
Dessin d'art.	2	1 h. 1/2	2	4 h. »	2	4 h. »
Chant.			2	2 h. »	2	2 h. »
Travail manuel.	»	»	2	3 h. 1/2	»	»
Gymnastique.	5	2 h. 1/2	3	1 h. 1/2	6	2 h. 1/2
Exercices militaires.	»	»	2	4 h. »	»	»
Coupe et confection.	1	1 h. 3/4	»	»	1	2 h. 1/2
Couture.	1	3/4	»	»	1	1 h. 1/4
Récréations.	10	2 h. 1/2*	8	2 h. » *	10	2 h. 1/2*
		32 h. 1/2		37 h. 1/2		35 h. »

* Non compris l'intervalle de 1 h. 1/2 séparant chaque jour la classe du matin de la classe du soir.

Cet emploi du temps a, on le voit, l'inconvénient de retenir les élèves plus de six heures par jour à l'école, ce qui est également fâcheux pour les maîtres et pour les enfants. Le conseil départemental de la Seine s'est ému de cette situation, et il élabore un nouvel emploi du temps, fixant uniformément à six heures par jour la durée des classes pour tous les cours (1). On se conformera ainsi aux prescriptions que nous avons citées du *Règlement scolaire* de 1887, préparé par l'administration pour servir de modèle à la rédaction des règlements départementaux.

Emploi du temps quotidien. — Nous croyons qu'il est nécessaire d'aller plus loin que ne le fait l'emploi du temps hebdomadaire des écoles de la ville de Paris, et de dresser pour toutes les écoles des emplois du temps quotidiens. Il n'est pas douteux que les instituteurs n'aient à entrer eux-mêmes dans ce détail minutieux, qui a pour avantage d'exclure de l'enseignement toute fantaisie et toute irrégularité.

Voici, sur ce point, l'opinion d'un pédagogue dont personne ne contestera l'autorité, M. Jacoulet (2) :

« Si les écoles se ressemblaient toutes par leur organisation, un seul et même emploi du temps suffirait. Mais, à côté des écoles mixtes, il y a les écoles spéciales aux garçons et les écoles spéciales aux filles, et, à côté des écoles spéciales à un seul maître, il y a les écoles à plusieurs classes et à plusieurs maîtres ; et ces différences résultant de la nature des choses existeront toujours. Faudra-t-il donc autant d'emplois du temps qu'il y a d'espèces d'écoles? Nous ne le croyons pas, et nous pensons que trois types suffiront à tous les besoins, parce que toutes les écoles, si différentes en apparence, se ramènent à trois types principaux : l'école à *un seul maître*, l'école à *deux maîtres* et l'école à *trois maîtres* et au-dessus.

« Pour chacune de ces espèces d'écoles il faudra un emploi du temps différent, car il est de toute évidence qu'il est impossible d'organiser le travail de la même manière dans une école où chaque maître dirige un cours unique, et dans celle où le même maître en dirige deux ou trois à la fois. On y parviendrait peut-être, si l'enseignement collectif, recommandé avec tant de raison

---

(1) C'est ce nouvel emploi du temps qui est appliqué dans les écoles de Paris depuis le 20 janvier 1890.

(2) Voyez, dans le *Dictionnaire de pédagogie*, l'article *Emploi du temps.*

aujourd'hui, était toujours possible. Mais, applicable à certaines leçons, il ne peut s'appliquer à toutes; il exige, d'ailleurs, une habileté que tous les maîtres ne possèdent pas encore, et pendant longtemps, si ce n'est toujours, l'emploi du temps devra varier, suivant qu'il sera destiné à une école à un, à deux ou à trois maîtres. »

Les instituteurs trouveront donc quelque profit à consulter les emplois du temps que nous avons rédigés à titre d'indications :

1° Pour le type d'écoles de beaucoup les plus nombreuses, c'est-à-dire pour les écoles à un seul maitre ou à une seule maîtresse ;

2° Pour les écoles à deux classes ;

3° Pour. les écoles à trois classes et, par suite, pour les écoles à 4, 5, 6, 7 classes et davantage.

Aux tableaux que nous donnons seront joints, dans le chapitre suivant (voyez chap. X), des conseils pour l'application, ainsi que des directions propres à expliquer et à assurer le fonctionnement de l'emploi du temps.

N. B. — Les exercices dont l'intitulé est en gros caractères seront dirigés personnellement par le maître ; ceux en *italiques* seront confiés à des aides ou moniteurs.

HEURES.	COURS.	MATIN.	OBSERVATIONS.
7 h. 50 à 8 h.	Tous.	Inspection de propreté... Entrée en classe. — Chant.	Lorsque l'école n'a pas de préau couvert et que le temps est mauvais, les élèves se rangeront autour de la salle de classe pour l'inspection de propreté.
8 h. à 8 h. 30	Tous.	Instruction morale...	Cet enseignement est donné sous la forme d'un entretien familier, d'un récit ou au moyen d'une lecture appropriée.
8 h. 30 à 9 h.	Sup^r. Moyen. Élém.	Devoir de français (grammaire ou vocabulaire). Langue française..... *Lecture (moniteurs de 1re division).*	*Mardi et vendredi :* rédaction au net du devoir de composition. *Lundi et mercredi :* grammaire. *Mardi et vendredi :* composition française et correction du devoir. *Samedi :* vocabulaire.
9 h. à 9 h. 30	Sup^r. Moyen. Élém.	Langue française..... Devoir de français (grammaire ou vocabulaire).. *Exercice de français (épellation, dictée)........*	Voir l'observation précédente concernant la langue française. *Mardi et vendredi :* rédaction préparatoire du devoir de composition. *Mardi et vendredi :* étude d'un morceau de récitation.
9 h. 30 à 9 h. 45	Tous.	Récréation............	Les élèves seront constamment surveillés. On n'oubliera pas de ventiler la salle de classe.
9 h. 45 à 10 h. 10	Sup^r. Élém.	Lecture............ *Écriture ou Dessin linéaire*	*Mardi :* chant et solfège. *Mercredi et samedi :* dessin linéaire.
10 h. 10 à 10 h. 35	Sup^r. Moyen. Élém.	Dictée............ *Mardi et vendredi :* (Cours supérieur : rédaction préparatoire du devoir de composition. Cours moyen : rédaction au net du devoir de composition.) Rédaction d'un devoir de français ou interrogations sur le sens des mots.	*Mardi et vendredi :* interrogations par le maître sur l'objet de la dernière leçon de choses.
10 h. 35 à 11 h.	Sup^r. Moyen. Élém.	Écriture ou Dessin linéaire (1)............ *Lecture (maître et moniteurs).*	*Lundi, mercredi, vendredi :* écriture. *Mardi, samedi :* dessin.
11 h.	Tous.	Sortie. — Chant........	Les élèves se rendent par groupes dans leurs quartiers respectifs.

(1) Le mardi et le vendredi, de 10 h. 35 à 11 h. 35, on donnera la *leçon de couture* dans les écoles de filles et dans les écoles mixtes.

Les *exercices gymnastiques* auront lieu deux ou trois fois par semaine durant une partie des deux heures qui séparent chacune des séances du jour.

HEURES.	COURS.	SOIR.	OBSERVATIONS.
12 h. 50 à 1 h.	Tous.	Inspection de propreté. Entrée en classe. — Chant.	Même observation que pour la rentrée du matin.
1 h. à 1 h. 30	Sup^r. Moyen. Élém.	Étude ou devoir d'arithmétique ou de géométrie. Arithmétique ou Géométrie. *Devoir de calcul (préparé et corrigé par moniteurs).*	*Mardi et vendredi :* étude ou devoir de géométrie. *Mardi et vendredi :* géométrie. Ce devoir est indiqué ou préparé à l'avance au tableau noir.
1 h. 30 à 2 h.	Sup^r. Moyen. Élém.	Arithmétique ou Géométrie. Étude ou devoir d'arithmétique ou de géométrie. *Lecture d'une historiette et compte rendu.*	Voir l'observation de l'exercice précédent. Voir l'observation de l'exercice précédent. *Mardi et vendredi :* récitation d'un exercice de mémoire.
2 h. à 2 h. 30	Sup^r. Moyen. Élém.	Correction successive des devoirs de grammaire ou de vocabulaire............ *Écriture........*	*Lundi, mercredi, samedi :* correction des devoirs. *Mardi et vendredi :* récitation de morceaux choisis. Le compte rendu de la correction des devoirs de composition française a lieu au cours de la leçon de français du mardi et du vendredi.
2 h. 30 à 2 h. 45	Tous.	Récréation............	Voir la note de l'exercice du matin.
2 h. 45 à 3 h. 10	Sup^r. Moyen. Élém.	Étude d'histoire ou de géographie............ *Idem............* Lecture ou Calcul.....	*Lundi et mercredi :* étude d'histoire. *Mardi et vendredi :* étude de géographie. *Samedi :* tracé de cartes. *Mardi et vendredi :* calcul oral et écrit.
3 h. 10 à 3 h. 35	Sup^r. Moyen. Élém.	Histoire ou Géographie............ Récits d'histoire ou notions géographiques. *Écriture ou Orthographe d'usage (2e section).*	*Lundi et mercredi :* histoire. *Mardi et vendredi :* géographie. *Samedi :* instruction civique.
3 h. 35 à 4 h.	Sup^r. Moyen. Élém.	Leçon de choses (sciences naturelles, sciences physiques, agriculture, industrie, économie domestique)............	*Lundi et vendredi :* sciences physiques et naturelles. *Mardi et samedi :* industrie. *Mercredi :* agriculture ou économie domestique.
4 h.	Tous.	Sortie. — Chant........	Voir la note de l'exercice du matin.

Indication des leçons à apprendre à la maison paternelle.

Lundi : récitation et géographie.
Mardi : grammaire et histoire.
Mercredi : arithmétique et géographie.
Jeudi : récitation : lecture du texte des leçons de choses.
Vendredi : vocabulaire et arithmétique ou géométrie.
Samedi : grammaire et histoire.

ÉCOLES A DEUX CLASSES

Emploi du temps pour le cours préparatoire et le cours élémentaire.

Arrêté du 18 janvier 1887. — Art. 11. Dans les écoles qui n'ont que deux maîtres, y compris, s'il y a lieu, la section l'un sera chargé du *cours moyen* et du *cours supérieur;* l'autre du *cours élémentaire,* des enfants au-dessous de 7 ans.

HEURES.	COURS.	MATIN.	OBSERVATIONS.
7 h. 50 à 8 h. 5	Tous.	Inspection de propreté... Entrée en classe. — Chant.	Lorsque le temps est froid ou mauvais, l'inspection de propreté a lieu dans la salle de classe.
8 h. 5 à 8 h. 30	Tous.	Instruction morale...	Cet enseignement sera donné sous la forme d'un entretien familier ou au moyen d'une lecture appropriée.
8 h. 30 à 8 h. 55	Tous.	Langue française.....	*Lundi* et *mercredi :* notions très simples de grammaire. *Mardi* et *vendredi :* comptes rendus de récits; exercices d'intelligence. *Samedi :* exercices de vocabulaire.
8 h. 55 à 9 h. 5	Tous.	Exercice de Chant......	Choisir des mélodies courtes, simples, sur paroles à la portée de l'âge et de l'intelligence des élèves.
9 h. 5 à 9 h. 30	Élém.	Devoir de français........	On le rédigera sur l'ardoise ou sur le cahier.
	Prép.	Lecture	Il est désirable qu'un moniteur des cours moyen ou supérieur seconde l'instituteur.
9 h. 30 à 9 h. 45	Tous.	Récréation..............	Ne pas quitter un instant les élèves; suggérer et diriger les jeux.
9 h. 45 à 10 h. 10	Élém.	Lecture..............	Faire exclusivement de la lecture; les comptes rendus, les questions sur le sens des mots sont réservés pour d'autres exercices.
	Prép.	Exercice d'orthographe...	Copier les mots lus: les épeler, puis les faire écrire au tableau noir, si l'on peut être aidé d'un moniteur.
10 h. 10 à 10 h. 35	Élém.	Dictée ou Correction du devoir de français...........	*Lundi, mercredi, samedi :* dictée. *Mardi* et *vendredi :* correction des devoirs de français.
	Prép.	Dessin linéaire.	
10 h. 35 à 11 h.	Tous.	Écriture..............	Chaque cours ou section de cours doit écrire d'après les mêmes modèles. Expliquer les principes au tableau noir.
11 h.	Tous.	Sortie. — Chant........	Les élèves chantent jusqu'au moment où ils se groupent pour se rendre dans leurs quartiers respectifs.

N. B. — Les élèves du *cours préparatoire* n'auront aucune leçon à apprendre ni aucun devoir à rédiger à la maison paternelle; il n'en sera pas de même des enfants du *cours élémentaire,* qui ont tous de 7 à 9 ans.

HEURES.	COURS.	SOIR.	OBSERVATIONS.
12 h. 50 à 1 h. 5	Tous.	Inspection de propreté. Entrée en classe. — Chant.	
1 h. 5 à 1 h. 30	Élém.	Calcul et Système métrique.	D'abord, exercices de calcul oral portant sur des quantités concrètes. Pratique des mesures métriques.
	Prép.	Écriture.	
1 h. 30 à 1 h. 55	Élém.	Devoir de calcul.	Ce devoir sera corrigé à la prochaine leçon.
	Prép.	Calcul et Système métrique.	Voir la note de l'exercice précédent.
1 h. 55 à 2 h. 5	Tous.	Exercice de Chant.	
2 h. 5 à 2 h. 30	Élém.	Écriture ou dessin linéaire.	*Mardi* et *vendredi :* dessin.
	Prép.	Lecture	Il est désirable qu'un moniteur des cours moyen ou supérieur seconde l'instituteur.
2 h. 30 à 2 h. 45	Tous.	Récréation.	
2 h. 45 à 3 h. 10	Tous.	Leçon de choses......	En rapporter toujours l'objet aux réalités de la vie pratique: faire qu'elles soient une initiation à l'éducation professionnelle. La dernière partie de la leçon consistera en interrogations.
3 h. 10 à 3 h. 35	Élém.	Lecture..............	Voir la note de la leçon de 9 h. 45 à 10 h. 10.
	Prép.	Écriture ou copie des mots formant l'objet de la lecture précédente.	
3 h. 35 à 4 h.	Tous.	Récits historiques et Notions géographiques, ou Récitation de morceaux choisis..................	*Lundi* et *mercredi :* Histoire et géographie. *Mardi* et *vendredi :* récitation de morceaux choisis. *Samedi :* Instruction civique.
4 h.	Tous.	Sortie. — Chant.	

Indication des leçons à apprendre (Section de 7 à 9 ans).

Lundi : récitation française et géographie. — *Jeudi :* récitation classique.
Mardi : grammaire et histoire. — *Vendredi :* vocabulaire et histoire.
Mercredi : arithmétique et géographie. — *Samedi :* grammaire et histoire.

Emploi du temps pour la classe où sont réunis les cours moyen et supérieur.

Arrêté du 18 janvier 1887. — Art. 11. Dans toutes les écoles qui n'ont que deux maîtres, y compris, s'il y a lieu, la section l'un sera chargé du *cours moyen* et du *cours supérieur*; l'autre du *cours élémentaire*, des enfants au-dessous de 7 ans.

HEURES.	COURS.	MATIN.	OBSERVATIONS.
7 h. 50 à 8 h.	Tous.	Inspection de propreté... Entrée en classe. — Chant.	Lorsque l'école n'a pas de préau couvert et que le temps est mauvais, l'inspection de propreté a lieu pendant la classe.
8 h. à 8 h. 30	Tous.	Instruction morale..	La leçon de morale sera, autant que possible, le développement méthodique du programme de morale.
8 h. 30 à 9 h.	Sup^r. / Moyen.	Devoir de français...... / Langue française.....	*Lundi* et *mercredi* : grammaire. *Mardi* et *vendredi* : composition française. *Samedi* : vocabulaire.
9 h. à 9 h. 30	Sup^r. / Moyen.	Langue française..... / Devoir de français......	Voir les observations de l'exercice précédent. Le devoir du *mardi* et du *vendredi*, dans les deux sections, consistera dans la rédaction préparatoire du devoir de composition.
9 h. 30 à 9 h. 45	Tous.	Récréation..............	Les élèves seront constamment surveillés. — La classe devra être ventilée.
9 h. 45 à 10 h. 10	Tous.	Lecture..............	*Lundi* et *mercredi* : lecture expliquée des morceaux choisis de littérature à réciter ces mêmes jours.
10 h. 10 à 10 h. 35	Tous.	Dictée................ (Le mardi et le vendredi, la dictée sera remplacée pour le cours supérieur par la rédaction préparatoire du devoir de composition.)	Si la classe est très nombreuse, on pourra faire une dictée spéciale à chacune des deux sections qu'on y établit alors. L'une aura lieu de 10 h. 10 à 10 h. 35; l'autre, de 10 h. 35 à 11 h. Pendant qu'une section est occupée à la dictée, l'autre écrira sous la surveillance de l'instituteur.
10 h. 35 à 11 h.	Tous.	Écriture..............	Tous les élèves doivent écrire d'après le même modèle ou sur la même page du cahier imprimé. Le *mercredi* et le *samedi*, mise au net du devoir de composition française.
11 h.	Tous.	Sortie. — Chant........	Les élèves se rendent par groupes dans leurs quartiers respectifs.

N. B. — Voir pour la *couture* et la *gymnastique*, ainsi que pour les détails relatifs à la discipline, les observations de l'emploi du temps de l'école à un seul maître.

Consulter l'emploi du temps du cours élémentaire pour compléter les opérations.

HEURES.	COURS.	SOIR.	OBSERVATIONS.
12 h. 50 à 1 h.	Tous.	Inspection de propreté.... Entrée en classe. — Chant.	Voir l'observation de l'exercice identique du matin.
1 h. à 1 h. 30	Sup^r. / Moyen.	Devoir ou étude d'arithmétique.............. / Arithmétique ou Géométrie................	*Lundi* : notions théoriques. *Mardi, mercredi, vendredi* : calcul écrit et problèmes. *Samedi* : calcul mental.
1 h. 30 à 2 h.	Sup^r. / Moyen.	Arithmétique ou Géométrie. / Devoir ou étude d'arithmétique.	Voir la note précédente.
2 h. à 2 h. 30	Tous.	Correction successive des devoirs de français ou Récitation classique.	*Lundi* et *mercredi* : récitation classique.
2 h. 30 à 2 h. 45	Tous.	Récréation.	
2 h. 45 à 3 h. 10	Tous.	Leçon de choses (sciences physiques et naturelles, agriculture, industrie, économie domestique).............	*Lundi* et *mercredi* : sciences naturelles et sciences physiques. *Mardi* et *vendredi* : industrie et hygiène. *Samedi* : agriculture ou économie domestique.
3 h. 10 à 3 h. 35	Tous.	Histoire ou Géographie..............	*Lundi* et *mercredi* : histoire. *Mardi* et *vendredi* : géographie. *Samedi* : instruction civique.
3 h. 35 à 4 h.	Tous.	Dessin linéaire ou Chant.	*Lundi, mercredi* et *samedi* : dessin linéaire. *Mardi* et *samedi* : chant.
4 h.	Tous.	Sortie. — Chant........	Les élèves se rendent par groupes dans leurs quartiers respectifs.

Indication des leçons à apprendre à la maison paternelle.

Lundi : récitation (p^r mercredi), géographie.
Mardi : grammaire et histoire.
Mercredi : histoire et géométrie.

Jeudi : récitation (p^r lundi).
Vendredi : vocabulaire et géographie.
Samedi : grammaire et histoire.

Emploi du temps pour le cours élémentaire (1).

Arrêté du 18 janvier 1887. — Art. 11. Dans les écoles qui ont *trois maîtres,* chaque comptera deux classes; chacun des deux autres cours, une seule classe. Dans les le cours supérieur, une. Dans les écoles à *six classes,* chacun des trois cours formera réunir en une seule classe.

cours forme une classe distincte. Dans les écoles à *quatre classes,* le cours élémentaire écoles à *cinq classes,* le cours élémentaire comptera deux classes; le cours moyen, deux, deux classes, à moins que le nombre des élèves du cours supérieur ne permette de les

HEURES.	SECTIONS.	MATIN.	OBSERVATIONS.
7 h. 50 à 8 h. 5	»	Inspection de propreté... Entrée en classe. — Chant.	Lorsque le temps est froid ou mauvais, l'inspection de propreté a lieu dans la salle de classe.
8 h. 5 à 8 h. 30	»	Instruction morale...	Cet enseignement sera donné sous la forme d'un entretien familier ou au moyen d'une lecture appropriée.
8 h. 30 à 8 h. 55	»	Lecture...	Cet exercice aura exclusivement pour objet de former les élèves à lire couramment, sans hésitation et en prononçant distinctement les mots. On s'attachera encore à leur faire observer les repos indiqués par la ponctuation et à donner à leur débit un ton convenable.
8 h. 55 à 9 h. 5	»	Chant...	Choisir des mélodies courtes, simples, sur paroles à la portée de l'âge et de l'intelligence des enfants.
9 h. 5 à 9 h. 30	»	Lecture expliquée avec compte rendu oral.	Cet exercice portera sur l'objet de la lecture précédente; on interrogera sur le sens des mots, des expressions, des locutions qui ne se trouvent pas dans le langage ordinaire; enfin on demandera le compte rendu total ou partiel du morceau.
9 h. 30 à 9 h. 45	»	RÉCRÉATION... (Ventilation de la salle de classe.)	L'instituteur ne quittera pas un instant les élèves dont il surveillera et, au besoin, dirigera les jeux.
9 h. 45 à 10 h. 10	»	Langue française... (Au cours de la leçon, on corrige les devoirs.)	*Lundi* et *mercredi :* notions sur les principales règles de grammaire. *Mardi* et *vendredi :* exercices très simples de composition. *Samedi :* exercices élém. de vocabulaire.
10 h. 10 à 10 h. 35	»	Dictée ou Dessin linéaire...	*Lundi, mercredi* et *samedi :* dictée. *Mardi* et *vendredi :* dessin linéaire.
10 h. 35 à 11 h.	»	Écriture (2)...	Tous les élèves doivent écrire selon le même modèle. — Expliquer les principes au tableau noir; veiller à la tenue de la plume, à la position du corps et du cahier.
11 h.	»	SORTIE. — Chant...	Les élèves chantent jusqu'au moment où ils se groupent pour se rendre dans leurs quartiers respectifs.

HEURES.	SECTIONS.	SOIR.	OBSERVATIONS.
12 h. 50 à 1 h. 5	»	Inspection de propreté... Entrée en classe. — Chant.	Lorsque le temps est froid ou mauvais, l'inspection de propreté a lieu dans la salle de classe.
1 h. 5 à 1 h. 30	»	Calcul et Système métrique...	La leçon du *samedi* sera exclusivement consacrée à des exercices de calcul mental. — Former les élèves à l'emploi des mesures métriques. Le *vendredi,* notions théoriques et récitation de la leçon.
1 h. 30 à 1 h. 55	»	Rédaction des devoirs de français et de calcul.	L'instituteur surveille et dirige le travail des élèves en circulant continuellement entre les tables.
1 h. 55 à 2 h. 5	»	Chant...	Les chants sont appris tout d'abord exclusivement par l'audition. Lecture des notes (Progr. off.).
2 h. 5 à 2 h. 30	»	Lecture ou Récitation classique...	*Lundi, mercredi* et *samedi :* lecture. *Mardi* et *vendredi :* récitation classique.
2 h. 30 à 2 h. 45	»	RÉCRÉATION...	L'instituteur ne quittera pas un instant les élèves dont il surveillera et dirigera, au besoin, les jeux.
2 h. 45 à 3 h. 10	»	Leçon de choses... (Enseignement scientifique.)	*Lundi* et *mercredi :* sciences naturelles. *Mardi* et *vendredi :* industrie et hygiène. *Samedi :* agriculture et économie domestique.
3 h. 10 à 3 h. 35	»	Écriture...	Si la rédaction des devoirs de français et de calcul n'est point terminée, on pourra consacrer à l'achèvement de ce travail tout ou partie de l'exercice d'écriture.
3 h. 35 à 4 h.	»	Histoire de France ou Géographie...	*Lundi* et *mercredi :* histoire de France. *Mardi* et *vendredi :* géographie. *Samedi :* instruction civique.
4 h.	»	SORTIE. — Chant...	Les élèves chantent jusqu'au moment où ils se groupent pour se rendre dans leurs quartiers respectifs.

Indication des leçons à apprendre à la maison paternelle.

Lundi : récitation classique et géographie.   *Jeudi :* récitation classique.
Mardi : grammaire et histoire.   *Vendredi :* vocabulaire et histoire.
Mercredi : arithmétique et géographie.   *Samedi :* grammaire et histoire.

(1) D'après l'art. 10 de l'arrêté du 18 janvier 1887, les élèves du *cours élémentaire* étant des enfants de 7 à 9 ans, nous admettons qu'ils savent lire et commencent à écrire couramment. Les enfants au-dessous de cet âge constituent la *section enfantine,* pour laquelle nous renvoyons à l'emploi du temps de la *classe enfantine.*

(2) Dans les *écoles de filles,* la leçon d'écriture du *mardi* et celle d'histoire du *samedi* seront remplacées par une leçon de *couture* qui durera environ 45 minutes.

ÉCOLES A TROIS CLASSES

Emploi du temps pour le cours moyen.

Voir la note relative à l'arrêté du 18 janvier 1887, art. 11 (Emploi du temps du *cours élémentaire*).

HEURES.	SECTIONS.	MATIN.	OBSERVATIONS.
7 h. 50 à 8 h.	»	Inspection de propreté... Entrée en classe. — Chant.	Lorsque l'école n'a pas de préau couvert et que le temps est mauvais, l'inspection de propreté a lieu dans la classe.
8 h. à 8 h. 30	»	Instruction morale...	Cet enseignement sera donné sous la forme d'un entretien familier ou au moyen d'une lecture appropriée.
8 h. 30 à 9 h.	1re sect. 2e sect.	Devoir de français (il se rapporte à l'objet de la leçon précédente)...... Langue française (1).	*Lundi* et *mercredi :* grammaire. *Mardi* et *vendredi :* composition française. *Samedi :* vocabulaire.
9 h. à 9 h. 30	1re sect. 2e sect.	Langue française..... Devoir de français (il se rapporte à l'objet de la leçon qui vient d'être récitée).	Voir l'observation précédente. Le *mardi* et le *vendredi*, pour la 2e section, le devoir consistera dans la rédaction préparatoire de l'exercice de composition *française*.
9 h. 30 à 9 h. 45	»	RÉCRÉATION.............	Les élèves seront continuellement surveillés. — *La classe devra être ventilée.*
9 h. 45 à 10 h. 10	»	Lecture (2)...........	Le *mardi* et le *vendredi*, lecture expliquée des morceaux choisis de littérature à réciter au cours de la séance de l'après-midi.
10 h. 10 à 10 h. 35	»	Dictée. (Pour les élèves de la section supérieure, la dictée du mardi et du vendredi sera remplacée par la rédaction préparatoire du devoir de composition française.)	Le *lundi* et le *vendredi*, la dictée se rapportera à l'objet de la leçon de grammaire précédente ou à celui de la leçon à préparer ; dans ce dernier cas, on fera remarquer l'application des règles et on formulera ces mêmes règles.
10 h. 35 à 11 h.	»	Écriture.............	Tous les élèves doivent écrire d'après le même modèle ou sur la même page d'un cahier, avec exemples imprimés. Le *mercredi* et le *samedi*, mise au net de l'exercice de composition française.
11 h.	»	SORTIE. — Chant........	Les élèves se rendent par groupes dans leurs quartiers respectifs.

(1) Dans les écoles où le cours moyen est scindé en deux classes, nous conseillons de maintenir le sectionnement de chacune des classes en deux divisions pour la langue française et l'arithmétique, en raison des inconvénients d'une leçon commune pour 45 ou 50 élèves.

(2) La leçon de lecture du *mardi*, reportée à 10 h. 35, et celle de dessin du *vendredi*, seront remplacées, dans les écoles de filles et dans les écoles mixtes, par une leçon de *couture* dont la durée sera de 45 minutes à 1 heure.

HEURES.	SECTIONS.	SOIR.	OBSERVATIONS.
12 h. 30 à 1 h.	»	Inspection de propreté... Entrée en classe. — Chant.	Voir la note correspondant à l'entrée en classe du matin.
1 h. à 1 h. 30	1re sect. 2e sect.	Étude d'arithmétique ou rédaction d'un devoir se rapportant à l'objet de la leçon précédente....... Arithmétique ou Géométrie.............	*Lundi, mercredi* et *samedi :* arithmétique. *Mardi* et *vendredi :* géométrie. Le *samedi*, on s'occupera surtout de calcul mental.
1 h. 30 à 2 h.	1re sect. 2e sect.	Arithmétique ou Géométrie. Étude d'arithmétique ou rédaction d'un devoir.	Voir l'observation précédente.
2 h. à 2 h. 30	»	Correction des devoirs de français ou Récitation classique.	L'exercice de récitation classique aura lieu le *mardi* et le *vendredi*. Le compte rendu de la correction des devoirs de composition a lieu au cours de la leçon de français du *mardi* et du *vendredi*.
2 h. 30 à 2 h. 45	»	RÉCRÉATION.............	Les élèves seront constamment surveillés. — La classe devra être ventilée.
2 h. 45 à 3 h. 10	»	Histoire de France ou Géographie.........	*Lundi* et *mercredi :* histoire de France. *Mardi* et *vendredi :* géographie. *Samedi :* instruction civique.
3 h. 10 à 3 h. 35	»	Enseignement scientifique sous forme de Leçons de choses...	*Lundi* et *vendredi :* sciences naturelles et sciences physiques. *Mardi* et *samedi :* industrie et hygiène. *Vendredi :* agriculture et économie domestique.
3 h. 35 à 4 h.	»	Dessin linéaire ou Chant...............	*Lundi, mercredi* et *samedi :* dessin linéaire. *Mardi* et *samedi :* chant.
4 h.	»	SORTIE. — Chant........	Les élèves se rendent par groupes dans leurs quartiers respectifs.

Indication des leçons à apprendre à la maison paternelle.

Lundi : récitation classique et géographie.
Mardi : grammaire et histoire de France.
Mercredi : arithmétique et récital. classique.

Jeudi : géographie et tracé d'une carte.
Vendredi : vocabulaire et histoire.
Samedi : grammaire et histoire.

ÉCOLES À

Emploi du temps

Voir la note relative à l'arrêté du 18 janvier 1887.

HEURES.	SECTIONS.	MATIN.	OBSERVATIONS.
7 h. 30 à 8 h.	»	Inspection de propreté.... Entrée en classe. — Chant.	Lorsque l'école n'a pas de préau couvert et que le temps est mauvais, l'inspection de propreté a lieu dans la salle de classe.
8 h. à 8 h. 30	»	Instruction morale...	La leçon sera, autant que possible, le développement méthodique du programme de morale.
8 h. 30 à 9 h.	1re sect.	Devoir de français (il se rapporte à l'objet de la leçon précédente)......	Lundi et mercredi : grammaire. Mardi et vendredi : composition française. Samedi : vocabulaire.
	2e sect.	Langue française (1).	
9 h. à 9 h. 30	1re sect.	Langue française....	Voir l'observation précédente. Le mardi et le vendredi, pour la 2e section, le devoir de français consistera dans la rédaction préparatoire de l'exercice de composition française.
	2e sect.	Devoir de français (il se rapporte à l'objet de la leçon précédente).	
9 h. 30 à 9 h. 45	»	Récréation.............	Les élèves seront constamment surveillés. — La classe sera ventilée.
9 h. 45 à 10 h. 10	»	Lecture (2)...........	Le mardi et le vendredi, lecture expliquée du morceau choisi de littérature à réciter au cours de la séance de l'après-midi.
10 h. 10 à 10 h. 35	»	Dictée................	Mardi et vendredi : pour les élèves de la section supérieure, la dictée sera remplacée par la rédaction préparatoire du devoir de composition française. Une fois par semaine, on peut remplacer la lecture par une explication de la dictée précédente.
10 h. 35 à 11 h.	»	Écriture (2)........... (Alternativement, cursive, ronde, bâtarde.)	Tous les élèves doivent écrire d'après le même modèle ou sur la même page d'un cahier, avec exemples imprimés. Le mercredi et le samedi, mise au net du devoir de composition française.
11 h.	»	Sortie. — Chant.......	Les élèves se rendent par groupes dans leurs quartiers respectifs.

(1) Dans les écoles où le cours supérieur est scindé en deux classes correspondant chacune à une année d'études, nous conseillons de maintenir le sectionnement pour les leçons de français et de calcul, si l'effectif des élèves est considérable.

(2) La leçon de lecture du *mardi*, reportée à 10 h. 35, et celle de dessin du *vendredi*, seront remplacées, dans les écoles de filles et dans les écoles mixtes, par une leçon de *couture* dont la durée sera de 35 minutes à une heure.

TROIS CLASSES

pour le cours supérieur.

art. 11 (Emploi du temps du *cours élémentaire*).

HEURES.	SECTIONS.	SOIR.	OBSERVATIONS.
12 h. 30 à 1 h.	»	Inspection de propreté.... Entrée en classe. — Chant.	Voir la note correspondant à l'entrée en classe du matin.
1 h. à 1 h. 30	1re sect.	Devoir d'arithmétique ou étude.	Lundi, mercredi et samedi : arithmétique. Mardi et vendredi : géométrie. Le samedi, on pourra consacrer la leçon à des notions de comptabilité commerciale.
	2e sect.	Arithmétique ou Géométrie.	
1 h. 30 à 2 h.	1re sect.	Arithmétique ou Géométrie.	Voir l'observation précédente.
	2e sect.	Devoir d'arithmétique ou étude.	
2 h. à 2 h. 30	»	Correction des devoirs de français ou Récitation classique.	On corrige successivement le devoir de chaque section. L'exercice de récitation classique aura lieu le mardi et le vendredi. — Le compte rendu de la correction du devoir de composition française a lieu à la leçon de français du mardi et du vendredi.
2 h. 30 à 2 h. 45	»	Récréation.............	Les élèves seront constamment surveillés. — La classe devra être ventilée.
2 h. 45 à 3 h. 10	»	Histoire de France ou Géographie.......... Instruction civique...	Lundi et mercredi : histoire. Mardi et vendredi : géographie. Samedi : instruction civique.
3 h. 10 à 3 h. 35	»	Enseignement scientifique...........	Lundi et vendredi : sciences naturelles et sciences physiques. Mardi et samedi : industrie et hygiène. Vendredi : agriculture ou économie domestique.
3 h. 35 à 4 h.	»	Dessin linéaire ou Chant............	Lundi, mercredi et samedi : dessin linéaire. Mardi et vendredi : chant. L'heure à laquelle a lieu cet exercice permet de prolonger à volonté la leçon de dessin.
4 h.	»	Sortie. — Chant.......	Les élèves se rendront par groupes dans leurs quartiers respectifs.

Indication des leçons à apprendre à la maison paternelle.

Lundi : récitation classique et géographie. — *Jeudi* : géographie et tracé d'une carte.
Mardi : grammaire et histoire de France. — *Vendredi* : vocabulaire et histoire générale.
Mercredi : arithmétique et récit. classique. — *Samedi* : grammaire et histoire.

Devoirs. — Les devoirs commencés à l'école devront être achevés dans la famille. On peut donner chaque soir un devoir correspondant à l'un de ceux dont il a été question dans la journée.

CHAPITRE X

Marche simultanée des trois cours. — La
tâche de l'instituteur est singulièrement simplifiée
quand il n'a qu'un seul cours à diriger. La difficulté est
autrement grande quand il doit faire marcher simultanément les élèves des trois cours, « de façon qu'ils
soient toujours occupés et occupés d'une manière utile ».

L'instituteur placé dans ces conditions devra faire
des *leçons collectives* dans la plus large mesure. Les
leçons d'écriture et de dessin, les exposés géographiques, les leçons de choses, les récitations, se prêtent
aisément à cet enseignement commun.

Il n'en est pas de même de quelques autres matières,
qui ne peuvent être utilement présentées qu'aux élèves
d'un même cours. Dans cette catégorie nous range-
rons, par exemple, les leçons de français et de calcul,
qui gagnent à rester distinctes. Cependant quelques
pédagogues, notamment M. Carré, estiment que pour
ces enseignements eux-mêmes le maître peut réunir
le cours supérieur et le cours moyen (1).

Quoi qu'il en soit, même en supposant qu'on pousse
l'usage des leçons collectives aussi loin que possible,
il y aura toujours des moments où le maître, obligé de

(1) M. Carré, *Essai de pédagogie pratique*, p. 194.

se consacrer exclusivement à une partie de sa classe, laissera en dehors de son action immédiate le reste des élèves. C'est alors qu'il pourra utilement recourir à des moniteurs, qui le suppléeront dans la surveillance et la direction des exercices auxquels on occupera les élèves ne participant pas à la leçon dont le maître se charge personnellement.

Disposition du matériel et du mobilier scolaire. — Une bonne installation du mobilier scolaire concourt pour une part importante au fonctionnement régulier de l'emploi du temps. Elle vient en aide à la surveillance ; elle facilite la tâche de l'instituteur ; elle rend plus faciles aussi les groupements et les mouvements des élèves ; elle permet au maître de ménager ses forces, en prévenant, non seulement le bruit des voix, mais aussi la confusion et le désordre qui trop souvent accompagnent les changements d'exercices.

Cette installation ne saurait évidemment être identique pour toutes les écoles, pour celles où les trois cours réunis travaillent côte à côte, et pour celles où ne se trouvent rassemblés que les élèves d'une seule division ou d'un seul cours. Nous nous bornerons ici à indiquer avec quelques détails les dispositions que des praticiens expérimentés recommandent comme les plus avantageuses pour les écoles à un seul maître, c'est-à-dire pour la grande majorité des écoles.

Le plan ci-dessous donnera plus de clarté aux explications dans lesquelles nous allons entrer.

La salle sera rectangulaire ($9^m,50$ sur 7 pour 48 élèves). Des fenêtres, pratiquées dans le sens de la largeur, donneront accès à la lumière ; on les munira de stores, pour que les rayons du soleil n'affectent jamais directement les yeux des élèves.

Au milieu de la salle, et adossée à la muraille, s'élèvera l'estrade, sur un gradin qu'on prolongera à droite et à gauche jusqu'aux murs latéraux. En arrière de la place de l'instituteur, on fixera un grand tableau noir pour les leçons générales. Deux autres tableaux seront installés au-dessus des gradins ; des cartes les surmonteront et seront ainsi facilement consultées par tous les élèves.

On ménagera un espace de 1^m,50 le long des gradins. En arrière on placera les tables sur quatre rangées séparées par une allée centrale de 1 mètre à 1^m,50. Chaque groupe de tables devra être coupé par un passage de 50 centimètres.

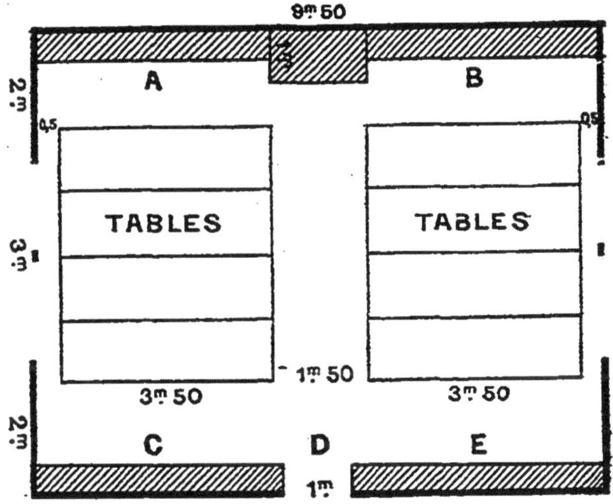

PLAN DE LA SALLE DE CLASSE.

Sur toute la longueur de la muraille du fond de la salle on appliquera à hauteur convenable un tableau noir de 70 centimètres de hauteur, séparé en compartiments de 50 centimètres par des lignes rouges ou blanches, et spécialement destiné aux plus jeunes élèves. Un gradin sera établi le long de cette muraille.

Enfin, aux emplacements marqués par les lettres A, B, C, D, E, on formera les groupes quand il sera nécessaire de le faire (1).

(1) Les élèves du cours élémentaire sont placés sur les tables de la première ligne, puis viennent ceux du cours moyen et enfin ceux du cours supé-

Directions pour l'application de l'emploi du temps dans les écoles à un seul maître. — Les observations qui vont suivre visent directement l'emploi du temps que nous avons rédigé pour une école à un seul maître (voyez pages 198 et 199). Mais pour les autres écoles on consultera utilement les mêmes directions, en tenant compte des différences que comporte une autre distribution des élèves.

Nous supposons, bien entendu, que l'instituteur a préparé convenablement sa classe (voyez plus loin, chap. XI), qu'il a écrit au tableau noir les modèles et les indications nécessaires, qu'en un mot tout est en ordre et que le travail scolaire peut commencer. Voyons comment on y procédera :

SÉANCE DU MATIN.

7 h. 35. — Ventilation de la salle de classe. — Allumage du poêle en hiver. — Derniers soins de propreté au local (1).

7 h. 45. — Arrivée des élèves; examen sommaire et individuel de propreté et envoi immédiat au lavabo des enfants malpropres. — Signal pour la mise en rangs; inspection générale et rapide de propreté; entrée en chantant. Autrefois une prière était récitée avant de commencer les exercices; cet usage persiste dans certaines régions.

8 h. à **8 h. 30** (2). — **Instruction morale** (3). (Leçon générale).

rieur. On peut, au cours des exercices écrits, réunir du même côté les plus jeunes enfants quand leurs aînés laissent la place disponible.

(1) « L'école sera tenue dans un état constant de propreté et de salubrité. A cet effet, elle sera balayée et arrosée tous les jours; l'air y sera fréquemment renouvelé; même en hiver, les fenêtres seront ouvertes pendant l'intervalle des classes. » (*Règlement scolaire modèle*, art. 13.)

(2) « Les classes dureront trois heures le matin et trois heures le soir : celle du matin commencera à 8 heures, et celle de l'après-midi à 1 heure. Toutefois, suivant les besoins des localités, les heures d'entrée et de sortie pourront être modifiées par l'inspecteur d'académie, sur la demande des autorités locales et l'avis de l'inspecteur primaire. » (*Règlement scolaire modèle*, art. 6.)

(3) Ainsi qu'aux tableaux de l'emploi du temps, on a mis en évidence, au moyen de caractères gras, les leçons ou exercices dont l'instituteur se charge personnellement. — Il a été indiqué de plus :

1° Dans quelles conditions s'effectue le groupement des élèves;

2° La nature du concours que l'on réclame des moniteurs;

3° Les procédés que l'on conseille d'adopter pour l'enseignement dans chacun des trois cours.

Les élèves sont assis, les mains ou les bras croisés sur la table. Les retardataires devront se ranger discrètement le long du mur du fond, afin de ne pas troubler le silence. — Le maître indique l'objet de la leçon et commence soit un exposé, soit un récit sous forme de lecture. Les quinze dernières minutes de l'exercice sont consacrées à des interrogations ou à un compte rendu. On ne s'adressera pas seulement aux élèves des deux premiers cours; les plus jeunes enfants pourront répondre comme leurs aînés, si l'on sait choisir les questions avec discernement.

Nous disons une fois pour toutes qu'*au cours ou à la fin de chacune des leçons, on remettra des bons points aux élèves les plus méritants, et, si la discipline l'exige, on inscrira sur le carnet des punitions ceux qui auront nécessité cette mesure de rigueur.*

8 h. 30 à 9 h. — Langue française (Cours moyen).

(Lundi et mercredi, *Grammaire;* — samedi, *Exercices d'élocution et de vocabulaire.*)

Devoir de français (Cours supérieur). — *Exercice de lecture* (Cours élémentaire).

Au signal donné,

Les élèves du cours supérieur se préparent à rédiger un devoir dont le sujet figure à l'avance au tableau noir central;

Les élèves du cours moyen se rangent à droite ou à gauche de l'estrade, ou plutôt autour de cette même estrade, pour la leçon que l'instituteur se propose de leur donner.

Enfin, les élèves du cours élémentaire se forment, sous la direction de moniteurs désignés à tour de rôle dans la division supérieure, en deux ou trois groupes au fond de la classe. Ils ont leurs livres de lecture en main, s'ils commencent à lire couramment; sinon, on place devant eux les tableaux à étudier. — Les moniteurs rédigeront leur devoir grammatical pendant la leçon d'écriture ou de dessin, qui a lieu de 10 h. 35 à 11 h.

Cours supérieur. — Les élèves rédigent leur devoir; une fois, au moins, l'instituteur jette un coup d'œil rapide sur le travail de chacun.

Cours moyen. — Pour la leçon de grammaire ou celle de vocabulaire, l'instituteur adresse d'abord des interrogations (pendant dix minutes) sur l'objet de la dernière leçon; il a soin de les poser non seulement aux premiers, mais d'abord et surtout aux derniers. Dans les 15 minutes qui suivent, il expose devant le tableau noir la leçon qu'il a préparée, en s'assurant, par des questions, que les élèves le comprennent bien. Il consacre les cinq dernières minutes à indiquer le devoir d'application et à donner quelques conseils sur ce travail.

Cours élémentaire. — Pendant quinze minutes, les moniteurs font lire leurs jeunes condisciples, selon les directions qu'ils ont reçues la veille au soir ou le matin même. Ils consacrent le dernier quart d'heure à des explications ou causeries, soit sur le sujet des images du tableau .de lecture ou du livre de l'élève, soit sur les choses et êtres que rappellent certains mots lus. Ainsi l'attention des enfants n'est pas fatiguée. Il est conseillé de les faire asseoir sur de petits bancs, ou sur le gradin qui est placé au bas du tableau noir, pendant cette seconde partie de l'exercice.

Les moniteurs *signalent les élèves, ayant le mieux travaillé*, à l'instituteur qui, de l'estrade, n'a pas perdu les groupes de vue, et qui, dans cette hypothèse, peut répartir les bons points en connaissance de cause.

Observations. — L'instituteur procède de la même manière le mercredi et aussi le samedi, jour auquel la leçon de français a pour objet le *Vocabulaire.*

Le *mardi* et le *vendredi*, cette même leçon de français se rapporte à la *Composition*. Les élèves viennent se ranger autour de l'estrade, comme ils l'ont fait à la leçon de grammaire. L'instituteur recueille les copies du devoir qu'ils ont préparé et qui doivent être corrigées en dehors des classes, conformément aux prescriptions réglementaires (voyez art. 19, IV, de l'arrêté du 18 janvier 1887). Il rend compte ensuite des copies qu'il a examinées à la suite de l'exercice précédent, passant en revue le plan, les détails de ce plan, la forme de l'expression, et, en dernier lieu, l'écriture et l'orthographe. Dans les dix dernières minutes, il expose le sujet du nouveau devoir, et donne les conseils et directions nécessaires.

9 h. à 9 h. 30. — **Langue française** (Cours supérieur). — *Devoir de français* (Cours moyen). — *Exercice de français* (Cours élémentaire).

L'instituteur procède exactement comme il a été indiqué à l'exercice précédent pour les cours supérieur et moyen, avec cette différence toutefois que les directions données pour l'un s'appliquent à l'autre et *vice versa*.

Cours élémentaire. — Les élèves restent assis après les cinq premières minutes. La moitié de la leçon est consacrée à épeler de mémoire les mots de la lecture précédente: l'enfant, désigné au hasard, et non suivant l'ordre du classement, épelle le mot prononcé par le moniteur. Ce dernier rectifie l'orthographe, lorsqu'elle est incorrecte, ou bien s'adresse à un autre enfant. Si ce dernier répond d'une manière satisfaisante, il gagne soit une place, soit un bon point. Durant la dernière partie de la leçon, les élèves se placent devant les tableaux noirs et y écrivent, sous la dictée du moniteur, les mots qu'ils viennent d'épeler; celui-ci rectifie les erreurs séance tenante.

On formera autant de groupes qu'à l'exercice de lecture.

Nous ferons de nouveau remarquer que l'attention des élèves s'est portée sur le même objet quinze minutes seulement.

9 h. 30 à **9 h. 45.** — **Récréation** (1).

Les élèves étant de retour à leurs places, le maître donne un signal; tous se lèvent; ils marchent dans la direction de la sortie, en marquant le pas et en chantant à *mi-voix;* un moniteur dirige ceux qui restent les derniers dans la salle, tandis qu'un de ses condisciples ouvre les fenêtres et qu'un autre remet du bois ou du charbon dans le poêle.

Les enfants jouent dans la cour ou le préau couvert, sous la surveillance de l'instituteur, qui veille à ce que les plus jeunes ne soient pas relégués par leurs aînés dans un endroit peu favorable à leurs ébats. Il circule de manière à prévenir les accidents.

Les élèves se rendront un à un aux cabinets, les plus jeunes d'abord; à tout prix on ne tolérera pas l'encombrement scandaleux qui se produit en cette circonstance dans les écoles mal tenues.

Lorsque le temps ne permettra pas le séjour dans la cour, l'instituteur fera circuler les élèves autour de la salle; ils exécuteront soit des chants, soit des mouvements gymnastiques d'ensemble.

La rentrée en classe a lieu comme il a été dit pour le matin.

9 h. 45 à **10 h. 10.** — **Lecture** (Cours supérieur et moyen).
— **Écriture** ou **Dessin linéaire** (Cours élémentaire).

Les élèves des cours supérieur et moyen, munis de leur livre de lecture, se rangent en demi-cercle à droite et à gauche de l'estrade. Un moniteur se rend auprès des élèves du cours élémentaire, dont il surveille et dirige l'exercice; après un quart d'heure, un de ses condisciples, d'un autre cours que le sien, le remplacera. Pendant l'exercice de lecture, l'instituteur se rendra plusieurs fois auprès des plus jeunes enfants pour s'assurer que leur travail s'exécute dans de bonnes conditions.

Cours supérieur et moyen. — Le maître indique brièvement l'objet de la lecture et donne le sens des mots dont la signification présente quelque obscurité pour le plus grand nombre. Puis il lit posément un alinéa (ou une dizaine de lignes), et successivement les enfants qu'il désigne recommencent cette lecture jusqu'à ce qu'elle ne laisse plus guère à désirer. Il insiste pour qu'ils prononcent distinctement, pour qu'ils adoptent des intonations convenables, tout en se tenant dans le médium de leur voix et en ponctuant leur débit sans affectation. Il ne s'agit pas de lire beaucoup, mais de bien lire.

On s'occupera de la *lecture expressive*, lors de la préparation des exercices de récitation, et de la *définition des mots*, pendant les

(1) Voyez l'article 10 du *Règlement scolaire modèle :* « Chacun des maîtres attachés à l'école est tenu, à tour de rôle, de surveiller les récréations et de garder les élèves qui ne sont pas rendus à leur famille dans l'intervalle des classes du matin et du soir, ainsi que ceux qui sont punis de la retenue après la classe. »

leçons de vocabulaire. On demandera des *comptes rendus de lectures* aux leçons de morale, d'histoire, de sciences naturelles, lesquelles seront fréquemment terminées de cette façon. La leçon de lecture proprement dite a pour objet exclusif de former les élèves à lire couramment, agréablement, en observant les règles prescrites.

COURS ÉLÉMENTAIRE. — Les élèves écrivent sur le cahier ou sur l'ardoise, d'après des modèles tracés au tableau noir, même dans le cas où ces modèles seraient gravés en tête des pages. Il est plus facile alors de signaler les avantages d'une pente régulière et les dimensions uniformes à donner aux lettres de semblable catégorie. Notons qu'il est inadmissible que les enfants d'une même division écrivent d'après des modèles différents; s'il y a, parmi ceux qui sont munis de cahiers, des retardataires, on demande à ces derniers de remplir les pages omises, pendant les récréations et à raison d'une ou d'une demi-page par jour, en faisant bien remarquer que ce travail supplémentaire n'est pas une punition.

Pendant la durée de l'exercice, les moniteurs circulent derrière les élèves, rectifiant la position du corps et la tenue de la plume; ils corrigent, sur les cahiers ou les ardoises, les lettres défectueuses.

De temps en temps, comme nous l'avons déjà dit, l'instituteur joindra ses avis et ses conseils à ceux des moniteurs, sans toutefois que la leçon de lecture qu'il dirige personnellement soit interrompue.

Les exercices de *dessin* (mercredi et samedi) seront faits aux petits tableaux noirs, d'après un modèle tracé sur le tableau mobile.

10 h. 10 à 10 h. 35. — **Dictée** (Cours supérieur et moyen). — *Rédaction d'un devoir de français*, ou *interrogations sur le sens de mots usuels* (Cours élémentaire).

Pendant que les élèves des deux premiers cours se préparent à la dictée, l'instituteur indique à ceux du cours élémentaire le sujet et le modèle de leur devoir. La première section le rédigera sur cahier; quant aux autres enfants, comme on ne peut guère exiger d'eux une copie et, à plus forte raison, un exercice orthographique, on désignera un moniteur de la 1re ou de la 2e division qui leur posera des questions propres à développer leur intelligence, lesquelles seront tirées d'un manuel qu'on lui remettra entre les mains. Pour que le silence dont on a besoin pendant la dictée ne soit pas troublé, ce moniteur réunira les enfants en groupe et exigera qu'ils répondent à mi-voix.

COURS SUPÉRIEUR ET MOYEN. — Le maître fera trois dictées par semaine, dont l'une sera une introduction aux règles de grammaire à étudier ou l'application de celles qui ont été déjà expliquées; les deux autres seront tirées de nos bons auteurs, et traiteront de sujets correspondant à l'âge, au sexe et à la situation sociale des enfants.

Le texte sera d'abord lu posément : on dictera ensuite. La correction ne devra pas prendre plus de dix minutes ; on y procédera, soit après avoir changé les cahiers, soit en laissant chaque élève corriger le sien. On épellera seulement les mots dont l'orthographe est ignorée des élèves, et jamais *le*, *la*, *du*, *des*, les *adjectifs déterminatifs*, les *pronoms*, la plupart des *prépositions* et des *conjonctions*. L'appel des fautes succédera à la correction, et il donnera lieu à la distribution des récompenses ou à des réprimandes.

Pendant la durée de la dictée, l'instituteur ne cessera pas de circuler auprès des élèves, afin de se rendre compte de la manière dont ils écrivent ; il ne ménagera pas les avis aux enfants distraits ou légers.

Le *mardi* et le *vendredi*, l'exercice précédent est remplacé par la rédaction des devoirs de *Composition française;* il est nécessaire qu'à deux reprises, au moins, le maître examine rapidement le travail des écoliers pour s'assurer qu'ils emploient bien leur temps.

Ces mêmes jours, l'instituteur se consacrera exclusivement au cours élémentaire pendant toute la durée de l'exercice ; il interrogera les enfants sur l'objet de la dernière *leçon de choses;* il leur proposera ensuite des questions propres à développer leur intelligence et leurs facultés d'observation, tout en les forçant à exprimer clairement leurs pensées (voir, au *Cours préparatoire de langue française* de M. Laporte, les exercices d'intelligence, de vocabulaire, d'invention, etc.). Il exigera le plus souvent des réponses individuelles.

10 h. 35 à 11 h. — Écriture ou Dessin (Cours supérieur et moyen). — *Lecture* (Cours élémentaire).

Au signal donné, les élèves des deux premiers cours préparent ce qui est nécessaire pour la leçon d'écriture ; ceux des sections du cours élémentaire se rendent aux emplacements respectifs de leurs groupes, où les moniteurs les rangent en demi-cercle et placent les tableaux à l'endroit habituel. Chacun de ces moniteurs ne restera auprès de son groupe que pendant la durée de la première période de la leçon d'écriture ; un ou deux de leurs condisciples les remplaceront pendant les douze dernières minutes.

Cours supérieur et moyen. — L'instituteur a tracé à l'avance sur le tableau principal les lettres, mots ou phrases à copier ou ceux et celles qui se trouvent sur le cahier imprimé qu'on à remis aux élèves. Il est nécessaire que tous aient le même numéro dudit cahier et en soient à la même page, afin de participer utilement à l'exposé théorique et aux directions données par le maître. Nous avons indiqué précédemment comment on peut arriver à ce résultat, et nous répétons que le procédé le plus ertain est de limiter à une page le travail de chaque leçon.

L'exposé théorique ne se bornera pas à des notions banales, mais il correspondra successivement aux objets d'un cours gradué et raisonné. Le maître démontrera, expliquera, écrira au tableau noir, puis surveillera l'écriture, en circulant entre les ables à diverses reprises.

Cours élémentaire. — Il est à souhaiter que, pendant la plus grande partie de l'exercice, le maître fasse *personnellement* lire quelques élèves de chacune des sections du cours élémentaire; quel que soit le zèle des moniteurs, il est nécessaire que leur collaboration soit contrôlée et dirigée. Chaque section formera un groupe distinct auquel l'instituteur réservera une part égale du temps disponible.

Si, dans l'un des groupes, les enfants sont arrivés à la lecture courante, on procédera avec eux comme il a été déjà expliqué à la même leçon des cours supérieur et moyen.

Les exercices de lecture aux tableaux commencent par une lecture d'ensemble des éléments à étudier, puis les élèves lisent individuellement sans qu'il soit tenu compte de l'ordre du classement; on excite l'émulation en plaçant aux premiers rangs ceux dont on est le plus satisfait. Lorsqu'on arrive à la lecture des mots isolés ou des phrases, il convient de s'assurer que les enfants comprennent le sens soit de ces mots, soit de ces phrases.

L'épellation et l'écriture du texte des lectures est un très utile-exercice qu'on réservera pour des leçons postérieures.

11 h. — Sortie générale.

Au signal du maître, les élèves, qui sont tous de retour à leurs places, rangent livres, plumes et cahiers dans les pupitres. On procède à l'appel et les absences sont mentionnées au registre.

La sortie s'effectue en bon ordre; les élèves marquent le pas sans l'exagérer et chantent. Parvenus dans la cour, ils cessent leurs chants, s'arrêtent et, sur l'ordre qui leur est donné, se forment en groupes correspondant aux rues ou aux quartiers: ils quittent ensuite l'école sous la surveillance du maître, qui les accompagne aussi loin qu'il le juge nécessaire.

Rentré à l'école, l'instituteur ventile la salle de classe, installe les élèves en retenue, essuie les tableaux noirs et y trace les modèles et les exemples nécessaires aux exposés des leçons ou à la rédaction des devoirs de la seconde séance.

11 h. à 12 h. 45. — Récréation.

Le règlement prescrit aux instituteurs la surveillance des élèves présents à l'école durant l'intervalle des deux séances quotidiennes (1), et divers arrêts des tribunaux, confirmant cette

(1) « Les enfants qui ne sont pas rendus à leur famille dans l'intervalle des classes demeurent sous la surveillance de l'instituteur jusqu'à l'heure où ils quittent définitivement la maison d'école. » (*Règlement scolaire modèle*, art. 9.)

obligation, ont rendu les maîtres responsables des accidents et faits délictueux survenus pendant cette période de la journée. C'est donc pour eux un devoir de se tenir auprès des enfants, de diriger et de surveiller leurs jeux.

Un moniteur, choisi parmi les plus raisonnables, remplacera le maître pendant la durée de son repas.

Sous aucun prétexte, les élèves ne stationneront et ne joueront sur la voie publique dans le voisinage de l'école, à moins d'y être formellement autorisés par leurs parents.

C'est pendant cette récréation, et deux fois par semaine, que l'instituteur donnera les *leçons de gymnastique:* le manuel officiel est le guide le plus autorisé pour le choix, la durée et la suite des exercices.

On placera à ce même moment de la journée une partie des exercices de *couture* dans les écoles de filles et dans les écoles mixtes (voir les directions du programme mensuel pour la marche à suivre dans cet enseignement).

SÉANCE DU SOIR.

12 h. 45. — Procéder comme il a été indiqué à la séance du matin pour la période comprise entre 7 h. 45 et 8 h.

1 h. à 1 h. 30. — Arithmétique ou **Géométrie, Calcul** (Cours moyen). — *Étude ou devoir d'arithmétique* (Cours supérieur). — *Devoir de calcul* (Cours élémentaire).

Au signal donné,

Les élèves du cours supérieur se prépareront à étudier la leçon indiquée ou à rédiger le devoir dont le sujet figure au tableau central.

Les élèves du cours moyen se rangent à droite ou à gauche de l'estrade, si la leçon ne comporte pas la correction de problèmes. (Nous conseillons une leçon théorique d'arithmétique et une leçon théorique de géométrie par semaine; la première sera suivie de deux leçons d'application : calcul ou problèmes; la seconde, d'une seule leçon de ce genre.) Si la leçon comporte la correction de problèmes ou de calculs, les enfants restent à leurs places, et la correction se fait au tableau central, de manière que solutions et opérations soient vues facilement. Selon ce que le maître croit le plus opportun, les cahiers sont changés ou restent à leurs propriétaires.

Les élèves du cours élémentaire, sous la conduite de moniteurs de la 1re division (1), se rendront aux groupes; sur un des

(1) Les moniteurs réciteront leur leçon d'arithmétique ou de géométrie après leurs condisciples, de sorte qu'ils pourront en apprendre le texte en l'entendant répéter; ils seront les premiers appelés à résoudre au tableau noir les problèmes donnés, ce qui leur sera aussi et même plus avantageux que s'ils eussent préparé à leurs places calculs et solutions.

petits tableaux noirs ou sur un manuel ou encore sur un cahier de notes, les moniteurs trouveront la matière de leur leçon, dont la première partie sera orale et la seconde écrite.

Cours supérieur. — Les élèves restent à leurs places; sous la surveillance du maître, ils apprennent une leçon ou rédigent un devoir.

Cours moyen. — *Leçon théorique.* Pendant quinze minutes, l'instituteur expose l'objet de la leçon; pendant les quinze autres, il interroge les élèves, revient au besoin sur les explications et les démonstrations, et il termine en indiquant le texte des problèmes ou le sujet des calculs, lesquels seront disposés à l'avance à la partie supérieure d'un tableau noir.

A l'occasion de cet exposé théorique, nous rappellerons la nécessité d'une préparation sérieuse, les dangers de l'improvisation, enfin l'avantage qu'on trouve à rendre concrets les raisonnements et les démonstrations. C'est là surtout qu'il convient de faire sortir la règle de l'exemple.

Correction des problèmes ou des calculs. — Pour cet exercice, les élèves resteront à leurs places habituelles; le maître lèvera et changera lui-même les cahiers, en se rendant compte rapidement de la rédaction matérielle des devoirs. Il enverra alors un élève au tableau, et, si cet enfant n'a pas été empêché de rédiger son devoir, c'est à l'instituteur que reviendra le soin de cette correction, pendant que, sous sa direction, le même enfant effectuera les calculs proposés et établira la solution qui conduit au résultat demandé. On tiendra à la bonne disposition des calculs et à la forme correcte des chiffres. Le maître circulera fréquemment entre les tables, tout en ne perdant pas de vue l'opérateur; il s'assurera ainsi de l'exactitude et du soin apportés aux corrections.

Cette opération terminée, on procédera à l'appel des résultats; des bons points ou des notes favorables seront attribués aux élèves méritants.

Cours élémentaire. — Les élèves ont à préparer un devoir de calcul, en 1re section du moins. Sur les documents remis par l'instituteur, les moniteurs font résoudre ces calculs de vive voix d'abord, puis sur les tableaux noirs, à la craie, par deux ou trois enfants à la fois; dans le dernier quart d'heure, les plus avancés retournent à leurs places effectuer ces opérations sur l'ardoise ou le cahier. Le moniteur les corrigera, aidé de deux ou trois de ses condisciples de 1re division, pendant les deux dernières minutes.

Les élèves les moins avancés, c'est-à-dire ceux de la section inférieure, font des chiffres sur les tableaux noirs sous la direction du moniteur, ou s'exercent au calcul mental.

1 h. 30 à 2 h. — Leçon d'arithmétique ou de géométrie (Cours supérieur).

Étude d'une leçon ou *Rédaction d'un devoir* (Cours moyen).

Lecture d'une historiette et *Compte rendu* (Cours élémentaire).

Pour les deux premiers cours, on procède comme il a été indiqué à l'exercice précédent.

COURS ÉLÉMENTAIRE. — Tous les élèves sont réunis en cercle autour d'un moniteur choisi parmi les plus intelligents. Ce dernier, muni du livre où se trouve l'historiette, indique le sujet du récit et, sans entrer dans beaucoup de détails, essaye de provoquer la curiosité de son jeune auditoire. Il lit d'abord lentement l'historiette, puis reprend sa lecture, alinéa par alinéa, et fait rendre compte successivement de chacun d'eux. Lorsque tout est achevé, il demande la reproduction du récit; il suggère des réflexions sur les incidents du récit, et poursuit ainsi jusqu'à la fin de l'exercice.

2 h. à 2 h. 30. — Correction successive des devoirs grammaticaux et de vocabulaire (Cours supérieur ou moyen).

(Le mardi et le vendredi : *Récitation de morceaux choisis.*)

Écriture (Cours élémentaire).

COURS SUPÉRIEUR ET MOYEN. — La correction des devoirs en général, et de français en particulier, se fait dans de meilleures conditions lorsqu'elle ne suit pas immédiatement l'exercice au cours duquel ils ont été préparés. En effet, il est plus d'un élève qui, pour des raisons souvent louables, n'a pu terminer son travail pour le moment indiqué et qui est heureux de pouvoir l'achever pendant la récréation.

Le procédé de correction est le même que pour la *dictée.*

On commence par le cours supérieur, et, pendant que cette première correction a lieu, les élèves du cours moyen revoient leur travail ou terminent leur devoir de calcul. Ceux du cours supérieur, quand on passe au cours moyen, étudient l'une ou l'autre des leçons suivantes, celle des sciences naturelles, par exemple.

Le mardi et le vendredi a lieu l'exercice de *récitation.* Les élèves viennent se ranger à droite et à gauche de l'estrade, faisant face à la muraille où la porte d'entrée est pratiquée. L'instituteur lit le morceau en donnant le ton convenable, et, successivement, des enfants désignés au hasard récitent tout ou partie de ce qu'ils avaient à apprendre. On les reprendra avec douceur s'ils s'expriment avec emphase, s'ils ne prononcent pas distinctement, s'ils ne s'arrêtent point là où le sens le prescrit, etc. Il faut arriver à ce qu'ils possèdent le texte de la leçon d'une manière imperturbable; ainsi ils seront plus maîtres de leur débit.

Durant les dix dernières minutes, le maître lit et fait lire le morceau à étudier pour la prochaine récitation.

COURS ÉLÉMENTAIRE. — On procède comme il a été indiqué à la séance du matin.

Pendant la récitation des cours supérieur et moyen, le maître se rendra quelquefois auprès des élèves du cours élémentaire, lesquels sont placés sous la direction du moniteur; il encouragera, stimulera, conseillera et reprendra selon les circonstances.

2 h. 30 à 2 h. 45. — Récréation.
Voir à la séance du matin.

2 h. 45 à 3 h. 10. — *Étude d'histoire* ou *de géographie;* le samedi, *Tracé de cartes géographiques* (Cours moyen et supérieur). — **Lecture** ou **Calcul** (Cours élémentaire).

Cours supérieur et moyen. — Les élèves restent à leurs places habituelles; ils achèvent l'étude de leçons qui demandent à être sues textuellement et qui, par conséquent, exigent une durée de travail plus longue; on pourra demander aux plus avancés de résumer chacune de ces leçons.

Pour le tracé des cartes, les élèves reproduiront tout ou partie, soit de l'une des cartes murales, soit de celles d'un atlas. Jamais ils ne devront les calquer ni les surcharger de détails. S'il est possible, on se servira d'un crayon bleu pour figurer les mers, lacs et cours d'eau, et d'un crayon bistre pour les montagnes; ainsi les esquisses gagneront en clarté.

L'exposé de la nouvelle leçon se fera durant les dix dernières minutes et toujours devant la carte ou à l'aide d'un croquis que le maître tracera à mesure qu'il avancera dans le sujet.

Cours élémentaire. — L'instituteur, n'ayant pas à se préoccuper des cours supérieur et moyen, se chargera personnellement et successivement de l'enseignement de l'un des groupes, l'autre étant confié à un moniteur; mais, nous le répétons, il se réservera la part principale de l'enseignement durant l'exercice.

Comme il a été indiqué précédemment, plusieurs groupes seront formés :

La leçon de lecture sera donnée ainsi qu'on l'a dit plus haut (voir l'exercice de lecture de 10 h. 35 à 11 h.).

Le *mardi* et le *vendredi*, la lecture sera remplacée par un exercice *oral* et *écrit* de calcul. Les élèves étant groupés devant les petits tableaux noirs, on commencera par leur faire compter des choses concrètes qu'on placera sous leurs yeux; puis ils effectueront de tête ces mêmes opérations en dehors de la vue des objets; enfin, on traduira ces calculs oraux en calculs écrits.

Nous rappellerons qu'on doit opérer sur des nombres peu élevés, et que les questions porteront sur des transactions usuelles ou se rapporteront à des circonstances de la vie réelle.

3 h. 10 à 3 h. 35. — Histoire ou **Géographie** (Cours supérieur).

Récits historiques, notions de géographie (1re section).
Écriture ou *Copie d'orthographe d'usage* (2e section).
} Cours élémentaire.

Au signal donné, les élèves des cours supérieur et moyen

viennent se ranger à droite et à gauche de l'estrade; ils n'auront
aucun livre ni atlas entre les mains. Les enfants de la première
section iront s'asseoir sur les bancs des élèves du cours supérieur, et ceux de la seconde se placeront, également assis, sur
les gradins établis au pied des petits tableaux noirs.

Cours supérieur et moyen. — La leçon d'histoire comprend
deux parties distinctes : 1º des interrogations sur l'objet de la
leçon précédente pendant quinze minutes ; 2º un exposé fait par
l'instituteur et traitant des matières de la leçon suivante, celle
que les élèves auront à apprendre. Cet exposé sera plus étendu
que le récit du livre de l'élève, et comportera des détails bio-
graphiques et quelques-unes de ces anecdotes ou mots célèbres
qui fixent à jamais un fait dans la mémoire.

Pendant les interrogations portant sur la géographie, l'élève
questionné tournera le dos à la carte, et l'un de ses condisciples
montrera les lieux dont on parle. On demandera encore aux
élèves des tracés géographiques, et quatre ou cinq d'entre eux
pourront être envoyés simultanément au grand tableau noir,
chacun d'ailleurs ayant à figurer une région, une mer, un cours
d'eau différents.

Le *samedi*, la leçon aura pour objet l'*Instruction civique ;* on
procédera comme il a été indiqué pour la *Morale* (voir séance
du matin, 8 h. à 8 h. 30).

Cours élémentaire (1ʳᵉ section). — *Récit historique* ou *Notions
élémentaires de géographie.* — Un élève, auquel on remettra un
manuel pour le guider au besoin, fera aux élèves un récit se
rapportant, autant que possible, à l'objet de la leçon d'histoire
qu'il aura étudiée le jour même, ou à un exposé géographique
choisi dans de semblables conditions.

Il procédera comme il a été dit aux *lectures d'historiettes* (voir
leçon de 1 h. 30 à 2 h.).

(2ᵉ section). — *Écriture* ou *Orthographe d'usage.* — Les élèves
de cette section feront un exercice d'écriture ou une copie d'orthographe d'usage sur l'ardoise.

3 h. 35 à 4 h. — Leçon de choses ou Enseignement scientifique.

Aucune leçon ne réclame une préparation plus consciencieuse.
En effet, il n'est point question pour l'instituteur de lire quelques
pages d'un traité scientifique, mais de présenter, à la suite de
questions posées avec discernement, un exposé nourri de faits
ou d'observations personnelles et fondé sur des constatations
ayant eu lieu, séance tenante, sur l'objet dont on doit parler.
Or on n'improvise pas en de telles conditions, surtout lorsqu'on
veut suivre un programme déterminé.

L'instituteur se munira donc à l'avance des choses ou matières
sur lesquelles portera la leçon. Après avoir fait ranger en demi-
cercle les grands élèves autour des tables du cours élémentaire,

il montrera ces choses, ces matières. Il fera ensuite des questions, qui supposeront, non point que l'élève interrogé connait d'avance ce qui concerne l'objet de la leçon, mais que, bien dirigé, il peut arriver soit à la vérité, soit à la découverte des faits. La méthode socratique a toujours paru la meilleure à suivre lorsque l'enfant est capable de parvenir au résultat par l'excitation intelligente de ses diverses facultés. Dans le cas contraire, il faut exposer les notions principales nécessaires et, sur ces données, poser les questions, après avoir suggéré à l'élève des observations personnelles.

L'instituteur se gardera d'adresser exclusivement la parole aux enfants du cours supérieur, s'il tient à intéresser chacun de ses jeunes auditeurs au sujet de leur commune étude.

La leçon se terminera par un résumé qu'on pourra demander de reproduire par écrit aux élèves des deux premières divisions.

4 h. — Sortie générale (voir sortie générale de 11 h.).

Il n'est pas inutile de donner de temps en temps des conseils sur la manière de se tenir dans les rues.

CHAPITRE XI

La préparation de la classe. — Tous les avis
dont la pédagogie pratique entoure l'instituteur ne
serviraient de rien, si le maître lui-même ne faisait pas
un effort personnel pour profiter de ces conseils, pour
s'en approprier la substance et y joindre ses propres
réflexions. Les pédagogues rendraient même de mauvais services au personnel militant de l'enseignement,
s'ils lui préparaient sa besogne journalière au point
d'introduire dans les classes des habitudes mécaniques et une sorte de routine servile. C'est l'activité
personnelle du maître qui est la grande condition du
succès, à tous les degrés de l'enseignement. Un bon
instituteur ne se repose jamais : il doit toujours chercher à perfectionner ses méthodes, à accroître son
instruction ; il a besoin, même quand il est le plus expérimenté, de renouveler toujours sa provision d'idées, de
varier, en les améliorant, les exercices qu'il propose
à ses élèves. A plus forte raison, quand il débute,
doit-il préparer avec soin chacune de ses classes et
ne rien livrer aux hasards de l'improvisation.

Il y a deux sortes de préparation : la préparation
générale, celle qui arme l'instituteur de toutes les
connaissances qui lui sont nécessaires, et la prépa-

ration immédiate, celle de chaque jour, qui est comme le plan de campagne que l'instituteur doit dresser avant de se mettre à l'œuvre.

Préparation générale. — C'est à l'école normale, ou dans les études préliminaires qui l'ont conduit au brevet et au certificat d'aptitude pédagogique, que l'instituteur se prépare, d'une façon générale, aux devoirs de sa tâche. Il ne faudrait pourtant pas s'imaginer qu'on en a fini avec la culture générale de son esprit, ou avec son éducation professionnelle, parce qu'on a satisfait, avec plus ou moins d'éclat, aux exigences des examens. Il en est souvent des diplômes universitaires comme des sacrements de l'Église. Qui les a reçus, croit être quitte de tout effort ultérieur, de toute obligation supplémentaire. Les meilleurs brevetés deviendront pourtant avant peu de mauvais maitres, s'ils ne continuent pas à étudier, s'ils ne se tiennent pas au courant des progrès de la science, s'ils n'alimentent pas, par un travail persévérant, le foyer de leur pensée. L'esprit, comme le corps, a besoin qu'on le nourrisse sans cesse; il s'appauvrit bien vite, si de nouvelles acquisitions ne viennent pas augmenter son premier fonds de connaissances.

Préparation immédiate. — Mais cette préparation générale elle-même ne suffit pas. Le travail quotidien de la classe comporte aussi une préparation spéciale. Il y a, avant d'entrer en classe, des particularités à prévoir, des détails importants à régler. Les connaissances que l'on possède doivent être adaptées à l'emploi qu'on va en faire. Comme le fait remarquer le *Dictionnaire de pédagogie*, l'instituteur doit avoir choisi d'avance les mots qu'il fera lire, ou écrire au tableau noir, les lettres et les syllabes qui feront l'objet de la leçon; il est nécessaire qu'il ait étudié le texte de la lecture du jour; qu'il ait préparé les problèmes à résoudre, pour qu'ils ne soient pas les premiers venus, et qu'il en ait cherché la solution; qu'il ait examiné lui-même le dessin et le tracé géométrique; qu'il ait rafraichi sa mémoire en préparant la leçon d'histoire ou de géographie, etc. Rien, en un mot, ne doit être négligé, et la solidité, la minutie même de la préparation permettra à la pensée de l'instituteur de prendre en classe tout son essor, parce qu'elle ne sera plus gênée par le souci des difficultés matérielles.

Prescriptions officielles. — C'est ce qu'on a compris depuis longtemps et la circulaire ministérielle du 18 novembre 1871 insistait déjà, dans les termes suivants, sur la nécessité de la préparation de la classe :

« Si un bon emploi du temps et un programme d'études rationnelles peuvent contribuer à assurer les progrès de l'enseignement, c'est à la condition que l'instituteur préparera sa classe à l'avance, afin de mesurer exactement la difficulté et l'étendue des leçons et des devoirs sur le degré d'instruction de ses élèves, et de n'éprouver jamais aucune hésitation dans les explications qu'il est obligé de leur fournir. — L'instituteur qui ne prépare pas les matières de son enseignement, perd beaucoup de temps à chercher, pendant la leçon, dans des livres ou des cahiers, les textes à faire lire ou à expliquer, les devoirs d'arithmétique ou de français à dicter; et il s'expose à les mal choisir. Les élèves, qui restent eux-mêmes oisifs, se dissipent, et la discipline est en souffrance. Le maître, au contraire, qui n'entre dans sa classe que quand tous les matériaux en ont été préparés à tête reposée, peut suivre sans peine les différents exercices et en tirer tout le fruit possible pour les progrès de l'école. »

Le journal de classe. — Pour assurer la préparation complète du travail journalier, l'administration, se fondant sur l'exemple donné dans plusieurs départements, avait prescrit en 1871 la tenue obligatoire d'un *journal de classe*. On désignait sous ce nom un registre où l'instituteur devait inscrire chaque jour, et selon l'ordre de l'emploi du temps, d'une part, l'indication des leçons avec des détails sommaires sur la matière de chacune d'elles, d'autre part le texte ou l'intitulé des exercices d'application.

L'obligation du journal de classe a été supprimée par l'arrêté du 14 octobre 1881 : mais, pour ne plus être officiellement prescrite, la tenue du journal de classe n'en reste pas moins une excellente pratique, qu'on ne saurait trop recommander.

Et, à vrai dire, la circulaire de 1881 elle-même est de cet avis :

« La tenue du journal de classe, y lit-on en effet, avait sa raison d'être alors que, pour beaucoup d'instituteurs, la nécessité de préparer consciencieusement leur classe n'était ni clairement démontrée, ni impérieusement sentie; mais nous n'en sommes plus là aujourd'hui.... : l'habitude de cette préparation est heureusement entrée dans les mœurs scolaires.

« Les bons instituteurs n'en continueront pas moins de faire chaque jour eux-mêmes, avec le même soin, avant d'entrer en classe, le choix des textes, des exemples, des exercices qu'ils comptent donner, de lire d'avance les morceaux qu'ils devront expliquer, de rassembler les objets dont ils auront besoin pour la leçon, de régler enfin la marche de l'enseignement. »

En somme, c'est moins le journal en lui-même qu'on a supprimé, que l'obligation officielle de le rédiger dans une forme convenue et sur un registre spécial. On laisse à l'instituteur toute liberté de choisir la forme qui lui conviendra, mais on l'engage à rédiger tout de même un cahier, où il consignera jour par jour les divers exercices de la classe, avec les explications principales que ces exercices comportent. A la préparation mentale, qui est toujours forcément un peu vague, un peu flottante, il y a tout avantage à substituer une préparation écrite, aussi sommaire qu'on le voudra d'ailleurs, où une simple note suffira pour fixer les souvenirs du maître.

Dans la rédaction de ces notes, l'instituteur se gardera de détails trop circonstanciés; il ne se bornera pas non plus à de simples intitulés de chapitres, ce qui ne serait que la répétition du programme; enfin, il fera autant que possible sa préparation la veille du jour auquel elle correspond.

Choix des devoirs. — Le *choix des devoirs* est une des parties essentielles de la préparation de la classe. Sur ce point, les journaux pédagogiques apportent aux recherches de l'instituteur un concours actif, trop actif peut-être; ils le dispensent en effet de chercher par lui-même les sujets de devoirs qui conviennent le mieux à son tour d'esprit, au caractère de son enseignement, et aussi à la force de ses élèves qu'il peut seul apprécier.

Quoi qu'il en soit, qu'il choisisse les devoirs avec l'aide d'un recueil qu'il a sous les yeux, ou bien par lui-même, ce qui vaut beaucoup mieux, l'instituteur n'oubliera pas combien cette partie de sa tâche est délicate. Ce qui importe, ce n'est pas seulement la manière dont il dirige son propre travail, ses expositions orales, ou ses interrogations : c'est aussi la façon dont il fait travailler ses élèves, la nature des exercices auxquels il les soumet.

M. Carré rappelle quelque part que parmi les questions auxquelles doivent répondre les inspecteurs primaires, après leurs visites dans les écoles, se trouvent au premier rang les suivantes : « Les devoirs sont-ils bien choisis? Ont-ils un caractère d'utilité pratique? Sont-ils appropriés aux futurs besoins des élèves? Ont-ils une tendance morale? »

M. Gréard dit, de son côté :

« Écartons de plus en plus les exercices qui faussent la direction des études primaires, sous prétexte d'en élever le caractère : modèles d'écriture bizarres et compliqués, textes de leçons démesurés, calculs hérissés de chiffres, séries d'analyses et de conjugaisons écrites, etc.

« Des modèles faciles et présentant un sens complet, utile, moral; des leçons courtes et bien comprises ; des opérations d'arithmétique simples et concluantes; des procédés d'analyse et de langue dépouillés de toutes les inutilités de la scolastique grammaticale; des exposés bien enchaînés, s'il s'agit d'histoire ; des démonstrations claires et satisfaisantes, s'il s'agit de géographie : voilà les éléments d'un enseignement vraiment profitable.

« Que les devoirs soient courts.

« Donnez à ces devoirs une application aux besoins et aux usages de la vie réelle, ou une portée morale et intellectuelle en correspondance avec le milieu où vivent les enfants et avec l'état de leurs connaissances.

« Le choix des devoirs que le maître donne aux élèves est d'une grande importance pour la bonne direction des écoles; et le seul examen des cahiers, dans lesquels ces devoirs sont écrits et conservés, fournit la mesure de l'intelligence, de l'aptitude pédagogique, du travail et des efforts de l'instituteur.

« Le visiteur d'une école qui se contenterait d'étudier attentivement les cahiers des élèves, d'examiner comment les devoirs sont gradués, de s'assurer surtout s'ils ne sont pas trop longs, s'ils sont à la portée des enfants, s'ils ont été convenablement expliqués et compris, *s'ils sont corrigés*, aurait une idée vraie et juste de la valeur de l'école et de celle du maître. »

Les cahiers scolaires. — Pour les exercices d'écriture et la rédaction des devoirs, les élèves sont munis de divers cahiers (1).

Dans un certain nombre d'écoles, outre le cahier d'écriture, on affecte un cahier spécial à chaque catégorie d'exercices. Ainsi, l'on a un cahier de dictées, un cahier de devoirs grammaticaux, un cahier de verbes, un cahier de composition française, un cahier de problèmes, un cahier de sciences naturelles ; sans compter un dernier cahier, dit de brouillon, sur lequel on rédige la minute de tous les devoirs.

Sans doute, il y a certains avantages à réunir dans un même cahier les devoirs correspondant à un seul objet du programme. Néanmoins, ces avantages ne compensent pas les inconvénients du système : augmentation des dépenses pour les familles ou les municipalités, par suite de la détérioration inévitable des cahiers ; difficulté de les tenir en bon état de propreté, à raison de la longueur de la période durant laquelle ils restent entre les mains des enfants ; enfin, occasions fréquentes de les égarer, lorsqu'on les transporte de l'école dans la famille et réciproquement.

Ailleurs, chaque élève possède seulement trois cahiers : un cahier d'écriture, un cahier de brouillon, un cahier de devoirs au net.

L'emploi du cahier de brouillon a été justement critiqué. On habitue par là les enfants, a-t-on dit, à rédiger d'abord leurs devoirs sans application, à écrire avec négligence, ce qui gâte immédiatement la main, enfin à ne pas se préoccuper des soins de propreté qu'on leur recommande dans le libellé de tout exercice.

____

(1) Les élèves de la classe enfantine ou cours préparatoire se servent d'ardoises, au lieu de cahiers, jusqu'à ce que le maître les croie capables d'écrire sur le papier.

L'opinion générale a ratifié ces appréciations et s'est prononcée en faveur de la suppression du cahier de brouillon.

Cahier unique. — Actuellement, dans le plus grand nombre des écoles, et ce ne sont pas les plus mauvaises, les élèves rédigent tout de suite leurs devoirs, soigneusement datés, sur un cahier spécial, dit *cahier unique :* dictées, exercices de français, verbes, énoncés et opérations de problèmes, comptes rendus de leçons, tous les devoirs y figurent selon l'ordre dans lequel ils sont quotidiennement rédigés. On ne fait exception que pour les solutions de problèmes et pour les exercices de composition française, pour lesquels on admet une rédaction préparatoire, soit sur l'ardoise, soit sur des feuilles volantes.

Ce procédé du cahier unique paraît être le meilleur. En effet, une bonne tenue du cahier s'imposant, l'élève mettra moins de négligence dans ses devoirs; toujours il en soignera l'écriture; toujours il veillera à ce que les pages ne portent pas de taches d'encre; et naturellement la valeur du travail exécuté sera plus grande, puisque l'enfant s'en est acquitté avec une attention scrupuleuse qui, pour s'appliquer d'abord à des choses matérielles, portera bientôt sur des objets plus relevés.

L'examen du cahier unique est le meilleur *criterium* de la valeur d'une école. Il démontre si l'instituteur suit ou non les programmes, s'il observe l'emploi du temps, si les devoirs correspondent au milieu d'idées où vit l'enfant, et s'ils sont corrigés avec soin et régularité. Il met en évidence les progrès de chaque élève ou ses défaillances; il justifie enfin les éloges ou les critiques portées sur l'aptitude pédagogique du maître. A ces divers titres, on ne saurait trop en recommander l'adoption.

Cahier de devoirs mensuels. — Frappée des avantages du cahier unique, l'administration a demandé plus encore. Par un arrêté du 27 juillet 1883, elle prescrit que « chaque élève, à son entrée à l'école, recevra un cahier spécial qu'il devra conserver pendant toute la durée de la scolarité. Le premier devoir de chaque mois, dans chaque ordre d'études, sera écrit sur ce cahier, par l'élève, en classe et sans secours étranger, de telle sorte que l'ensemble de ces devoirs permette de suivre la série des exercices et d'apprécier les progrès de l'élève d'année en année. Ce cahier restera déposé à l'école. »

A moins d'un an de distance, l'expérience ayant démontré que l'introduction de ce *cahier de devoirs mensuels* dans le régime des écoles était une mesure excellente, une circulaire du 25 août 1884, après avoir rappelé les services que peut rendre ce cahier spécial, donna de sages avis sur certains points relatifs à sa tenue :

« J'ai appris avec plaisir, disait le ministre dans cette circulaire, le parti qu'on a su tirer immédiatement de ce nouveau moyen d'émulation et de contrôle dans plusieurs départements : un certain nombre d'inspecteurs primaires et de directeurs d'écoles expérimentés ont réussi, dès l'année dernière, non seulement à le faire entrer dans la pratique des écoles, mais encore à y intéresser également les élèves, les maîtres des différentes classes, les autorités locales et les familles elles-mêmes.

« Habituer les élèves et leurs parents à mesurer les progrès de chaque enfant par comparaison, non avec les autres, mais avec lui-même, de manière à proportionner le mérite non pas au succès, mais à l'effort ; — habituer les maîtres à s'assurer périodiquement si la classe tout entière, et non pas seulement l'élite de la classe, suit bien le programme et profite bien des leçons dans toutes les parties de l'enseignement ; — habituer enfin les inspecteurs à prendre pour base des appréciations qu'ils ont à porter sur le personnel, non plus seulement les impressions recueillies au cours d'une visite, les notes résultant de quelques interrogations, mais un ensemble de documents précis, se complétant et se corrigeant les uns les autres, auxquels on peut toujours recourir, qui permettent d'entrer dans tout le détail de la vie scolaire et d'être scrupuleusement équitable envers chaque école, chaque maître et chaque élève : tels sont les avantages qu'on peut attendre à bon droit du cahier de devoirs mensuels.

« Je ne tiens nullement à l'uniformité d'exécution ; il me semble bon, au contraire, de laisser à chaque inspecteur primaire et même à chaque instituteur assez d'initiative pour qu'il prenne intérêt à la bonne tenue et au perfectionnement graduel de ce recueil, où s'inscrira d'elle-même, en quelque sorte, l'histoire de l'école. Les seules prescriptions qui doivent dominer des diversités de détail sont indiquées par le cahier modèle dont vous avez reçu plusieurs exemplaires. Ce cahier devra présenter, sinon exactement un devoir par mois dans tous les genres d'exercices scolaires, du moins un nombre de spécimens suffisants pour permettre d'apprécier, au cours de l'année, à cinq ou six dates différentes, les progrès de l'élève dans chaque ordre d'études. Il importe que les devoirs soient corrigés à la marge par les instituteurs et qu'ils portent une note, qui pourrait être, pour la facilité des comparaisons, exprimée par un chiffre de 1 à 10. Il est bien entendu que les devoirs seront toujours faits en classe et toujours par l'élève seul, sans secours étranger; sa signature et celle de l'instituteur l'attesteront. »

Ainsi que le prescrit l'arrêté du 27 juillet 1883, la collection des cahiers de devoirs mensuels de tous les élèves présents à l'école ou momentanément absents sera conservée aux archives de l'école; ils sont communiqués aux parents lorsque ces derniers en manifestent le désir.

Quant aux autres cahiers, lorsqu'ils sont terminés, il est utile qu'ils soient portés dans les familles, afin qu'on puisse s'y rendre compte du travail des enfants ; mais l'instituteur tiendra à ce qu'ils lui reviennent à bref délai. Il importe, en effet, qu'il puisse à toute heure les présenter à l'examen des autorités scolaires, au cours des inspections et visites. L'année finie, ils sont rendus à leurs propriétaires.

Les devoirs à la maison. — Toutes sortes de raisons s'opposent à ce que, dans les écoles primaires, on use beaucoup des devoirs à préparer en dehors des heures de classe : d'abord la longue durée des classes, qui retiennent l'enfant à l'école pendant six heures ; ensuite le jeune âge des écoliers primaires, qui les expose plus que d'autres aux dangers du surmenage intellectuel, et, enfin, la condition sociale de la plupart des enfants qui fréquentent l'école primaire. Il est évident, à ce dernier point de vue, que des enfants d'ouvriers ou de paysans ne trouvent pas, dans les locaux incommodes et les habitations étroites de leurs familles, des conditions favorables pour le travail. En outre, une fois rentrés chez eux, ces enfants sont souvent occupés à des soins domestiques ou aux travaux des champs. Considérons combien il est déjà difficile d'obtenir des élèves l'assiduité constante de toute l'année ; combien leur absence journalière de la maison est durement ressentie par la plupart des familles. Il serait, par conséquent, imprudent de vouloir toujours imposer un surcroît de besogne à des enfants que nous avons déjà beaucoup de peine à retenir pendant les heures de classe sur les bancs de l'école.

Ce n'est pas une raison pourtant pour renoncer complètement à l'usage des devoirs et des leçons à domicile. Il n'y a aucun inconvénient, en ce qui concerne les leçons surtout, à exiger dans certains cas, et lorsque les circonstances s'y prêtent, que l'enfant étudie à la maison. Quand on peut prolonger ainsi le travail des classes, outre les autres avantages qui résultent de cette extension des heures d'étude, il y a celui d'associer les parents, dans une certaine mesure, à la surveillance et à la direction du travail de leurs enfants. Et toutes les fois qu'elle est possible, la collaboration de la famille et de l'instituteur est chose des plus utiles et des plus désirables.

Si, outre les leçons à apprendre, on juge nécessaire de demander aux élèves la rédaction de quelques devoirs écrits, dont ils s'acquitteront soit à la maison, soit à l'école dans des études surveillées, il sera bon de choisir comme devoirs ceux qui réclament le moindre effort d'attention et d'application : par exemple, des exercices de calcul pratique, le tracé d'une carte, un résumé d'histoire ou de géographie.

Les compositions. — Parmi les moyens de contrôler les résultats obtenus dans l'enseignement de l'école primaire, se placent en première ligne les *compositions*.

On applique ce nom à des exercices oraux ou écrits, dans lesquels les élèves ont à répondre à des questions concernant une des matières du programme qu'ils ont étudiée au cours d'une période scolaire : mois, trimestre ou année.

Lorsque les questions ou les rédactions portent, non

plus sur un point unique du programme, mais sur tout ou partie de ce même programme, l'épreuve prend le nom d'*examen* ou de *revue*.

Il n'est pas de procédé moins discuté, ni plus évidemment utile, pour obliger les élèves à fixer dans leur mémoire les études déjà faites et pour les préparer à les poursuivre dans de bonnes conditions.

Les compositions sont, en outre, un moyen d'émulation qui sera à l'abri de toute critique, si le maître sait mettre en évidence son impartialité et le soin qu'il apporte à la surveillance et à la direction de ce genre d'épreuves.

Le seul inconvénient, c'est que les compositions imposent un surcroît notable de travail à l'instituteur, surtout lorsqu'il a seul la charge d'une école. Avec quelques précautions pourtant, ce surcroît de travail deviendra moins sensible.

En effet, s'il est nécessaire que l'on compose chaque mois sur toutes les matières importantes du programme, rien n'interdit à l'instituteur de décider, au commencement d'une récitation de leçon ou bien au moment où les enfants procèdent à la rédaction d'un devoir, que le sujet de ce devoir ou le texte de cette leçon, auquel on ajoute quelques questions récapitulatives, sera l'objet, séance tenante, d'une composition improvisée. Rien encore n'empêche de décider que l'examen des pages d'écriture et des dessins du mois déterminera les places mensuelles. On pourra, même dans cet ordre d'idées, déclarer que tel ou tel devoir qui vient d'être rédigé sur le cahier mensuel sera considéré comme composition. Et ainsi les obligations de la correction n'imposeront qu'un travail relativement peu considérable en dehors des heures de classe. Nous ajouterons que la plupart des élèves, à raison de cette façon de procéder, se tiendront toujours sur le qui-vive, et il y aura moins de défaillances à constater dans leur travail.

Cependant il est bon que de temps en temps aient lieu de véritables compositions, analogues dans leur

forme matérielle aux épreuves écrites des concours
et examens primaires. On dictera aux élèves un sujet
de composition française, d'orthographe, de calcul, etc.,
et ils le rédigeront sur des copies uniformes, que le
maître recueillera à une heure déterminée.

Les corrections des compositions écrites seront indiquées en marge à l'encre rouge, et les notes méritées
figureront sur un carnet spécial concurremment avec
celles des compositions orales. Elles seront totalisées à
la fin du mois et, sur ces données, on fondera l'ordre de
classement mensuel définitif pour chacune des divisions.

Seront de préférence l'objet d'un exercice oral les
compositions sur la morale et l'instruction civique, sur
la lecture, la grammaire, l'histoire de France et les
sciences naturelles; et d'un devoir écrit, celles d'orthographe, de composition française, de calcul et de géographie (1).

L'instituteur proclamera régulièrement le résultat
des compositions à la suite du dernier exercice de l'une
des classes du samedi.

Revues et examens. — En ce qui concerne les
revues ou examens, nous pensons qu'il suffit d'y procéder à la fin de chaque trimestre, et d'y consacrer les
derniers jours de cette période. Afin de simplifier la
tâche de l'instituteur, cet examen sera exclusivement
oral, sauf en orthographe, en composition française,
en calcul et en écriture.

Tandis qu'une division ou section sera interrogée,
l'autre se préparera aux interrogations qui l'attendent.
On coupera ce travail, quelque peu fatigant, par des
exercices écrits, dont la correction sera prompte et
facile; de la sorte, maître et élèves arriveront au
terme de l'examen sans avoir été surmenés et sans
appréhender le retour d'une série analogue d'épreuves.

Il y a quelques années encore, dans un certain

(1) Certains instituteurs, afin de mettre hors de discussion leur impartialité,
au cours des compositions orales, écrivent à l'avance sur de petits cartons les
questions à traiter par un élève quelconque. Les élèves les tirent au sort à mesure que survient leur tour et, séance tenante, y répondent immédiatement,
sans intervention du maître autant que possible.

nombre de bonnes écoles, l'instituteur avait l'habitude traditionnelle de convoquer le délégué cantonal et les notables du pays pour terminer, avec leur concours, et par une revue générale, l'examen de fin d'année. C'était un moyen d'émulation qui n'est pas à dédaigner: entre autres avantages, il avait celui de sauvegarder le maître contre les récriminations de certains parents mécontents, en faisant partager aux membres de cette commission locale la responsabilité de la distribution des prix.

Le matériel de classe. — Un décret tout récent, du 29 janvier 1890, détermine ce que doit comprendre, *au minimum*, dans toute école publique, le matériel obligatoire d'enseignement à usage collectif et à usage individuel; nous reproduisons ces prescriptions.

— Dans toute *école primaire élémentaire*, le matériel à usage collectif comprendra au minimum :

Un tableau noir avec ses accessoires;

Une armoire-bibliothèque pour le dépôt des cahiers, des livres, des documents administratifs et des fournitures scolaires;

Un tableau du système métrique;

Une carte murale de France;

Dans les écoles de filles, l'étoffe nécessaire à l'enseignement élémentaire de la couture.

— Dans les *écoles maternelles*, le matériel à usage collectif comprendra :

Des collections de jouets, d'images, de bâtonnets, lettres, cubes et autres objets nécessaires pour les petits exercices, jeux et travaux manuels connus sous le nom de « méthode Frœbel »;

Deux tableaux noirs, dont un quadrillé;

Deux ardoises à deux faces, dont une quadrillée;

Une méthode de lecture en tableaux;

Un boulier;

Un sifflet, un diapason.

— Dans les *écoles primaires élémentaires*, tout élève devra être muni au minimum des objets classiques ci-après énumérés :

1° Le cahier de devoirs mensuels prévu par l'article 15 du règlement organique du 18 janvier 1887 ;

2° Les objets de papeterie nécessaires pour qu'il puisse prendre part régulièrement à tous les exercices et devoirs écrits que comporte le programme de sa classe;

3° En outre :

Dans le cours élémentaire (6-8 ans) :

Une ardoise ;

Un premier livre de lecture.

Dans le cours moyen (9-10 ans) :

Des cahiers pour les devoirs journaliers ;

Un livre de lectures courantes approprié au programme du cours moyen ;

Une grammaire élémentaire avec exercices ;

Une arithmétique élémentaire ;

Un petit atlas élémentaire de géographie ;

Un livre d'histoire de France.

Dans le cours supérieur (11-12 ans) :

Des cahiers pour les devoirs journaliers ;

Un livre de lectures courantes approprié au programme du cours supérieur ;

Une grammaire française avec exercices ;

Une arithmétique ;

Un livre d'histoire de France ou d'histoire générale conforme au programme ;

Un atlas de géographie ;

Un livre d'instruction morale et civique.

CHAPITRE XII

LA DISCIPLINE ET LA TENUE DE LA CLASSE.

La discipline en général. — La tenue de la classe. — Moyens à employer. — Nécessité des moyens disciplinaires. — Leur caractère général. — Tableau des punitions scolaires. — Conseils sur l'application des punitions. — Principales récompenses. — Caractère des récompenses. — Bons points et billets de satisfaction. — Inscription au tableau d'honneur. — Distributions de prix. — Livrets de caisse d'épargne.

La discipline en général. — Nous n'avons pas à revenir ici sur les caractères généraux d'une bonne discipline. Nous l'avons définie ailleurs en disant : « La discipline est cette partie de l'éducation qui, d'une part, assure immédiatement le travail des élèves, en maintenant le bon ordre dans la classe, en excitant leur zèle, et qui, d'autre part, travaillant pour un but plus éloigné et plus élevé, prévient ou réprime les écarts de conduite et tend à former des volontés droites, des caractères énergiques, capables de se suffire à eux-mêmes. Elle a ce double but d'établir le gouvernement actuel de la classe, et d'apprendre aux élèves à se gouverner eux-mêmes, lorsqu'ils auront quitté l'école et échapperont à la tutelle de leurs maîtres (1). »

La tenue de la classe. — La seule chose qui nous importe ici, c'est de rechercher quelles sont les conditions auxquelles doit satisfaire une école bien tenue, et, après avoir indiqué le but, de déterminer les moyens de l'atteindre.

Le silence et l'ordre ne sont pas les seules règles de la discipline. A vrai dire, ils ne constituent que les signes extérieurs de qualités autrement importantes

(1) Voyez notre *Cours de pédagogie théorique et pratique*, 2ᵉ partie, leçon XI (Paul Delaplane, éditeur).

qu'ils simulent parfois, sans en garantir l'existence :
l'attention, la docilité, l'activité régulière. Il y a des
classes où règne un silence profond et où pourtant on
n'écoute pas, on ne travaille pas; il y a des classes qui,
en apparence, présentent un ordre admirable, mais où
il n'y a point de vie, point d'effort. L'instituteur se
rappellera sans cesse qu'il ne doit pas se contenter des
simulacres de l'obéissance et de l'application ; c'est
l'obéissance, c'est l'application elles-mêmes qu'il lui
faut obtenir.

En outre, une école bien tenue suppose la propreté
des élèves, le bon état des cahiers et des livres, la
conservation du matériel et du mobilier scolaire.

Ce qui n'est pas moins nécessaire encore, c'est que
les enfants soient habitués à être modestes, polis, respectueux, qu'ils témoignent au maître la déférence qui
lui est due.

Dans les changements d'exercices que comporte la
suite d'une classe, ils doivent obéir au premier signal
de l'instituteur et, par leur promptitude à renouveler
leurs instruments de travail, lui rendre sa tâche plus
facile.

Il y a aussi une discipline des récréations, où la liberté ne doit pas dégénérer en désordre, en violence,
en brutalité.

Dans les mouvements de l'entrée en classe ou de la
sortie, on doit veiller à ce que tout se passe dans le plus
grand ordre. Les pédagogues de l'enseignement secondaire croient qu'on peut autoriser les enfants à causer
entre eux dans les rangs : nous ne pensons pas que
dans les écoles primaires, où les groupes d'élèves sont
beaucoup plus nombreux, on puisse renoncer à la règle
nécessaire du silence.

Moyens à employer. — Un maître serait bien mal
avisé si, pour constituer dans son école les divers éléments d'une bonne discipline, il ne comptait que sur les
moyens disciplinaires effectifs, c'est-à-dire sur les récompenses et les punitions. C'est surtout par son action
personnelle qu'il obtiendra de ses élèves les efforts de

travail, les qualités de bonne tenue qu'il attend d'eux.

Il ne s'agit pas seulement de punir après coup les fautes commises : il faut autant que possible les prévenir.

Il ne suffit pas d'exciter l'enfant à l'étude par l'émulation des récompenses : il faut tenter de lui inspirer un goût, un appétit naturel pour le travail.

Un bon maître y parviendra surtout par l'autorité qu'il aura su acquérir. Le premier point est de savoir se faire aimer. On se rappelle le mot de Socrate à un père de famille : « Je ne puis rien apprendre à votre fils : il ne m'aime pas ! » Il est plus important de se concilier l'affection que de faire régner la crainte autour de soi. Par la bienveillance, par la bonté, par une douceur familière qui n'exclut pas la fermeté, on rendra bien des punitions inutiles (1).

Il faut aussi que le maître se fasse un devoir de discerner les caractères. Tous les esprits ne peuvent pas être maniés de la même façon. La complaisance n'aura pas d'inconvénients avec les uns ; la sévérité est nécessaire avec les autres. S'il y a une science au monde qui soit plus difficile que celle de gouverner les hommes, c'est l'art de gouverner les enfants : on n'y réussit qu'à la condition de démêler les instincts propres à chaque nature individuelle.

Les meilleures écoles, à vrai dire, sont celles où l'on punit le moins : c'est que dans ces écoles l'action personnelle du maître est toute-puissante. D'une part, il sait par sa vigilance prévenir les manquements à la règle et, ayant l'œil à tout, il empêche les fautes de se produire. D'autre part, grâce à une activité incessante qu'il communique à ses élèves, il ne les laisse jamais inoccupés, en même temps que par l'attrait de son enseignement, par l'animation qu'il met dans ses le-

---

(1) Le règlement modèle (article 20, 2ᵉ paragraphe) dit expressément : « Il est interdit aux instituteurs et institutrices de tutoyer leurs élèves. » Peut-être cette interdiction est-elle un peu absolue. A Paris notamment, les instituteurs et les institutrices ne s'y conforment pas.

çons, il retient aisément leur attention et obtient un travail soutenu.

Nécessité des moyens disciplinaires. — Il y aurait pourtant quelque naïveté à espérer que l'on puisse par l'emploi des seuls moyens préventifs, par la persuasion, par la suggestion morale, assurer le maintien de la discipline dans l'école. La paresse de certains enfants, leur légèreté naturelle, parfois des instincts mauvais caractérisés, obligent les meilleurs maîtres à faire usage, soit des punitions, soit des récompenses. Nous ne sommes pas de ceux qui rêvent de faire disparaître de l'école, soit la crainte du châtiment, soit les excitations de l'amour-propre et de l'émulation. Dans la vie aussi il y a des châtiments, il y a des récompenses; et, l'école étant la préparation à la vie, il n'y a aucun inconvénient à ce que l'enfant, quand il le mérite, fasse connaissance avec le code pénal scolaire, ou inversement soit appelé à bénéficier de certaines distinctions. C'est se faire de la nature humaine une conception chimérique, plus chimérique encore quand il s'agit de l'enfance, que de prétendre conduire les hommes par le seul amour du bien, par la seule horreur du mal. Qu'on ne l'oublie pas, d'ailleurs, l'écolier d'aujourd'hui, c'est le soldat de demain; et il est bon qu'il n'arrive pas au régiment, où l'attend une discipline sévère, sans avoir déjà fait l'apprentissage de la punition, quand il le mérite.

Leur caractère général. — Du moins, les moyens disciplinaires mis à la disposition des instituteurs publics en France ont ce caractère général qu'ils s'adressent surtout aux facultés intellectuelles et morales. Ils tendent à éveiller le sentiment de l'honneur, l'idée du devoir, à exciter une légitime ambition; ou bien ils font appel au repentir, à un sentiment naturel de honte, par la privation de certains avantages, par un surcroît de travail. Jamais ils ne viseront les seules facultés physiques, et une idée morale devra toujours relever même les moyens matériels auxquels on aura recours, soit pour punir, soit pour récompenser.

Les châtiments corporels ont depuis longtemps disparu de nos écoles, et personne ne songe, nous l'espérons, à les y introduire de nouveau, bien que les peuples étrangers n'aient pas tous suivi notre exemple.

Le dernier *Règlement scolaire modèle* dit à l'article 20 :

« Il est absolument interdit d'infliger aucun châtiment corporel. »

Tableau des punitions scolaires. — Voici, d'après le dernier règlement élaboré par le conseil départemental de la Seine, la liste des punitions scolaires admises dans les écoles publiques de Paris :

« 1° Les mauvais points ;

« 2° La réprimande ;

« 3° La privation partielle de la récréation ;

« 4° La retenue après la classe ;

« 5° L'imposition d'un court devoir supplémentaire dans la famille ;

« 6° L'exclusion d'un ou deux jours, sous la seule responsabilité du directeur de l'école. Avis en sera donné à la famille, à l'inspecteur primaire et à la mairie.

« Dans le cas d'inconduite notoire, cette peine pourra être portée à huit jours, avec l'assentiment de l'inspecteur primaire. Avis en sera donné à la mairie et aux parents.

« Cette punition pourra entraîner d'urgence pour l'élève le changement d'école.

« Une exclusion de plus longue durée ne pourra être prononcée que par l'inspecteur d'académie. »

Ce règlement est à peu près la reproduction de l'article 19 du *Règlement scolaire modèle* pour les écoles primaires en date du 18 janvier 1887 (1) :

« Art. 19. — Les seules punitions dont l'instituteur puisse faire usage sont :

« Les mauvais points ;

« La réprimande ;

« La privation partielle de la récréation ;

____

(1) Il est à remarquer cependant que le règlement modèle n'admet pas les tâches supplémentaires à faire dans la famille, et qui rappellent un peu le *pensum*.

« La retenue après la classe, sous la surveillance de l'instituteur ;

« L'exclusion temporaire.

« Cette dernière peine ne pourra dépasser trois jours. Avis en sera donné immédiatement par l'instituteur aux parents de l'enfant, aux autorités locales et à l'inspecteur primaire.

« Une exclusion de plus longue durée ne pourra être prononcée que par l'inspecteur d'académie. »

Dans les écoles maternelles, le *Règlement scolaire modèle* règle ainsi qu'il suit la question des punitions : « Les seules punitions permises sont les suivantes : privation, pour un temps très court, du travail et des jeux en commun ; retrait des bons points. »

Il ne sera peut-être pas sans intérêt de placer en regard de ces punitions réglementaires des écoles nationales le tableau des punitions admises dans les écoles des Frères, d'après la dernière édition de la *Conduite des écoles chrétiennes* (1877).

Nous nous bornerons d'ailleurs à énumérer sans commentaires ces diverses punitions, où l'on ne trouvera plus les châtiments corporels, « des circonstances impérieuses, dit l'avant-propos, ne permettant pas que nous tolérions dans nos classes les peines afflictives ».

Les punitions maintenues sont les suivantes : « La réprimande ; le retrait des bons points ; la perte de la place marquée dans la classe ; l'obligation de se tenir debout ou en consigne ; l'isolement ; les pensums ; le retrait des croix d'honneur ; la déposition des employés ; l'inscription au tableau de confusion ; le renvoi au frère directeur avec une lettre indiquant la faute ; l'obligation, pour l'élève coupable, d'écrire lui-même à ses parents pour leur rendre compte de sa conduite ; les devoirs de réflexion (par exemple, répondre à des questions comme celles-ci : Qu'est-ce que la paresse ? Quel tort se font les paresseux ?) ; avis donné aux parents par le frère directeur ; descente d'une section ou d'une classe ; renvoi temporaire ; présentation d'excuses ; demande de pardon ; expulsion définitive. »

14.

Conseils sur l'application des punitions. —
Ce qui importe beaucoup plus que la punition elle-
même, c'est la façon dont l'instituteur l'inflige. Les
punitions les plus légitimes deviennent mauvaises, si
on les applique à tort et à travers, sans discrétion et
sans mesure. Que de sages avis il y aurait sous ce rapport à rappeler ! C'est dans l'usage de la réprimande
surtout qu'il est besoin de tact et de prudence. Le
maître n'a que trop souvent l'occasion de s'impa-
tienter, et, dans un premier mouvement de colère et de
mauvaise humeur, il pourrait être entraîné à dépasser
la mesure, à pousser la réprimande jusqu'à l'affront,
jusqu'à l'offense, qui humilie, qui vexe l'amour-propre
de l'élève, qui lui inspire, non le repentir, mais l'amer-
tume et le ressentiment. Qu'on se surveille donc dans
ces mouvements d'irritation, quelque naturels qu'ils
puissent être ! Le maître doit appliquer la punition
avec la gravité, avec l'impassibilité d'un juge qui rend
une sentence. La raison doit le conduire, non la pas-
sion.

D'après certains pédagogues, on devrait se borner à
annoncer d'abord la punition. « Vous serez puni, dira-t-
on à l'élève froidement ; » et, à la fin de la séance, on
décide de sang-froid quelle réprimande ou tâche supplémentaire sera infligée. Alors, et seulement alors, on en
informe l'enfant, soit en particulier, soit en présence de
ses camarades.

Une autre règle importante, c'est de ne jamais punir
pour une faute douteuse. Le sentiment de la justice
est très vif chez l'enfant, et le maître perdrait toute
autorité s'il punissait à tort.

N'usons d'ailleurs de la punition qu'après avoir
averti l'élève. On cite des maîtres qui n'ont jamais
besoin de recourir au châtiment lui-même : la simple
menace leur suffit.

Par contre, gardons-nous du défaut de ces instituteurs
qui ont toujours la menace à la bouche, qui annoncent
sans cesse des punitions qu'ils ne se décident jamais à
prononcer. Quand l'élève a été averti, s'il persévère

dans sa faute, il faut que la menace s'exécute sans ré-
mission.

Principales récompenses. — Remarquons d'a-
bord que le *Règlement scolaire modèle* est muet sur le
chapitre des récompenses, au moins pour les écoles
primaires (1). Il n'y en a pas moins un certain nombre
qui sont, pour ainsi dire, traditionnelles et consacrées
par l'usage. En voici la liste :

Les bons points ;

Les billets de satisfaction, les *satisfecit;*

L'inscription au tableau d'honneur;

Le classement d'après les notes et les compositions (2) ;

Les prix et les livrets de caisse d'épargne accordés
à la fin de l'année scolaire, en distribution solennelle.

Quelques pédagogues recommandent encore, et quelques instituteurs, quelques institutrices surtout, emploient les médailles, les décorations, et aussi, dans les
écoles maternelles, les jouets.

Caractère des récompenses. — Sans doute, la
vraie récompense, pour le bon élève, c'est la satisfaction du devoir accompli, c'est la conscience d'avoir
retiré de son travail un gain intellectuel ; et, par suite,
de même que la réprimande est la meilleure des punitions, les meilleures récompenses sont l'approbation
du maître, ses éloges discrets, qui viennent précisément
exciter et aviver, chez l'enfant, cette conscience, cette
satisfaction intérieure. « Récompenses purement morales, dit M. Marion dans un remarquable rapport sur
la discipline dans les lycées, récompenses qui n'en
valent que mieux ! Tout éducateur digne de ce nom,
tout psychologue sait qu'au fond ce sont les seules qui
vaillent. »

---

(1) « Il est donné aux enfants, à titre de récompense, des bons points, des
images ou des jouets.

« A la fin de chaque mois, les bons points sont échangés contre des images
ou des jouets. Sont interdites les distributions de prix. » (*Règlement scolaire
modèle des écoles maternelles*, art. 10.)

(2) A ce classement peuvent correspondre des places distinctes dans la
classe.

Mais tout en reconnaissant la supériorité de cet ordre de récompenses, tout en désirant que l'on puisse développer assez de moralité dans la conscience des enfants « pour que parvienne à leur suffire la satisfaction attachée à un acte comme bon », nous sommes bien obligé de constater que ces récompenses ne sauraient suffire dans la pratique. Tous les élèves n'ont pas et ne peuvent pas avoir l'âme assez élevée pour en goûter la douceur. En tout cas, il est bon d'en fortifier l'action et d'en assurer l'efficacité, en y joignant des récompenses matérielles, des signes concrets, ostensibles de l'approbation du maître. En matière de discipline, il faut craindre à la fois d'être trop idéaliste ou trop terre à terre. On est idéaliste si, ne se rendant pas compte de la complexité de la nature humaine et de ses instincts utilitaires, on ne veut rien accorder à l'émulation, à l'amour-propre, à la légitime ambition dont l'enfant est possédé, aussi bien que l'homme fait, d'être récompensé matériellement de sa bonne volonté et de ses efforts. On serait trop terre à terre, si on laissait l'enfant s'habituer à apprécier les choses matérielles, qu'on lui donne comme récompenses, plus que l'approbation du maître dont ces récompenses matérielles ne sont que l'expression, à estimer, en un mot, le signe plus que la chose signifiée.

Bons points et billets de satisfaction. — Les bons points seront attribués aux élèves pour une leçon bien lue ou bien sue, pour un devoir convenablement fait, même pour la bonne tenue et l'attention silencieuse observées en classe. Les prodiguer, c'est en diminuer le prix : ils ne doivent correspondre qu'à des efforts vraiment méritoires.

Dans les cours élémentaires, on donnera les bons points sous forme de cartons coloriés ou de petites images ; mais, au cours moyen et au cours supérieur, on se dispensera de cette formalité, et il suffira d'inscrire les bons points sur un registre spécial, dont la tenue pourra être confiée au meilleur élève de chaque division.

L'élève collectionne ses bons points, qui sont ensuite échangés contre des images, des objets divers de papeterie, etc., contre des billets de satisfaction, petites cartes ornées que le maître signe.

Dans certaines écoles, et nous n'y voyons aucun inconvénient, on attribue aux bons points, après entente avec les parents, une valeur quelconque, 1 ou 5 centimes ; et les petites sommes ainsi obtenues sont déposées à la caisse d'épargne scolaire au profit des intéressés (1).

Dans les écoles de la ville de Paris, un règlement spécial établit que l'échange des bons points contre les récompenses scolaires se fera régulièrement, le premier samedi de chaque mois. Ce même règlement veut que, le jour de cet échange, « les récompenses attribuées pour le mois soient placées en vue des élèves, soit dans la classe, soit dans le préau ». Il spécifie, en outre, que le maître ou la maîtresse tiendra un carnet sur lequel sera indiqué, en regard du nom de chaque élève, le nombre de bons points alloués à cet élève.

Inscription au tableau d'honneur. — Le *tableau d'honneur* est une feuille de papier encadrée, ornée et imprimée avec soin, qu'on a partagée en trois ou quatre colonnes, correspondant aux divisions de l'école ou de la classe. Dans ces colonnes on inscrit, pour un temps déterminé, les noms des élèves qui se sont distingués par leur bonne conduite et par leur succès dans les compositions.

On place le tableau dans l'endroit le plus apparent de la salle de classe, afin qu'il tombe sûrement sous les yeux des autorités scolaires, lors de leurs visites dans l'établissement.

Autant le *tableau de confusion*, employé dans les écoles des Frères, nous paraît un usage détestable, autant le tableau d'honneur mérite d'être recommandé.

Distributions de prix. — On discute encore beau-

---

(1) Dans quelques écoles, l'élève est autorisé parfois à user de ces bons points pour se racheter d'une punition. Il n'y a aucun inconvénient à admettre cet usage, pourvu que l'élève n'y voie pas un droit.

coup la question des distributions de prix. Nombre de
pédagogues les condamnent, parce qu'ils y voient une
excitation fâcheuse de l'amour-propre des élèves, et il
est à remarquer que le règlement les interdit dans les
écoles maternelles. Nous sommes trop partisan d'une
honnête émulation pour nous ranger à cet avis.

Une critique plus sérieuse est celle qui porte sur
l'abus de ces distributions. Dans trop d'écoles, ce n'est
plus comme dans le séjour des bienheureux, où il y a
beaucoup d'appelés et peu d'élus : tout le monde est
élu. Paresseux, insoumis, ignorants, tous les écoliers
viennent chercher leurs prix. Il ne faut pas froisser
l'amour-propre des familles ! Il ne faut pas infliger à
l'enfant l'humiliation de revenir à la maison les mains
vides !...

Malgré ces raisons de sentiment, il est évident que la
distribution de prix ne se justifierait plus, si elle ré-
compensait indistinctement tous les élèves, si elle ne
distinguait pas le mérite, le travail et le succès.

La répartition des prix devra se fonder sur les résultats des compositions hebdomadaires et de l'examen
de fin d'année. Cependant, comme il convient d'attribuer une récompense aux efforts persévérants, cou-
ronnés ou non par le succès, on réservera un certain
nombre de prix supplémentaires, destinés aux élèves
dont l'application et la conduite auront mérité des
éloges du commencement à la fin de l'année scolaire.
Il ne faut pas que les enfants les mieux doués par la
nature soient seuls récompensés.

Le choix des livres dont on gratifie les élèves n'est
pas sans importance ; un instituteur sérieux saura
sacrifier l'apparence d'une couverture au fond même
de l'ouvrage. Il s'assurera encore que ces livres peuvent être compris des enfants et qu'ils laisseront dans
leur cœur et leur esprit des souvenirs utiles et salutaires.

Le cérémonial des distributions de prix gagne à rester simple et modeste. Ordinairement on les fait précéder de chants et de la récitation de poésies enfantines.

Rien de mieux, mais on n'abusera pas de la patience des assistants et l'on se rappellera les prescriptions du *Règlement scolaire modèle* (1).

On a parfois reproché aux distributions de prix de fin d'année de ne récompenser que tardivement les efforts des élèves. Pour remédier à cet inconvénient, il a été demandé que les prix fussent donnés de la même façon que les autres récompenses, les récompenses permanentes, c'est-à-dire que, mis en tout temps à la disposition de l'instituteur, ils pussent être distribués à toute époque de l'année. Un essai de ce système a été autorisé dans le XVIIe arrondissement de Paris (Batignolles).

Dans les autres écoles de la ville de Paris, l'usage ancien a été maintenu, et la moyenne des prix attribués à chaque école est en raison de un par trois élèves. Ces prix sont décernés par le directeur de l'école, d'après les notes obtenues pendant toute l'année.

Livrets de caisse d'épargne. — En attribuant aux élèves des livrets de caisse d'épargne, c'est-à-dire des prix d'une utilité pratique, on semble rompre tout à fait avec l'idée des récompenses purement morales. Et cependant il nous en coûterait de proscrire ces sortes de récompenses, dont la générosité de certains conseils municipaux fait un si large usage. A Paris, la valeur de certains livrets s'élève à 400 francs. On ne peut contester que les livrets, en constituant à l'enfant un petit commencement de capital, n'aient cet avantage de lui inculquer le goût de l'épargne. Et tout moyen de discipline scolaire est bon, qui développe chez l'enfant les sentiments et les vertus dont il aura besoin dans la vie.

(1) Rappelons que le *Règlement scolaire modèle des écoles maternelles* dit à son article 11 : Il est interdit de surcharger la mémoire des enfants de dialogues ou scènes dramatiques en vue de solennités publiques », et que le *Règlement scolaire modèle des écoles primaires* dit à son article 15 : « Toute représentation théâtrale est interdite dans les écoles publiques. »

DEUXIÈME PARTIE

LÉGISLATION ET ADMINISTRATION SCOLAIRE

CHAPITRE PREMIER

LOIS FONDAMENTALES DE L'INSTRUCTION PRIMAIRE. L'OBLIGATION : LOI DU 28 MARS 1882.

Observations préliminaires. — Lois, décrets, arrêtés, circulaires.
— Lois fondamentales. — L'obligation scolaire. — Légitimité
de l'obligation scolaire. — Historique. — La loi du 28 mars 1882.
— Application de la loi de l'obligation. — Composition des
commissions scolaires. — Attributions des commissions scolaires. — Sanctions prévues par la loi. — Législation étrangère. — Exceptions à la règle de l'obligation. — Fonctionnement des commissions scolaires. — Autres mesures prescrites
pour assurer la fréquentation. — Conclusion.

Observations préliminaires. — Il ne saurait
être question de présenter ici un exposé complet de la
législation scolaire, ni d'entrer dans tous les détails de
l'administration de l'instruction primaire publique : un
gros volume y suffirait à peine. Les ouvrages les plus
récents parus sur la matière, par exemple celui de
M. Carrive (1), contiennent plus de 600 pages com-
pactes et serrées ; et ils sont encore incomplets.

EXPLICATION DES ABRÉVIATIONS. — L. Loi. — D. Décret. — A. Arrêté. — C. Circulaire. — L. O. Loi organique du 30 octobre 1886.
— D. O. Décret organique du 18 janvier 1887. — A. O. Arrêté
organique du 18 janvier 1887.

(1) *La Nouvelle législation de l'enseignement primaire*, par M. Pierre Carrive, Hachette, 1889.

COMPAYRÉ. — *Organisation pédagogique.* 15

Notre but est seulement de guider l'instituteur dans cet ensemble compliqué de lois, de décrets, d'arrêtés, de circulaires qui, depuis dix ans, ont établi et appliqué les principes d'organisation d'une instruction primaire obligatoire, gratuite, laïque et nationale. Une grande œuvre, comme celle qu'a entreprise le gouvernement de la République, ne s'accomplit pas sans une intervention incessante du législateur. Il faut une multitude de règles pour présider à un service public aussi considérable. De plus, l'organisation de l'enseignement primaire est chose si complexe que le législateur n'a pu l'achever en une fois : il y est revenu à plusieurs reprises. Il a parfois corrigé, complété dans une loi nouvelle le texte d'une loi précédente ; il a voté successivement, et dans des lois spéciales, les dispositions relatives à l'obligation, à la gratuité, à la laïcité, aux traitements des instituteurs. Et de cette dispersion de lois différentes et successives résulte une difficulté nouvelle pour l'étude de notre législation scolaire.

Nous avons essayé de mettre un peu de clarté dans cette étude, en appelant d'abord l'attention de l'instituteur sur les lois fondamentales qui ont constitué les principes de notre droit public en matière d'enseignement primaire ; en rapprochant les textes dispersés pour les rattacher aux questions essentielles, en les commentant au besoin ; en les éclairant par des comparaisons avec nos anciennes lois ou avec la législation des nations étrangères ; en nous efforçant, enfin, par l'indication précise des sources à consulter, des textes à étudier, de mettre nos lecteurs en mesure d'acquérir par leurs recherches personnelles une connaissance complète de l'administration scolaire.

Lois, décrets, arrêtés, circulaires. — Rappelons d'abord que les règles de l'administration scolaire ne doivent pas être cherchées seulement dans les *lois*. Le législateur, sur bien des points, ne peut qu'établir les principes, poser les règles générales. Il laisse au pouvoir exécutif, c'est-à-dire, dans l'espèce, au ministre de l'instruction publique et à ses conseils, le soin de régler les détails d'exécution : c'est l'objet propre des *décrets* et des *arrêtés*. Soumis dans certains cas à l'examen et à l'approbation du Conseil d'État, les décrets s'appellent alors *règlements d'administration publique*. Dans d'autres cas, ils sont simplement délibérés en conseil supérieur de l'instruction publique. Ils sont toujours signés par le président de la République et contresignés par le ministre.

Les arrêtés émanent du ministre seul, et entrent plus encore que les décrets dans le menu détail des procédés d'application, d'exécution de la loi, et des questions techniques.

Enfin, c'est dans les *circulaires* ministérielles qu'il est souvent nécessaire d'aller chercher l'explication et le commentaire des lois, des décrets et des arrêtés.

Lois fondamentales. — Nous étudierons d'abord logiquement, et sans suivre l'ordre des dates, les lois fondamentales de notre système d'instruction publique. Ces lois sont les suivantes :

1° La loi de l'obligation scolaire, du 28 mars 1882, intitulée *loi sur l'enseignement primaire obligatoire;*

2° La loi de la gratuité, du 16 juin 1881, *établissant la gratuité absolue de l'enseignement primaire dans les écoles publiques;*

3° La loi de la laïcité, du 30 octobre 1886, *sur l'organisation de l'enseignement primaire ;*

4° La loi des traitements, loi du 19 juillet 1889, *sur les dépenses ordinaires de l'instruction primaire publique et les traitements du personnel de ce service.*

L'obligation scolaire. — Si nous commençons notre étude par la loi sur l'enseignement primaire obligatoire, c'est que l'obligation est le principe fondamental d'où tout le reste découle; elle est comme le théorème initial dont les autres dispositions législatives ne sont que les corollaires et les conséquences.

L'instruction n'est gratuite, en effet, que parce qu'elle est obligatoire. La loi n'a octroyé la gratuité que parce qu'elle a imposé à tous les enfants, pauvres ou riches, l'obligation de s'instruire. Et, de même, l'instruction n'est laïque que parce qu'elle est obligatoire. C'est parce que tous les enfants, à quelque culte qu'ils appartiennent, doivent fréquenter la même école, que le législateur a exclu de l'enseignement primaire toute instruction religieuse confessionnelle, et qu'il n'y a autorisé que l'instruction morale universelle, indépendante de toute religion particulière.

Et, de même, il est évident que les dispositions légales relatives à l'établissement des écoles dans toutes les communes, et jusque dans les hameaux, dérivent du principe de l'obligation. Il faut de toute nécessité multiplier les écoles et les mettre à la portée de tous les enfants, si l'on veut que l'obligation ne soit pas un vain mot.

Légitimité de l'obligation scolaire. — Il est facile de justifier, contre des objections sans valeur et vainement invoquées par les adversaires de l'instruction, le principe de l'obligation scolaire.

Personne ne contestera l'obligation morale qui s'impose aux parents de faire instruire et d'élever leurs enfants. Cette obligation morale est devenue une obligation civile, depuis que le *Code* a édicté son article 208 : « Les époux contractent ensemble, par le seul fait du mariage, l'obligation de nourrir, entretenir et *élever* leurs enfants. » La loi du 28 mars 1882 n'a donc fait que consacrer et appliquer un principe déjà inscrit depuis près d'un siècle dans notre législation.

Les raisons qui ont déterminé le législateur sont les suivantes :

1° L'État a le droit de protéger les enfants contre l'incurie des parents. De même qu'il intervient pour leur garantir la nourriture et l'entretien matériel, de même il doit agir pour leur assurer l'éducation intellectuelle et morale ;

2° L'État, protecteur des intérêts généraux de la société, a le droit de prendre des mesures pour qu'il n'y ait pas toute une catégorie d'individus fatalement voués à l'ignorance et absolument incapables de connaître leurs droits et leurs devoirs. De même qu'il garantit la

sûreté de nos frontières par l'obligation du service
militaire, de même il doit assurer l'ordre social par
l'obligation de l'instruction primaire. Comme l'écrivait
M. Jean Macé : « Ceux qui prennent le suffrage universel au sérieux, ceux qui veulent lá République, ne
peuvent pas se trouver divisés sur la question de
l'instruction obligatoire. Entre le droit de vote donné à
tous et l'instruction imposée à tous, il y a une corréla-
tion indéniable. Le second terme est la conséquence
forcée du premier. »

La liberté des pères de famille ne serait lésée que si
l'État imposait à leurs enfants la fréquentation d'une
école confessionnelle, où l'on enseignerait des principes
contraires à leurs sentiments religieux. Mais précisément, en édictant la neutralité, la laïcité de l'école,
la loi a pris ses précautions pour éviter cette tyrannie.
Le père, s'il a le droit de faire élever son enfant comme
il l'entend, n'a nullement celui de ne pas le faire élever
du tout. Il a le droit de choisir entre telle ou telle école ;
il n'a pas le droit de choisir entre l'ignorance et l'instruction. « Deux mots analogues, disait Cousin, sont
employés en Allemagne pour désigner le devoir d'aller
à l'école et le service militaire : l'enseignement obligatoire et le service obligatoire. Ces deux mots, ajou-
tait-il, sont la Prusse tout entière. Ils contiennent le
secret de son originalité comme nation, de sa puissance comme État, et le germe de son avenir. Ils expriment, à mon gré, les deux bases de la vraie civilisa-
tion, qui se compose à la fois de lumière et de force. »

Historique. — Déjà réclamée par les protestants du
seizième siècle, par Luther, par les États d'Orléans de
1560, l'obligation de l'instruction primaire a été votée
par la Révolution française (décret du 29 frimaire
an II, qui sanctionnait l'obligation par des amendes
et, en cas de récidive, par la perte des droits civiques
pour les parents). Mais, dans le chaos des événements
de la Révolution, l'obligation scolaire ne fut pas appliquée. Reprise en 1848, l'idée de l'obligation ne parvint
pas à se faire jour dans la législation sous la seconde

République, pas plus que sous le second Empire. Elle fut de nouveau mise en avant en 1865, par un ministre libéral de Napoléon III, M. Victor Duruy. Mais c'est seulement sous la troisième République que l'obligation scolaire devait être définitivement inscrite dans nos lois, appelée par la logique des choses et nécessitée par le caractère d'un régime démocratique qui, faisant participer tous les citoyens à la souveraineté et aux droits politiques, devait, par contre, leur imposer à tous le devoir légal de s'instruire.

A l'étranger on est allé plus vite qu'en France, et ce n'est pas seulement dans les États républicains que l'obligation scolaire a été établie par la loi.

En Prusse, la fréquentation obligatoire de l'école date de plus d'un siècle, de 1763, et tous les autres États d'Allemagne ont successivement appliqué le principe de l'obligation. L'obligation existe aussi en Angleterre (depuis 1881), en Écosse, en Autriche (loi du 14 mai 1869), en Hongrie (1868), en Suisse, dans les États-Unis, en Italie (loi du 15 juillet 1877), en Portugal (1844), etc. Il serait plus court de citer les rares États qui n'ont pas encore admis l'obligation scolaire : la Russie, la Belgique, la Hollande, l'Irlande, la Roumanie et la Serbie.

La loi du 28 mars 1882. — Les règles de l'obligation scolaire doivent être étudiées dans la loi du 28 mars 1882, et aussi dans la loi du 30 octobre 1886 (titre IV, chap. II), enfin dans le décret du 18 janvier 1887 (titre III, chap. III).

Les trois premiers articles de la loi du 28 mars 1882, qui a établi chez nous l'obligation scolaire, visent d'autres objets. Le premier détermine le programme de l'enseignement primaire (voyez ci-dessus, page 28). Le second et le troisième articles sont relatifs à la laïcité; nous les retrouverons plus loin (chap. II).

C'est avec l'article 4 que commence l'énoncé des dispositions qui se rapportent directement à l'obligation.

La règle générale est formulée en ces termes :

Art. 4. — L'instruction primaire est obligatoire pour les enfants des deux sexes âgés de six ans révolus à treize ans révolus ; elle peut être donnée, soit dans les établissements d'instruction primaire ou secondaire, soit dans les écoles publiques ou libres, soit dans les familles, par le père de famille lui-même ou par toute personne qu'il aura choisie.

En d'autres termes, les parents ont le choix entre trois hypothèses : 1° l'instruction reçue dans les écoles publiques, primaires et secondaires; 2° l'instruction reçue dans les écoles privées (on disait libres en 1882); 3° l'instruction donnée dans la famille.

Ce n'est pas l'école qui est obligatoire, à vrai dire : c'est l'instruction. Le législateur n'exige de l'enfant qu'une chose : c'est qu'il possède « le minimum de connaissances nécessaires à tout homme »; il ne s'inquiète pas de savoir où et comment ces connaissances ont été acquises.

Seulement, il est nécessaire que les parents fassent connaître le choix auquel ils se sont arrêtés. C'est ce que spécifie l'article 7, qui en même temps accorde au père de famille toute latitude dans le choix de l'école à laquelle il veut envoyer ses enfants.

Art. 7. — Le père, le tuteur, la personne qui a la garde de l'enfant, le patron chez qui l'enfant est placé, devra, quinze jours au moins avant l'époque de la rentrée des classes, faire savoir au maire de la commune s'il entend faire donner à l'enfant l'instruction dans la famille ou dans une école publique ou privée; dans ces deux derniers cas, il indiquera l'école choisie.

Les familles domiciliées à proximité d'une ou plusieurs écoles publiques ont la faculté de faire inscrire leurs enfants à l'une ou l'autre de ces écoles, qu'elle soit ou non sur le territoire de leurs communes, à moins qu'elle ne compte déjà le nombre maximum d'élèves autorisé par les règlements.

En cas de contestation, et sur la demande soit du maire, soit des parents, le conseil départemental statue en dernier ressort.

Et de même qu'on oblige les parents à faire connaître comment ils entendent que leurs enfants reçoivent l'instruction primaire, de même, pour les enfants instruits dans leur famille, on exige qu'un examen constate si la loi a été exécutée.

Art. 16. — Les enfants qui reçoivent l'instruction dans la famille

doivent, chaque année, à partir de la fin de la deuxième année
d'instruction obligatoire, subir un examen qui portera sur les
matières de l'enseignement correspondant à leur âge dans les
écoles publiques, dans des formes et suivant des programmes
qui seront déterminés par arrêtés ministériels rendus en conseil supérieur (1).

Le jury d'examen sera composé de : l'inspecteur primaire ou
son délégué, président; un délégué cantonal, une personne mu-
nie d'un diplôme universitaire ou d'un brevet de capacité; les
juges seront choisis par l'inspecteur d'académie. Pour l'examen
des filles, la personne brevetée devra être une femme.

Si l'examen de l'enfant est jugé insuffisant et qu'aucune excuse ne soit admise par le jury, les parents sont mis en demeure
d'envoyer leur enfant dans une école publique ou privée dans la
huitaine de la notification et de faire savoir au maire quelle école.
ils ont choisie.

En cas de non-déclaration, l'inscription aura lieu d'office,
comme il est dit à l'article 8.

Application de la loi de l'obligation. — De
toutes les parties de notre système d'instruction, la
plus difficile à faire passer de la loi dans les faits, c'est
évidemment l'obligation. La gratuité! Il suffit que l'É-
tat, après l'avoir promulguée, subvienne aux dépenses
nécessaires des écoles. La laïcité! Je conviens que l'application en est délicate, qu'elle rencontre des résistances; mais enfin il suffit encore que l'État soit éner-
gique, que le gouvernement veuille bien tenir la main
aux prescriptions impératives de la loi, pour que la
substitution du personnel laïque au personnel congréganiste s'accomplisse définitivement. Pour l'obligation,
c'est autre chose! L'obligation appliquée, cela suppose
l'accord avec la loi de plusieurs milliers de volontés;
cela signifie que dans la grande armée des petits Français il ne doit plus y avoir un seul réfractaire.

Le législateur avait donc des précautions à prendre
pour obtenir, par les moyens les plus sûrs et en même
temps les moins rigoureux, l'exécution de l'obligation
scolaire; pour assurer par conséquent à l'école la fréquentation la plus régulière, la plus complète possible.

C'est surtout par l'institution de la *commission muni-*

(1) Voyez les articles 263-270 de l'*Arrêté organique* du 18 janvier 1887, lesquels règlent la forme et le programme de cet examen.

cipale scolaire que la loi a pensé pourvoir à cet objet. Mais il faut bien reconnaître que, malgré les dispositions minutieuses de la loi, les commissions scolaires n'ont pas, en général, répondu à l'attente du législateur. Les unes par indifférence et par incurie, les autres par hostilité contre les lois scolaires, d'autres encore par des considérations électorales fâcheuses, ne se sont pas servies suffisamment des armes qui leur avaient été mises dans les mains, pour obliger les pères de famille, par la persuasion d'abord, ensuite par des peines réelles, à se conformer aux prescriptions de la loi.

Composition des commissions scolaires. — La composition des commissions scolaires, réglée par l'article 5 de la loi du 28 mars 1882, a été modifiée par les articles 54, 55 et 56 de la loi du 30 octobre 1886.

Art. 5 de la loi du 28 mars 1882. — Une commission municipale scolaire est instituée dans chaque commune pour surveiller et encourager la fréquentation des écoles.....

Art. 54 de la loi du 30 octobre 1886. — La commission municipale scolaire, instituée par l'article 5 de la loi du 28 mars 1882, est composée du maire ou d'un adjoint délégué par lui, président, d'un des délégués du canton et, dans les communes comprenant plusieurs cantons, d'autant de délégués qu'il y a de cantons, désignés par l'inspecteur d'académie; de membres désignés par le conseil municipal en nombre égal, au plus, au tiers des membres de ce conseil.

Dans le cas où le conseil municipal refuserait de procéder à la nomination de ces membres, le préfet les désignerait à son lieu et place.

Art. 55. — A Paris et à Lyon, il y a une commission scolaire pour chaque arrondissement municipal; elle est présidée par le maire ou par un adjoint désigné par lui.

Elle est composée d'un des délégués cantonaux désignés par l'inspecteur d'académie, et des membres désignés par le conseil municipal, au nombre de trois à sept par arrondissement.

Art. 56. — Le mandat des membres de la commission scolaire désignés par le conseil municipal durera jusqu'à l'élection du nouveau conseil municipal.

Il sera toujours renouvelable.

L'inspecteur primaire fait partie de droit de toutes les commissions instituées dans son ressort.

Voyons maintenant de quels pouvoirs dispose la commission scolaire et comment elle fonctionne.

Attributions des commissions scolaires. — La commission scolaire n'a d'autre attribution que de veiller à l'application de la loi de l'obligation.

D'abord elle aide le maire à dresser la liste des enfants qui ont atteint l'âge scolaire (Loi du 28 mars 1882, art. 8). Elle est chargée de répartir les secours provenant de la caisse des écoles (*Ibid.*, 17; voyez plus loin, chap. II). Elle peut, de concert avec l'inspecteur primaire, déférer au conseil départemental l'instituteur privé qui n'a pas signalé les absences de ses élèves (*Ibid.*, 11).

Mais elle est, avant tout, investie du droit de contrôle sur la fréquentation de l'école publique. C'est elle qui apprécie les motifs d'excuse allégués pour justifier l'absence d'un enfant; et, si l'excuse ne lui paraît pas valable, c'est elle qui prononce certaines pénalités.

Art. 10. ... Les motifs d'absence seront soumis à la commission scolaire. Les seuls motifs réputés légitimes sont les suivants : maladie de l'enfant, décès d'un membre de la famille, empêchement résultant de la difficulté accidentelle des communications. Les autres circonstances exceptionnellement invoquées seront également appréciées par la commission.

C'est la dernière phrase de ce paragraphe qui a donné lieu à certaines difficultés d'interprétation. On se rappelle que la commission scolaire de Lavaur (Tarn), ayant à juger la réclamation d'un père qui avait retiré son fils de l'école, sous prétexte qu'on y suivait un livre de morale qui ne lui convenait pas (le *Manuel Compayré*), accueillit ce motif d'excuse comme valable. Le Conseil d'État annula cette décision dans les termes suivants :

« Considérant que si les commissions scolaires statuent sur les cas d'excuses personnelles invoquées par l'enfant ou par sa famille, aucune disposition de la loi ne leur donne qualité pour contrôler les méthodes ou les matières de l'enseignement, et ne les autorise à accueillir des demandes d'excuses fondées sur des appréciations de cette nature; — considérant que l'excuse du sieur D..., telle qu'elle a été formulée devant la commission scolaire de Lavaur, se fondait uniquement sur la nature de l'enseignement donné et les livres employés dans l'école; qu'en accueillant cette excuse, la commission s'est immiscée dans des affaires étrangères à ses attributions; qu'elle a ainsi excédé sa compétence et commis un excès de pouvoir..... » (Arrêt du Conseil d'État du 16 mars 1883.)

La jurisprudence était donc établie. Un arrêt de la cour de cassation, en date du 15 décembre 1883, s'est prononcé, à propos d'une autre affaire, dans le même sens. Mais, pour éviter à l'avenir toute difficulté, le législateur a inséré dans la loi du 30 octobre 1886 une disposition très nette, qui dénie aux commissions scolaires le droit de s'immiscer dans l'enseignement :

« La commission scolaire ne peut, dans aucun cas, s'immiscer dans l'appréciation des matières et des méthodes d'enseignement. » (L. O., 58.)

Et l'article 154 du décret du 18 janvier 1887 interdit même l'entrée de l'école aux membres de la commission :

« Les membres des commissions scolaires n'ont pas l'entrée des écoles. Ils n'ont aucun droit d'inspection ou de contrôle, ni sur les établissements d'instruction, ni sur les maîtres. » (D. O., 154.)

Sanctions prévues par la loi. — Les sanctions établies par la loi, pour assurer la fréquentation scolaire, comprennent trois degrés : l'avertissement, l'affichage et les peines de simple police.

1° L'*avertissement* est adressé au contrevenant par la commission scolaire. L'article 12 détermine dans quelles conditions cette pénalité sera infligée :

ART. 12. — Lorsqu'un enfant se sera absenté quatre fois dans le mois, pendant au moins une demi-journée, sans justification admise par la commission municipale scolaire, le père, le tuteur ou la personne responsable sera invité, trois jours au moins à l'avance, à comparaître, dans la salle des actes de la mairie, devant ladite commission, qui lui rappellera le texte de la loi et lui expliquera son devoir.

En cas de non-comparution, sans justification admise, la commission prononcera la peine énoncée dans l'article 13 (c'est-à-dire l'affichage).

2° L'*affichage* consiste dans la publication, à la porte de la mairie, du nom de la personne responsable. Cette

pénalité, qui vise une première récidive, est prononcée
encore par la commission scolaire :

Art. 13. — En cas de récidive dans les douze mois qui suivront
la première infraction, la commission municipale scolaire ordon-
nera l'inscription pendant quinze jours ou un mois, à la porte de
la mairie, des nom, prénoms et qualité de la personne responsable, avec indication du fait relevé contre elle (1).

3° Les *peines de simple police* consistent en une amende
de 1 à 15 francs, et au maximum en cinq jours d'emprisonnement; elles sont prononcées par le juge de
paix du canton.

Art. 14. — En cas d'une nouvelle récidive, la commission scolaire ou, à son défaut, l'inspecteur primaire, devra adresser une
plainte au juge de paix. L'infraction sera considérée comme une
contravention et pourra entraîner condamnation aux peines de
police, conformément aux articles 479, 480 et suivants du Code
pénal.
L'article 463 du même Code est applicable (2).

Les décisions des commissions scolaires peuvent être
frappées d'appel devant le conseil départemental. Cet
appel, qui doit être formé dans le délai de dix jours,
est suspensif. Il peut émaner, soit de l'inspecteur primaire, soit des parents ou des personnes responsables
(L. O., 59).

Contre le jugement rendu par le juge de paix, il y
a droit d'appel devant le tribunal correctionnel et droit
de pourvoi devant la cour de cassation.

Nous persistons à croire que, appliquées avec une
certaine fermeté, les dispositions que nous venons de
rappeler suffiraient à assurer une exécution satisfaisante
de la loi de l'obligation. A Paris, où les commissions

____

(1) La peine de l'affichage est applicable aussi aux parents ou personnes responsables qui, contrairement aux prescriptions de l'article 9 de la loi, auront négligé, lorsqu'un enfant quitte l'école, d'en donner immédiatement avis au maire
et d'indiquer de quelle façon l'enfant recevra l'instruction à l'avenir.

(2) L'article 479 du Code pénal établit des amendes variant de 1 à 15 francs
inclusivement; l'article 480, une peine d'emprisonnement pendant cinq jours.
L'article 463 admet que, « si les circonstances paraissent atténuantes », l'amende
et l'emprisonnement peuvent être réduits; que les deux peines peuvent être
prononcées séparément l'une de l'autre; que l'amende peut être substituée à
l'emprisonnement.

scolaires ont montré plus de zèle que dans le reste de la France, la fréquentation des écoles est des plus régulières. Ce résultat, d'ailleurs, n'a pas été obtenu sans efforts. Les commissions scolaires de la capitale, de 1882 à 1888, ont convoqué 48,097 parents, prononcé 9,064 condamnations à l'affichage, et enfin déféré 615 affaires aux juges de paix. Nous doutons que, dans leur ensemble, les commissions scolaires de la France entière aient examiné et jugé un nombre égal de cas.

Législation étrangère. — Ce qui suffirait à justifier les sanctions de la loi du 28 mars 1882, c'est que, dans les législations étrangères, les infractions à la loi de l'obligation scolaire entraînent pour les parents récalcitrants à peu près les mêmes pénalités que chez nous.

Dans toute l'Allemagne, on applique des peines pécuniaires et des peines corporelles.

En Saxe, l'amende est, au maximum, de 10 thalers, soit 37 francs; et, si elle n'est pas payée, elle est convertie en quelques jours de prison.

Dans le duché de Brunswick, elle s'élève jusqu'à 20 thalers, soit 75 francs.

En Angleterre également, il peut y avoir une amende de 6 francs au maximum prononcée contre le père; mais l'enfant est puni, lui aussi, — ce qui est particulier à la législation anglaise — et il peut être placé dans une maison de correction.

En Italie, après l'avertissement et l'affichage vient une amende de 50 centimes à 10 francs.

En Portugal, l'amende est l'équivalent d'une journée de travail ou au maximum le quadruple.

Exceptions à la règle de l'obligation. — Si la commission scolaire est investie du pouvoir de punir la violation de la loi, lorsque la mauvaise volonté des parents est évidente, elle a aussi celui d'accorder des dispenses, toutes les fois que les circonstances lui paraissent l'exiger.

D'une part, la commission scolaire, tenant compte des besoins des familles, accorde, sur la demande motivée des parents ou du tuteur, des dispenses de fréquentation scolaire, qui ne peuvent d'ailleurs dépasser trois mois par année en dehors des vacances. Lorsque ces dispenses excèdent quinze jours, elles doivent être soumises à l'approbation de l'inspecteur primaire (L. du 28 mars 1882, 15, § 1).

D'autre part, la commission, avec l'approbation du conseil départemental, peut dispenser d'une des deux classes de la journée les enfants employés dans l'industrie et arrivés à l'âge de l'apprentissage, faculté qui est accordée aussi à tous les enfants employés, hors de leur famille, dans l'agriculture (*Ibid.*, 15, § 3).'

En dehors de ces dispenses individuelles, la loi admet deux exceptions générales à l'obligation de la fréquentation :

1° L'article 18 prévoit le cas où, par suite d'insuffisance des locaux scolaires, l'obligation ne pourra être imposée. *A fortiori*, en est-il ainsi dans les communes qui ne possèdent pas encore d'école. Mais ces communes sont maintenant très peu nombreuses : en 1887, il n'y avait plus que 98 communes dépourvues de toute école. Dans d'autres communes, notamment à Paris, le nombre des places dans les écoles est encore insuffisant. Il y avait, en 1887, dans la capitale jusqu'à 4,457 enfants, filles ou garçons, qui, inscrits dans les mairies, attendaient qu'on pût les recevoir dans une école.

2° L'article 6, qui a institué le certificat d'études primaires, auquel les enfants peuvent se présenter dès l'âge de onze ans, établit en même temps que les candidats reçus à cet examen « seront dispensés du temps de scolarité obligatoire qui leur reste à passer ». Quoiqu'on puisse regretter que le certificat d'études admette des candidats de onze ans, on comprend sans peine que le législateur, en abaissant la limite d'âge, a voulu donner aux enfants particulièrement intelligents et laborieux la faculté d'être rendus un peu plus tôt à leur famille, à leur travail, à leur apprentissage. Serait-il juste de les retenir à l'école, s'ils y ont appris déjà tout ce qu'ils devaient y apprendre ?

Fonctionnement des commissions scolaires.
— En présence de l'inertie d'un trop grand nombre de
commissions scolaires, la loi du 30 octobre 1886 a
essayé de compléter la loi du 28 mars 1882, en réglant
à nouveau leur fonctionnement.

L'article 58 exige que la commission se réunisse au
moins une fois tous les trois mois, sur la convocation
du maire ou, à son défaut, de l'inspecteur primaire. Il
faut que la majorité des membres soit présente, pour
que la délibération soit valable. Tout membre qui aura
manqué à trois séances consécutives, sans motif d'excuses reconnu légitime, sera admis à fournir ses explications devant le conseil départemental et pourra être
déclaré démissionnaire par ce conseil; il ne pourra être
réélu pendant la durée des pouvoirs de la commission.

Le même article prévoit le cas où, après deux con-
vocations, la commission scolaire ne réunirait pas la
majorité de ses membres; dans ce cas, elle peut délibérer valablement sur les affaires pour lesquelles elle a
été spécialement convoquée, à condition que le maire
ou l'adjoint, l'inspecteur primaire et le délégué cantonal, soient présents.

Une expédition des délibérations de la commission
scolaire doit être adressée, dans le délai de trois jours,
par son président, à l'inspecteur primaire.

Enfin, il est spécifié que les séances des commissions
scolaires ne sont pas publiques (L. O., 60) : ce qui revient
à dire que la commission scolaire, quoiqu'elle inflige
des pénalités, n'est pas un corps judiciaire, mais un
simple corps administratif. Les personnes citées devant
la commission doivent comparaître elles-mêmes; elles
ne peuvent se faire représenter par un avocat (D. O.,
157).

**Autres mesures prescrites pour assurer la
fréquentation.** — La loi ne s'est pas contentée d'instituer les commissions scolaires, pour assurer la fréquentation des écoles. Elle a pris d'autres mesures
que nous rappellerons sommairement, et qui imposent

diverses obligations au maire, aux parents, ou aux directeurs d'écoles.

1° Le maire de chaque commune est chargé de dresser chaque année, d'accord avec la commission municipale scolaire, la liste de tous les enfants âgés de six à treize ans; il avise les personnes qui ont la charge de ces enfants de l'époque de la rentrée des classes. Il remet aux directeurs d'écoles publiques et privées, huit jours avant la rentrée des classes, la liste des élèves qui doivent suivre leurs écoles, et en transmet un double à l'inspecteur primaire (L. du 28 mars 1882, 8).

2° Les parents ou personnes responsables doivent, quinze jours avant la rentrée des classes, faire savoir au maire où ils entendent faire donner l'instruction à leurs enfants (*Ibid.*, 7).

En cas de non-déclaration, le maire inscrit d'office l'enfant à l'une des écoles publiques et en avertit la personne responsable (*Ibid.*, 8).

Si l'enfant manque momentanément l'école, les parents doivent faire connaître à l'instituteur les motifs de cette absence (*Ibid.*, 10).

Si l'enfant quitte définitivement l'école, les parents doivent en donner immédiatement avis au maire et indiquer de quelle façon l'enfant recevra l'instruction à l'avenir (*Ibid.*, 9).

3° Les directeurs d'écoles publiques ou privées ont aussi leurs obligations. Il leur est prescrit de tenir un registre d'appel sur lequel ils consigneront à chaque classe les noms des absents. A la fin de chaque mois, ils adresseront au maire et à l'inspecteur primaire un extrait de ce registre, avec l'indication du nombre des absences et des motifs invoqués (*Ibid.*, 10). Toute infraction à ces prescriptions peut donner lieu contre l'instituteur public à l'application des peines disciplinaires prévues par la loi du 30 octobre 1886 (voyez chap. IV ci-après). Quant à l'instituteur privé, l'article 11 règle ainsi qu'il suit la sanction des prescriptions de l'article 10 :

Art. 11. — Tout directeur d'école privée, qui ne se sera pas conformé aux prescriptions de l'article 10, sera, sur le rapport de la commission scolaire et de l'inspecteur primaire, déféré au conseil départemental.

Le conseil départemental pourra prononcer les peines suivantes : 1º l'avertissement; 2º la censure; 3º la suspension pour un mois au plus, et, en cas de récidive dans l'année scolaire, pour trois mois au plus.

Conclusion. — Malgré les critiques qui leur ont été adressées, les lois de 1882 et 1886 nous paraissent suffisamment armées, grâce aux prescriptions que nous venons de résumer, pour obtenir l'application de l'obligation. Sans doute, on pourrait concevoir une autre composition de la commission scolaire, qui, dans l'état présent des choses, est trop soumise aux influences locales. On pourrait proposer de réserver à l'administration seule, à l'inspecteur primaire, le droit de réprimer les violations de la loi. Mais peut-être est-il préférable de maintenir le système légal actuel, qui témoigne de la part des législateurs d'une pensée préméditée de modération et de douceur. Il ne faut pas vouloir forcer trop vite le cours des choses et improviser par la violence des mœurs nouvelles. Les commissions scolaires, véritables tribunaux de famille, à condition qu'elles veuillent remplir consciencieusement la première partie de leur tâche, celle qui consiste à réprimander, à admonester les pères de famille et à leur rappeler leurs obligations et les bienfaits de l'instruction, peuvent déjà beaucoup pour diminuer le nombre des absences dans les écoles publiques.

L'action de l'instituteur, son ascendant croissant, les résultats obtenus dans les écoles, feront peu à peu le reste. En tout cas, avant de demander qu'une législation nouvelle intervienne, songeons à appliquer celle qui existe, et soyons convaincus que, même pratiquée avec ménagements, elle suffira à assurer la fréquentation de l'école.

CHAPITRE II

La gratuité de l'enseignement primaire. — Raisons en faveur
de la gratuité. — Historique. — Législation étrangère. — La
loi du 16 juin 1881.—Dispositions financières.—Caisses des écoles. — Bourses de l'enseignement primaire supérieur. — La
laïcité et la neutralité. — Laïcité de l'école. — Laïcité de
l'enseignement. — La loi du 30 octobre 1886. — Conclusion.

La gratuité de l'enseignement primaire. —
L'enseignement primaire est le seul de nos trois degrés
d'instruction auquel la loi ait accordé le bénéfice de la
gratuité complète. Dans l'enseignement secondaire.
dans les lycées et collèges de l'État, les frais d'études
pour les externes, comme les frais de pension pour les
internes, sont toujours à la charge des parents, sauf
pour 3 ou 4,000 enfants qui ont obtenu des bourses; ces
frais ont même été augmentés en 1888. Dans l'enseignement supérieur, dans les diverses Facultés, les étu-
diants ont été admis pendant quelque temps à prendre
gratuitement leurs inscriptions. Mais depuis 1887 les
droits universitaires ont été rétablis : là encore la gratuité n'est que partielle ; les bourses de l'enseignement
supérieur ne sont accordées, après concours, qu'à un
petit nombre d'élèves très méritants.

L'école primaire est donc, à vrai dire, le seul établissement d'instruction publique où la gratuité soit complète.

Raisons en faveur de la gratuité. — Il y a,
quoiqu'on en ait dit, de bonnes raisons pour justifier
ce privilège de la gratuité concédé au seul enseignement primaire.

D'abord la gratuité apparaît comme une conséquence de l'obligation. Comme le disait au Sénat le rapporteur de la loi du 16 juin 1881, M. Ribière, « il est juste de rendre accessible à tous ce que l'on rend obligatoire pour tous. »

Sans doute, parmi les familles qui bénéficient de la gratuité, quelques-unes pourraient sans la moindre gêne payer la rétribution scolaire. On a constaté depuis quelques années que les classes élémentaires payantes des collèges et des lycées avaient moins d'élèves que par le passé : c'est l'école primaire gratuite qui a recueilli cette clientèle. Mais il est évident que, pour le plus grand nombre des familles qui envoient leurs enfants à l'école, la rétribution scolaire, même minime, est une charge dont il était nécessaire de les exonérer. Et alors la question se présente ainsi. Pouvait-on, dans la même école, à côté d'une majorité d'élèves gratuits, conserver une minorité d'élèves payants ? Ne devait-on pas, au contraire, effacer une distinction regrettable et, sur les bancs des écoles au moins, faire régner l'égalité ? Ne devait-on pas éviter aux parents pauvres l'humiliation de faire l'aveu et la preuve de leur indigence ?

De plus, l'instruction primaire a un caractère profondément distinct de celui des deux autres degrés d'instruction. Elle n'est point, comme l'enseignement secondaire et supérieur, une instruction facultative que la société laisse à chacun la liberté de rechercher ou de ne pas rechercher : elle est un minimum de connaissances indispensables, que la société, surtout dans un pays de suffrage universel, a le droit et le devoir d'exiger de tous les futurs citoyens. N'est-il pas juste que l'État donne gratuitement ce qui est nécessaire à tous ? Déjà Talleyrand, dans son rapport à la Constituante, disait : « La seule instruction que la société doive avec la plus entière gratuité est celle qui est essentiellement commune à tous, parce qu'elle est nécessaire à tous. »

Enfin, une dernière raison, raison de circonstance, celle-là, c'est qu'il fallait prévoir, dans l'établissement de l'instruction obligatoire, des résistances de toute espèce; et l'expérience a montré combien ces prévisions étaient justifiées. Il fallait donc, pour faciliter le succès de l'entreprise, offrir au moins la gratuité comme compensation à l'obligation nouvelle, et ne pas laisser subsister une rétribution scolaire, dont la mauvaise foi et l'esprit de parti se seraient emparés comme d'un prétexte pour excuser la non-fréquentation de l'école.

Historique. — Depuis longtemps déjà la gratuité partielle était établie dans nos lois d'instruction primaire. L'article 14 de la loi de 1833 disait : « Seront admis gratuitement dans l'école communale élémentaire, ceux des élèves de la commune ou des communes réunies que les conseils municipaux auront désignés comme ne pouvant payer aucune rétribution. » C'était accorder la gratuité à tous les enfants dont les familles étaient reconnues comme indigentes, soit, d'après les statistiques, à 30 p. 100 environ.

La loi de 1850, tout en maintenant le principe de la gratuité pour les indigents, allait plus loin et accordait aux communes le droit d'établir la gratuité absolue. — Art. 24 : « Toute commune aura la faculté d'entretenir une ou plusieurs écoles entièrement gratuites, à la condition d'y subvenir sur ses propres ressources. » Sous ce régime, la proportion des élèves gratuits s'éleva à 39 p. 100.

La loi de 1867 faisait un pas nouveau : elle favorisait le développement de la gratuité en autorisant les communes (art. 8) à créer pour cet objet des ressources spéciales, et en leur promettant, pour les aider, les subventions du département et de l'État, de sorte que peu à peu les progrès de la gratuité furent considérables : en 1877, la proportion des élèves gratuits était de 57 p. 100, et en 1881, au moment où est intervenue la loi de la gratuité complète, elle atteignait 66 p. 100.

Le mouvement de l'opinion et des lois de plus en plus libérales avaient donc préparé dans notre pays l'établissement de la gratuité absolue de l'école primaire.

Législation étrangère. — Il s'en faut que la gratuité de l'enseignement primaire soit encore établie dans tous les pays, même dans les États où a été proclamée l'obligation.

Citons seulement ceux où l'enseignement primaire est gratuit, l'énumération sera plus courte : ce sont les États-Unis, et la plupart des républiques espagnoles de l'Amérique du Sud, notamment la République argentine, qui, depuis quelques années, a accompli des prodiges en matière d'organisation pédagogique ; en Europe : l'Italie, le Portugal, la Suisse, la Norvège, la Roumanie, la plupart des provinces de l'Autriche.

En Russie, en Angleterre, en Hollande, quoiqu'il soit de règle d'exiger une rétribution scolaire, la faculté a été donnée aux communes d'instituer la gratuité.

Dans tous les autres pays, on en est encore au régime de nos lois de 1833 et de 1850, c'est-à-dire au système de la rétribution scolaire, tempéré par la gratuité en faveur des indigents.

La loi du 16 juin 1881. — La loi du 16 juin 1881, qui a établi la gratuité complète, est nécessairement des plus simples. Elle supprime la rétribution scolaire et tout est dit ; elle est, à vrai dire, contenue tout entière dans l'article 1er :

Art. 1er. — Il ne sera plus perçu de rétribution scolaire dans les écoles primaires publiques ni dans les salles d'asile publiques (écoles maternelles).

Le prix de pension dans les écoles normales est supprimé.

En d'autres termes, la gratuité est établie dans les écoles maternelles publiques, dans les écoles primaires publiques de tout ordre, élémentaires et supérieures, et aussi dans les écoles normales.

Seuls les frais d'internat ou de demi-pensionnat dans les écoles primaires, ainsi que l'achat des livres et fournitures classiques, partout où la générosité des conseils municipaux ne les distribue pas gratuitement aux élèves, restent à la charge des familles.

Dispositions financières. — Les autres articles de la loi du 16 juin 1881 visaient pour la plupart les moyens financiers destinés à assurer l'application de la gratuité. La suppression de la rétribution scolaire, dont le produit représentait en effet une somme assez considérable, plus de 20 millions, créait un vide, un déficit, qu'il s'agissait de combler. Le législateur y avait pourvu, en 1881, par des règles financières qui ont subsisté jusqu'à aujourd'hui, et qui n'ont été modifiées que par la loi du 19 juillet 1889.

L'article 2 rendait obligatoires pour les communes les quatre centimes spéciaux créés par les articles 40 de la loi du 15 mars 1850 et 7 de la loi du 19 juillet 1875.

L'article 3 définissait les prélèvements à effectuer sur les revenus des communes, en spécifiant que ces prélèvements ne porteraient que jusqu'à concurrence d'un cinquième sur certaines ressources énumérées dans la loi, et en exonérant les communes dans lesquelles la valeur du centime additionnel au principal des quatre contributions directes n'atteint pas 20 francs.

L'article 4 rendait obligatoires pour les départements les quatre centimes spéciaux établis par les lois de 1850 et de 1875, et par la loi du 10 avril 1867.

Enfin, l'article 5 mettait à la charge de l'État, en cas d'insuffisance des ressources communales et départementales, le supplément de subvention nécessaire.

La loi du 19 juillet 1889 est venue modifier profondément ce régime mixte et compliqué, où les dépenses de l'instruction primaire restaient à la fois communales, départementales et nationales. Elle a institué un système plus simple, d'après lequel toutes les dépenses du personnel enseignant primaire sont désormais comprises dans le budget de l'État et constituent une dette nationale (1). Pour cela, elle a décidé qu'à partir du 1er janvier 1890 les quatre centimes communaux et les quatre centimes départementaux seraient transformés en 8 centimes additionnels généraux, por-

____

(1) Sur le caractère général et les autres dispositions de la loi du 19 juillet 1889, voyez plus loin, chap. IV.

tant sur les quatre contributions directes, et dont le produit serait inscrit au budget de l'État (art. 27). Elle a supprimé le prélèvement du cinquième, que l'administration d'ailleurs n'avait jamais exigé intégralement de toutes les communes, et qui a donné lieu à tant de difficultés, à tant de contestations (art. 28).

Caisses des écoles. — La gratuité a pour but de rendre l'école accessible à tous. Mais, à raison de l'indigence de certaines familles, la gratuité elle-même ne suffit pas. Les parents ont trop souvent besoin des services de leurs enfants. Ils n'ont pas toujours de vêtements à leur donner; ils n'ont pas de quoi leur acheter des livres, des cahiers. C'est pour essayer de remédier à ces difficultés qu'ont été établies les *caisses des écoles*, instituées par la loi de 1867 et réorganisées par la loi du 28 mars 1882 (1).

Art. 17. — La caisse des écoles, instituée par l'article 15 de la loi du 10 avril 1867, sera établie dans toutes les communes. Dans les communes subventionnées dont le centime n'excède pas 30 francs, la caisse aura droit, sur le crédit ouvert pour cet objet au ministère de l'instruction publique, à une subvention au moins égale au montant des subventions communales.

La répartition des secours se fera par les soins de la commission scolaire.

Malheureusement cette disposition n'a pas été réalisée partout : il s'en faut de beaucoup. Les difficultés budgétaires n'ont pas permis à l'État de tenir tous ses engagements. La somme de 100,000 francs, inscrite annuellement au budget (elle a même été réduite à 80,000 en 1887), est inférieure de plus de moitié au strict minimum des dépenses que l'État devrait prendre à sa charge pour exécuter la loi. De sorte que beaucoup de communes qui avaient organisé les caisses des écoles, y ont renoncé, ne recevant plus de subsides. En 1886, le nombre des caisses des écoles était de 17,893 ; il n'était plus que de 17,080 en 1887.

Dans quelques grandes villes cependant, les caisses

(1) Voyez aussi l'instruction ministérielle du 12 mai 1867 et la circulaire du 20 mai 1882.

des écoles fonctionnent avec succès et progressent chaque année, alimentées, soit par les libéralités des conseils municipaux, soit par des souscriptions particulières. A Paris, notamment, les caisses des divers arrondissements ne se bornent pas seulement à fournir des secours aux élèves indigents et des récompenses aux élèves assidus : elles participent aux dépenses des cantines scolaires et des voyages de vacances. En 1887-88, les dépenses se sont élevées à 1,030,000 francs en chiffres ronds, et les recettes à 1,172,000 francs, alors qu'en 1875-76 elles ne dépassaient guère 300,000 francs.

Bourses de l'enseignement primaire supérieur. — La gratuité ne s'étend pas, dans les écoles primaires supérieures qui possèdent un internat, aux frais de pension des élèves. Mais, pour faciliter l'accès de ces internats, l'État, par analogie avec ce qu'il fait pour l'enseignement secondaire, accorde des bourses, après concours, à un certain nombre d'élèves. Ces bourses sont : ou bien des bourses d'internat attribuées à des élèves pensionnaires, ou bien des bourses d'entretien accordées à des élèves logés dans leurs propres familles, ou bien enfin des bourses familiales données à des élèves placés en pension dans des familles agréées par le directeur ou la directrice (D. O., 43 et 44). De même, l'État distribue un certain nombre de bourses de voyage et de séjour à l'étranger aux élèves des écoles primaires supérieures, pour leur permettre de perfectionner, soit leur éducation professionnelle, soit leur connaissance des langues vivantes. Le crédit total inscrit au budget est de 954,000 francs. Les conditions et les épreuves de l'examen à subir pour les bourses d'enseignement primaire supérieur ont été réglées par le décret et par l'arrêté organiques du 18 janvier 1887 (D. O., art. 43 à 54 : *Des bourses ;* — A. O., art. 41 à 53 : *De l'examen et de l'attribution des bourses ;* art. 54 à 64 : *Du régime des boursiers*). Les articles 65 et 67 du même arrêté sont relatifs aux bourses de séjour à l'étranger. C'est le ministre qui distribue ces dernières bourses. Quant aux bourses de l'enseignement primaire supérieur, elles sont conférées par le préfet de chaque département (D. O., 46).

La laïcité et la neutralité. — La laïcité, ou la neutralité religieuse, est le troisième caractère fondamental de notre instruction primaire publique. On sait à quelles protestations, à quelle campagne ardente a donné lieu l'établissement de l'école laïque. Et cependant la laïcité est la conséquence logique et nécessaire de l'obligation scolaire. Comment admettre un seul instant qu'on puisse obliger un père de famille, protestant, israélite, libre penseur, à envoyer ses enfants dans une école où seraient enseignées officiellement et comme des vérités absolues les croyances catholiques? Fondées et entretenues au nom de l'État, au nom de la société tout entière, les écoles primaires ne sauraient être inféodées à tel ou tel culte. Dans un pays où il n'y a plus de religion d'État, il ne doit plus y avoir d'enseignement officiel du catéchisme dans les écoles qui sont des écoles d'État.

Il y a d'ailleurs d'autres raisons. N'y eût-il que des catholiques en France et des enfants catholiques dans les écoles, nous estimerions encore que l'enseignement du catéchisme ne saurait être confié à l'instituteur public, qui n'a pas qualité pour donner ces leçons, qui n'a ni l'autorité, ni la compétence pour devenir un maître de religion. Sans même aller jusqu'au cas extrême où vous imposeriez à des instituteurs l'obligation de transmettre à leurs élèves des croyances qu'ils ne partageraient pas, n'est-il pas évident qu'un instituteur, même fervent catholique, sort de son rôle, s'il se substitue au prêtre dans l'enseignement du catéchisme? A chacun sa mission : au prêtre la liberté entière de prêcher dans l'église les dogmes de la religion et la charge de préparer les enfants à leurs devoirs religieux ; à l'instituteur le droit de se cantonner sur le terrain purement humain de la morale universelle, en même temps que le devoir de s'abstenir de toute attaque contre l'enseignement religieux donné par d'autres que par lui. La laïcité et la neutralité de l'école ne sont en réalité que la conséquence nécessaire de la liberté de conscience.

Ce sont ces raisons qu'ont fait valoir avec force les rapporteurs de la loi du 28 mars 1882, M. P. Bert à la Chambre des députés et M. Ribière au Sénat :

« ... Nous ne voulons plus, disait M. P. Bert, l'école esclave de l'église, mais indépendante. Nous ne voulons plus l'instituteur dépendant de l'église, mais l'instituteur libre dans son école. En même temps nous laissons le prêtre libre dans l'église. A l'un nous attribuons la science, ce qui se démontre; à l'autre nous donnons plein pouvoir dans le domaine de la foi, de ce qui se croit; à l'un le domaine de ce que l'on comprend avec les seules lumières de la raison, à l'autre celui dans lequel il faut faire intervenir la lumière de la grâce; à tous deux la protection, le respect, la liberté. De cette manière nous séparons ces deux domaines, nous laissons chacun libre, nous évitons les conflits et nous assurons la paix publique... »

« La sécularisation de l'école, ou, si l'on veut, la laïcisation du programme, disait de son côté M. Ribière, apparaît d'abord comme une conséquence forcée du système de l'obligation. Sous l'empire de la loi de 1850, le père de famille, libre de donner ou de ne pas donner à ses enfants l'instruction primaire, pouvait, à la rigueur, les soustraire à un enseignement confessionnel et dogmatique en opposition avec ses idées religieuses ou ses sentiments intimes; avec la loi projetée. un très grand nombre de pères de famille devront, en fait, envoyer leurs enfants à l'école publique; il est donc nécessaire que cette école n'ait à aucun degré le caractère d'école confessionnelle. Autrement, que deviendraient la liberté et le respect qui sont dus à toutes les opinions philosophiques ou religieuses des pères de famille, à celles qui pourront être. dans un âge plus avancé, adoptées par les enfants eux-mêmes, à celles des instituteurs pour lesquels, comme pour tous, le choix d'une fonction ou d'un état doit rester indépendant du choix d'une doctrine ou d'un culte religieux ?

« Qu'on ne prétende pas d'ailleurs que cet enseignement, en ce qui concerne le rôle de l'instituteur, était donné dans des proportions si modestes qu'il ne pouvait causer aucune inquiétude aux pères de famille dont les opinions étaient différentes : le droit de surveillance et d'inspection exercé par les ministres des différents cultes en était la conséquence obligée. L'influence ecclésiastique tendait à prévaloir sur l'influence pédagogique, et l'école elle-même se prêtait à ce mélange, ou tout au moins à cette juxtaposition de doctrines confessionnelles en désaccord entre elles, en désaccord avec les doctrines philosophiques : de là pouvait naître un germe de doute, de division dont il est sage de préserver, au moins dans les écoles publiques, l'esprit des jeunes enfants...

« L'école primaire ouverte à tous, ne devant dépendre d'aucune secte, d'aucune doctrine confessionnelle, ne devant être ni religieuse ni antireligieuse, doit être, par conséquent, l'école sécularisée, l'école neutre, l'école laïque. »

Laïcité de l'école. — La laïcité de l'école comprend, en quelque sorte, trois degrés : 1° la laïcité de l'école elle-même; 2° la laïcité de l'enseignement; 3° la laïcité du personnel.

La laïcité de l'école et de l'enseignement a été sanctionnée par la loi du 28 mars 1882; la laïcité du personnel enseignant, par la loi du 30 octobre 1886.

Dire que l'école est laïque, c'est d'abord proclamer son autonomie, c'est-à-dire l'affranchir de toute tutelle de l'autorité ecclésiastique. C'est ce qui a été fait par l'article 3 de la loi du 28 mars 1882 :

Art. 3. — Sont abrogées les dispositions des articles 18 et 44 de la loi du 15 mars 1850, en ce qu'elles donnent aux ministres des cultes un droit d'inspection, de surveillance et de direction dans les écoles primaires publiques et privées et dans les salles d'asile, ainsi que le paragraphe 2 de l'article 31 de la même loi. qui donne aux consistoires le droit de présentation pour les instituteurs appartenant aux cultes non catholiques.

L'école est donc désormais fermée aux ministres des cultes. Quelques objections ont été faites à cet article. On a dit, on redit encore qu'il serait peut-être bon d'autoriser les ministres des cultes à donner l'enseignement du catéchisme dans le local de l'école, en dehors des heures de classe. Nous ne verrions que des inconvénients à l'exécution de cette mesure. Outre que les représentants de la religion n'y consentiraient probablement pas, il nous semble que le principe de la laïcité exige que non seulement l'enseignement de l'école, mais l'école elle-même soit un terrain neutre, où l'instituteur reste le seul maître.

Tout ce qu'on doit demander à la loi, c'est de ne pas entraver en dehors de l'école l'enseignement religieux; c'est de faciliter au contraire aux ministres des cultes l'accomplissement de leur mission.

De là l'article 2 de la loi du 28 mars :

Art. 2. — Les écoles primaires publiques vaqueront un jour par semaine en outre du dimanche, afin de permettre aux parents de faire donner, s'ils le désirent, à leurs enfants, l'instruction religieuse, en dehors des édifices scolaires.

A la laïcité de l'école se rattachent deux autres questions : 1° Dans quelle mesure les instituteurs peuvent-ils concourir à la surveillance des élèves, lorsque ceux-ci vont à l'église pour le catéchisme ou les exercices du culte? 2° Les emblèmes religieux doivent-ils être admis dans l'école?

La première question est réglée par l'article 5 de l'arrêté du 18 juillet 1882, qui est ainsi conçu :

Art. 5. — Les enfants ne pourront, sous aucun prétexte, être détournés de leurs études pendant la durée des classes (1).

Ils ne seront envoyés à l'église, pour le catéchisme ou pour les exercices religieux, qu'en dehors des heures de classe. L'instituteur n'est pas tenu de les y surveiller. Il n'est pas tenu davantage de les y conduire.

On remarquera que l'instituteur reste libre, s'il le veut, d'accompagner les élèves à l'église et de les y surveiller; mais il n'y est point obligé.

Quant à la question des emblèmes religieux, elle a été traitée dans la circulaire ministérielle du 2 novembre 1882. Le ministre, tout en déclarant que la loi du 28 mars, prise dans sa rigueur, implique « la suppression de tout ce qui donnerait ou conserverait à l'école publique un caractère confessionnel », reconnaît qu'on doit user de tempéraments et ne pas s'exposer « à porter le trouble dans les familles, à froisser le vœu des populations, en procédant à l'exécution d'une réforme toute accessoire ». Il faut éviter, dit encore le ministre, tout ce qui tendrait « à rapetisser la loi, à la présenter au pays comme une sorte de règlement de police scolaire, à en inaugurer l'application par un

(1) Le même article (§ 3) autorise cependant les élèves à quitter l'école aux heures où leurs devoirs religieux les appellent à l'église pendant la semaine qui précède la première communion.

semblant de croisade iconoclaste. Le principal objet de l'acte législatif qui a séparé l'école de l'église, c'est, non la transformation des locaux scolaires, mais celle des programmes, des leçons, des exercices, de tout ce qui fait l'esprit de l'enseignement et la valeur de l'éducation. »

Laïcité de l'enseignement. — C'est l'article 1er de la loi du 28 mars 1882 qui, en réglant les matières d'enseignement dans les écoles primaires publiques, a établi la laïcité des programmes.

L'article 23 de la loi de 1850 disait :

« L'enseignement primaire comprend : 1° l'instruction morale et *religieuse*..... »

L'article 1er de la loi de 1882 dit :

« L'enseignement primaire comprend : 1° l'instruction morale et *civique*... »

C'est donc par prétérition, pour ainsi dire, en omettant volontairement les mots *instruction religieuse*, et en les remplaçant par ceux-ci : *instruction civique*, que la loi de 1882 a proclamé la laïcité de l'enseignement.

Nous renvoyons à la première partie de cet ouvrage (chap. VI et VII) pour tout ce qui concerne l'organisation de l'instruction morale et civique à l'école primaire.

La loi du 30 octobre 1886. — C'est seulement la loi organique du 30 octobre 1886 qui a établi définitivement la laïcité du personnel enseignant dans les écoles primaires publiques. Il est inutile d'insister pour faire comprendre que la laïcisation du personnel était la conséquence logique et nécessaire de la laïcité de l'enseignement.

ART. 17. — Dans les écoles publiques de tout ordre, l'enseignement est exclusivement confié à un personnel laïque.

Cet article pose le principe, qui est absolu et qui n'admet point d'exception. Mais le législateur a compris qu'une révolution aussi profonde dans nos mœurs scolaires ne pouvait s'accomplir en un jour, qu'il y fallait du temps; qu'il y avait à tenir compte des résistances de l'opinion publique dans certaines contrées moins éclairées que d'autres; que pour les écoles de filles surtout, qui sont encore en si grand nombre aux mains des congrégations religieuses, il n'était pas possible de procéder à une brusque et immédiate substitution du personnel laïque au personnel congréganiste. De là les délais consentis par l'article 18 :

Art. 18. — Aucune nomination nouvelle, soit d'instituteurs, soit d'institutrices congréganistes, ne sera faite dans les départements où fonctionnera depuis quatre ans une école normale, soit d'instituteurs, soit d'institutrices, en conformité avec l'article 1er de la loi du 9 août 1879 (1).

Pour les écoles de garçons, la substitution du personnel laïque au personnel congréganiste devra être complète dans le laps de cinq ans après la promulgation de la présente loi (2).

En d'autres termes, pour la laïcisation définitive des écoles de garçons, un délai de cinq ans est accordé; ce délai expirera le 30 octobre 1891.

Pour la laïcisation des écoles de filles, le délai est indéfini.

D'après un tableau emprunté au rapport de M. Combes sur la loi des traitements, il y avait encore en 1889, tant en France qu'en Algérie, 16,529 maîtres ou maîtresses congréganistes : 1,029 instituteurs titulaires, 1,454 adjoints, 8,179 institutrices titulaires, 3,383 adjointes, 1,715 directrices d'écoles maternelles et 769 sous-directrices.

Rappelons, relativement à l'application du premier paragraphe de l'article 18, que, en ce qui concerne les instituteurs, la règle prescrite par cet article s'applique aujourd'hui à tous les départements; dans celui des Côtes-du-Nord, le plus en retard, l'école normale a eu ses quatre ans d'existence le 1er octobre 1889. Quant

____

(1) Un autre article de la même loi, l'article 67, établit qu'il sera sursis à l'application de cette disposition, « dans le cas où la laïcisation entraînerait l'acquisition ou la construction d'une maison d'école..., jusqu'à ce qu'il ait été pourvu à l'établissement de l'école ».

(2) Voyez, pour l'application de l'article 18, la circulaire du 3 décembre 1886.

aux institutrices, la règle est applicable dans presque
tous les départements. Il y en a huit, cependant, où
l'école normale n'aura ses quatre ans d'existence que le
1er octobre 1890 : Basses-Alpes, Calvados, Côtes-du-
Nord, Gers, Ille-et-Vilaine, Landes, Manche et Vau-
cluse. D'autres, comme la Vienne, le Lot, la Mayenne,
la Savoie, n'ont ouvert leur école qu'en 1887. Enfin,
deux départements n'ont pas encore d'écoles normales
d'institutrices : le Tarn et le département de Cons-
tantine.

Conclusion. — Quelques objections que soulève
encore l'établissement définitif de l'école laïque, nous
ne doutons pas qu'elle ne résiste à toutes les attaques
dirigées contre elle, et que l'idée de la laïcité, comme
celle de l'obligation, ne s'acclimate de plus en plus
dans notre pays. « L'apaisement se fera, dit M. Buisson, car il est déjà bien près d'être fait. Et le pays ne
se souciera plus de recommencer la campagne contre
des écoles qu'il ne demandait pas peut-être, mais dont
il ne saurait plus se passer. La vérité est que le développement de l'instruction primaire, la gratuité, l'obligation, la neutralité de l'école garantie par là laïcité
du personnel, tout ce large enseignement enfin donné
à tous, sans distinction, sans inégalité, sans arrière-
pensée, ce ne sont pas là des conquêtes scolaires, ce
ne sont pas même des conquêtes politiques, ce sont
proprement des conquêtes sociales, et, celles-là, il n'y
a pas d'exemple qu'un peuple qui les a une fois con-
nues se les soit laissé ravir. » L'instruction universelle,
aussi bien que le suffrage universel, fait désormais
partie intégrante du patrimoine du peuple.

CHAPITRE III

Nous avons étudié les dispositions légales qui règlent l'application des trois principes de notre droit
public primaire : obligation, gratuité, laïcité. Nous
abordons maintenant l'étude de l'organisation même
de l'enseignement primaire : des diverses catégories
d'écoles, des règles de leur création; de la situation du
personnel qui y est chargé de la direction et de l'enseignement; des autorités préposées à l'administration
et à l'inspection des divers examens primaires, etc.

Diverses catégories d'écoles primaires. —
L'enseignement primaire est donné :

1° Dans les écoles maternelles et les classes enfantines ;

2° Dans les écoles primaires élémentaires ;

3° Dans les écoles primaires supérieures et dans les
classes d'enseignement primaire supérieur annexées
aux écoles élémentaires et dites « cours complémentaires » ;

4° Dans les écoles manuelles d'apprentissage, telles que les définit la loi du 11 décembre 1880 (L. O., 1).

5° Enfin, dans les écoles normales.

Ajoutons que, d'après l'article 8 de la loi du 30 octobre 1886, il peut être créé des classes primaires pour adultes ou pour apprentis.

Écoles publiques et écoles privées. — A tous les degrés de l'instruction, la loi française proclame la liberté de l'enseignement, c'est-à-dire le droit pour les particuliers ou pour les associations de fonder des établissements d'instruction, sous certaines conditions et d'après certaines règles.

En ce qui concerne l'enseignement primaire, la liberté d'ouvrir des écoles privées (ou libres, comme disait l'ancienne législation), établie par les lois de 1833 et de 1850, a été maintenue par la loi organique du 30 octobre 1886 :

Art. 2. — Les établissements d'enseignement primaire de tout ordre peuvent être publics, c'est-à-dire fondés et entretenus par l'État, les départements ou les communes, ou privés, c'est-à-dire fondés et entretenus par des particuliers ou des associations.

Un autre article de la même loi (art. 35) établit que les directeurs et directrices d'écoles primaires privées sont entièrement libres dans le choix des méthodes, des programmes et des livres, réserve faite pour les livres qui auront été interdits par le conseil supérieur, comme contraires à la morale, à la Constitution et aux lois.

Nous verrons ailleurs à quelles règles et à quelles conditions est soumise l'organisation des écoles libres (chap. VIII ci-après). Les dispositions légales que nous allons examiner dans ce chapitre ne visent que les écoles publiques.

Écoles maternelles. — Nous n'avons pas à revenir sur le caractère général, sur les programmes des *écoles maternelles* (voyez première partie, chap. IV).

C'est en 1881 (L. du 16 juin, 7) que les écoles maternelles ont été pour la première fois comprises légalement au nombre des établissements d'enseignèment primaire public.

L'enseignement y est toujours confié à des institutrices (L. O., 6).

Si la moyenne des présences dépasse le nombre de cinquante enfants, la directrice est aidée par une adjointe ; la directrice et l'adjointe s'occupent alternativement de l'une et de l'autre section (D. O., 7).

Une femme de service, nommée par la directrice avec agrément du maire, et qui peut être révoquée dans les mêmes formes, doit être attachée à toute école maternelle (*Ibid.*, 8).

Il peut être établi auprès des écoles maternelles un ou plusieurs comités de dames patronnesses présidés par le maire. Les membres de ces comités sont nommés pour trois ans par l'inspecteur d'académie, après avis du maire. Ces comités ont pour attributions exclusives de veiller à l'observation des prescriptions de l'hygiène, à la bonne tenue de l'établissement, à l'emploi des fonds ou dons en nature recueillis en faveur des enfants (*Ibid.*, 10).

Comme il s'agit de tout petits enfants, dont la santé exige une grande surveillance, il est prescrit en outre qu'un médecin nommé par le maire visitera une fois par semaine les écoles maternelles (A. O., 3).

Chaque année, la directrice adresse à l'inspectrice départementale ou, à son défaut, à l'inspecteur primaire, un rapport détaillé sur tout ce qui concerne l'école (*Ibid.*, 5).

Aucune école maternelle ne devra recevoir plus de cent cinquante enfants, à moins d'une autorisation spéciale de l'inspecteur d'académie (*Ibid.*, 7).

Conditions d'établissement. — La loi impose à toutes les communes l'obligation d'être pourvues au moins d'une école primaire publique (L. O., 11) ; elle n'impose à aucune l'obligation de fonder et d'entretenir une école maternelle.

Seulement elle met au nombre des écoles primaires publiques, donnant lieu à une dépense obligatoire pour

la commune et à une subvention de l'État, les écoles
maternelles régulièrement créées dans les communes
comptant plus de 2,000 habitants et ayant au moins
1,200 habitants de population agglomérée (*Ibid.*, 15).

La loi du 16 juin 1881 (art. 7) n'ayant fixé aucune
condition de population pour la création des écoles maternelles, nombre de communes étaient allées de l'avant
et avaient fondé des écoles maternelles. Ces écoles, devant les conditions impératives de la loi du 30 octobre 1886, ont dû disparaître en partie : soixante-quinze
ont été supprimées en 1888-89. Celles qui ont été maintenues, à raison des services particuliers qu'elles rendent et aussi des sacrifices qui ont été consentis en leur
faveur par les communes qui les ont créées, sont encore, malgré leur situation irrégulière, subventionnées
par l'État ; un crédit de 200,000 francs est inscrit au
budget à cet effet depuis 1887.

Classes enfantines. — La *classe enfantine* est
comme « l'anneau qui relie l'école maternelle à l'école
primaire ». Nous avons déjà dit (voyez chap. 1er, page 8)
comment les classes enfantines ont été substituées par
la loi du 30 octobre 1886 aux anciennes *écoles enfantines.*

En conséquence, il a été décidé que les conseils départementaux devraient, au cours de l'année 1887,
sous réserve de l'approbation ministérielle et après
avis des conseils municipaux intéressés et des inspecteurs d'académie, statuer sur le caractère à attribuer aux
anciennes écoles enfantines, et les classer, soit comme
écoles primaires élémentaires, soit comme écoles maternelles.

L'enseignement dans les classes enfantines est donné
par des institutrices (L. O., 6).

La création des classes enfantines n'est pas obligatoire pour les communes, pas plus que celle des écoles
maternelles. Mais, à la différence dés écoles maternelles, il n'est pas nécessaire que la population de
la commune atteigne un certain chiffre, pour que la
classe enfantine, comprenant des enfants des deux

sexes, soit inscrite au nombre des établissements donnant lieu à une dépense obligatoire pour la commune (*Ibid.*, 15).

Écoles primaires élémentaires. — Les *écoles primaires élémentaires* sont, ou bien des écoles de garçons, ou bien des écoles de filles, ou bien des écoles mixtes.

L'enseignement est donné par des instituteurs dans les écoles de garçons, par des institutrices dans les écoles de filles (L. O., 6).

La loi autorise cependant des femmes à enseigner, à titre d'adjointes, dans les écoles de garçons, sous la condition d'être épouse, sœur, ou parente en ligne directe de l'instituteur qui dirige l'école. Le conseil départemental peut même autoriser, à titre provisoire, des dérogations à cette dernière prescription (*Ibid.*).

Dans les *écoles mixtes*, la loi a édicté que l'enseignement serait confié à des institutrices ; mais le conseil départemental a le droit, à titre provisoire et par une décision toujours révocable, de permettre à des instituteurs de diriger des écoles mixtes, à condition qu'il leur soit adjoint une maîtresse de couture (*Ibid.*). Et, en fait, la plupart des écoles mixtes sont encore aux mains des instituteurs. Sur 18,363 écoles mixtes (statistique de 1887), 13,101 sont dirigées par des instituteurs et 5,262 seulement par des institutrices.

Cette situation est le résultat d'une tradition qu'il sera difficile de vaincre. En 1865, M. J. Simon disait dans son livre *l'École :* « Dans beaucoup de villages, l'essai a été tenté ; on n'a réussi qu'à remplacer l'école de garçons par une école de filles. Les garçons ont été retirés par leurs parents. Le peu de capacité de la plupart des institutrices explique cette conduite. » Ce préjugé n'est plus aujourd'hui qu'un anachronisme, si l'on considère les progrès considérables accomplis dans l'éducation pédagogique des institutrices ; mais il n'en persiste pas moins, encouragé notamment par les préférences des maires, qui, ne fût-ce qu'au point de vue du secrétariat de la mairie, préfèrent généralement les instituteurs.

L'âge d'admission des enfants dans les écoles primaires élémentaires est fixé à six ans révolus, s'il existe dans la commune et à proximité une école maternelle publique, à sept ans s'il existe une classe enfantine publique (D. O., 28). Il est abaissé à cinq ans dans les communes qui n'ont ni école maternelle ni classe enfantine. L'âge réglementaire de la sortie est de treize ans révolus. Pour être maintenu dans l'école après cet âge, il faut une autorisation spéciale de l'inspecteur d'académie (*Règlement scolaire modèle*, art. 1er).

Conditions d'établissement. — La loi impose à chaque commune l'obligation d'avoir au moins une école primaire publique (L. O., 11).

Une commune peut pourtant être autorisée (voyez plus loin, page 338) à se réunir à une ou plusieurs communes voisines pour l'établissement et l'entretien d'une école (*Ibid.*, 11). Bien entendu, l'école obligatoire pour les communes est une école publique; la commune ne peut plus être dispensée de cette obligation, comme elle l'était par la loi de 1850, sous la condition de pourvoir à l'enseignement primaire gratuit des enfants indigents dans une école privée.

Outre l'obligation d'être pourvue au moins d'une école primaire publique, toute commune ou réunion de communes est tenue d'avoir une école spéciale pour les filles, lorsqu'elle compte 500 habitants et au-dessus, à moins d'être autorisée à remplacer cette école spéciale par une école mixte (*Ibid.*, 11).

Toutefois, pour sauvegarder l'existence des écoles déjà établies dans les communes de moins de 500 habitants, et de plus de 400, toute école établie au 30 octobre 1886 a été comprise par la loi au nombre des écoles qui donnent lieu à une dépense obligatoire (*Ibid.*, 15).

Enfin, une autre catégorie d'écoles primaires sont les écoles de hameaux, instituées par la loi du 20 mars 1883, *relative à l'obligation de construire des maisons d'école dans les chefs-lieux de communes et dans les hameaux.* L'article 8 exige que la commune pourvoie à l'établis-

sement de ces écoles dans les hameaux ou centres
de population éloignés du chef-lieu ou distants les
uns des autres de 3 kilomètres, et réunissant un effectif d'au moins vingt enfants d'âge scolaire, c'est-à-dire
âgés de six à treize ans.

Écoles primaires supérieures. — Instituées par
la loi de 1833, dans chaque chef-lieu de département et
dans toutes les villes ayant au moins six mille habitants, les *écoles primaires supérieures* étaient en nombre
considérable en 1850. Mais la loi de 1850, leur ôtant
par là tout caractère légal, omit de les mentionner
parmi les établissements d'enseignement primaire, et
elles diminuèrent peu à peu. C'est seulement en 1878
que, pour la première fois, un crédit de 100,000 francs
fut ouvert au budget de l'État, destiné à subventionner
les écoles primaires supérieures. Ce crédit n'a cessé
depuis lors d'être augmenté, et il est pour 1890 de plus
de 1,500,000 francs. Le nombre des écoles primaires
supérieures, qui n'était que d'une quarantaine en 1878,
s'est élevé à 255 en 1887, sans compter 431 cours complémentaires. La loi organique du 30 octobre 1886 les
a consacrées en les énumérant parmi les établissements
d'instruction primaire. Le décret organique du 18 janvier 1887 (art. 30 à 41) et l'arrêté organique (art. 24 à
32) ont réglé leur organisation. Enfin, la loi du 19 juillet 1889 (art. 5) a modifié les conditions qui leur donnent droit à une subvention de l'État (1).

L'enseignement primaire supérieur est donné, soit
dans les *cours complémentaires,* soit dans les écoles
primaires supérieures proprement dites (D. O., 30).

Art. 30. — Les établissements d'enseignement primaire supérieur prennent le nom de *cours complémentaire,* s'ils sont annexés
à une école primaire élémentaire et placés sous la même direction. Ils prennent le nom d'*école primaire supérieure,* s'ils sont
installés dans un local distinct et sous une direction différente de
celle de l'école élémentaire. Toutefois la réunion, sous une
même direction, d'une école primaire supérieure et d'une école

(1) Voyez aussi les programmes de 1885 qui, après revision, ont été annexés au
décret et arrêté organiques de 1887, et le *Règlement scolaire modèle* du 29 décembre 1888.

primaire élémentaire dans un même groupe scolaire pourra être autorisée par le ministre, sur l'avis motivé du conseil départemental.

La durée des études, dans les cours complémentaires, est de deux ans au maximum. Les cours complémentaires comprennent au plus, quel que soit le nombre d'élèves, deux divisions qui pourront être réunies sous un même maître.

L'école primaire supérieure comprend au moins deux années d'études : elle est dite de plein exercice, si elle en comprend trois ou plus.

Programmes. — L'article 35 du décret organique énumère ainsi qu'il suit les matières d'enseignement des écoles primaires supérieures (1) :

Art. 35. — L'instruction primaire supérieure comprend, outre la revision approfondie des matières étudiées à l'école primaire élémentaire :

L'arithmétique appliquée ;
Les éléments du calcul algébrique et de la géométrie ;
Les règles de la comptabilité usuelle et de la tenue des livres ;
Les notions de sciences physiques et naturelles applicables à l'agriculture, à l'industrie et à l'hygiène ;
Le dessin géométrique, le dessin d'ornement et le modelage ;
Les notions de droit usuel et d'économie politique ;
Les notions d'histoire de la littérature française ;
Les principales époques de l'histoire générale et spécialement des temps modernes ;
La géographie industrielle et commerciale ;
Les langues vivantes ;
Le travail du bois et du fer, pour les garçons ;
Les travaux à l'aiguille, la coupe et l'assemblage, pour les filles.

Écoles primaires supérieures professionnelles. — Les écoles primaires supérieures sont, les unes non professionnelles, les autres professionnelles : les premières dépendent du ministre de l'instruction publique seul et sont régies par la loi organique de 1886 et par les règlements organiques de 1887 ; les autres sont placées sous le double contrôle du ministre de l'instruction publique et du ministre du commerce et

---

(1) Comme nous n'avons pas parlé, dans la première partie de cet ouvrage, des écoles primaires supérieures, nous réunissons ici tous les renseignements qui concernent ces écoles.

de l'industrie : elles sont régies par la loi du 11 décembre 1880 et par les décrets des 17 mars et 28 juillet 1888 (voyez plus loin *Écoles manuelles d'apprentissage*).

Conditions d'établissement. — Depuis quelques années les écoles primaires supérieures subissent manifestement une crise. On conteste de divers côtés l'utilité des services qu'elles rendent. On prétend qu'elles font double emploi avec l'enseignement secondaire spécial, surtout si elles se contentent d'être des établissements d'instruction théorique et générale, si elles ne s'orientent pas résolument dans la voie des applications professionnelles et de la préparation pratique aux carrières du commerce et de l'industrie. D'autre part, on reproche aux pouvoirs publics d'en avoir trop généreusement multiplié le nombre, d'avoir cédé maintes fois, avec une complaisance imprudente, aux sollicitations de communes ambitieuses qui, par amour-propre plus que par un réel besoin, ont fondé des écoles insignifiantes, condamnées à végéter avec un très petit nombre d'élèves, faute de ressources, faute d'un rayonnement suffisant. Nous ne sommes plus au temps où M. Paul Bert rêvait d'inscrire dans la loi qu'il y aurait obligatoirement une école primaire supérieure par canton, et même deux, une de garçons et une de filles : ce qui aurait donné 2,863 écoles rien que pour les garçons. C'étaient là les temps héroïques de l'organisation de notre enseignement primaire! Plus pratiques et moins ardents, les esprits aujourd'hui semblent trouver exorbitante et excessive l'existence des 256 écoles actuelles.

Ce qui explique en partie ce ralentissement marqué de la faveur et du crédit dont l'enseignement primaire supérieur avait joui jusqu'à présent dans l'opinion publique, ce sont les renseignements fournis par les statistiques officielles, et desquels il ressort que nombre d'écoles ne prospèrent pas. Nous sommes très impatients en France : nous voulons des résultats immédiats. Nous ne considérons pas assez que le temps

est nécessaire pour faire porter tous ses fruits à une
institution nouvelle, et que, par exemple, il est injuste
de demander à des écoles nées d'hier, dont l'existence
est à peine connue, qu'elles aient déjà recruté plusieurs vingtaines d'élèves. Laissons-les vivre, et peut-
être les moins peuplées elles-mêmes, les moins favo-
risées au début, réussiront à vaincre l'indifférence, à
triompher des préjugés hostiles, et compteront, au bout
de quelques années, parmi les plus florissantes et les
plus populeuses...

Quoi qu'il en soit, il faut bien reconnaitre que, à
l'heure présente, les résultats obtenus peuvent paraitre
disproportionnés aux sacrifices que se sont imposés les
communes et l'État.

Prenons, par exemple. le nombre des élèves qui,
d'après le recensement officiel, suivent les cours de
nos 256 écoles supérieures. Il y en avait en tout, au
31 décembre 1887. 20,903 : savoir : 15,753 garçons
et 5,150 filles. Or l'effectif du personnel enseignant
compte 2,160 maitres et maitresses (y compris les
directeurs et les directrices), ce qui donne un peu
moins de 10 élèves par maitre. Il est évident que cette
proportion est peu satisfaisante, et que les dépenses
que représentent les traitements d'un aussi grand
nombre de professeurs ne paraissent pas suffisamment justifiées par le nombre d'élèves qui profitent de
leurs leçons.

Il en est de même pour les cours complémentaires :
10,157 élèves, 1,178 maitres et maitresses.

Le rapporteur de la loi sur les traitements au Sénat,
l'honorable M. Combes, a mis vivement en lumière,
dans son rapport. l'insuffisance de la clientèle scolaire
d'un trop grand nombre de nos écoles primaires supérieures. « Sur les 185 écoles de garçons, il y en a 4,
dit-il, qui n'ont pas plus de 10 élèves, 6 autres qui n'en
ont pas plus de 15, 2 qui n'en ont pas plus de 20 et 13
qui n'en ont pas plus de 25. 13 écoles de filles sur les
71 existantes sont dans le même cas. Une de ces
13 écoles (celle de Mézières), ouverte seulement, il est

vrai, en octobre 1887, n'avait que 4 élèves à la date du 31 décembre 1887... C'est bien pis encore pour les cours complémentaires. Un grand nombre sont déserts; les deux tiers sont à peine peuplés. Des 308 cours complémentaires de garçons, 33 ont un effectif qui n'excède pas 10 élèves ; 73, un effectif qui n'excède pas 15 ; 49, un effectif qui n'excède pas 20 ; 41, un effectif qui n'excède pas 25. Un n'a que 6 élèves, bien qu'il date de 1882 ; et 2 autres. dont le plus récent est de 1883, ne servent qu'à 5 élèves. Pour 2 autres qui fonctionnent depuis 1882, le nombre des élèves est de 4. L'effectif de 2 autres, qui remontent à 1884 et 1885, tombe à 3.... »

C'est à raison de ces considérations diverses que la loi du 19 juillet 1889 a sanctionné des dispositions plus sévères, en ce qui concerne l'établissement des écoles primaires supérieures et le maintien des subventions de l'État :

Art. 5. — Il ne pourra être créé aucun établissement d'enseignement primaire supérieur, école ou cours complémentaire, si un crédit spécial n'a été préalablement inscrit, à cet effet, dans la loi de finances.

Les écoles primaires supérieures et les cours complémentaires cesseront d'être entretenus par l'État, si l'effectif de l'école primaire supérieure, pendant trois années consécutives, s'est abaissé au-dessous de quinze élèves par année d'études, et celui du cours complémentaire au-dessous de douze élèves par année d'études.

L'approbation ministérielle, requise par l'article 13 de la loi organique, ne sera donnée, pour les écoles primaires supérieures et pour les cours complémentaires, que si la commune s'est engagée à inscrire, pour cinq ans au moins, les dépenses qui lui incombent, pour ces deux établissements, au nombre des dépenses obligatoires.

A l'avenir donc on se montrera plus sévère, on n'autorisera l'ouverture d'une école primaire supérieure que quand elle répondra à des besoins réels, quand elle trouvera dans l'importance de la localité où on l'installe des garanties sérieuses de succès.

Au nombre des écoles primaires supérieures, il faut compter les trois *écoles nationales* d'enseignement pri-

maire supérieur et d'enseignement professionnel préparatoire à l'apprentissage, établies dans ces dernières
années à Vierzon, Armentières et Voiron (voyez la loi
du 19 juillet 1889, art. 16).

Écoles manuelles d'apprentissage. — D'autres
écoles ont été fondées par la loi du 11 décembre 1880 :
ce sont les *écoles manuelles d'apprentissage*, qui ont pour
but de développer chez les jeunes gens qui se destinent
aux professions manuelles la dextérité nécessaire et les
connaissances spéciales. A l'origine, elles se distinguaient
assez nettement, par leur caractère plus spécialement
technique, des écoles primaires supérieures professionnelles. Mais les décrets des 17 mars et 28 juillet 1888
ont supprimé toute différence entre ces écoles (1). Les
unes et les autres sont placées sous la double autorité
du ministre de l'instruction publique et du ministre du
commerce et de l'industrie. Elles ont pour objet commun d'assurer aux élèves un complément d'instruction
primaire et une instruction professionnelle, préparatoire soit à l'industrie, soit au commerce.

Écoles normales primaires. — Nous n'avons pas
à insister sur l'importance des écoles normales : elles
sont évidemment la pierre angulaire de tout l'édifice.
Avec de bonnes écoles normales, on est assuré d'avoir
de bons maitres, et avec de bons maitres on peut dire
que tout est gagné. De là l'attention particulière que la
législation et l'administration de l'instruction publique
ont accordée à l'organisation des écoles normales.

Nous énumérerons d'abord les lois, décrets, arrêtés
et circulaires, du moins les plus importants, qui constituent la législation actuelle des écoles normales :

1° La loi du 9 août 1879, *ayant pour objet l'établissement des écoles normales primaires*, et qui a rendu
obligatoire pour chaque département l'établissement
d'une école normale d'instituteurs et d'une école normale d'institutrices (2);

2° La loi du 16 juin 1881, qui établit la gratuité dans

____

(1) Voyez aussi la circulaire ministérielle du 30 juin 1888.
(2) Un décret du président de la République peut cependant autoriser deux

les écoles normales, comme dans les autres établissements d'enseignement primaire ;

3° La loi du 19 juillet 1889, qui fixe les classes et
détermine les traitements des directeurs, directrices et
professeurs d'écoles normales (art. 13, 17, 18 et 21),
et qui modifie la composition du conseil d'administration (art. 47) ;

4° Le décret organique du 18 janvier 1887, qui traite
de l'organisation des écoles normales (art. 56 à 61), *du
personnel administratif et du personnel enseignant*
(art. 62 à 68), *des élèves-maîtres* (art. 69 à 81), *de l'enseignement* (art. 82), *du régime intérieur et de la discipline* (art. 83 à 85), *du conseil d'administration* (art. 86
à 89) ;

5° Le décret du 29 juillet 1882, modifié par celui du
16 avril 1883, *portant règlement pour l'administration
et la comptabilité intérieure des écoles normales ;*

6° Le décret du 9 janvier 1883, supprimant les au-
môniers ;

7° L'arrêté organique du 18 janvier 1887, qui, dans
une série d'articles (art. 68 à 105), complète les dispositions du décret organique ;

8° L'arrêté du 10 janvier 1889, qui, revisant les règlements de 1881, fixe définitivement les programmes ;

9° Les circulaires du 21 octobre 1880, du 7 février 1884 et du 10 mars 1887, relatives à la discipline
intérieure.

De tous ces textes, qu'il nous est impossible de reproduire, mais qui sont dans toutes les mains, nous
nous bornerons à retenir ici les dispositions les plus
importantes (1).

Caractères généraux des écoles normales. —
Les écoles normales étaient autrefois presque exclusivement des établissements départementaux, de même que

departements à s'unir pour fonder et entretenir en commun, soit l'une ou
l'autre de leurs écoles normales, soit toutes les deux.

(1) Pour plus de détails, voyez dans les *Monographies pédagogiques* (t. II) la
Notice historique sur les écoles normales de M. Jacoulet, et le mémoire de
M. Clerc sur l'*Organisation et administration matérielle des écoles nor-
males.*

les écoles primaires étaient des établissements communaux. Elles sont aujourd'hui, comme les définit la loi
du 19 juillet 1889 (art. 47), des « établissements publics »,
c'est-à-dire soumis directement à l'autorité centrale.
Elles relevaient autrefois du préfet : elles sont, depuis
1881, placées sous l'autorité du recteur (voyez plus
loin, chap. V). Elles forment des instituteurs et des institutrices pour les écoles publiques : écoles primaires
élémentaires et supérieures, écoles maternelles (D. O.,
56). Les élèves-maitres et les élèves-maitresses s'y préparent au brevet supérieur, aux examens duquel ils
sont tenus de se présenter à la fin du cours d'études,
c'est-à-dire de la troisième année (*Ibid.*, 76). A leur sortie
de l'école, ils ont droit aux premiers emplois vacants
dans le département (*Ibid.*, 80). L'indemnité de première installation, qui leur était accordée jusqu'ici, a
été supprimée par la loi du 19 juillet 1889.

Conditions d'admission. — C'est le ministre qui,
chaque année, sur la proposition du recteur et après
avis du conseil départemental, fixe le nombre des élèves
à admettre en première année dans chacune des écoles
normales (D. O., 69).

L'article 70 du même décret établit les conditions
d'admission :

1° Les aspirants et aspirantes doivent avoir seize ans
au moins, dix-huit ans au plus, au 1er octobre de l'année dans laquelle ils se présentent : toutefois le recteur
peut autoriser à se présenter des candidats âgés de
plus de dix-huit ans.

2° Le brevet élémentaire est exigé des candidats.
Jusqu'en 1888 le certificat d'études primaires suffisait,
et les normaliens se présentaient au brevet élémentaire après leur première année d'études.

3° En outre, les candidats doivent s'engager à servir
pendant dix ans dans l'enseignement primaire. Cet engagement peut être rempli dans tout département,
toute possession française ou tout pays soumis au protectorat de la France (*Ibid.*, 81). Si l'engagement n'est
pas exécuté, l'élève-maître est tenu de restituer le prix

de la pension dont il a joui : frais de nourriture, de blanchissage, de fournitures classiques ; même obligation est imposée à tout élève-maître qui quitte volontairement l'école ou en est exclu (*Ibid.*, 78).

4° Une dernière condition, c'est que les candidats doivent n'être atteints d'aucune infirmité ou maladie les rendant impropres au service de l'enseignement. Un examen médical subi avant le concours d'admission vérifie si cette condition est remplie (A. O., 88).

Nul ne peut se présenter au concours plus de deux fois (D. O., 71).

L'inscription des candidats a lieu du 1er mars au 30 avril dans les bureaux de l'inspecteur d'académie (A. O., 87).

Aucune inscription n'est reçue qu'autant que le candidat a déposé les pièces suivantes :

1° Sa demande d'inscription portant indication de l'école ou des écoles qu'il a fréquentées depuis l'âge de douze ans;

2° Son acte de naissance;

3° Son brevet de capacité;

4° L'engagement de servir pendant dix ans dans l'enseignement public.

Les candidats non pourvus du brevet peuvent être inscrits provisoirement, sous la condition formelle de le produire avant le concours d'admission.

Régime intérieur des écoles normales. — Le régime de l'école normale est l'internat, l'internat gratuit, pour les élèves. Pour les maîtres, l'internat a été maintenu seulement dans les écoles normales d'institutrices : encore le recteur peut-il autoriser les professeurs de ces écoles, ainsi que les maîtresses adjointes ou déléguées, à habiter hors de l'établissement. De plus en plus on est porté à penser que la vieille claustration monastique des écoles normales est chose mauvaise, et qu'il n'y a aucun inconvénient, qu'il y a au contraire toute sorte d'avantages à laisser les maîtres jouir de la vie de famille. Le directeur et l'économe seuls habitent réglementairement dans l'école (A. O., 77). Quant aux professeurs et aux maîtres délégués, ils ne peuvent habiter dans l'école que s'ils y sont autorisés par le ministre (*Ibid.*).

Quoique l'internat soit la règle pour les élèves, les écoles normales peuvent recevoir des demi-pensionnaires et des externes, sur la proposition du recteur et avec l'approbation du ministre, à titre gratuit et aux mêmes conditions d'admission (D. O., 58).

L'externat complet a été expérimenté en quelques endroits. A Mâcon, par exemple, les élèves des deux divisions supérieures sont répartis par groupes de trois ou de quatre entre un certain nombre de familles, et ne vont à l'école qu'aux heures des cours. L'essai est encore trop récent pour qu'on puisse se prononcer sur ses résultats. Il est cependant établi dès à présent : 1° que le régime de l'externat est presque deux fois plus coûteux que le régime de l'internat : 823 fr. 75 par élève au lieu de 442 fr. 25 ; 2° que les élèves travaillent moins et qu'ils ont moins de succès aux examens (1).

L'internat des écoles normales, d'ailleurs, a été fort adouci. On a supprimé les emplois de surveillants. Dans les écoles normales d'instituteurs, les élèves de troisième année sont chargés des divers services intérieurs d'ordre matériel (A. O., 84). Rien ne rappelle plus l'ancien régime de silence perpétuel, de discipline mécanique et de contrainte extérieure : on a voulu faire appel à la responsabilité personnelle des élèves-maîtres, et les habituer ainsi peu à peu à se gouverner eux-mêmes. Les sorties, autrefois à peu près interdites, sont aujourd'hui fréquentes : réglementairement, tous les dimanches et jours de fêtes ; des sorties individuelles peuvent en outre être autorisées, les autres jours, par le directeur ou la directrice (*Ibid.*, 102).

Sans doute, sous ce régime de liberté, quelques abus sont possibles, quelques écarts se sont produits. Des recteurs se plaignent que des élèves-maîtres fréquentent trop les cafés de la ville ou les bals champêtres

---

(1) Voyez dans les *Monographies pédagogiques*, les *Extraits des Rapports des recteurs*, t. II, p. 596.

du village. D'autre part, dans les salles d'études, on a parfois abusé de l'absence des surveillants; on a causé, on a bavardé, on a perdu du temps. C'est qu'on ne fait pas en un jour, pas plus dans une petite école normale qu'au sein d'une grande nation, l'apprentissage de la liberté. N'attachons pas trop d'importance à ces détails, et demeurons convaincus que le régime nouveau profitera peu à peu à l'éducation morale et à la dignité personnelle des élèves-maîtres.

De même, l'étendue des nouveaux programmes peut avoir ses inconvénients. Appelés à de plus hautes ambitions intellectuelles, les élèves-maîtres en viennent parfois à négliger les connaissances élémentaires les plus indispensables. Un recteur nous apprend que, dans une école normale de son académie, les élèves de deuxième année font plus de fautes d'orthographe que les élèves de première année, et les élèves de troisième année plus de fautes encore que ceux de deuxième. Il n'y a rien, dans ces défaillances exceptionnelles et qui peuvent d'ailleurs être facilement évitées, qui doive nous faire regretter le caractère nouveau, plus large et plus libéral, donné aux études des écoles normales.

Écoles annexes. — Il faut accorder une mention à part aux *écoles annexes*, où les élèves-maîtres s'exercent à la pratique de l'enseignement : écoles primaires annexées aux écoles normales d'instituteurs et d'institutrices, écoles maternelles annexées aux écoles normales d'institutrices (D. O., 61).

Afin de favoriser le recrutement des instituteurs chargés de la direction de l'école annexe, une disposition additionnelle a été insérée dans l'arrêté organique (voyez l'arrêté du 24 juillet 1888). Cette disposition, contenue dans l'article 240 (*texte nouveau*), exige que, pour être nommé inspecteur primaire, directeur ou directrice d'école normale, « tout candidat *ait rempli, pendant deux ans au moins, les fonctions de directeur d'école annexe*, ou, à défaut, de directeur d'école primaire supérieure publique (1). »

<hr>

(1) Voyez aussi l'arrêté du 1ᵉʳ août 1888, qui accorde certains avantages aux

Il ne sera pas sans intérêt de placer ici les résolutions votées au Congrès international primaire de 1889, sur la question des écoles annexes :

1º Une école d'application est indispensable pour l'éducation professionnelle des élèves de l'école normale;

2º L'école d'application sera annexée à l'école normale;

3º L'école annexe sera le type de la majorité des écoles primaires dans lesquelles les élèves-maîtres seront envoyés à leur sortie de l'école normale;

4º Les directeurs d'écoles annexes seront choisis parmi les membres de l'enseignement primaire public comptant au moins cinq années d'exercice et se recommandant par leur aptitude pédagogique;

5º Il sera tenu un compte spécial, dans le classement de sortie des élèves-maîtres, des notes obtenues à l'école annexe.

A rapprocher l'opinion toute contraire d'un recteur, d'après un rapport inséré dans les *Monographies pédagogiques* (t. II, p. 520) : « La suppression des écoles annexes est à l'ordre du jour. L'administration centrale décidera, dans un avenir prochain, s'il y a lieu de maintenir ces écoles ordinairement peu prospères et médiocrement surveillées, et si l'instruction pédagogique ne serait pas mieux assurée dans les écoles les plus fréquentées du chef-lieu, où doivent se trouver les meilleurs instituteurs du département. »

Écoles normales supérieures d'enseignement primaire. — Fondées en 1880 et 1882, les *écoles normales supérieures* de Fontenay-aux-Roses et de Saint-Cloud n'ont été consacrées que par le décret organique du 18 janvier 1887 (art. 90).

Elles sont destinées à former des professeurs d'écoles normales et d'écoles primaires supérieures de filles et de garçons (1)..

A l'école de Fontenay-aux-Roses est annexée une section spéciale de jeunes filles qui, pourvues du titre

directeurs d'écoles annexes, quand ils sont pourvus du certificat d'aptitude au professorat et du certificat d'aptitude à l'inspection.

(1) Voyez sur les écoles normales primaires supérieures, outre les articles 90 à 97 du décret organique, les articles 106 à 126 de l'arrêté organique, l'article 19 de la loi du 19 juillet 1889. Voyez aussi, dans les *Monographies pédagogiques*, t. II, les *Notices* de MM. Pécaut et Jacoulet.

de professeur, veulent se préparer aux fonctions de directrice.

Ces écoles sont des internats gratuits; elles recrutent les élèves au concours (D. O., 92).

Une autre école normale supérieure, l'école Pape-Carpantier, établie à Versailles et placée sous la même direction que l'école normale d'institutrices du département de Seine-et-Oise, est destinée à former des directrices d'écoles primaires et maternelles annexées aux écoles normales d'institutrices (A. du 10 sept. 1886).

Classes d'adultes ou d'apprentis. — La réglementation des *classes d'adultes ou d'apprentis* est établie dans l'article 8 de la loi du 30 octobre 1886 et dans le décret du 18 janvier 1887 (art. 98 à 105). Soumises dans leur création aux mêmes formalités légales que les écoles primaires publiques, les classes d'adultes donnent un enseignement plus pratique, plus spécialement approprié aux professions (D. O., 99). Les enfants ne peuvent y être admis que s'ils ont au moins l'âge de treize ans (*Ibid.*, 100). Il ne peut être reçu d'élèves des deux sexes dans les écoles d'adultes. Enfin, les classes d'adultes peuvent recevoir une subvention de l'État, qui ne devra d'ailleurs jamais dépasser la moitié des frais de tenue et d'entretien qu'elles entraînent et qui n'est accordée qu'à certaines conditions : si ces classes durent cinq mois au moins; si la commune se charge des frais de chauffage et d'éclairage; si elle contribue en outre à la rémunération des instituteurs qui dirigent ces classes.

Les mêmes règles sont applicables aux classes d'apprentis, sauf celle qui est relative à la question d'âge. Ces classes sont destinées, soit aux jeunes ouvriers qui, par un contrat d'apprentissage, s'engagent à travailler pour un maître, soit à tous les jeunes gens qui, sans contrat d'apprentissage, apprennent un métier ou sont employés dans des ateliers, manufactures ou mines.

Il nous est impossible de ne pas constater que, de toutes les parties de notre système d'enseignement primaire, c'est l'instruction des adultes qui laisse le

plus à désirer. Et cependant combien il serait important de maintenir, tout au moins, et même de développer la culture première chez les élèves qui ont quitté
l'école ! Tandis que tous les autres établissements
d'instruction sont en progrès, les cours d'adultes ont
notablement baissé dans ces dernières années. En 1883,
il y avait plus de 30,000 cours d'adultes, et il n'y en a
guère plus de 9,000 aujourd'hui !

CHAPITRE IV

Conditions générales pour enseigner. — Conditions de capacité.
— Certificat d'aptitude pédagogique. — Autres titres de capacité. — Nomination. — Déplacement. — Peines disciplinaires.
Récompenses honorifiques. — Les traitements. — Historique
des traitements. — La République de 1848. — La loi de 1850.
— Complications successives. — L'éventuel. — La loi de 1875.
— La loi de 1881. — La loi du 19 juillet 1889. — Traitements
d'après la loi nouvelle. — Pensions de retraite. — Les instituteurs et la loi militaire.

Conditions générales pour enseigner. — Le
législateur, voulant assurer à nos diverses écoles un
personnel enseignant qui fût à la hauteur de ses fonctions, a exigé toute sorte de garanties et imposé une
série de conditions que nous allons rappeler brière-
ment.

Il y a 1° des conditions de nationalité (1) : Pour
pouvoir enseigner, il faut d'abord être Français (L.
O., 4) ; — 2° des conditions d'âge : Nul ne peut enseigner, dans une école primaire de quelque degré que
ce soit, avant l'âge de dix-huit ans pour les instituteurs, de dix-sept ans pour les institutrices ; nul ne
peut diriger une école avant l'âge de vingt et un ans :
cet âge est également exigé des instituteurs adjoints,
dans les écoles primaires supérieures et dans les cours
complémentaires ; nul ne peut diriger une école primaire supérieure, ou une école recevant des internes,
avant l'âge de vingt-cinq ans révolus (*Ibid.*, 7). Le
même âge est exigé des directrices d'écoles maternelles
annexées aux écoles normales (D. O., 6). Les direc-

(1) Nous ne parlons ici que des écoles primaires publiques ; pour les écoles
privées, voyez chap. VIII, ci-après.

teurs et directrices d'écoles normales doivent avoir
trente ans au moins (*Ibid.*, 62); les professeurs des
écoles normales, au moins vingt et un ans, cette condition d'âge étant imposée aux aspirants et aspirantes à
l'examen du professorat (*Ibid.*, 109): — 3° des conditions de moralité (L. O., 5) :

Art. 5. — Sont incapables de tenir une école publique ou privée, ou d'y être employés, ceux qui ont subi une condamnation
judiciaire pour crime ou pour délit contraire à la probité ou aux
mœurs, ceux qui ont été privés par jugement de tout ou partie
des droits mentionnés en l'article 42 du Code pénal, et ceux qui
ont été frappés d'interdiction absolue, en vertu des articles 32
et 41 de la présente loi.

Conditions de capacité. — Il y a enfin des conditions de capacité. Jusqu'en 1881 on a vécu sous le
régime de la loi du 15 mars 1850 (art. 25 et 49), qui
n'exigeait pas d'une façon absolue le brevet de capacité, et qui admettait toute sorte d'équivalences : certificat de stage délivré par le conseil départemental,
diplôme de bachelier, situation de ministre des cultes,
lettre d'obédience.

La loi du 16 juin 1881 a supprimé toutes ces équivalences et notamment la lettre d'obédience; elle a voulu
avec raison que, pour être nommé à une fonction d'enseignement primaire, on fût pourvu du titre correspondant à cette fonction :

Art. 1er. — Nul ne peut exercer les fonctions d'instituteur ou
d'institutrice titulaire, d'instituteur adjoint chargé d'une classe
ou d'institutrice adjointe chargée d'une classe, dans une école
publique ou libre, sans être pourvu du brevet de capacité pour
l'enseignement primaire.

Toutes les équivalences admises par le paragraphe 2 de l'article 25 de la loi du 15 mars 1850 sont abolies.

Art. 2. — Nulle ne peut exercer les fonctions de directrice ou
de sous-directrice de salle d'asile publique ou libre (écoles maternelles), sans être pourvue du certificat d'aptitude à la direction des salles d'asile, institué par l'article 20, § 1 du décret du
21 mars 1855.

Trois ans étaient accordés aux maîtres et aux maîtresses, exerçant sans diplôme, pour se mettre en règle

avec la nouvelle loi; et le résultat de cette disposition a été d'accroître sensiblement, dans les années qui ont suivi 1881, le nombre des aspirants et des aspirantes au brevet de capacité.

Des exceptions étaient faites, d'ailleurs, à la règle générale en faveur de diverses catégories d'instituteurs (voyez art. 3 et 4 de la loi du 16 juin 1881).

La loi organique du 30 octobre 1886, qui nous régit aujourd'hui, a réglé à nouveau les conditions de capacité.

L'obligation du brevet élémentaire a été étendue au personnel enseignant des écoles maternelles; le certificat de capacité distinct pour les écoles maternelles a été supprimé.

ART. 62. — Les directrices d'écoles maternelles publiques seront assimilées aux institutrices publiques.

Il ne sera plus délivré de titre de capacité distinct pour les écoles-maternelles. A dater du 1er janvier 1888, le titre requis pour enseigner dans toutes les écoles énumérées aux paragraphes 1 et 2 de l'article 1er de la présente loi sera le brevet élémentaire. Toutefois les personnes munies du certificat d'aptitude à la direction des salles d'asile, lors de la promulgation de la présente loi, continueront à jouir des droits que leur confère la loi du 16 juin 1881.

Certificat d'aptitude pédagogique. — La loi organique du 30 octobre 1886 distingue les instituteurs et institutrices en stagiaires et titulaires (art. 22), et elle impose comme condition pour être titulaire le certificat d'aptitude pédagogique (1).

Institué en 1881, le certificat d'aptitude pédagogique n'avait été créé à l'origine que pour constater l'aptitude à la direction d'une école : il est devenu, depuis 1886, le véritable titre professionnel de l'instituteur ou de l'institutrice titulaire (L. O., 23).

ART. 23. — Nul ne peut être nommé instituteur titulaire s'il n'a fait un stage de deux ans au moins dans une école publique ou privée, *s'il n'est pourvu du certificat d'aptitude pédagogique*, et

(1) Sur l'organisation de l'examen du certificat d'aptitude pédagogique, voyez plus loin, chap. VII.

s'il n'a été porté sur la liste d'admissibilité aux fonctions d'instituteur dressée par le conseil départemental, conformément à l'article 27.

Des exceptions ont d'ailleurs été faites pour sauvegarder les droits acquis (D. O., 190 et 191) :

Art. 190. — Tous les instituteurs et toutes les institutrices exerçant dans les écoles publiques comme adjoints et adjointes lors de la promulgation de la loi du 30 octobre 1886, et qui ne sont pas pourvus du certificat d'aptitude pédagogique, sont classés dans la catégorie des stagiaires, mais ils conservent le bénéfice de la nomination qu'ils ont obtenue du préfet, et leur emploi ne pourra leur être retiré que par l'effet d'une révocation prononcée dans les conditions prescrites par l'article 31 de la loi précitée.

Art. 191. — Les stagiaires qui, au moment de la promulgation de la loi du 30 octobre 1886, comptaient cinq ans au moins de services dans l'enseignement public, seront, lorsqu'ils se présenteront aux examens du certificat d'aptitude pédagogique, dispensés de l'épreuve écrite.

Autres titres de capacité. — Nous aurons à revenir dans un chapitre spécial (voyez chap. VII) sur les divers examens de l'enseignement primaire. Contentons-nous d'indiquer ici les titres de capacité exigés pour les diverses catégories du personnel enseignant.

1° Dans les écoles primaires supérieures, les directeurs ou directrices doivent être pourvus du certificat d'aptitude au professorat des écoles normales (L. O., 28) ou d'une licence (D. du 27 décembre 1887); les adjoints ou adjointes, du brevet supérieur (L. O., 24), du certificat d'aptitude au professorat ou d'une licence (D. du 27 décembre 1887). Dans ce dernier cas, ils prennent le titre de professeur (L. O., 24). Dans les écoles primaires supérieures professionnelles et dans les écoles manuelles d'apprentissage, diverses équivalences sont admises pour les directeurs ; au certificat d'aptitude au professorat peuvent être substitués : la licence ès lettres ou ès sciences; deux baccalauréats, dont un des sciences ou de l'enseignement secondaire spécial; un des trois baccalauréats, avec le certificat d'aptitude à l'enseignement du travail manuel, le diplôme d'ingénieur des arts et manufactures, ou, à défaut, le titre ou le diplôme d'ancien élève d'une école technique, reconnu équivalent par le ministre de l'instruction publique et le ministre du commerce, après avis de la section permanente du conseil supérieur de l'enseignement technique (D. du 17 mars 1888, art. 11).

Dans les cours complémentaires annexés à une école primaire, le directeur ou la directrice de l'école doit être pourvu au moins du brevet supérieur (D. O., 31). Même obligation pour les instituteurs adjoints chargés des cours complémentaires (L. O., 21 et 24, et D. O., 32).

Dans les écoles primaires supérieures et dans les cours complémentaires, les maîtres auxiliaires chargés d'un enseignement spécial doivent posséder un titre de capacité correspondant à cet enseignement.

2° Dans les écoles normales, les directeurs ou directrices doivent posséder le certificat d'aptitude à l'inspection des écoles primaires et à la direction des écoles normales (D. O., 62) ; les professeurs, le certificat d'aptitude au professorat (D. du 28 juillet 1885) ou une licence (D. du 27 déc. 1887) ; les maîtres et maîtresses délégués, le brevet supérieur ou un baccalauréat et le certificat d'aptitude pédagogique (A. du 1ᵉʳ sept. 1887) ; les maîtres et maîtresses auxiliaires, les diplômes spéciaux.

Nomination. — La nomination des instituteurs titulaires a été maintenue aux préfets par la loi du 30 octobre 1886. Mais le pouvoir du préfet est limité en ce sens qu'il ne peut faire de nomination que sur la proposition de l'inspecteur d'académie (L. O., 27). En outre, les candidats doivent être pris dans la liste dressée annuellement par le conseil départemental. S'il y avait conflit entre l'inspecteur d'académie et le préfet, qui ne peut nommer que « sous l'autorité du ministre de l'instruction publique », c'est au ministre qu'il appartiendrait de statuer.

Les instituteurs stagiaires sont délégués dans leurs fonctions par l'inspecteur d'académie. Cette délégation peut leur être retirée, sur l'avis motivé de l'inspecteur primaire.

Dans les écoles normales, tous les membres du personnel enseignant sont nommés directement par le ministre (D. O., art. 62 à 68).

Dans les écoles primaires supérieures, il y a lieu de distinguer : tandis que les directeurs, directrices et professeurs sont nommés par le ministre, les instituteurs adjoints et les maîtres auxiliaires sont nommés ou délégués par le préfet, sur la proposition de l'inspecteur d'académie (L. O., 28).

Dans les cours complémentaires, la nomination appartient au ministre, s'il s'agit de nommer un directeur pourvu du certificat d'aptitude au professorat; au préfet, sur la proposition de l'inspecteur d'académie, s'il s'agit simplement de nommer un instituteur muni du brevet supérieur (C. du 30 nov. 1886).

Déplacement. — L'article 29 de la loi organique du 30 octobre 1886 règle la question des déplacements. Il est ainsi conçu :

Art. 29. — Le changement de résidence d'une commune à une autre pour nécessité de service est prononcé par le préfet, sur la proposition de l'inspecteur d'académie.

L'innovation de cet article consiste en ce que le pouvoir du préfet ne peut s'exercer que sur la proposition de l'inspecteur d'académie. Sous l'empire de la loi de 1850, le préfet était maître absolu en fait de déplacements; il n'était nullement lié par le rapport de l'inspecteur prescrit par l'article 8 de la loi du 14 juin 1854. Ce rapport n'était en effet qu'une simple formalité. Il en est autrement de la disposition nouvelle, qui exige expressément une proposition de l'inspecteur d'académie.

C'est le ministre qui déplace, de même qu'il les nomme, les fonctionnaires des écoles normales. De même pour les fonctionnaires des écoles primaires supérieures pourvus d'une nomination ministérielle; mais leur déplacement ne peut être prononcé par mesure disciplinaire qu'après avis motivé du conseil départemental (L. O., 31).

Peines disciplinaires. — Sous le régime de la loi de 1850, les *peines disciplinaires* étaient : la réprimande, la suspension, la révocation et l'interdiction absolue. La suspension, avec ou sans privation totale ou partielle du traitement, était prononcée par le préfet (art. 33)..

La loi du 30 octobre 1886 a sensiblement modifié et amélioré le régime disciplinaire de l'enseignement primaire. Elle a supprimé la peine de la suspension (1), et elle l'a remplacée par la censure. Pour mieux graduer l'échelle des peines, elle a introduit entre la révocation et l'interdiction absolue une peine nouvelle, l'interdiction à temps.

Art. 30. — Les peines disciplinaires applicables au personnel de l'enseignement primaire public sont :

1° La réprimande ;

2° La censure;

3° La révocation ;

4° L'interdiction pour un temps dont la durée ne pourra excéder cinq années;

5° L'interdiction absolue.

Mais c'est surtout en réglant l'application de ces peines, en introduisant un nouveau système de procédure, que le législateur s'est montré soucieux de protéger les droits du personnel enseignant.

L'instituteur n'est plus soumis au pouvoir discrétionnaire du préfet : il n'est plus frappé dans l'ombre, à l'improviste, sans avoir pu se défendre. Les décisions prises contre lui doivent être motivées. Il n'est plus à la merci d'une dénonciation anonyme et d'une procédure secrète. Comme le disait M. Steeg dans son rapport à la Chambre des députés : « Il n'y a pas d'autres fonctionnaires, dans aucune de nos administrations publiques, dont la situation soit mieux garantie. »

(1) La suspension a été cependant maintenue (art. 33) dans des cas exceptionnels : « Dans les cas graves et urgents, l'inspecteur d'académie a le droit de prononcer la suspension provisoire d'un instituteur, pendant la durée de l'enquête disciplinaire, à la condition de saisir de l'affaire le conseil départemental dès sa prochaine session. »

En effet, à part la réprimande, qui n'est point publique et qui, ayant un caractère et un effet purement moraux, est prononcée par l'inspecteur d'académie seul, l'application des autres peines disciplinaires est entourée de toute sorte de précautions.

La censure, prononcée par l'inspecteur d'académie, ne peut l'être qu'après avis motivé du conseil départemental (L. O., 31).

La révocation est prononcée par le préfet, mais sur la proposition de l'inspecteur d'académie et après avis motivé du conseil départemental.

Le fonctionnaire inculpé a le droit de se défendre devant le conseil départemental; s'il est révoqué, il peut interjeter appel devant le ministre (*Ibid.*).

Enfin, l'interdiction à temps et l'interdiction absolue sont prononcées par le conseil départemental; le fonctionnaire inculpé peut se défendre; le jugement est motivé; le fonctionnaire interdit a le droit de faire appel devant le conseil supérieur de l'instruction publique (*Ibid.*, 32). Rappelons que la peine d'interdiction a pour conséquence d'enlever à celui qui en est frappé le droit d'enseigner même dans les écoles privées (1).

Les peines disciplinaires, sauf la révocation, s'appliquent aux instituteurs stagiaires aussi bien qu'aux titulaires (*Ibid.*, 20).

Telle est la situation du personnel enseignant des écoles primaires élémentaires publiques. Quant aux fonctionnaires des écoles primaires supérieures, ils peuvent être réprimandés et censurés dans les mêmes formes; nommés par le ministre, ils sont déplacés et révoqués par le ministre, mais sur la proposition de l'inspecteur d'académie et après avis motivé du conseil départemental (*Ibid.*, 31); le seul recours possible contre la décision du ministre serait, en pareil cas, un pourvoi devant le Conseil d'État pour excès de pouvoir.

L'interdiction est applicable aux fonctionnaires des

(1) Voyez le décret du 4 décembre 1886 *relatif à la procédure devant le conseil départemental en matière disciplinaire.*

écoles primaires supérieures et des écoles normales dans les mêmes conditions et dans les mêmes formes qu'aux fonctionnaires des écoles primaires élémentaires.

Récompenses honorifiques. — Les *récompenses honorifiques* spéciales, accordées par la loi aux fonctionnaires de l'enseignement primaire, consistent en mentions honorables, médailles de bronze et médailles d'argent (L. O., 34). L'arrêté organique du 18 janvier 1887 règle les conditions dans lesquelles ces récompenses peuvent être accordées (art. 127, 128, 129). Elles sont décernées par le ministre, le 14 juillet, aux instituteurs et institutrices de chaque département, sur la proposition conforme du préfet et de l'inspecteur d'académie, après avis du conseil départemental. Il est accordé chaque année, dans chaque département, aux instituteurs, institutrices et directrices des écoles maternelles : une médaille d'argent pour chaque groupe de trois cents titulaires et stagiaires, et une en plus pour toute fraction excédant cent cinquante ; une médaille de bronze pour cent cinquante titulaires et stagiaires ; une mention honorable pour cent. Nul ne peut prétendre à la mention honorable, s'il ne compte au moins cinq ans de services comme titulaire ; nul ne peut obtenir la médaille de bronze, s'il n'a reçu la mention honorable depuis deux années au moins ; nul ne peut obtenir la médaille d'argent, s'il n'a reçu la médaille de bronze depuis deux années au moins.

La loi du 19 juillet 1889 a apporté quelques modifications à la réglementation des médailles d'argent :

Art. 41. — Les instituteurs et institutrices qui auront obtenu la médaille d'argent recevront une allocation annuelle et viagère, non soumise à retenue, de 100 francs.

Cette allocation sera caduque en cas de révocation ou de démission, à moins que la démission ne soit fondée sur des raisons de santé reconnues valables par le conseil départemental.

Les médailles d'argent ne pourront être accordées que dans la limite du crédit spécial qui sera ouvert à cet effet au budget du ministère de l'instruction publique.

Outre ces récompenses honorifiques spéciales, les

palmes d'officier d'académie et d'officier de l'instruction publique peuvent être conférées aux instituteurs dans les conditions suivantes :

Les instituteurs et institutrices ne peuvent prétendre aux palmes d'officier d'académie que s'ils possèdent depuis deux ans au moins la médaille d'argent; aux palmes d'officier de l'instruction publique que s'ils possèdent depuis cinq ans au moins les palmes d'officier d'académie (D. du 27 déc. 1886, art. 7).

La loi du 30 octobre 1886 (art. 34) a créé l'honorariat pour les instituteurs et institutrices en retraite. Il ne peut être accordé qu'aux instituteurs et institutrices ayant au moins vingt-cinq ans de services et la médaille de bronze.

Les traitements. — Les lois fondamentales de notre système d'instruction primaire avaient ajourné la question des traitements. C'est seulement la loi du 19 juillet 1889 qui, après une longue attente, a réglé enfin, d'après des bases nouvelles et plus équitables, les taux des traitements, en même temps qu'elle modifiait le régime financier de l'instruction primaire.

Avant de rappeler les principales dispositions de cette loi, il ne sera pas inutile de jeter un coup d'œil en arrière sur l'histoire des traitements.

Historique des traitements. — Nous ne remonterons pas jusqu'à la Révolution, dans ce rapide historique de la situation légale des instituteurs au point de vue des traitements. Il est pourtant bon de rappeler que la Convention avait donné l'exemple de la justice et de la libéralité, par son décret du 7 brumaire an II, décret qui fixait à 1,200 livres le minimum des traitements des instituteurs. Le décret du 29 frimaire an II substitua, il est vrai, au principe du traitement fixe celui d'une rétribution proportionnelle au nombre des élèves. Mais le décret du 27 brumaire rétablit le premier système en ces termes : « Le salaire des instituteurs sera uniforme sur toute la surface de la République : il est fixé à 1,200 livres pour les instituteurs, et à 1,000 pour les institutrices. »

Quarante ans plus tard, avec la loi de 1833, nous sommes loin du point de départ : ce n'est plus un minimum de 1,200 livres, c'est un traitement fixe de 200 francs que la loi Guizot allouait à l'instituteur, en y joignant, il est vrai, un logement et le produit de la rétribution scolaire.

Les résultats de ce système, nous les trouvons indiqués dans l'exposé des motifs du projet de loi présenté, le 12 avril 1847, par M. de Salvandy, alors ministre de l'instruction publique. Le ministre de Louis-Philippe déclare qu'il est nécessaire de porter remède à la situation précaire et tout à fait intolérable de la grande majorité des instituteurs des villes et surtout des campagnes : « Le traitement de 3,654 d'entre eux ne s'élève pas à 300 francs ; 23,000 instituteurs sont dans un état voisin de l'indigence. » En conséquence, M. de Salvandy proposait de relever le minimum du traitement total et de le porter à 600, 900 et 1,200 francs pour les trois classes d'instituteurs élémentaires, à 1,500 francs pour les instituteurs de Paris.

La République de 1848. — La République de 1848, avant d'aboutir à la loi de 1850, avait conçu de beaux projets d'amélioration : 1° le projet de M. Carnot, ministre de l'instruction publique ; 2° le projet de M. Barthélemy Saint-Hilaire, rapporteur de la commission chargée d'examiner le projet de M. Carnot.

Le projet Carnot établissait quatre classes d'instituteurs au traitement de 600, 800, 1,000 et 1,200 francs ; il leur attribuait en outre, dans les communes au-dessus de 5,000 âmes, une *indemnité de résidence* (l'expression était déjà trouvée) de 200 francs au minimum et de 1,800 francs au maximum. Pour les institutrices, les traitements étaient de 500, 700, 800 et 1,000 francs, avec les deux tiers de l'indemnité de résidence.

Le projet Barthélemy Saint-Hilaire confondait le traitement et l'indemnité ; il distribuait les instituteurs en six classes, à raison du chiffre de la population, au traitement de 600, 800, 1,000, 1,200, 1,400 et 1,600 francs. Les traitements des instituteurs de Paris devaient être déterminés par un règlement spécial. Le traitement des instituteurs adjoints était de moitié de celui des instituteurs, sans pouvoir être inférieur à 400 francs. Enfin, le traitement des institutrices était des deux tiers de celui des instituteurs.

Mentionnons aussi le projet que M. Jules Simon présenta en 1849, et qui établissait un traitement unique de 600 francs au minimum pour les instituteurs et de 400 francs pour les institutrices.

La loi de 1850. — La loi du 15 mars 1850 se montra beaucoup moins généreuse que n'avaient projeté de l'être, soit les législateurs de l'Assemblée nationale, soit M. de Salvandy lui-même. Abandonnant l'idée d'un traitement total unique et fixe, payé par l'État, la loi de 1850 reprend, en le modifiant, le système de la loi de 1833, et soumet, de nouveau, la situation de l'instituteur aux fluctuations de la rétribution scolaire. L'instituteur perd le beau nom, que lui avait donné la Révolution, d'« instituteur national » ; il redevient l'instituteur communal.

Son traitement est composé de trois éléments (art. 38) :
1° Un traitement fixe de 200 francs ;
2° Le produit de la rétribution scolaire ;
3° Un supplément, fait par la commune, et, à son défaut, par le département et par l'État, de façon à élever le traitement total minimum à 600 francs.

Complications successives. — Les complications commençaient. Elles ne furent pas amoindries par la série de décrets qui, de 1850 à 1867, modifièrent encore la législation de 1850 : — décret du 31 décembre 1853, qui abaissait la situation des débutants en créant deux classes d'instituteurs suppléants, âgés de vingt et un à vingt-quatre ans, avec des traitements de 400 à 500 francs, au lieu du minimum de 600 francs, mais qui, en revanche, permettait d'élever à 700 et 800 francs le traitement des instituteurs titulaires comptant au moins cinq ou dix ans de services ; — décret du 30 juillet 1858, qui, tenant compte dans une certaine mesure du découragement produit par le décret de 1853, sup-

primait la deuxième classe d'instituteurs suppléants,
et n'en maintenait qu'une au traitement de 500 francs ;
— décret du 29 décembre 1860, qui supprimait absolument les instituteurs suppléants et rétablissait pour
tous le minimum de 600 francs ; — décret du 19 avril
1862, qui portait à 700 francs le revenu scolaire minimum des instituteurs ayant cinq ans de services, et à
800 et 900 francs, après dix ou quinze ans de services, le
revenu scolaire de 1/20ᵉ des instituteurs.

Une nouvelle complication résulta de la loi du
10 avril 1867 : cette loi ne modifiait pas la quotité des
traitements, telle que l'avaient déterminée les décrets
antérieurs, mais elle introduisait un élément nouveau
dans la formation des traitements : le traitement *éventuel*.

L'éventuel. — L'*éventuel*, c'est l'équivalent, payé
par le budget communal, de la rétribution scolaire des
élèves gratuits. Or la loi de 1867, qui élargissait l'application du principe de la gratuité pour les enfants indigents, devait parer à la dépression des traitements
qui était la conséquence nécessaire de l'admission d'un
plus grand nombre d'enfants au bénéfice de la gratuité.
De là, d'une part, le paragraphe 3 de l'article 10, qui
fait entrer en ligne de compte un traitement éventuel
calculé à raison du nombre d'élèves gratuits présents
à l'école ; d'autre part, pour éviter toute diminution
dans les traitements, l'article de garantie, l'article 11,
qui stipule que « le traitement pour les instituteurs et
institutrices en exercice au moment de la promulgation
de la loi ne peut être inférieur à la moyenne de leurs
émoluments pendant les trois dernières années ».

Ajoutons que la loi de 1867 est la première qui ait
assuré un minimum de traitement aux institutrices des
écoles publiques de filles, en les répartissant en deux
classes, au traitement minimum de 400 et 500 francs.
Le décret du 31 décembre 1853 avait déjà attribué un
traitement aux institutrices chargées de diriger des
écoles mixtes.

Enfin, la loi de 1867 réglait le sort des instituteurs

adjoints et institutrices adjointes, qui n'avaient pas droit en principe à la rétribution scolaire ; elle assignait aux uns des traitements de 400 et 500 francs, aux autres un traitement de 350 francs.

Le décret du 26 juillet 1870, continuant l'œuvre des décrets de 1858, de 1860 et de 1862, améliora la situation du personnel enseignant en majorant de 100 francs tous les traitements. A partir du 1ᵉʳ janvier 1871, les traitements étaient ainsi fixés : — pour les instituteurs. 700 francs au début, au lieu de 600 francs ; 800 francs au lieu de 700 francs, après cinq ans de services ; 900 francs pour 1/20ᵉ du personnel, après dix ans, au lieu de 800 francs ; 1,000 francs pour 1/20ᵉ après quinze ans, au lieu de 900 francs ; — pour les institutrices, 2ᵉ classe, 500 francs, au lieu de 400 francs ; 1ʳᵉ classe, 600 francs, au lieu de 500 francs.

Un autre décret du 20 janvier 1873 éleva de 100 francs le traitement des instituteurs adjoints et le porta à 500 et 600 francs, celui des institutrices adjointes à 450 francs.

La loi de 1875. — Nous arrivons à la loi qui, bien que modifiée en 1881, lors du vote de la gratuité absolue, est celle qui nous a régis jusqu'en 1889 : à la loi du 19 juillet 1875.

La loi de 1875 répartit les instituteurs en quatre classes et les institutrices en trois classes, au traitement de 900, 1,000, 1,100 et 1,200 (instituteurs) et de 700, 800 et 900 (institutrices). Elle attribue aux instituteurs adjoints, selon les cas, 700 ou 800 francs, et aux institutrices adjointes 600 ou 650 francs. Elle accorde, en outre, des allocations supplémentaires de 50 ou de 100 francs aux instituteurs ou institutrices placés dans le second ou premier huitième de la liste de mérite, de 100 francs pour le brevet supérieur, de 100 francs encore pour la médaille d'argent.

En même temps qu'elle classait les instituteurs et améliorait les traitements affectés à chaque classe, la loi de 1875 réglait l'avancement d'après le principe unique de l'ancienneté :

Art. 2. — La promotion à une classe supérieure est de droit après cinq ans passés dans la classe immédiatement inférieure.

La loi spécifiait en outre que les instituteurs et institutrices ne parviendraient aux traitements qu'elle fixait que par augmentations successives, dans un délai de quatre ans.

La loi de 1881. — La législation de 1875 ne changeait rien d'ailleurs au mode de rémunération établi par la loi de 1867. Il en fut autrement en 1881, lorsque l'établissement de la gratuité absolue fit disparaitre l'un des éléments essentiels que les lois de 1850 et de 1867 avaient fait entrer dans la formation des traitements : le produit de la rétribution scolaire. L'éventuel, c'est-à-dire la rétribution scolaire fictive, remplaça désormais la rétribution réelle. L'article 9 de la loi de 1867, qui visait déjà exceptionnellement les communes où, dès cette époque, la gratuité était établie, devenait de droit commun, puisque la gratuité était dorénavant le fait général. Seulement, au lieu d'être déterminé chaque année par le préfet, l'éventuel devait l'être par le ministre.

En même temps, pour assurer le personnel enseignant contre le risque de la dépression des traitements qui pouvait résulter du nouveau régime, la loi de 1881 édictait (article 6) que « le traitement des instituteurs et institutrices en exercice ne pourrait, en aucun cas, être inférieur au plus élevé des traitements dont ils auraient joui pendant les trois années précédentes ».

La loi du 19 juillet 1889. — La loi du 19 juillet 1889 a eu pour but de faire disparaitre toutes les complications qui résultaient des lois antérieures et d'apporter des améliorations sérieuses à la situation matérielle des instituteurs.

Résumons en quelques mots ses principales dispositions.

Elle fait de l'instituteur un fonctionnaire public, en inscrivant au seul budget de l'État les dépenses des traitements.

Elle relève immédiatement un certain nombre de traitements ; elle les relèvera tous dans un délai maximum de huit années.

Elle classe le personnel enseignant, afin de permettre un avancement régulier jusqu'au bout de la carrière ; elle stipule que les classes sont personnelles et peuvent être attribuées sans déplacement.

Elle fonde l'avancement à la fois sur le choix et sur l'ancienneté, tenant compte en même temps de la durée des services, et du mérite, du zèle, du talent, des succès professionnels du maître.

Elle établit pour les instituteurs et les institutrices deux classes supérieures, avec des traitements élevés, où l'élite du personnel trouvera à la fin de sa carrière la récompense méritée de ses longs efforts.

Elle ajoute aux traitements fixes des indemnités de résidence qui viennent en aide aux instituteurs, partout où une population agglomérée plus nombreuse augmente pour eux les charges de la vie matérielle.

Elle diminue l'écart entre les traitements des instituteurs et ceux des institutrices ; elle applique en partie le principe de l'égalité des sexes, puisque pour les deux classes inférieures et pour les stagiaires l'assimilation des traitements est chose acquise : d'où il résulte que, sur 100 institutrices, 80 auront désormais les mêmes émoluments que les instituteurs.

Enfin, elle s'est efforcée de sauvegarder pour tous les droits acquis, et, quand elle n'a pu améliorer, au moins elle a maintenu et garanti aux instituteurs et aux institutrices leur situation présente.

Traitements d'après la loi nouvelle. — Nous reproduisons ici, sans avoir le temps de les commenter, les dispositions de la loi du 19 juillet 1889, relatives aux traitements des divers fonctionnaires de l'enseignement primaire :

INSTITUTEURS ET INSTITUTRICES PRIMAIRES.

Art. 7. — Le traitement des instituteurs et institutrices de haque classe est fixé ainsi qu'il suit :

Instituteurs.		Institutrices.	
5e classe	1,000	5e classe	1,000
4e classe	1,200	4e classe	1,200
3e classe	1,500	3e classe	1,400
2e classe	1,800	2e classe	1,500
1re classe	2,000	1re classe	1,600

Sous le régime des lois de 1875 et de 1881, les traitements étaient :

Instituteurs.		Institutrices.	
4e classe	900		
3e classe	1,000	3e classe	700
2e classe	1,100	2e classe	800
1re classe	1.200	1re classe	900

Au traitement fixe s'ajoutent : 1° une indemnité de direction, de 200 francs, pour les titulaires chargés de la direction d'une école comprenant plus de deux classes ; de 400 francs, si l'école comprend plus de quatre classes ; 2° une indemnité de résidence, non soumise à retenue, dans toutes les communes chefs-lieux de canton ou dont la population agglomérée est supérieure à 1,000 habitants. Cette indemnité de résidence varie selon la population : elle est de

100 fr.	dans les localités dont la population agglomérée est de	1,000 à	3,000	hab.
200 fr.	de	3,001 à	9,000	—
300 fr.	de	9,001 à	12,000	—
400 fr.	de	12,001 à	18,000	—
500 fr.	de	18,001 à	35.000	—
600 fr.	de	35,001 à	60,000	—
700 fr.	de	60,001 à	100,000	—
800 fr.	de	100,001 et au-dessus.		
2,000 fr.	dans la ville de Paris.			

L'indemnité totale est acquise aux titulaires chargés de la direction d'une école comprenant plus de deux classes, aux maîtres chargés de cours complémentaires, aux directeurs et directrices, aux instituteurs adjoints et institutrices adjointes des écoles primaires supérieures, dans les localités ci-dessus énumérées et dans les communes chefs-lieux de canton.

La moitié de l'indemnité est accordée à tous les

autres instituteurs et institutrices titulaires; le quart aux stagiaires.

Les stagiaires forment une classe unique, au traitement de 800 francs.

DIRECTEURS ET PROFESSEURS D'ÉCOLES PRIMAIRES SUPÉRIEURES.

ART. 14. — Le traitement des directeurs et directrices d'écoles primaires supérieures est fixé ainsi qu'il suit :

    5e classe........   1,800
    4e classe............... ...   2,000
    3e classe................. .   2,200
    2e classe....................   2.500
    1re classe...................   2.800

Ils ont droit en outre : 1° à l'indemnité de résidence: 2° au logement ou à l'indemnité représentative.

ART. 15. — Le traitement des instituteurs adjoints et des institutrices adjointes des écoles primaires supérieures est fixé ainsi qu'il suit :

    5e classe....................   1,100
    4e classe....................   1.300
    3e classe 1.600
    2e classe   1,900
    1re classe 2.100

Ils ont droit en outre : 1° à l'indemnité de résidence; 2° au logement ou à l'indemnité représentative.

On remarquera que, pour les directeurs et professeurs des écoles primaires supérieures, la loi n'a pas établi de différence de traitements entre les deux sexes.

Les directeurs et directrices, instituteurs adjoints et institutrices adjointes, quand ils sont pourvus du certificat d'aptitude au professorat, reçoivent une indemnité personnelle de 500 francs, soumise à retenue (art. 20).

Les maîtres auxiliaires, chargés d'enseignements accessoires, reçoivent une allocation, non soumise à retenue, et calculée sur le pied de 50 à 100 francs par an pour chaque heure d'enseignement par semaine.

Enfin, dans les cours complémentaires, le maître

chargé de ce cours reçoit un supplément de traitement de 200 francs.

DIRECTEURS ET PROFESSEURS D'ÉCOLES NORMALES.

Art. 17.— Le traitement des directeurs et directrices d'écoles normales est fixé ainsi qu'il suit :

Directeurs.		Directrices.	
5e classe...............	3,500	5e classe...............	3,000
4e classe...............	4,000	4e classe...............	3,500
3e classe...............	4,500	3e classe...............	4,000
2e classe...............	5,000	2e classe...............	4,500
1re classe...............	5,500	1re classe...............	5,000

A Paris, le traitement est pour le directeur de 7,000 à 10,000 francs, pour la directrice de 6,000 à 9,000 francs.

Sous le régime des lois antérieures, les traitements étaient :

Directeurs.		Directrices.	
3e classe...............	4,000	3e classe...............	3,000
2e classe...............	4,500	2e classe...............	3,500
1re classe...............	5,000	1re classe...............	4,000

Art. 18. — Le traitement des professeurs d'écoles normales est fixé ainsi qu'il suit :

Hommes.		Femmes.	
5e classe...............	2,400	5e classe...............	2,200
4e classe...............	2,600	4e classe...............	2,400
3e classe...............	2,800	3e classe...............	2,600
2e classe...............	3,100	2e classe...............	2,800
1re classe...............	3,400	1re classe...............	3,000

Sous le régime des lois antérieures, les traitements étaient :

Hommes.		Femmes.	
3e classe...............	2,500	3e classe...............	1,700
2e classe...............	2,800	2e classe...............	2,200
1re classe...............	3,100	1re classe...............	3,000

Ajoutons que les maîtres qui sont simplement délégués reçoivent un traitement unique de 2,000 francs; les maîtresses, un traitement unique de 1,800 francs.

Tous les traitements ci-dessus indiqués sont d'ailleurs diminués de 400 francs pour les maîtres et maitresses logés et nourris dans l'établissement (voyez ci-dessus, p. 298).

Dans les écoles normales dont l'effectif ne dépasse pas 60 élèves, et dans celles qui n'ont que des élèves externes, les fonctions d'économe sont confiées à un des maîtres de l'école, avec une allocation supplémentaire de 500 francs (art. 21).

Dans les écoles normales comptant plus de 60 élèves, les économes sont des fonctionnaires spéciaux, dont les traitements sont fixés ainsi qu'il suit :

5e classe	1.800
4e classe	2,000
3e classe	2,200
2e classe	2,500
1re classe	2,800

Pensions de retraite. — La matière est réglée par la loi du 17 août 1876 *sur la retraite des divers fonctionnaires de l'enseignement primaire* : inspecteurs, directeurs et directrices, maîtres adjoints et maîtresses adjointes des écoles normales; instituteurs et institutrices, titulaires ou adjoints; directrices d'écoles maternelles. L'article 6 de cette loi fait passer ces fonctionnaires de la catégorie des services civils dans la catégorie du service actif. Il leur étend, en d'autres termes, les avantages qui n'étaient accordés par la loi du 9 juin 1853 qu'aux « emplois de la partie active » : douanes, forêts, postes, contributions indirectes et tabacs. Ces avantages consistent en ce que la pension de retraite est acquise à cinquante-cinq ans d'âge et après vingt-cinq ans de services, tandis que dans les services civils on exige soixante ans d'âge et trente ans de services.

Les autres articles de la loi de 1876 établissent que le chiffre de la pension de retraite est basé sur la moyenne des traitements et émoluments de toute nature, soumis à retenue, dont l'ayant droit aura joui, non pas, comme précédemment, pendant les six dernières années de son activité, mais pendant les six années qui auront produit le chiffre le plus élevé. Les années passées à l'école normale, à partir de l'âge de vingt ans, sont comprises dans le compte des années de services. Enfin, le chiffre de la pension de retraite ne peut être inférieur à 600 francs pour les instituteurs, à 500 francs pour les instilutrices et directrices d'écoles maternelles. Ce minimum ne s'applique pas aux pensions exceptionnelles accordées pour infirmités (1).

Les instituteurs et la loi militaire. — La loi du 15 juillet 1889 sur le recrutement de l'armée oblige les instituteurs, comme les autres citoyens, à passer quelque temps sous les drapeaux. Elle a abrogé les lois de privilèges qui dispensaient du service militaire certaines catégories de Français (2).

L'article 23 est ainsi conçu : « En temps de paix, après un an de présence sous les drapeaux, sont envoyés en congé dans leurs foyers, sur leur demande, jusqu'à la date de leur passage dans la réserve : 1° Les jeunes gens qui contractent l'engagement de servir pendant dix ans dans les fonctions de l'instruction publique..... Tous les jeunes gens énumérés ci-dessus seront rappelés pendant quatre semaines dans le cours de l'année qui précédera leur passage dans la réserve de l'armée active. Ils suivront ensuite le sort de la classe à laquelle ils appartiennent..... »

L'article 24 établit que « les jeunes gens visés ci-dessus, lorsque, dans l'année qui suivra leur année de service, ils n'auront pas obtenu un emploi..... d'instituteur, ou lorsqu'ils cesseront de le remplir avant l'expiration des délais fixés....., seront tenus d'accomplir les deux années de service dont ils avaient été dispensés. »

En cas de guerre, dit l'article 20, ces mêmes jeunes gens « sont appelés et marchent avec les hommes de leur classe ».

C'est donc, en temps de paix, à une année de service

---

(1) Voyez, pour les autres détails, les articles 11, 13, 14 de la loi du 9 juin 1853.

(2) Voyez la brochure de M. Félix Martel : *Les Instituteurs et la nouvelle loi militaire* (Paul Delaplane, éditeur).

que la loi militaire astreint désormais les instituteurs;
en temps de guerre, aux mêmes devoirs que les autres
citoyens; et nous sommes certain que ces obligations
seront accueillies avec une satisfaction patriotique par
le personnel enseignant primaire, qui avait d'ailleurs
pris l'initiative de les réclamer, notamment au Congrès
de 1881 : « Nous demandons tous à être soumis à la loi
commune du recrutement. La suppression du privilège
dont nous jouissons nous permettra de remplir envers
la patrie un des devoirs les plus sacrés, nous gagnera
la sympathie des populations, nous préparera à mieux
faire l'éducation physique de nos élèves..... »

CHAPITRE V

Administration centrale. — Parmi les autorités
préposées à la direction et à la surveillance des écoles,
les unes exercent l'administration proprement dite,
les autres sont chargées exclusivement de l'inspection,
d'autres enfin administrent et inspectent à la fois.

Nous étudierons d'abord les autorités qui administrent: nous retrouverons au chapitre suivant celles
d'entre elles qui ont part à l'inspection en même temps
qu'à l'administration.

L'administration de l'instruction publique a pour
chef le ministre. C'est le ministre qui propose au président de la République la nomination du directeur de
l'instruction primaire, des recteurs et des inspecteurs
généraux. C'est le ministre qui nomme les employés
de l'administration centrale, et aussi les inspecteurs
d'académie, les inspecteurs primaires, les fonctionnaires des écoles normales et des écoles primaires
supérieures. C'est lui qui, en cas de conflit entre les
préfets et les inspecteurs d'académie, prononce sur la
nomination des autres membres du personnel enseignant.

Le ministre dirige les agents qui lui sont subordonnés, au moyen d'ordres, d'instructions et de circulaires; il peut annuler ou réformer, par voie d'arrêtés, les actes de ces agents.

Le ministre prend aussi des arrêtés pour assurer l'exécution des lois, règlements et décrets, se rapportant aux affaires de l'instruction primaire. Il est d'une façon générale le représentant suprême de l'État, l'agent souverain du pouvoir exécutif en tout ce qui concerne ce service.

Ses arrêtés en matière administrative ne peuvent être l'objet d'un recours devant le Conseil d'État que dans le cas d'incompétence ou d'excès de pouvoir.

En matière contentieuse, c'est devant le ministre que peut se pourvoir l'instituteur révoqué par arrêté préfectoral (L. O., 31); c'est devant lui que peuvent être attaquées les élections du conseil supérieur ou des conseils départementaux (Décrets du 17 mars 1880, 12, et du 12 nov. 1886, 12). Ses décisions en pareille matière peuvent être attaquées devant le Conseil d'État.

Au-dessous du ministre se place le *directeur de l'enseignement primaire*, qui siège au ministère et qui, sous l'autorité du ministre, avec l'aide des fonctionnaires des six bureaux de l'administration centrale, préside à l'administration générale de l'instruction publique.

Le directeur est de droit président du *comité consultatif* (section de l'enseignement primaire).

Le comité consultatif. — De plus en plus la législation française tend à constituer, auprès des agents du pouvoir exécutif, des assemblées, des conseils, qui, composés d'hommes compétents, sont en mesure d'aider par leurs délibérations et leurs avis l'autorité souveraine.

C'est ainsi que le ministre de l'instruction publique est assisté par le *comité consultatif* et par le *conseil supérieur*.

Le comité consultatif primaire se compose des inspecteurs généraux et d'une inspectrice générale des écoles maternelles. Il est présidé, comme nous l'avons dit plus haut, par le directeur de l'enseignement primaire (D. O., 124). Il est convoqué, à époques variables, pour donner son avis sur toutes les questions qui peuvent lui être soumises par le ministre. Il est consulté, par exemple, sur l'équivalence des diplômes étrangers avec les diplômes français (*Ibid.*, 183).

Le conseil supérieur de l'instruction publique. — Créé en 1808 par Napoléon Ier, lors de la fondation de l'Université, le *conseil supérieur de l'instruction publique* a été souvent modifié, soit dans sa composition, soit dans ses attributions. En dernier lieu, sous le second Empire, on y avait introduit des archevêques et des évêques, des magistrats, des conseillers d'État, des généraux, qui formaient la majorité du conseil; on n'y avait maintenu que huit représentants des écoles publiques, nommés d'ailleurs par le gouvernement. C'était dénaturer et fausser le caractère de l'institution, et constituer, non un conseil compétent, naturellement bienveillant et favorable à l'Université, mais une sorte de comité de surveillance qui ne péchait point par excès de sympathie pour l'instruction publique. Aussi, dès la chute de l'Empire, la réorganisation du conseil supérieur de l'instruction publique fut une question à l'ordre du jour, et la loi du 25 mars 1873 faisait déjà une part plus large et plus équitable aux représentants directs de l'enseignement, en même temps qu'elle admettait le principe de l'élection. Un nouveau progrès a été accompli, grâce à la loi du 27 février 1880 (1), qui règle définitivement la composition et les attributions du conseil (voyez aussi l'arrêté ministériel du 16 mars 1880).

Composition du conseil supérieur. — Le conseil supérieur se compose : 1° de neuf conseillers nommés par décret; 2° de quatre membres de l'enseignement privé nommés aussi par décret; 3° de trente-huit conseillers élus, représentant l'enseignement supérieur et l'enseignement secondaire; enfin, 4° de six membres de l'enseignement primaire. Ces représentants de l'en-

____

(1) La loi du 30 octobre 1886 a complété sur certains points, en ce qui concerne les attributions du conseil supérieur, la loi du 27 février 1880.

seignement primaire, trop peu nombreux selon nous, sont élus par un collège électoral, qui comprend les inspecteurs généraux de l'instruction primaire, le directeur de l'enseignement primaire de la Seine, les inspecteurs d'académie des départements, les inspecteurs primaires, les directeurs et directrices des écoles normales primaires, la directrice de l'école Pape-Carpantier, les inspectrices générales et les déléguées spéciales (qu'on appelle aujourd'hui inspectrices départementales) chargées de l'inspection des écoles maternelles (Loi du 27 février 1880). Par une disposition heureuse, la loi du 30 octobre 1886, élargissant le cadre du collège électoral primaire, y a fait entrer les directeurs et directrices d'écoles primaires supérieures publiques, ainsi que les instituteurs et institutrices nommés membres des conseils départementaux.

Tous les membres du conseil supérieur sont élus ou nommés pour quatre ans. Le conseil se réunit en assemblée générale deux fois par an. Le ministre peut le convoquer en session extraordinaire. Mais il y a une partie du conseil qui est permanente : c'est ce qu'on appelle précisément la *section permanente*, composée des neuf membres nommés conseillers par décret du président de la République et de six autres conseillers choisis par le ministre parmi les membres élus.

Le ministre de l'instruction publique préside de droit le conseil supérieur.

Attributions du conseil supérieur. — Le conseil supérieur est à la fois un conseil administratif et un tribunal.

Comme conseil administratif, il n'a que le caractère d'un corps consultatif : il donne son avis sur les projets qui lui sont soumis par le ministre. Il n'a pas la faculté d'introduire des questions nouvelles dans ses délibérations, sauf sous forme de vœux ; il ne possède pas, en d'autres termes, ce qu'on appelle dans les assemblées parlementaires le droit d'initiative.

Comme tribunal, il statue en appel et en dernier ressort sur les jugements rendus par les conseils départementaux, lorsque ces jugements prononcent l'interdiction d'enseigner contre un instituteur primaire public ou privé (article 7 de la loi du 27 février 1880), sans distinguer s'il s'agit d'une interdiction à temps, partielle ou absolue (articles 32 et 41 de la loi du 30 octobre 1886), et aussi sur les jugements rendus par les conseils départementaux, relativement aux oppositions formées à l'ouverture d'une école privée (L. O., 39).

Nous n'avons pas à parler des attributions du conseil, au point de vue de l'enseignement secondaire ou supérieur. En ce qui concerne l'enseignement primaire, voici quel est le rôle administratif de la section permanente et du conseil tout entier :

La section permanente a pour fonctions d'étudier les programmes et règlements, avant qu'ils soient soumis à l'examen de l'assemblée générale. Elle donne son avis sur les créations d'écoles normales primaires; sur les livres de classe, de bibliothèque et de prix, qui doivent être interdits dans les écoles publiques, et enfin sur toutes les questions d'études, d'administration, de discipline et de scolarité qui lui sont renvoyées par le ministre (L. de 1880, 4).

De son côté, le conseil donne son avis :

Sur les programmes, méthodes d'enseignement, modes d'examens, règlements administratifs et disciplinaires relatifs aux écoles publiques, déjà étudiés par la section permanente;

Sur les règlements relatifs à la surveillance des écoles privées;

Sur les livres d'enseignement, de lecture et de prix, qui doivent être interdits dans les écoles privées, comme contraires à la morale, à la Constitution ou aux lois;

Sur les règlements relatifs aux demandes formées par les étrangers pour être autorisés à enseigner, à ouvrir ou à diriger une école (L. de 1880, 5); sur les demandes formées par les étrangers admis à jouir de leurs droits civils en France, et voulant y enseigner dans des écoles exclusivement destinées à des enfants étrangers, afin d'obtenir des dispenses de brevets de capacité (L. O., 4, § 5).

Le recteur. — La France est divisée, on le sait, en dix-sept académies, en y comprenant l'Algérie, chacune administrée par un *recteur*. L'autorité du recteur s'étend sur les trois degrés de l'enseignement, primaire, secondaire et supérieur.

De 1850 à 1854, le recteur avait été investi du droit de nomination des instituteurs. Mais la loi du 14 juin 1854 a déféré cette attribution aux préfets, et la loi du 30 octobre 1886, malgré l'opposition de ceux qui voulaient replacer entièrement les instituteurs sous l'autorité de leurs chefs universitaires, a maintenu à l'administration préfectorale (dans les conditions que nous avons indiquées au chapitre précédent) la nomination des instituteurs titulaires, tout en attribuant à l'inspecteur d'académie la délégation des stagiaires.

Le recteur n'a donc pas, à vrai dire, d'autorité directe sur le personnel; ses attributions, en matière d'enseignement primaire, n'en sont pas moins des plus importantes.

Les écoles normales, qui autrefois relevaient du préfet, relèvent du recteur, sous l'autorité du ministre (D. O., 57). A ce point de vue, c'est le recteur qui prononce l'admission des élèves-maitres, après concours, ainsi que les exclusions, en fin d'année (*Ibid.*, 74 et 75); qui propose au ministre, après avis du conseil départemental, le nombre d'élèves à admettre chaque année (*Ibid.*, 69); qui nomme les membres des commissions d'examen (*Ibid.*, 73); qui désigne quatre membres du conseil d'administration (L. du 19 juillet 1889, art. 47), etc.

Dans les autres écoles primaires publiques, il a la mission de veiller au maintien des méthodes, à l'exécution des règlements d'études, et de proposer au ministre les mesures propres à améliorer l'enseignement (D. du 22 août 1854, 24).

Il approuve le catalogue des livres qui doivent être mis en usage dans les écoles publiques (A. O., 22).

Il nomme, dans chaque département, la commission d'examen pour les candidats aux bourses de l'État dans les écoles primaires supérieures (*Ibid.*, 43).

Il nomme chaque année les commissions d'examen pour les brevets de capacité et pour le certificat d'aptitude pédagogique, sur la proposition de l'inspecteur d'académie (D. O., 117), et aussi les commissions d'examen pour le certificat d'études primaires supérieures (A. O., 246), et pour le certificat d'études primaires élémentaires (*Ibid.*, 254).

Il a seul le droit de proposer au ministre, pour les palmes académiques, les fonctionnaires des écoles normales, les membres de l'enseignement privé et les personnes qui ont bien mérité, à un titre quelconque, de l'instruction primaire ; et il donne son avis sur les présentations faites par les préfets, pour ces mêmes distinctions, en faveur des instituteurs et institutrices publics (D. du 24 déc. 1885).

Le préfet. — Le *préfet* a conservé dans la nouvelle législation le droit de nommer les instituteurs titulaires, de les déplacer et de les révoquer. Mais, comme nous l'indiquons ailleurs, toute espèce de précautions ont été prises par la loi, pour que ce droit ne devienne pas un instrument d'action politique, au détriment des intérêts pédagogiques (voyez ch. IV, *Situation du personnel*).

Le préfet a aussi un pouvoir considérable en matière de création d'écoles (voyez ch. VIII, *Questions diverses*).

Le préfet, de concert avec l'inspecteur d'académie, fait des propositions au ministre pour les médailles et les mentions honorables (A. O., 127).

C'est le préfet qui confère les bourses d'enseignement primaire supérieur (D. O., 46).

En outre, comme président du conseil départemental, le préfet a encore, en matière d'instruction primaire, un rôle important.

Les inspecteurs d'académie. — *L'inspecteur d'académie* dans la législation actuelle, et malgré sa subordination au préfet et au recteur, est le vrai chef départemental du service de l'instruction primaire. C'est entre ses mains qu'est concentrée l'administration tout entière. Les lois les plus récentes ont accru notablement les pouvoirs de l'inspecteur d'académie, et tendent à en faire le directeur départemental de l'enseignement primaire. Les stagiaires sont délégués par lui dans leurs fonctions ; les titulaires ne peuvent être nommés par le préfet que sur sa proposition. Les peines disciplinaires de réprimande, de censure, de suspension provisoire, sont prononcées par lui. Il a la vice-présidence du conseil départemental (L. O., 44). Il propose au préfet les boursiers nationaux d'enseignement primaire supérieur (D. O., 46). Il choisit les sujets de composition pour les brevets de capacité et les certificats d'études primaires supérieures (A. O., 135 et 245). Il peut faire, dans certains cas, opposition à l'ouverture des écoles privées (L. O., 38).

L'inspecteur d'académie est nommé par le ministre ; il a d'ailleurs, au point de vue de l'enseignement secondaire, des attributions dont nous n'avons pas à nous occuper ici.

Les inspecteurs primaires. — L'inspecteur d'académie a immédiatement sous ses ordres les *inspecteurs de l'enseignement primaire*. Il y a au moins un inspecteur primaire par arrondissement ; certains arrondissements, plus vastes que les autres ou offrant des difficultés particulières de communication, sont divisés en plusieurs circonscriptions d'inspection.

Pour 1890, le budget prévoit le traitement de 15 inspecteurs primaires à Paris, et de 425 inspecteurs primaires dans les départements et en Algérie.

Les traitements ont été réglés comme suit par la loi du 19 juillet 1889 (art. 22 et 23) :

Art. 22. — Le traitement des inspecteurs primaires est fixé ainsi :

5e classe	3,000	fr.
4e classe	3,500	—
3e classe	4,000	—
2e classe	4,500	—
1re classe	5,000	—

· Dans le département de la Seine, les traitements seront de 6,000, 6,500, 7,000, 7,500 et 8,000 francs.

Art. 23. — Indépendamment du traitement qui leur est attribué par l'article précédent, les inspecteurs primaires ont droit à une indemnité dite départementale qui ne pourra être inférieure à 200 francs (1).

Pour être nommé inspecteur primaire, il faut être pourvu du certificat d'aptitude à l'inspection (L. O., 10; D. O., 125).

En matière administrative, les inspecteurs sont chargés d'instruire les affaires et de préparer les solutions, en donnant leur avis à l'inspecteur d'académie.

Ils président les conférences cantonales d'instituteurs et les commissions d'examens du certificat d'études primaires. Ils font partie de droit des commissions scolaires. Ils assistent avec voie délibérative aux réunions des délégués cantonaux (D. O., 129).

Ils instruisent les affaires relatives à la création ou à la construction des écoles publiques, etc. (*Ibid.*).

Ils donnent leur avis sur la nomination et l'avancement des instituteurs et des institutrices, sur les récompenses et sur les peines disciplinaires (*Ibid.*), et aussi sur le retrait de la délégation des stagiaires (L. O., 26).

Les inspecteurs primaires ne reçoivent d'instructions que de l'inspecteur d'académie, du recteur, des inspecteurs généraux et du ministre (D. O., 128).

Le conseil départemental de l'instruction primaire. — De même que le ministre est assisté par le conseil supérieur, de même, dans chaque département, un *conseil départemental* concourt à l'administration de l'instruction primaire.

Créés et constitués par les lois du 15 mars 1850 et du 14 juin 1854, les conseils départementaux ont été organisés à nouveau, et dans un tout autre esprit, par la·loi organique de 1886.

Jusqu'en 1886, le conseil départemental ne compre-

(1) Voyez dans le *Bulletin administratif du ministère*, n° du 21 décembre 1889, le tableau des indemnités diverses allouées aux inspecteurs primaires par les départements et les communes.

naît que deux représentants directs de l'enseignement,
l'inspecteur d'académie et un inspecteur primaire désigné par le ministre. Les autres membres étaient le
préfet, président, l'évêque ou son délégué, un ecclésiastique désigné par l'évêque, un ministre protestant,
un représentant du culte israélite, deux magistrats,
deux conseillers généraux, etc.

Depuis que la loi du 27 février 1880, modifiant la
constitution des conseils académiques et du conseil
supérieur, pour appliquer ce principe que l'Université
doit s'administrer elle-même et qu'il faut mettre l'autorité où est la compétence, y avait fait entrer presque
exclusivement des universitaires, la composition du
conseil départemental n'était plus en harmonie avec
celle des autres conseils de l'instruction publique.

C'est seulement en 1886 que la loi organique du
30 octobre a corrigé cette anomalie. Aujourd'hui le
conseil départemental, quoiqu'on y ait fait une place
aux représentants du conseil général, est en majorité
composé de membres de l'enseignement. Notons aussi
cette innovation que, pour la première fois, les femmes
ont été appelées à y siéger.

. Voici le texte des articles de la loi qui règlent la
composition du conseil départemental:

Art. 44. — Il est institué, dans chaque département, un conseil de l'enseignement primaire composé ainsi qu'il suit :

1° Le préfet, président;

2° L'inspecteur d'académie, vice-président;

3° Quatre conseillers généraux élus par leurs collègues;

4° Le directeur de l'école normale d'instituteurs et la directrice
de l'école normale d'institutrices;

5° Deux instituteurs et deux institutrices élus respectivement
par les instituteurs et institutrices publics titulaires du département, et éligibles, soit parmi les directeurs et directrices d'é-
coles à plusieurs classes ou d'écoles annexes à l'école normale,
soit parmi les instituteurs et institutrices en retraite (1);

6° Deux inspecteurs de l'enseignement primaire désignés par
le ministre.

Aucun membre du conseil ne pourra se faire remplacer.

(1) Voyez le décret du 12 novembre 1886 *sur les élections du conseil départemental.*

Pour les affaires contentieuses et disciplinaires intéressant les membres de l'enseignement privé, deux membres de l'enseignement privé, l'un laïque, l'autre congréganiste, élus par leurs collègues respectifs, seront adjoints au conseil départemental.

Art. 45. — Les membres élus du conseil départemental le sont pour trois ans. Ils sont rééligibles.

Les pouvoirs des conseillers généraux cessent avec leur qualité de conseillers généraux.

Art. 46. — Dans le département de la Seine, le nombre des conseillers généraux sera de huit, celui des inspecteurs primaires sera de quatre, et celui des membres élus, moitié par les institu· teurs, moitié par les institutrices, sera de quatorze, à raison de deux pour quatre arrondissements municipaux, et de deux pour chacun des arrondissements de Saint-Denis et de Sceaux.

Attributions du conseil départemental. — Les attributions du conseil départemental sont des plus nombreuses et des plus importantes.

Elles sont réglées, soit par la loi organique du 30 octobre 1886, soit par la loi du 19 juillet 1889, soit par le décret du 18 janvier 1887.

Ces attributions sont de diverse nature. Le conseil départemental est un tribunal en matière contentieuse et disciplinaire. Il a aussi des pouvoirs pédagogiques et administratifs.

Attributions disciplinaires et contentieuses. — Comme nous l'avons vu (chap. IV, page 311), le conseil départemental donne son avis sur la censure et sur la révocation; il prononce, par jugement, l'interdiction à temps et l'interdiction absolue. Il prononce la démission des membres des commissions scolaires qui ont manqué sans excuses valables à trois séances consécutives. Il est juge d'appel des commissions scolaires, etc. Il a aussi des pouvoirs relativement aux écoles privées et au personnel enseignant de ces écoles (L. O., 39, 40).

Attributions pédagogiques. — 1° Le conseil départemental veille à l'application des programmes, des méthodes et des règlements édictés par le conseil supérieur (L. O., 48).

2° Il veille à l'organisation de l'inspection médicale (*Ibid.*).

3° Il arrête les règlements relatifs au régime intérieur des établissements d'instruction primaire (*Ibid.*)

4° Il délibère sur les rapports et propositions de
l'inspecteur d'académie, des délégués cantonaux et des
commissions municipales scolaires (*Ibid.*).

5° Il donne son avis sur les réformes qu'il juge utile
d'introduire dans l'enseignement, sur les secours et en-
couragements à accorder aux écoles primaires et sur
les récompenses (*Ibid.*).

6° Il entend et discute tous les ans un rapport général de l'inspecteur d'académie sur l'état et les besoins
des écoles publiques et sur l'état des écoles privées ; ce
rapport et le procès-verbal de cette discussion sont
adressés au ministre de l'instruction publique (*Ibid.*).

7° Il désigne les délégués cantonaux (L. O., 52).

8° Il peut déléguer au tiers de ses membres le droit
d'inspection dans tous les établissements d'instruction
primaire, publics ou privés, du département (*Ibid.*, 50).

Attributions administratives. — 1° Le conseil
départemental, après avoir pris l'avis des conseils municipaux, avis qu'il n'est pas obligé de suivre d'ailleurs,
détermine, sous réserve de l'approbation du ministre, le
nombre, la nature et le siège des écoles primaires publiques de tout degré qu'il y a lieu d'établir ou de maintenir dans chaque commune, ainsi que le nombre de
maîtres qui y sont attachés (L. O., 13, et décret du
7 avril 1887).

Il peut aussi, mais cette fois sur l'avis conforme du
conseil municipal, autoriser un instituteur ou une institutrice à recevoir des élèves internes, en nombre déterminé et dans des conditions déterminées (L. O., 13).

2° Il détermine le nombre des instituteurs adjoints
appelés à seconder les instituteurs et les institutrices
dans les écoles à plusieurs classes (*Ibid.*, 24); ou
pour mieux dire, selon les termes plus précis de l'article 48, § 5, « il détermine les écoles publiques auxquelles, d'après le nombre des élèves, il doit être attribué un instituteur adjoint. »

3° Il peut, sous réserve de l'approbation du ministre,

autoriser une commune à se réunir à une ou plusieurs communes voisines pour l'établissement ou l'entretien d'une école. Il peut prescrire le rattachement d'un ou de plusieurs hameaux, dépendant d'une commune, à l'école d'une commune voisine, au cas où les conseils municipaux des communes intéressées n'ont pu s'entendre à ce sujet. Il peut autoriser une commune ou une réunion de plusieurs communes, comptant plus de 500 habitants, à remplacer par une école mixte l'école spéciale de filles établie en principe par la loi (*Ibid.*, 11).

4° Il dresse chaque année, après avoir pris connaissance des demandes de tous les candidats qui se sont inscrits au bureau de l'inspection académique, et il complète, s'il y a lieu, au cours de l'année, une liste des instituteurs et institutrices admissibles aux fonctions de titulaire, soit pour être chargés d'une école, soit pour être chargés d'une classe en qualité d'adjoints (*Ibid.*, 27).

5° Il arrête chaque année, à l'époque de la rentrée des classes, en vue des promotions annuelles qui devront partir du 1er janvier suivant, les listes de présentation d'instituteurs et d'institutrices qui lui sont proposées par l'inspecteur d'académie sur les rapports des inspecteurs primaires (Loi du 19 juillet 1889, art. 50).

6° Il donne son avis sur les propositions faites pour les récompenses honorifiques aux instituteurs et institutrices (A. O., 127).

7° Il apprécie si la démission des instituteurs et des institutrices qui auront obtenu la médaille d'argent est fondée sur des raisons de santé valables, auquel cas l'allocation annuelle de 100 francs leur est maintenue (Loi du 19 juillet 1889, art. 49).

Fonctionnement du conseil départemental. — Le fonctionnement du conseil départemental est réglé par la loi du 30 octobre 1886 (art. 47, 48 et 49), par le décret du 18 janvier 1887 (art. 146 à 150) et par le décret du 4 décembre 1886. Le conseil départemental se réunit de droit au moins une fois par trimestre. Il siège à la préfecture. Il peut être convoqué par le préfet en session extraordinaire, si les besoins du service l'exigent (L. O., 48). Les fonctions de conseiller départemental sont gratuites (*Ibid.*, 47). La présence de la moitié plus un des membres du conseil est nécessaire pour la validité de ses délibérations ; la voix du président est prépondérante. Le conseil peut appeler dans son sein les membres de l'enseignement, et toutes les autres personnes dont l'expérience lui paraîtrait devoir être utilement consultée, sans que ces personnes puissent avoir voix délibérative (*Ibid.*, 49). Les séances du conseil départemental ne sont pas publiques. L'inspecteur d'académie préside, à défaut du préfet ; s'ils sont absents tous deux, la présidence appartient au membre plus âgé (D. O., 147). Pour les affaires disciplinaires, le vote a lieu au scrutin secret ; pour les autres affaires, à mains levées (*Ibid.*, 150).

Le conseil départemental, on le voit par tout ce qui précède, est devenu dans chaque département la cheville ouvrière de l'administration de l'enseignement primaire.

CHAPITRE VI

Autorités préposées à l'inspection. — Inspecteurs généraux de
l'instruction publique. — Autres formes de l'inspection générale. — Inspectrices générales des écoles maternelles. —
Recteurs et inspecteurs d'académie. — Inspectrices départementales des écoles maternelles. — Inspecteurs de l'enseignement primaire. — Les membres du conseil départemental.
— Le maire. — Les délégués cantonaux. — La circulaire du
27 mars 1887. — Dispositions diverses. — Rapports des instituteurs avec ces diverses autorités.

Autorités préposées à l'inspection. — Après
avoir étudié le rôle des autorités préposées à l'administration de l'instruction primaire, nous abordons maintenant l'examen des autorités préposées à l'inspection.

La loi du 30 octobre 1886, dans son article 9, a réglé
ainsi qu'il suit le service de l'inspection :

ART. 9. — L'inspection des établissements d'instruction primaire publics ou privés est exercée :

1º Par les inspecteurs généraux de l'instruction publique ;

2º Par les recteurs et les inspecteurs d'académie ;

3º Par les inspecteurs de l'enseignement primaire ;

4º Par les membres du conseil départemental désignés à cet
effet, conformément à l'article 50.

Toutefois les écoles privées ne pourront être inspectées par
les instituteurs et institutrices publics qui font partie du conseil départemental ;

5º Par le maire et les délégués cantonaux ;

6º Dans les écoles maternelles, concurremment avec les autorités précitées, par les inspectrices générales et les inspectrices
départementales des écoles maternelles ;

7º Au point de vue médical, par les médecins-inspecteurs
communaux ou départementaux.

L'inspection des écoles publiques s'exerce conformément aux
règlements délibérés par le conseil supérieur.

Celle des écoles privées porte sur la moralité, l'hygiène, la salubrité et sur l'exécution des obligations imposées à ces écoles par la loi du 28 mars 1882. Elle ne peut porter sur l'enseignement que pour vérifier s'il n'est pas contraire à la morale, à la Constitution et aux lois.

Toutes les classes de jeunes filles, dans les internats comme dans les externats primaires publics et privés, tenues soit par des institutrices laïques, soit par des associations religieuses cloîtrées ou non cloîtrées, sont soumises, quant à l'inspection et à la surveillance de l'enseignement, aux autorités instituées par la loi.

Dans tous les internats de jeunes filles tenus par des institutrices laïques ou par des associations religieuses cloîtrées ou non cloîtrées, l'inspection des locaux affectés aux pensionnaires et du régime intérieur du pensionnat est confiée à des dames déléguées par le ministre de l'instruction publique.

Inspecteurs généraux de l'instruction publique. — Les *inspecteurs généraux* de l'enseignement primaire sont chargés de visiter les écoles de toute la France. Chaque année, le ministre indique à chacun des inspecteurs généraux les divers départements qu'il devra inspecter (A. O., 232).

Les inspecteurs généraux sont actuellement au nombre de six. Ils sont nommés par décret du président de la République, sur la proposition du ministre (D. O., 123).

Les écoles primaires élémentaires, les écoles normales, les écoles primaires supérieures, sont successivement l'objet de la surveillance des inspecteurs généraux, qui rendent compte au ministre, dans des rapports spéciaux, des résultats de leur inspection. Il y a quelques années, l'administration publiait chaque année ces rapports, dont nous avons largement profité dans nos études de pédagogie théorique et pratique, et qui, en même temps qu'ils mettaient le public au courant de la situation de l'enseignement primaire, apportaient aux instituteurs de précieux conseils.

Le rôle des inspecteurs généraux n'est pas seulement de renseigner le ministre et l'administration centrale sur ce qu'ils ont vu, sur ce qu'ils ont noté au cours de leurs tournées. Ils ont aussi pour mission de répandre partout où ils vont, comme des *missi dominici*, des enseignements et des avis, de faire rayonner en tout lieu la même pensée dirigeante, de signaler enfin leur passage par une action bienfaisante.

L'institution des inspecteurs généraux date de la loi du 15 mars 1850 (article 20), qui les appelait des *inspecteurs supérieurs*.

L'inspecteur général ne renseigne pas seulement le ministre sur les écoles et le personnel enseignant. Il a aussi à apprécier les mérites et les services du personnel administratif : directeurs d'écoles normales, inspecteurs d'académie, inspecteurs de l'enseignement primaire.

Outre leurs fonctions de visiteurs des écoles, les inspecteurs généraux ont auprès de l'administration centrale d'autres attributions. Nous avons vu qu'ils se réunissaient à Paris, en comité consultatif, sous la présidence du directeur de l'enseignement primaire, pour étudier les questions qui leur sont soumises par le ministre (D. O., 124). Ils sont appelés en outre à présider diverses commissions d'examens.

Autres formes de l'inspection générale. — La mission d'inspection confiée aux inspecteurs généraux de l'instruction publique ne s'étend pas à toutes les questions ni à toutes les matières de l'enseignement primaire.

La comptabilité des écoles normales est l'objet d'une inspection spéciale, exercée par un inspecteur général de l'économat (A. O., 233).

De même, dans les écoles normales et dans les écoles primaires supérieures, l'inspection du chant et de la musique, celle des langues vivantes, celle du travail manuel, sont l'objet de missions spéciales (*Ibid.*, 234).

Dans ces mêmes écoles, l'inspection du dessin est confiée à des inspecteurs spéciaux (*Ibid.*, 235).

Enfin, le décret du 27 juillet 1888 a institué un inspecteur général chargé exclusivement de surveiller et de diriger l'enseignement de la gymnastique et des exercices militaires.

Inspectrices générales des écoles maternelles. — Les écoles élémentaires de filles, comme les écoles élémentaires de garçons, sont soumises à la juridiction des inspecteurs généraux. Mais, en ce qui concerne les écoles maternelles, l'inspection est confiée à des femmes, à des inspectrices générales, nommées par le ministre (D. O., 132). Elles sont actuellement au nombre de quatre. Une d'entre elles siège au comité consultatif de l'enseignement primaire (*Ibid.*, 133).

C'est en 1837 (ordonnance du 22 décembre) que fut créée pour la première fois *une déléguée générale* à l'inspection des salles d'asile. Le décret du 2 mars 1855 en porta le nombre à deux ; le décret du 20 février 1872, à quatre. C'est le décret du 2 août 1881 qui a institué les inspectrices générales actuelles.

Recteurs et inspecteurs d'académie. — Le recteur et l'inspecteur d'académie ont le droit d'inspection, le premier dans les limites de son académie, le second dans les limites du département, sur toutes les écoles publiques (et aussi sur les écoles privées), quelle qu'en soit la nature et pour toute espèce d'enseignement.

Inspectrices départementales des écoles maternelles. — Aux autorités départementales chargées de l'inspection il faut encore ajouter les *inspectrices départementales* des écoles maternelles, qu'on appelait autrefois les *déléguées spéciales*.

Il s'en faut d'ailleurs que tous les départements possèdent encore des inspectrices de cet ordre.

Comme les inspectrices générales, les inspectrices départementales sont nommées par le ministre. Elles donnent leur avis sur la nomination et la révocation des directrices et sous-directrices d'écoles maternelles publiques, ainsi que sur les récompenses qui peuvent leur être accordées (D. O., 132, 134). Elles sont placées sous l'autorité immédiate de l'inspecteur d'académie ; c'est à lui qu'elles adressent leurs rapports à la suite de leurs tournées d'inspection.

Inspecteurs de l'enseignement primaire. —

L'inspection générale de l'enseignement primaire est exercée sur un trop vaste espace de territoire, et par un trop petit nombre d'hommes, pour pouvoir atteindre toutes les écoles et pour entrer dans le détail des choses. De leur côté, le recteur et l'inspecteur d'académie sont trop surchargés d'attributions multiples, pour avoir le temps d'user beaucoup du droit d'inspection que leur confère la loi.

C'est donc aux inspecteurs de l'enseignement primaire qu'incombe surtout la charge de la surveillance des écoles.

Bien que les inspecteurs aient un grand nombre d'autres attributions, la loi a placé au premier rang leurs devoirs d'inspection. Le premier paragraphe de l'article 129 du décret du 18 janvier 1887 dit : « Ils inspectent les écoles primaires publiques et privées de leur circonscription. » A la suite de chaque inspection, ils doivent adresser un rapport à l'inspecteur d'académie, dans le délai de quinze jours au plus. Ce rapport contient nécessairement deux parties distinctes : 1º une notice sur l'école et chacune des classes en particulier, notice résumant les observations de l'inspecteur sur l'état matériel de l'école, la marche de l'enseignement, les résultats obtenus dans chaque classe, ainsi que l'indication des principales améliorations à introduire; 2º des notices individuelles sur le personnel, comprenant une appréciation sur chacun des maitres attachés à l'école.

L'inspecteur primaire doit, en outre, adresser sans délai un rapport spécial à l'inspecteur d'académie toutes les fois qu'il se présente des circonstances de nature à réclamer l'intervention immédiate de ce fonctionnaire (A. O., 236).

Jusqu'à présent la loi n'admettait que des inspecteurs des écoles primaires. Par une innovation hardie, qui n'est d'ailleurs pas encore passée dans les faits, la loi du 19 juillet 1889 a consacré l'admission des femmes aux emplois de l'inspection. Le dernier paragraphe de l'article 22 est ainsi conçu :

« Des inspectrices primaires pourront être nommées aux mêmes conditions et dans les mêmes formes que les inspecteurs. »

Les membres du conseil départemental. — Par une autre innovation qu'il est difficile encore d'apprécier, et qui, croyons-nous, n'a pas été souvent mise à l'essai, la loi du 30 octobre a autorisé le conseil départemental à déléguer au tiers de ses membres le droit d'entrer dans tous les établissements d'instruction primaire, publics ou privés, du département (L. O., 50). Une seule restriction est apportée au droit des délégués : ils ne peuvent, s'ils sont instituteurs ou institutrices publics, inspecter les écoles privées. D'ailleurs il est entendu que leur inspection doit exclusivement porter, dans les écoles publiques, sur l'état des locaux et du matériel, sur l'hygiène et sur la tenue des élèves (D. O., 140).

Le maire. — On se plaint parfois que les nouvelles lois scolaires, en rattachant de plus en plus l'école à l'État, en faisant de l'enseignement primaire un service public, aient à tort relâché et même rompu les liens qui doivent unir l'école et les autorités municipales de chaque commune. Il s'en faut pourtant que le maire ait perdu son autorité légitime sur les choses scolaires. La loi lui confère le droit d'inspection dans toutes les écoles de sa commune : il est vrai que cette inspection ne peut porter sur l'enseignement, et n'a pour objet que l'état des locaux et du matériel, l'hygiène et la tenue des élèves (D. O., 140).

On se rappelle, en outre, que le maire préside de droit la commission municipale scolaire ; il préside aussi, s'il y a lieu, les commissions de surveillance et de perfectionnement des écoles manuelles d'apprentissage et des écoles primaires supérieures professionnelles.

C'est encore par les soins du maire qu'a lieu l'installation matérielle des instituteurs et institutrices publics dans les maisons d'école (*Ibid.*, 23).

Les délégués cantonaux. — Parmi les autorités préposées à l'inspection des écoles, les *délégués cantonaux* ont une physionomie à part. Ce ne sont plus des fonctionnaires ; leurs services ne sont pas rétribués. Ce sont, pour ainsi dire, les volontaires de l'inspection. La pensée qui a présidé à leur institution en 1850, c'est qu'il est bon que les écoles soient visitées par des hommes étrangers à l'enseignement, indépendants de la hiérarchie administrative ; par des pères de famille, qui compensent ce qui peut leur manquer en fait de compétence technique par leur zèle et par leur dévouement à la cause de l'instruction populaire. « Vous êtes, disait aux délégués cantonaux la circulaire du 16 mai 1855, vous êtes, au nom de la loi, les représentants de la famille dans les écoles. »

La loi du 30 octobre 1886 a réglé ainsi qu'il suit la nomination des délégués cantonaux et le fonctionnement de chaque délégation cantonale (1) :

Art. 52. — Le conseil départemental désigne un ou plusieurs délégués résidant dans chaque canton pour surveiller les écoles publiques et privées du canton; il détermine les écoles particulièrement soumises à la surveillance de chacun d'eux.

Les délégués sont nommés pour trois ans. Ils sont rééligibles et toujours révocables. Chaque délégué correspond tant avec le conseil départemental, auquel il doit adresser ses rapports, qu'avec les autorités locales, pour tout ce qui regarde l'état et les besoins de l'enseignement primaire dans sa circonscription.

Il peut, lorsqu'il n'est pas membre du conseil départemental, assister à ses séances avec voix consultative pour les affaires intéressant les écoles de sa circonscription.

Les délégués se réunissent au moins une fois tous les trois mois, au chef-lieu de canton, sous la présidence de celui d'entre eux qu'ils désignent, pour convenir des avis à transmettre au conseil départemental.

Art. 53. — A Paris, les délégués nommés pour chaque arrondissement par le conseil départemental se réunissent au moins une fois tous les mois, sous la présidence du maire ou d'un de ses adjoints par lui désigné.

D'autre part, le décret organique du 18 janvier 1887 a réglé : — 1° les conditions auxquelles doivent satisfaire les délégués cantonaux : « Nul ne peut être délégué

---

(1) L'article 52 de la loi de 1886 n'est d'ailleurs que la reproduction littérale de l'article 43 de la loi de 1850.

cantonal, s'il n'est Français et âgé de vingt-cinq ans au moins (art. 136); » — 2° la question des incompatibilités entre les fonctions d'enseignement primaire et celles de délégué cantonal : « Nul chef ou professeur d'un éta-blissement quelconque d'instruction primaire ne peut être délégué cantonal (art. 137); » rappelons en outre que la loi organique du 30 octobre 1886, par son article 57, applique aux délégations cantonales les inéligibilités et les incompatibilités établies par les articles 32, 33 et 34 de la loi du 5 avril 1884 sur l'organisation municipale ; — 3° les attributions et les droits des délégués cantonaux :

Art. 138. — Les délégués cantonaux n'ont entrée que dans les écoles soumises spécialement par le conseil départemental à la surveillance de chacun d'eux.

Ils communiquent aux inspecteurs de l'instruction primaire tous les renseignements utiles qu'ils ont pu recueillir.

Art. 139. — Ils peuvent être consultés sur la convenance des locaux que les communes sont obligées de fournir pour la tenue de leurs écoles publiques:

Sur la fixation du nombre des écoles à établir dans les communes et sur l'opportunité de la création d'écoles de hameau;

Sur les demandes de création d'emplois d'instituteur adjoint et d'institutrice adjointe.

Art. 140. — L'inspection des autorités préposées à la surveillance des écoles en vertu des paragraphes 4 et 5 de l'article 9 de la loi du 30 octobre 1886 (*c'est-à-dire les délégués cantonaux, le maire et les membres du conseil départemental délégués à l'inspection*) portera, dans les écoles publiques, sur l'état des locaux et du matériel, sur l'hygiène et sur la tenue des élèves.

Elle ne pourra jamais porter sur l'enseignement.

La circulaire du 27 mars 1887. — Quelques-unes des dispositions que nous venons de rappeler ont paru inquiéter l'opinion publique. Les délégués cantonaux y ont vu une diminution notable de leurs anciennes prérogatives. Ils se sont plaints de l'article 138 qui ne leur ouvre que les écoles à eux désignées par le conseil départemental, et de l'article 140 qui leur interdit de faire porter leur inspection sur l'enseignement. C'est à ces réclamations que le ministre a répondu par sa circulaire du 27 mars 1887.

Sur le premier point, la circulaire fait observer que, nommés par le conseil départemental, les délégués cantonaux tiennent de lui toute leur autorité, et qu'il fallait, par conséquent, laisser au conseil départemental le soin de décider s'il convient, comme on l'a fait dans certains départements, d'ouvrir toutes les écoles d'un canton à tous les délégués de ce canton, ou, au contraire, de partager le canton en un certain nombre de petites subdivisions confiées chacune à un ou deux délégués. Il est évident que si l'on adopte le second parti, ce n'est pas qu'on songe à restreindre les pouvoirs des délégués, c'est simplement qu'on veut rendre leur action plus efficace, en la limitant.

Sur le second point, la circulaire rappelle que depuis leur création, c'est-à-dire depuis 1850, les délégués cantonaux ont toujours été considérés plutôt comme les inspecteurs de l'éducation que comme les inspecteurs de l'enseignement. Nombre de circulaires les ont engagés, à plusieurs reprises, à ne pas s'occuper « des procédés d'instruction », des principes de la lecture et de l'écriture, « des méthodes et des livres », mais simplement, comme le dit encore la circulaire de 1887, à exercer une mission de surveillance sur les résultats obtenus, sur la tenue des élèves, sur l'entrain de la classe, sur les habitudes d'attention et d'ordre qui se révèlent à leur observation.

Dispositions diverses. — Rappelons encore quelques autres articles relatifs à l'inspection, et notamment les articles 144 et 145 du décret organique, qui sont ainsi conçus :

Art. 144. — En dehors des autorités désignées par l'article 9 de la loi du 30 octobre 1886, nul ne peut inspecter ni surveiller aucun établissement d'instruction primaire.

Art. 145. — L'entrée des écoles publiques de tout ordre est formellement interdite, à moins d'autorisation spéciale, à toute personne autre que celles qui sont désignées par la loi pour l'inspection et la surveillance des établissements d'instruction primaire.

Toutefois les préfets et sous-préfets ont entrée dans les écoles publiques de leurs départements ou de leurs arrondissements respectifs.

Ces articles confirment l'article 3 de la loi du 28 mars 1882 (voyez deuxième partie, chap. Ier) :

Art. 3. — Sont abrogées les dispositions des articles 18 et 44 de la loi du 15 mars 1850, en ce qu'elles donnent aux ministres des cultes un droit d'inspection, de surveillance et de direction dans les écoles primaires publiques et privées et dans les salles d'asile (écoles maternelles).....

Rappelons cependant que la loi admet encore au droit d'inspection les médecins-inspecteurs communaux et départementaux, à condition qu'ils soient agréés par le préfet, qu'ils soient Français et âgés de vingt et un ans (D. O., 141). Leur inspection ne peut d'ailleurs porter que sur la santé des enfants, la salubrité des locaux et l'observation des règles de l'hygiène scolaire.

Enfin, dans les pensionnats de jeunes filles, l'article 9 de la loi organique (voyez plus haut, page 341) confie l'inspection à des dames désignées par le ministre, sur la proposition de l'inspecteur d'académie et avec l'agrément du préfet ; leur mission est gratuite ; leur inspection porte exclusivement sur le régime intérieur du pensionnat et sur l'état des locaux affectés aux élèves internes (*Ibid.*, 142 et 143).

Rapports des instituteurs avec ces diverses autorités. — Il est facile maintenant, par voie de récapitulation, de déterminer les rapports des instituteurs avec les diverses autorités préposées à l'administration et à l'inspection :

1° Au point de vue de la nomination :

Pour sa délégation aux fonctions de stagiaire, l'instituteur dépend de l'inspecteur d'académie seul ;

Pour sa nomination aux fonctions de titulaire, l'instituteur dépend du conseil départemental qui dresse les listes de candidats, de l'inspecteur d'académie qui propose, et du préfet qui nomme ;

En cas de désaccord entre le préfet et l'inspecteur d'académie, l'instituteur dépend en un sens du ministre, qui a seul qualité pour trancher le conflit ;

2° Au point de vue des déplacements :

L'instituteur dépend de l'inspecteur d'académie qui propose, et du préfet qui déplace ;

3° Au point de vue des peines disciplinaires et de la révocation :

L'instituteur stagiaire relève de l'inspecteur primaire, qui donne son avis sur le retrait de la délégation, et de l'inspecteur d'académie, qui retire cette délégation ;

L'instituteur titulaire dépend de l'inspecteur d'académie seul, en ce qui concerne la réprimande ;

De l'inspecteur d'académie, après avis du conseil départemental, en ce qui concerne la censure ;

Du conseil départemental qui donne son avis, de l'inspecteur d'académie qui propose, du préfet qui révoque, en ce qui concerne la révocation, et du ministre, devant lequel le fonctionnaire révoqué peut interjeter appel ;

Du conseil départemental, qui prononce le jugement en cas d'interdiction à temps ou d'interdiction absolue, et du conseil supérieur, devant lequel le fonctionnaire interdit peut interjeter appel ;

4° Au point de vue des récompenses honorifiques :

Pour les mentions honorables et médailles de bronze et d'argent, l'instituteur relève du préfet et de l'inspecteur d'académie qui proposent, du conseil départemental qui donne son avis, et du ministre qui décerne ces récompenses ;

Pour les palmes d'officier d'académie et d'officier de l'instruction publique, l'instituteur relève du préfet qui propose seul, et du ministre qui décerne ces distinctions ;

Pour l'honorariat, du préfet et de l'inspecteur d'académie qui proposent, et du ministre qui confère le titre d'instituteur honoraire ;

5° Au point de vue des promotions annuelles des classes :

L'instituteur dépend de l'inspecteur primaire qui fait un rapport, de l'inspecteur d'académie qui propose, du conseil départemental qui arrête les listes

de présentation, enfin du ministre qui fixe le nombre
de promotions à accorder à chaque département ;

6° Au point de vue de l'inspection :

En ce qui concerne son enseignement même, l'instituteur dépend :

1° De l'inspecteur primaire ;

2° De l'inspecteur d'académie ;

3° Du recteur ;

4° Des inspecteurs généraux ;

En ce qui concerne l'état des locaux et du matériel,
l'hygiène, la tenue des élèves, l'instituteur dépend :

1° Du maire ;

2° Des délégués cantonaux ;

3° Des membres délégués par le conseil départemental.

Il semblerait résulter de cette énumération que l'instituteur n'a que peu de rapports avec celui de ses chefs
qui est cependant son chef hiérarchique direct, je veux
dire l'inspecteur primaire. Pour ne pas apparaître nettement dans les dispositions légales, les rapports de
l'instituteur et de l'inspecteur primaire n'en sont pas
moins des plus intimes et des plus importants. Si l'inspecteur primaire n'a pour mission ni de nommer, ni
de punir, ni de révoquer, c'est lui qui, néanmoins, par
les avis qu'il adresse à l'inspecteur d'académie, par sa
connaissance directe du personnel enseignant. joue le
plus grand rôle peut-être dans les questions de déplacement, de nomination, de révocation, comme aussi dans
la distribution des récompenses honorifiques. Seulement, le travail de l'inspecteur primaire est préparatoire en quelque sorte : à d'autres appartient le droit
de décider et de prononcer. L'autorité et l'action de
l'inspecteur primaire s'exercent d'ailleurs dans les conférences pédagogiques qu'il préside, dans les avis et les
conseils auxquels donne lieu chacune de ses inspections.
Voyant de près les maîtres et les maîtresses, se maintenant en relations constantes avec eux, appelé par ses
inspections à les connaître dans l'intimité de leurs qualités et de leurs défauts, l'inspecteur primaire est véri-

tablement le directeur pédagogique des instituteurs.
C'est lui qui conseille, qui, au besoin, recourt à la réprimande officieuse, peut-être plus efficace que la réprimande officielle, celle qui est inscrite dans le code pénal
primaire ; c'est lui enfin qui encourage et qui loue, et,
s'il a quelquefois l'obligation pénible de proposer des
répressions contre ses subordonnés, il a aussi le devoir
plus doux de les défendre quand ils sont injustement
attaqués.

CHAPITRE VII

LES EXAMENS DE L'ENSEIGNEMENT PRIMAIRE.

Les divers examens de l'enseignement primaire. — Certificat
d'études primaires élémentaires. — Certificat d'études primaires supérieures. — Brevets de capacité. — Brevet élémentaire.
— Brevet supérieur. — Certificats d'aptitude professionnelle.
— Certificat d'aptitude pédagogique. — Certificat d'aptitude
au professorat. — Certificat d'aptitude à l'inspection et à la
direction. — Certificat d'aptitude à l'inspection des écoles maternelles. — Certificats spéciaux.

**Les divers examens de l'enseignement pri-
maire.** — La loi du 30 octobre 1886 a posé ce principe : « Nul ne peut être nommé dans une école publique
à une fonction quelconque d'enseignement, s'il n'est
muni du titre de capacité correspondant à cette fonction et tel qu'il est prévu, soit par la loi, soit par les
règlements universitaires (L. O., 20). »

Cet article de loi n'est que l'expression légale d'une
nécessité pédagogique et d'une vérité générale. Quoi
qu'on puisse dire contre les examens et contre les
diplômes, il est évident qu'ils sont nécessaires pour
opérer un triage au milieu du grand nombre des pos-
tulants qui, dans une société démocratique, se dispu-
tent chaque emploi; pour assurer aux plus dignes,
aux plus instruits, des situations enviées. Ils ont d'ailleurs cet avantage qu'ils obligent à des efforts soute-
nus. Combien d'aspirants ne travailleraient plus, ou
travailleraient moins, s'ils étaient dispensés de l'obligation de subir un examen et de s'y distinguer !

De là l'établissement d'un grand nombre de brevets
et de certificats, qui, les uns, sont destinés à établir le
savoir général ou l'aptitude professionnelle, les autres,
à demander la preuve d'une capacité spéciale pour tel
ou tel enseignement.

20.

Il y a donc lieu de distinguer trois séries d'examens et de diplômes :

1° Les brevets de capacité;

2° Les certificats d'aptitude professionnelle ;

3° Les certificats spéciaux.

Mais avant d'étudier sommairement les conditions et les règles de ces divers examens, qui ne visent que les maîtres, nous avons à parler des examens qui concernent les élèves et qui servent de sanctions aux études primaires : le certificat d'études primaires élémentaires et le certificat d'études primaires supérieures.

Certificat d'études primaires élémentaires. — Les études primaires élémentaires ont leur sanction dans le *certificat d'études* (1), tout comme les études d'enseignement secondaire ont la leur dans le baccalauréat.

Le certificat d'études primaires a été établi par la loi du 28 mars 1882 (art. 6). Il a été réglementé définitivement par l'arrêté du 24 juillet 1888, qui a introduit dans l'arrêté organique de 1887, comme articles additionnels, les articles 254 à 262.

L'examen est subi, soit au chef-lieu de canton, soit dans une commune centrale désignée à cet effet, devant une commission cantonale, nommée par le recteur sur la proposition de l'inspecteur d'académie, et dont l'inspecteur primaire est président de droit. Pour l'examen des aspirantes, des dames font nécessairement partie de la commission (art. 254).

L'article 255 établit comment est dressée la liste des candidats, qui ne peuvent être inscrits, s'ils n'ont *au moins onze ans* au moment de l'examen.

Les articles suivants déterminent la nature des épreuves, qu'on a cherché à simplifier le plus possible :

1° les épreuves écrites comprennent une dictée d'orthographe de quinze lignes au plus, et qui peut servir

---

(1) Le certificat d'études existait antérieurement à la loi de 1882. Depuis la circulaire du 20 août 1866, l'examen était fait par l'instituteur en présence du curé et du maire.

d'épreuve d'écriture courante (1); 2° deux questions d'arithmétique portant sur les applications du calcul et du système métrique, avec solution raisonnée; 3° une rédaction d'un genre très simple (récit, lettre, etc.). Les aspirantes exécutent en outre un travail de couture usuelle. Les textes et sujets de compositions sont choisis par l'inspecteur d'académie. Les candidats peuvent présenter, à titre de renseignement, un cahier de devoirs mensuels, ou, à défaut, un cahier de devoirs courants (art. 256). Les épreuves écrites sont éliminatoires. Les épreuves orales ont été réduites à deux : 1° une lecture expliquée, accompagnée de la récitation d'un morceau choisi sur une liste présentée par le candidat; 2° des questions d'histoire et de géographie (art. 257). L'examen peut comprendre en outre, sur la demande du candidat, un exercice de dessin et des interrogations sur l'agriculture.

L'examen du certificat d'études peut avoir ses inconvénients, comme tous les examens : celui, par exemple, d'entraîner l'instituteur à s'occuper trop exclusivement de ceux de ses élèves qui peuvent s'y présenter avec succès, et aussi à leur demander en fin d'année des efforts excessifs qui les surmènent. Mais il n'en a pas moins conquis définitivement droit de cité dans l'enseignement primaire, comme une sanction indispensable des études et comme un instrument d'émulation. Chaque année augmente le nombre des aspirants et aussi la proportion des reçus. En 1884, il n'y avait que 168,812 candidats, dont 95,701 garçons et 73,111 filles; en 1887, il y en a eu 205,095, dont 115,412 garçons et 89,683 filles. D'autre part, le nombre des reçus, qui était de 115,797 en 1884, a été de 145,134 en 1887, ce qui donne une moyenne de 10 certificats recherchés et obtenus sur 100 enfants de onze à treize ans. Il s'en faut encore, on le voit, que le certificat soit devenu la règle : il n'est encore à la portée que d'une petite élite.

<hr>

(1) Voyez, dans la *Revue pédagogique* de septembre-octobre 1889 et de février 1890, les articles de M. Carré tendant à la suppression de la dictée.

Certificat d'études primaires supérieures. — C'est le décret du 23 décembre 1882 qui a institué le certificat d'études primaires supérieures. Réglementé par un arrêté du même jour, il a été de nouveau et définitivement constitué par les articles 242 à 253 de l'arrêté organique du 18 janvier 1887 (Dispositions additionnelles, arrêté du 24 juillet 1888).

Tous les élèves qui ont été boursiers de l'État dans une école primaire supérieure, et qui ont suivi le cours complet, sont tenus de se présenter à cet examen à la fin de leur scolarité.

Il y a une session d'examen chaque année, à la fin de l'année scolaire, dans chaque département, devant une commission nommée par le recteur (A. O., 242). L'examen comprend trois séries d'épreuves : — épreuves écrites : composition française ; composition d'histoire et de géographie ; composition de mathématiques et de sciences physiques et naturelles ; composition de dessin géométrique ou de dessin d'ornement ; — épreuves orales, qui comprennent nécessairement un examen de langues vivantes, et un examen sur le programme de l'enseignement technique (agricole ou industriel) tel qu'il est arrêté par le conseil départemental (cette dernière disposition de l'article 250 a été édictée par l'arrêté du 29 décembre 1888); — épreuves pratiques, qui comprennent le travail manuel, le chant, et, pour les garçons, la gymnastique et les exercices militaires.

Le diplôme d'études primaires supérieures est encore peu recherché, quoiqu'il y ait annuellement un accroissement sensible dans le nombre des candidats et des admis : 1,327 candidats en 1884, 1,958 en 1887 : 556 admis en 1884, 1,212 en 1887 (1).

Brevets de capacité. — Nous revenons maintenant aux examens et aux diplômes qui concernent les maîtres, et d'abord aux brevets de capacité, qui sont

(1) Nous avons parlé ailleurs de l'examen exigé des enfants qui reçoivent l'instruction dans leur famille, et qui est destiné à contrôler l'exécution de la loi sur l'instruction obligatoire (voyez plus haut, page 259).

des titres de savoir général correspondant à ce qu'est dans l'enseignement secondaire la licence ès lettres ou ès sciences, de même que les certificats d'aptitude professionnelle dont nous aurons à parler ensuite sont l'équivalent des divers ordres de l'agrégation des lycées.

Brevet élémentaire. — Le *brevet élémentaire*, qui, il y a quelques années, n'était pas même exigé de tous les maîtres de l'enseignement (voyez les équivalences de la loi de 1850), est devenu, avec le progrès de l'instruction, un minimum obligatoire pour tous, exigé même des candidats aux écoles normales, et qui ne donne directement accès qu'aux fonctions de stagiaire.

C'est par le décret et l'arrêté organiques du 18 janvier 1887 qu'est réglé aujourd'hui l'examen du brevet élémentaire de capacité (D. O., art. 107, 117, 118, 119, 121; A. O., art. 134 à 149). Nous renvoyons à ces textes, dont nous nous contenterons de rappeler ici les dispositions essentielles.

Le candidat est tenu d'avoir au moins seize ans le 1er octobre de l'année durant laquelle il se présente. Des dispenses d'âge peuvent être accordées par l'inspecteur d'académie, pourvu qu'elles ne dépassent pas une durée de trois mois. La possession du certificat d'études primaires supérieures donne droit à la dispense, quel que soit l'âge du candidat (D. O., 107).

Il y a deux sessions réglementaires d'examens chaque année et dans chaque département, l'une au mois de juillet, l'autre au mois d'octobre. Des sessions extraordinaires peuvent être autorisées par le ministre, soit pour toute la France, soit dans un ou plusieurs départements (A. O., 134).

Les commissions d'examen sont nommées chaque année par le recteur, sur la proposition de l'inspecteur d'académie (D. O., 117); elles se composent d'au moins sept membres (*Ibid.*, 118).

Les épreuves écrites ou orales ne dépasseront dans aucun cas le niveau moyen des programmes du cours supérieur des écoles primaires (*Ibid.*, 119).

L'examen comprend trois séries d'épreuves (A. O., art. 145 et suivants) :

1° *Épreuves de la première série*, épreuves écrites : — dictée d'orthographe d'une page environ ; — une page d'écriture ; — un exercice de composition française ; — une question d'arithmétique et de système métrique, et la solution d'un problème comprenant l'application des quatre règles.

2° *Épreuves de la deuxième série*, épreuves pratiques : — pour les aspirants : exécution à main levée d'un croquis coté reproduisant un objet usuel de forme très simple ; — exercices élémentaires de gymnastique ; — pour les aspirantes : dessin au trait d'un objet usuel ; — exercice de couture.

3° *Épreuves de la troisième série*, épreuves orales : — lecture expliquée ; — questions d'arithmétique et de système métrique ; — questions sur les éléments de l'histoire nationale et de l'instruction civique et sur la géographie de la France ; — questions et exercices très élémentaires de solfège ; — questions sur les sciences physiques et naturelles et sur les matières de l'enseignement agricole.

Le nombre des aspirants au brevet élémentaire a subi quelques fluctuations dans ces dernières années. La loi de 1881 avait obligé un grand nombre de maîtres et de maîtresses à se pourvoir du titre de capacité qu'ils ne possédaient pas. C'est ainsi qu'en 1881 on a décerné ce brevet à 9,777 aspirants et à 15,937 aspirantes, tandis qu'on n'en avait délivré en 1880 que 3,929 aux aspirants et 8.103 aux aspirantes. Peu à peu on est revenu à des proportions plus normales ; le nombre des aspirants et aspirantes tend à diminuer, mais le nombre des admis tend à augmenter :

En 1886, sur 11,133 examinés, il y a eu 2,853 admis.
—   1887. —   8,980   —   —   3,672 —
En 1886, —   22,354 examinées, il y a eu 9,050 admises.
—   1887. —   20.048   —   —   9,088 —

Les examens du brevet élémentaire, comme ceux du

brevet supérieur, ne sont gratuits que pour les élèves des écoles normales. Depuis 1887, les autres candidats sont tenus d'acquitter un droit de 10 francs pour le brevet élémentaire et de 20 francs pour le brevet supérieur.

Brevet supérieur. — Le *brevet supérieur* est la sanction des études de l'école normale. Il a remplacé les brevets complet et facultatif. Il est, comme le brevet élémentaire, un diplôme d'instruction ; il ne constitue pas par lui-même un titre professionnel et donnant droit au titulariat des écoles primaires. Mais il est la condition exigée pour se présenter au plus grand nombre des examens professionnels.

Le brevet supérieur est réglé par les décret et arrêté organiques du 18 janvier 1887 (D. O., art. 106, 107, 117, 118, 119, 121 ; A. O., art. 134 à 144, 150 à 158).

Les candidats au brevet supérieur, sauf dispenses, doivent avoir dix-huit ans révolus, le jour de l'ouverture de la session. Ils doivent en outre justifier de la possession du brevet élémentaire (D. O., 107).

Les sessions d'examens ont lieu, les commissions sont nommées dans les mêmes conditions que pour le brevet élémentaire.

Les épreuves écrites et orales ne doivent pas dépasser le niveau moyen des programmes des écoles normales d'instituteurs et d'institutrices (*Ibid.*, 119).

L'examen comprend deux séries d'épreuves :

1° *Épreuves de la première série*, épreuves écrites : — une composition d'arithmétique et de sciences physiques et naturelles ; — une composition française (littérature ou morale) ; — une composition de dessin ; — depuis le 1er janvier 1888, un thème facile de langues vivantes.

2° *Épreuves de la deuxième série*, épreuves orales, qui portent sur sept groupes de matières : — morale et éducation ; — langue française ; — histoire de France ; — géographie de la France ; — arithmétique et tenue des livres ; — sciences physiques et naturelles ; — depuis le 1er janvier 1888, traduction à livre ouvert d'un texte anglais, allemand, italien, espagnol ou arabe, au choix du candidat.

· Ces épreuves sont communes aux aspirants et aux aspirantes; les aspirants ont à répondre en outre sur les éléments du calcul algébrique et de la géométrie, de l'arpentage et du nivellement, sur les notions d'agriculture et d'horticulture.

Dans un certain nombre de départements, à Paris notamment et en Algérie, il est de règle de ne nommer aux fonctions d'instituteur et d'institutrice que des maîtres et maîtresses pourvus du brevet supérieur.

Le diplôme du brevet supérieur n'est peut-être pas encore suffisamment recherché. Nous en trouvons la preuve dans les tableaux suivants :

		1884	1886	1887
ASPIRANTS	Examinés......	3,022	4,104	3,761
	Admis..........	968	1,727	1,694
ASPIRANTES ...	Examinées.....	5,102	6,848	6,330
	Admises	2,826	2,845	2,718

Autre tableau : Nombre total des brevets.

1882......................	3,338
1883......................	2,704
1884......................	2,820
1885......................	4,471
1886......................	4,572
1887......................	4,412

Malgré le grand nombre de brevets qui ont été obtenus dans ces dernières années, il reste encore un grand nombre d'instituteurs qui ne sont pourvus d'aucun titre de capacité, et qui ont été maintenus en fonctions en vertu des exceptions admises par l'article 4 de la loi du 16 juin 1881. En 1887, tant dans les écoles publiques que privées, écoles primaires élémentaires ou écoles maternelles, ces instituteurs sans brevets étaient au nombre de 14,667, congréganistes pour la plupart (1).

Certificats d'aptitude professionnelle. — Les

(1) Voyez la *Statistique de l'enseignement primaire*, 1886-1887, tableaux 14 à 17.

certificats d'aptitude professionnelle sont au nombre
de quatre :

1° Certificat d'aptitude pédagogique ;

2° Certificat d'aptitude au professorat des écoles
normales et des écoles primaires supérieures ;

3° Certificat d'aptitude à l'inspection des écoles primaires et à la direction des écoles normales ;

4° Certificat d'aptitude à l'inspection des écoles maternelles.

Certificat d'aptitude pédagogique. — Le certificat d'aptitude pédagogique a été créé par l'article 3
du décret du 4 janvier 1881 ; il a été consacré légalement par la loi du 30 octobre 1886 ; il a été réglementé
par les décret et arrêté du 18 janvier 1887 et enfin par
l'arrêté du 24 juillet 1888 (1).

Le certificat d'aptitude pédagogique n'avait à l'origine qu'un caractère facultatif, et il n'était destiné qu'à
constater plus particulièrement l'aptitude des instituteurs et des institutrices à la direction des écoles publiques comprenant plusieurs classes.

Mais, depuis la loi du 30 octobre 1886, le certificat
d'aptitude pédagogique est devenu obligatoire ; il est
aujourd'hui le véritable titre d'admissibilité aux fonctions d'instituteur titulaire.

« Nul ne peut être nommé instituteur titulaire... s'il n'est
pourvu du certificat d'aptitude pédagogique (L. O., 23). »

Le certificat est exigé aussi des aspirantes aux fonctions de directrice d'école maternelle (D. O., 6), des
candidats à l'économat des écoles normales (*Ibid.*, 64),
des délégués nommés par le ministre dans les écoles
normales primaires (*Ibid.*, 65).

Les candidats au certificat d'aptitude pédagogique
doivent avoir vingt et un ans au moment de leur inscription, être pourvus au moins du brevet élémentaire,
et justifier d'au moins deux années d'exercice dans les
écoles publiques ou dans les écoles privées (*Ibid.*, 108).

(1) Voyez le *Nouveau guide des aspirants et des aspirantes au certificat
d'aptitude pédagogique*, par M. A. Vaillant : Paris, Paul Delaplane, éditeur.

Il n'y a qu'une seule session d'examen par an. « Pour donner au candidat plus d'assurance, dit le rapport présenté au conseil supérieur, en lui laissant un peu de loisir en vue de se préparer à l'examen; pour apporter en même temps le moins de trouble possible dans la vie ordinaire du candidat, comme dans les exercices de l'école, les nouvelles dispositions (celles de l'arrêté du 24 juillet 1888) veulent qu'il n'y ait plus qu'une session annuelle d'examen, que l'épreuve écrite se fasse dans la dernière semaine des grandes vacances, au chef-lieu de chaque circonscription d'inspection primaire. Elles demandent aussi, dans les mêmes vues, pour que le jeune instituteur reste dans son milieu accoutumé, que l'épreuve pratique aille en quelque sorte le trouver dans son école même. »

L'article 154 nouveau de l'arrêté du 18 janvier 1887, modifié par l'arrêté du 24 juillet 1888, dit en effet :

« Pour les candidats admissibles, l'épreuve pratique consistera en une classe de trois heures, faite par chaque candidat dans la classe ou dans l'école qu'il dirige. Il sera procédé à cette épreuve dans les conditions prévues à l'article 161, dans le cours de l'année scolaire, par une sous-commission nommée par l'inspecteur d'académie.

Les commissions d'examen sont nommées chaque année par le recteur, sur la proposition de l'inspecteur d'académie (D. O., 120).

ART. 120. — Les commissions d'examen pour le certificat d'aptitude pédagogique sont présidées par l'inspecteur d'académie et composées de dix membres au moins choisis parmi les inspecteurs de l'enseignement primaire, les directeurs, directrices et professeurs d'écoles normales ou d'écoles primaires supérieures, et les instituteurs ou institutrices du département. S'il y a dans le département une inspectrice des écoles maternelles, elle fait nécessairement partie de la commission.

Si les candidats inscrits dans un département sont trop nombreux, le recteur peut instituer d'autres commissions d'examen en tel nombre qu'il jugera nécessaire.

L'examen est essentiellement pédagogique et comprend trois épreuves : 1° une épreuve écrite ; 2° une épreuve pratique ; 3° une épreuve orale (A. O., 158 à 164).

L'épreuve écrite consiste en une composition française sur un sujet élémentaire d'éducation ou d'enseignement. Elle est éliminatoire. La composition est corrigée par la commission réunie au chef-lieu du département.

L'épreuve pratique consiste en une classe de trois heures faite par chaque candidat dans la classe ou dans l'école qu'il dirige. Il est procédé à cette épreuve, dans le cours de l'année scolaire, par une sous-commission nommée par l'inspecteur d'académie.

L'épreuve orale, qui se fait à la suite de l'épreuve pratique, consiste :

1° Dans l'appréciation de cahiers de devoirs mensuels ;

2° Dans les interrogations en rapport avec les autres épreuves déjà subies par le candidat, et portant sur des sujets relatifs à la tenue et à la direction d'une école primaire élémentaire ou maternelle, ou sur des questions de pédagogie pratique.

La loi du 30 octobre 1886 impose comme condition d'accès au titulariat la possession du certificat d'aptitude pédagogique. Mais, pour ménager la transition et sauvegarder les intérêts et les droits acquis, le décret du 18 janvier 1887 disposa que les stagiaires qui, au moment de la promulgation de la loi, comptaient cinq années de services au moins dans l'enseignement public, seraient dispensés de l'épreuve écrite quand ils se présenteraient à l'examen. C'était leur donner la facilité d'aborder l'examen avec plus de chances de succès, l'épreuve écrite étant toujours celle qui amène le plus grand nombre d'éliminations.

Des décisions ministérielles, intervenues depuis lors, ont étendu la même faveur, sans la condition des cinq années de services, aux maîtres et maîtresses chargés de classes primaires dans les collèges, à ceux qui comptent deux années et demie de services dans l'enseignement public et le reste dans l'enseignement privé, aux instituteurs et institutrices titulaires. On a décidé en outre que, dans la supputation des cinq années, on pourrait faire entrer celles qui ont été passées à l'école normale à partir de 18 ou de 17 ans.

A la fin de l'année 1888, le certificat d'aptitude pédagogique avait déjà été obtenu par 7,475 instituteurs dirigeant une école, 7,822 instituteurs chargés de classe, 2,856 institutrices dirigeant une école primaire et 341 une école maternelle, 2,394 chargées de classe dans une école primaire et 638 dans une école maternelle : au total, par plus de 20,000 instituteurs et institutrices.

Certificat d'aptitude au professorat. — Le certificat d'aptitude au professorat dans les écoles normales et dans les écoles primaires supérieures a été institué par le décret du 5 juin 1880 ; il est réglementé par les décret et arrêté du 18 janvier 1887 (D. O., 109 ; A. O., 165 à 173) :

« Les candidats à l'examen du professorat des écoles normales et des écoles primaires supérieures doivent être âgés de vingt et un ans révolus au moment de leur inscription, être pourvus du brevet supérieur ou de l'un des baccalauréats ou, pour les femmes, du diplôme de fin d'études, et justifier de deux ans d'exercice au moins dans les écoles publiques ou dans les écoles privées (D. O., 109). »

Avec ce certificat nous voyons apparaître pour la première fois, dans l'enseignement primaire, la distinction entre l'ordre des lettres et l'ordre des sciences. On a pensé avec raison que la spécialisation littéraire ou scientifique s'imposait dans l'enseignement des écoles primaires supérieures et des écoles normales.

Il y a, par suite, deux commissions, l'une pour l'ordre des lettres, l'autre pour l'ordre des sciences, chargées d'examiner les candidats : elles sont nommées chaque année par le ministre et siègent à Paris (A. O., 165).

Chacune de ces commissions est composée de cinq membres au moins, auxquels sont adjoints, pour l'examen des aspirantes, deux directrices ou professeurs d'école normale ou d'école primaire supérieure des filles (*Ibid.*, 166).

Les épreuves écrites ont lieu au chef-lieu de chaque

académie et comprennent : 1° pour les lettres : — une composition sur un sujet de littérature ou de grammaire; — une composition d'histoire et de géographie; — une composition de morale ou de psychologie appliquée à l'éducation; — une composition de langue vivante (thème et version); 2° pour les sciences, quatre compositions aussi : — de mathématiques; — de physique ou de chimie et de sciences naturelles; — de dessin géométrique et de dessin d'ornement; — de morale ou d'éducation.

Les épreuves orales et pratiques sont subies à Paris et comprennent, pour les lettres : — une leçon sur un sujet tiré au sort; — une lecture expliquée; — la correction d'un devoir d'élève-maître; — l'explication à livre ouvert d'un texte allemand ou anglais, accompagnée d'interrogations; pour les sciences : — une leçon sur un sujet tiré au sort de mathématiques ou de sciences physiques et naturelles; — une interrogation portant sur une autre partie du programme que la leçon; — une manipulation de physique ou de chimie et une démonstration d'histoire naturelle.

Certificat d'aptitude à l'inspection et à la direction. — Le certificat d'aptitude à l'inspection des écoles primaires et à la direction des écoles normales vise deux fonctions différentes, que le législateur a confondues pourtant au point de vue des garanties de capacité qu'il exige de ceux qui aspirent à les remplir. Outre qu'il faut savoir gré au législateur de n'avoir pas multiplié outre mesure les catégories déjà si nombreuses des examens, et d'avoir fait au moins l'économie d'un diplôme, il est évident que, pour diriger une école normale ou pour inspecter les écoles primaires, les qualités et les connaissances requises sont fort analogues.

« Nul ne peut être nommé inspecteur de l'instruction primaire, s'il n'est pourvu du certificat d'aptitude à l'inspection (D. O., 125). »

« Les directeurs d'écoles normales doivent être pourvus du certificat d'aptitude à l'inspection des écoles primaires et à la direction des écoles normales (D. O., 62). »

Les examens pratiques et oraux ont lieu à Paris, pour les candidats reconnus admissibles. L'admissibilité est prononcée d'après les résultats des compositions écrites, faites au chef-lieu du département, et corrigées par des commissions que nomme chaque année le ministre.

Les compositions, au nombre de deux, portent, l'une sur un sujet de pédagogie, l'autre sur un sujet d'administration scolaire.

Les épreuves orales comprennent : 1° l'explication d'un passage pris dans un des auteurs désignés à cet effet ; 2° l'exposé de vive voix d'une question relative à un des points du programme (éducation, législation et administration scolaire).

L'épreuve pratique consiste dans l'inspection d'une école (normale, supérieure ou élémentaire).

Une commission spéciale examine, dans les mêmes conditions et dans les mêmes formes, les aspirantes à la direction des écoles normales.

L'article 110 du décret organique fixe les conditions d'admission à l'examen :

Art. 110. — Les aspirants au certificat d'aptitude à l'inspection des écoles primaires et à la direction des écoles normales doivent être âgés de vingt-cinq ans révolus au moment de leur inscription, justifier de cinq ans d'exercice au moins dans les établissements publics d'enseignement supérieur, secondaire ou primaire, et être pourvus de l'un des titres suivants : certificat d'aptitude au professorat, licence ès lettres ou ès sciences, certificat d'aptitude à l'enseignement secondaire spécial, baccalauréat ès lettres et baccalauréat ès sciences, ou, à défaut de ce dernier, baccalauréat de l'enseignement secondaire spécial.

Les aspirantes à la direction des écoles normales doivent remplir les mêmes conditions que les aspirants.

Certificat d'aptitude à l'inspection des écoles maternelles. — Ce certificat est peu recherché encore, les inspectrices des écoles maternelles étant en bien petit nombre. Les conditions en sont réglées par les décret et arrêté organiques du 18 janvier 1887 (D. O., 111 ; A. O., 183 à 186).

Les aspirantes doivent avoir vingt-cinq ans au moins,

être pourvues soit du brevet supérieur, soit du certificat d'aptitude pédagogique, soit du certificat d'aptitude à l'enseignement secondaire des jeunes filles. Elles doivent en outre justifier de cinq années d'exercice dans les établissements d'enseignement secondaire ou primaire.

L'examen a lieu tous les ans, dans le courant du mois de mars, par les soins d'une commission nommée chaque année par le ministre.

ART. 185. — L'examen se compose d'épreuves écrites, d'une épreuve orale et d'une épreuve pratique.

Les épreuves écrites sont au nombre de deux (1) :

1° Une composition sur un sujet de pédagogie appliquée aux écoles maternelles (trois heures);

2° Une composition sur l'hygiène des écoles maternelles : soins à donner aux enfants, installation et ameublement des locaux (trois heures).

L'épreuve orale consiste en interrogations : 1° sur la pédagogie appliquée aux écoles maternelles et sur l'hygiène; 2° sur des questions de législation et d'administration concernant ces écoles.

L'épreuve pratique consiste en une inspection d'une école maternelle, avec rapport oral à la suite de cette inspection.

Certificats spéciaux. — Les certificats spéciaux pour les enseignements accessoires sont :

1° Certificat d'aptitude à l'enseignement des langues vivantes ;

2° Certificat d'aptitude à l'enseignement du travail manuel ;

3° Certificat d'aptitude à l'enseignement du dessin ;

(1) Voici le texte des sujets donnés à la session de 1888 :

1° *Pédagogie.* « Vous avez remarqué que dans certaines écoles maternelles de votre circonscription, comme disait autrefois Mme Pape-Carpantier, « on traite « les enfants avec trop peu de façons, on manque d'égards pour eux. » Vous en prenez occasion pour traiter, dans une conférence, du respect dû à l'enfant et de la manière dont ce respect doit se manifester dans les écoles maternelles. Vous donnez, pour bien faire comprendre vos instructions, un certain nombre d'exemples pratiques. »

2° *Hygiène.* « Des jeux et des exercices manuels à l'école maternelle. — Leur importance, notamment au point de vue de l'éducation physique et de l'hygiène. — Objets dont doit être pourvue en conséquence une école maternelle bien organisée. » (Voyez le *Rapport* du président M. Brouard, dans la *Revue pédagogique* du 15 mai 1888.)

4° Certificat d'aptitude à l'enseignement du chant;

5° Certificat d'aptitude à l'enseignement de la gymnastique;

6° Certificat d'aptitude à l'enseignement élémentaire des travaux de couture :

7° Certificat d'aptitude à l'enseignement des exercices militaires.

Nous n'entrerons pas dans le détail des règles particulières aux examens de ces divers certificats. Il suffira de renvoyer nos lecteurs à l'arrêté du 18 janvier 1887 (articles 187 à 193, pour les langues vivantes, 194 à 199 pour. le travail manuel, 200 à 208 pour le dessin, 209 à 214 pour le chant, 215 à 221 pour la gymnastique, 222 à 226 pour les travaux de couture, 229 à 231 pour les exercices militaires).

La plupart de ces examens sont subis, au moins pour les épreuves orales, à Paris, devant une commission nommée chaque année par le ministre. L'examen pour le certificat de gymnastique a lieu au chef-lieu de chaque département et ne comprend que des épreuves orales et pratiques. C'est dans chaque département aussi qu'ont lieu les examens pour les certificats des travaux de couture et des exercices militaires.

Nous reproduisons ci-dessous, d'après le décret du 18 janvier 1887, les conditions d'admission à ces divers examens :

Art. 112. — Les candidats au certificat d'aptitude à l'enseignement des langues vivantes doivent être âgés de vingt et un ans révolus au moment de leur inscription et justifier de deux ans d'exercice dans les établissements publics ou privés d'enseignement secondaire ou primaire ou d'un temps équivalent de séjour à l'étranger. Ils doivent en outre être pourvus : les aspirants, du brevet supérieur ou de l'un des trois baccalauréats; les aspirantes, du brevet supérieur ou du diplôme de fin d'études de l'enseignement secondaire (1).

Art. 113. — Les candidats au certificat d'aptitude à l'enseignement du travail manuel doivent être âgés de vingt et un ans

(1) Voyez le *Rapport* sur la session de 1888 dans la *Revue pédagogique* du 15 décembre 1888 : 152 candidats se sont présentés, 50 ont été admissibles, et 23 définitivement admis, dont 6 pour l'anglais, 15 pour l'allemand, 1 pour l'espagnol et 1 pour l'arabe.

révolus au moment de leur inscription. Les aspirants doivent être pourvus du brevet supérieur ou du baccalauréat ès sciences ou du baccalauréat de l'enseignement secondaire spécial; les aspirantes, du brevet supérieur ou du diplôme de fin d'études de l'enseignement secondaire.

ART. 114. — Les candidats au certificat d'aptitude à l'enseignement du dessin, du chant, de la gymnastique, ainsi que les candidats au certificat d'aptitude à l'enseignement élémentaire des travaux de couture ou à l'enseignement des exercices militaires, doivent être âgés de dix-huit ans révolus au moment de leur inscription.

CHAPITRE VIII

Il s'en faut que nous ayons épuisé tous les sujets
d'un cours complet de législation et d'administration
scolaire. Dans un dernier chapitre, nous allons essayer
de combler les lacunes principales de notre travail,
en faisant connaître : 1° les règles de la création et de
l'installation des écoles publiques : 2° les dépenses
qui restent à la charge des communes et des départements, depuis que la loi du 19 juillet 1889 a inscrit au
budget de l'État tout ce qui concerne les traitements du
personnel ; 3° le fonctionnement de quelques institutions auxiliaires ; 4° enfin, les règles générales qui
président à l'enseignement privé.

Création des écoles. — Les règles de la création
des écoles primaires publiques sont établies par le
décret du 7 avril 1887.

Qu'il s'agisse soit d'une école obligatoire, soit d'une
école facultative, c'est le conseil départemental qui
décide s'il y a lieu de créer l'école, sous réserve de
l'approbation ministérielle. Le préfet a seul qualité
pour porter devant le conseil la demande de création
(D. du 7 avril 1887, art. 1er). Si l'école n'est pas de
celles qui donnent lieu à une dépense obligatoire pour
la commune, le préfet ne peut saisir le conseil départemental que sur la demande de la commune et

après avis de l'inspecteur d'académie (*Ibid.*, art. 2).

Les articles suivants, 3, 4 et 5, règlent les détails de la procédure :

Art. 3. — Lorsque, sur la proposition de l'inspecteur d'académie, le préfet reconnaît qu'il est nécessaire de créer une des écoles ou des classes destinées à l'enseignement primaire public, et dont l'établissement donne lieu à une dépense obligatoire pour la commune, il invite le maire à provoquer une délibération du conseil municipal, dans le délai d'un mois, sur la création proposée.

Art. 4. — Si le conseil municipal a émis un avis favorable à la création de l'école, le préfet saisit le conseil départemental dans sa plus prochaine session.

Lorsque le conseil municipal repousse la création proposée ou qu'il n'a pas délibéré dans le délai d'un mois, le préfet saisit, s'il y a lieu, le conseil départemental, après avoir consulté la délégation cantonale.

Le dossier transmis au conseil départemental comprend :

1º Le rapport de l'inspecteur d'académie; 2º la délibération du conseil municipal; 3º le plan topographique de la commune, avec indication, s'il y a lieu, des écoles déjà établies; 4º l'avis de la délégation cantonale; 5º s'il s'agit de créer une école spéciale de filles, le relevé des deux derniers dénombrements officiels.

Toute décision du conseil départemental adoptant ou rejetant une proposition de création d'école ou de classe est soumise à l'approbation du ministre de l'instruction publique.

Art. 5. — Si le conseil départemental ou le ministre, appelés à statuer sur la création d'une école ou d'une classe, estiment que le service scolaire peut être légalement assuré par un autre moyen que celui qui est proposé, le préfet ordonne une instruction nouvelle.

Une fois l'école créée, il faut songer à l'installer. C'est le même décret du 7 avril 1887 qui établit les règles de l'installation.

Installation des écoles. — Nous nous placerons d'abord dans l'hypothèse qui comprend la presque universalité des cas, c'est-à-dire lorsque le conseil municipal consent à installer l'école créée. Le maire est averti par le préfet de la décision qui crée l'école. Le conseil municipal est aussitôt appelé à délibérer sur les moyens de pourvoir à l'établissement de l'école et au logement des maîtres (D. du 7 avril 1887), ainsi qu'au mobilier de classe et au matériel scolaire (D. O., 12).

Pour le local de l'école, le conseil municipal peut, ou bien : 1° aménager un immeuble communal déjà construit (D. du 7 avril 1887, 7); ou bien, 2° louer une maison (*Ibid.*); ou bien, 3° acquérir une maison (*Ibid.*, 8); ou bien enfin, 4° construire une maison d'école. Dans ces deux derniers cas, la commune a droit aux subventions de l'État.

Subventions de l'État. — La question de l'intervention financière de l'État, en cas de construction par la commune d'une maison d'école, est réglée par la loi du 20 juin 1885. Antérieurement, des lois successives (1ᵉʳ juin 1878, 3 août 1880, 2 mai 1881, 20 mars 1883) avaient créé et organisé la caisse des écoles, et par de larges libéralités secondé l'admirable mouvement d'où sont sorties tant d'écoles neuves et bien installées. La loi de 1885 a fixé les règles précises d'après lesquelles l'État intervient par ses subventions. Le chiffre de la subvention de l'État varie entre un maximum de 80 p. 100 et un minimum de 15 p. 100 : il est calculé en raison inverse de la valeur des centimes communaux, en raison directe des charges extraordinaires de la commune, et aussi en raison de l'importance des travaux à exécuter. Les communes dont le centime dépasse 6,000 francs n'ont droit à aucune subvention. Les subsides de l'État ne sont plus accordés que sous forme d'annuités d'un emprunt à contracter par la commune, et remboursable en trente ans au moins et quarante ans au plus. Enfin, la même loi détermine quel est, pour chaque catégorie d'établissements, le chiffre maximum de la dépense à laquelle l'État s'engage à contribuer.

DÉPENSE MAXIMUM.

1° Pour une école de hameau. . . . . 12,000 fr.
2° Pour une école de chef-lieu communal, à une seule classe (soit mixte, soit spéciale aux garçons ou aux filles). . . . . 15,000 fr.

3° Pour un groupe scolaire, à une classe pour chaque sexe. 28,000 fr.

4° Pour chaque classe en sus ajoutée au groupe scolaire ou à une école de chef-lieu communal. 12,000 fr.

5° Pour une école maternelle. . . . . 18,000 fr.

6° Pour une école primaire supérieure. . . . 80,000 fr.

7° Pour une école normale. . . . . 400,000 fr.

8° Pour le mobilier scolaire, par chaque classe. . 500 fr.

Installation d'office. — Examinons maintenant une seconde hypothèse, celle qui se produit lorsque le conseil municipal refuse le local nécessaire à l'école et au logement des maîtres : il y est alors pourvu d'office. En cas de location d'immeuble, le préfet, sur l'avis de l'inspecteur d'académie, approuve les conditions du bail, invite le maire à passer le contrat; en cas de refus, il y fait procéder par un délégué spécial, et inscrit d'office la dépense au budget communal. S'il est nécessaire d'acquérir, d'approprier ou de construire un immeuble, c'est de même le préfet qui, d'accord avec l'inspecteur d'académie, procède aux formalités nécessaires (voyez le décret du 7 avril 1887, chap. III : *Établissement d'office*, 41 à 50).

Suppression des écoles. — Il peut se faire que des écoles ou des classes cessent de répondre aux besoins réels d'une commune. La suppression peut alors en être prononcée par le conseil départemental, sous réserve de l'approbation du ministre (L. O., 13; D. du 7 avril 1887, 21).

C'est ainsi qu'en application du décret du 27 mai 1888 *sur le nouveau classement des écoles*, on a procédé, en 1889, à 637 suppressions ainsi réparties :

281 suppressions d'écoles;

162 suppressions d'emplois d'adjoints ou d'adjointes;

119 suppressions d'écoles de filles, dans les communes de moins de 400 âmes;

75 suppressions d'écoles maternelles, dans les communes de moins de 2.000 âmes.

____

637 suppressions.

Le but poursuivi par ces mesures de suppression a été nettement défini par la circulaire du 27 mai 1888 dont nous reproduisons le passage suivant :

« Je compte surtout, disait le ministre, que vous ferez entendre aux populations qu'il ne s'agit pas d'abandonner ou de réduire l'œuvre scolaire qui est une des gloires de la République, mais bien de la compléter et de lui donner tout son prix, en l'organisant définitivement sur les bases de l'équité et de l'économie la plus irréprochable. Supprimer une classe superflue, ce n'est pas diminuer les ressources de l'enseignement public, c'est lui en assurer de nouvelles, dont il a besoin sur un autre point. Réunir deux communes toutes voisines pour l'entretien d'une seule école bien installée, bien fréquentée et bien dirigée, au lieu d'y laisser végéter côte à côte deux écoles mauvaises ou médiocres, c'est un acte, non d'administration rétrograde, mais de sage administration. C'est à vous, Monsieur le préfet, que reviendra le soin d'éclairer sur toutes ces questions de fait et de lieu la religion du conseil départemental, comme aussi d'aider les conseils municipaux à se rendre compte des véritables intérêts de leurs communes. »

Après les suppressions déjà opérées, il est permis de dire qu'il n'en reste plus beaucoup à faire. D'autre part, le nombre des créations à réaliser dans l'avenir est encore considérable, malgré les efforts qui ont été faits dans ces dernières années. En 1887, on a créé 2,866 écoles ou classes ; en 1888, 1,052.

L'enquête faite par les préfets, à la suite de la circulaire du 19 novembre 1886, évaluait au chiffre de 8,419 écoles ou classes le nombre de créations nécessaires pour compléter notre réseau scolaire tant en France qu'en Algérie. A raison des créations accomplies dans les trois dernières années, on a le droit de supposer qu'il ne reste plus guère que 4 ou 5,000 écoles ou classes à créer, pour que les besoins des populations soient partout satisfaits.

Législation financière. — Nous avons vu (chapitre IV de cette deuxième partie) que la loi du 19 juillet 1889 avait mis à la charge de l'État toutes les dépenses relatives aux traitements. Les budgets communaux et départementaux n'ont donc plus à contribuer pour les traitements du personnel enseignant ; mais ils n'en ont pas moins leur part de charges à supporter pour d'autres catégories de dépenses.

Il y a d'abord les dépenses d'installation, qui pour les écoles primaires incombent à la commune, pour les écoles normales au département, — réserve faite des subventions accordées par l'État dans les conditions prévues par la loi du 20 juin 1885.

Mais il y a aussi des dépenses annuelles, dont la loi du 19 juillet 1889 a nettement déterminé la nature.

Dépenses à la charge des départements. — Les dépenses d'enseignement primaire qui restent à la charge des départements sont fixées par l'article 3 de la loi de 1889 :

ART. 3. — Sont à la charge des départements :

1° L'indemnité prévue à l'article 23 (*indemnité pour les inspecteurs primaires*) ;

2° L'entretien et, s'il y a lieu, la location des bâtiments des écoles normales ;

3° L'entretien et le renouvellement du mobilier de ces écoles et du matériel d'enseignement ;

4° Le loyer et l'entretien du local et du mobilier destinés au service départemental de l'instruction publique ;

5° Les frais de bureau de l'inspecteur d'académie ;

6° Les imprimés à l'usage des délégations cantonales et de l'administration académique ;

7° Les allocations aux chefs d'atelier, contremaîtres et ouvriers chargés, par les départements, de l'enseignement agricole, commercial ou industriel dans les écoles primaires de tout ordre et dans les écoles régies par la loi du 11 décembre 1880.

Dépenses à la charge des communes. — Les dépenses d'enseignement primaire à la charge des communes sont fixées par l'article 4 de la loi de 1889 :

ART. 4. — Sont à la charge des communes :

1° L'indemnité de résidence (voyez ci-dessus, chap. IV) ;

2° L'entretien et, s'il y a lieu, la location des bâtiments des écoles primaires ; le logement des maîtres et les indemnités représentatives ;

3° Les frais de chauffage et d'éclairage des classes dans les écoles primaires ;

4° La rémunération des gens de service dans les écoles maternelles publiques, et, si le conseil municipal décide qu'il y a lieu, dans les autres écoles primaires publiques ;

5° L'acquisition, l'entretien et le renouvellement du mobilier scolaire et du matériel d'enseignement;

6° Les registres et imprimés à l'usage des écoles;

7° Les allocations aux chefs d'atelier, contremaîtres et ouvriers chargés, par les communes, de l'enseignement agricole, commercial et industriel dans les écoles primaires de tout ordre et dans les écoles régies par la loi du 11 décembre 1880.

*
* *

Conférences pédagogiques. — Tout le monde comprend l'intérêt qu'il y a pour les instituteurs à se rapprocher de temps en temps, et à discuter en commun les questions de méthode et d'organisation scolaire qui les intéressent. De là l'institution des *conférences pédagogiques*. La circulaire du 10 août 1880 fait ressortir ces avantages, et elle ajoute en outre que « les instituteurs trouvent dans ces réunions périodiques l'occasion de nouer ensemble de bonnes relations de confraternité et de multiplier leurs rapports avec les chefs hiérarchiques, c'est-à-dire de créer entre eux librement cette communauté d'esprit et cette solidarité professionnelle qui font la puissance et la dignité du corps enseignant ». Les conférences pédagogiques, telles que les a instituées l'arrêté du 5 juin 1880, sont obligatoires pour les instituteurs titulaires publics, sauf dispenses accordées par l'inspecteur d'académie, et pour les instituteurs adjoints, toutes les fois que leur présence n'est pas nécessaire à l'école. Il ne doit y être traité que de matières de pédagogie théorique et pratique. La présidence des conférences appartient de droit à l'inspecteur d'académie, qui choisit les sujets à débattre dans chaque session sur la liste dressée par les instituteurs, ou, à son défaut, à l'inspecteur primaire.

Caisses d'épargne scolaire. — Si l'on a eu souci de l'éducation des maîtres en organisant des conférences pédagogiques, on a pensé à l'éducation des élèves

en établissant les *caisses d'épargne scolaire*, qui ont
pour but de leur faire contracter de bonne heure des
habitudes d'ordre et d'économie. Les caisses d'épargne
scolaire sont créées librement par les instituteurs;
mais l'administration s'est montrée sympathique à
cette institution, et elle met gratuitement à la disposition des instituteurs, dans toutes les recettes des postes
et télégraphes, des livrets de versements. En 1888, le
nombre des caisses s'est élevé à 22,642, celui des livrets
à 483,727, et le chiffre des sommes inscrites à ces livrets à 12,773,879 francs.

Bibliothèques.—Les bibliothèques que comprend
notre système d'instruction primaire visent, les unes
l'instruction des maitres, les autres l'instruction des
élèves, d'autres enfin l'instruction des familles. De là
trois ordres de bibliothèques, *pédagogiques, scolaires*
et *populaires*.

Les bibliothèques pédagogiques sont le complément
indispensable des conférences d'instituteurs et d'institutrices. Les maitres y trouvent des livres, des recueils
périodiques et des documents officiels, nécessaires à
leur éducation générale ou professionnelle. Ces bibliothèques, établies dans les chefs-lieux de canton, sont
ordinairement placées dans une école, sous la garde du
directeur de l'école. Au 1er janvier 1888, le nombre de
ces bibliothèques était de 2,683, avec 895,367 volumes.

Les bibliothèques scolaires, spécialement destinées
aux élèves, doivent être établies dans chaque école primaire publique (A. du 1er juin 1862; C. du 1er juin 1886).
Elles comprennent, avec les livres de classe, les ouvrages que le ministre concède à toute commune qui
peut justifier de la possession d'une armoire-bibliothèque, les livres donnés par les préfets au moyen de
crédits votés par les conseils généraux, et enfin les
ouvrages qui peuvent être acquis au moyen des ressources privées de la bibliothèque, ressources consti-
tuées soit par les fonds que vote à cet effet le conseil
municipal, soit par les souscriptions, dons et legs des
particuliers. En dehors des livres de classe, aucun

livre, soit acquis, soit donné, ne peut être introduit
dans les bibliothèques sans l'autorisation de l'inspecteur d'académie. Les élèves, ainsi que leurs parents,
sont libres d'emprunter gratuitement les livres de la
bibliothèque et de les emporter chez eux pour un temps
déterminé. Au 1er janvier 1888, le nombre des bibliothèques scolaires était de 35,329, avec 4,453,875 livres
à prêter. Le nombre des prêts, qui augmente sensiblement d'année en année, de 76 p. 100 depuis 1883, a été
en 1887 de 5,465,103.

Les bibliothèques populaires sont des bibliothèques
communales, ordinairement établies à la mairie. Comme
elles ne sont pas spécialement destinées aux enfants,
elles peuvent contenir des ouvrages de toute nature.

Le musée pédagogique. — Le *musée pédagogique*, institué à Paris en 1879, n'est pas seulement un
dépôt de matériel scolaire et d'appareils d'enseignement : il est aussi une bibliothèque, qui possède, outre
un grand nombre d'ouvrages rares et relatifs à l'histoire de l'éducation, tous les livres d'enseignement théorique et pratique dont les instituteurs peuvent avoir
besoin. Ces livres sont mis à la disposition des lecteurs
parisiens; mais on a établi aussi, dans ces dernières
années, une bibliothèque circulante qui rend de grands
services. Les ouvrages demandés sont expédiés gratuitement, par colis postal, sur tous les points du territoire français. Le port au retour, après un délai qui ne
peut dépasser deux mois, est seul à la charge de l'em-
prunteur.

Enseignement privé. — Tout ce que nous avons
dit jusqu'ici ne concerne en général que l'enseignement public. C'est aux membres de l'enseignement
public que s'adresse surtout notre travail, et nous n'a-
vons point par conséquent à entrer dans le détail de la
législation relative à l'enseignement privé. Nous nous
bornerons à l'indication des points essentiels et des
principales sources. Les textes à consulter surtout sont :

la loi du 30 octobre 1886, titre III, art. 35 à 43 et *passim* ;
le décret du 18 janvier 1887, titre IV, art. 158 à 185.

Les écoles privées sont définies « des établissements
d'enseignement primaire de tout ordre, fondés et entretenus par des particuliers ou des associations »
(L. O., 2). Elles ne peuvent être subventionnées ni par
l'État, ni par le département, ni par les communes
(arrêt du Conseil d'État du 29 juillet 1888).

La loi organique fixe les mêmes conditions d'âge pour
le personnel enseignant des écoles privées que pour
celui des écoles publiques (art. 7) ; de même pour les
conditions de moralité (art. 5) et pour les conditions
de capacité (voyez plus haut, chap. IV). La qualité de
Français n'est pas exigée obligatoirement des membres
de l'enseignement privé (L. O., 4).

L'enseignement privé est libre dans ses méthodes et
dans ses programmes (*Ibid.*, 35) :

Art. 35. — Les directeurs et directrices d'écoles primaires privées sont entièrement libres dans le choix des méthodes, des
programmes et des livres, réserve faite pour les livres qui auront
été interdits par le conseil supérieur de l'instruction publique,
en exécution de l'article 5 de la loi du 27 février 1880.

Les formalités d'ouverture d'une école privée sont
les suivantes : déclaration faite au maire de la commune par le postulant qui veut ouvrir une école
et désignation du local où l'école sera établie (L. O.,
37 ; D. O., 158).

Les mêmes déclarations sont requises, en cas de
changement de local, en cas d'admission d'élèves internes, ou de changement de directeur (L. O., 37 ; D.
O., 158).

Le postulant adresse les mêmes déclarations au
préfet, à l'inspecteur d'académie et au procureur de
la République (L. O., 38).

Le droit d'opposition à l'ouverture d'une école privée appartient au maire de la commune et à l'inspecteur d'académie du département. Le maire a huit jours
pour formuler son opposition ; l'inspecteur, un mois,
soit qu'il agisse d'office, soit qu'il le fasse sur la plainte

du procureur de la République. Les motifs de l'opposition sont tirés de l'intérêt des bonnes mœurs ou de l'hygiène (L. O., 37-38; D. O., 159, 160, 161). Si, au bout d'un mois écoulé, aucune opposition n'a eu lieu, l'école privée s'ouvre de plein droit (L. O., 38). Si une opposition a été formée, elle doit être jugée par le conseil départemental (L. O., 39 ; D. O., 162 à 164). Appel peut être interjeté devant le conseil supérieur de la décision du conseil départemental.

Les conditions d'âge d'admission dans les écoles privées sont les mêmes que dans les écoles publiques. L'enseignement doit être donné par des instituteurs dans les écoles de garçons, par des institutrices dans les écoles de filles et dans les écoles maternelles, sauf les exceptions prévues par la loi et qui sont les mêmes dans les écoles privées que dans les écoles publiques (L. O., 6).

Les directeurs et directrices d'écoles privées sont tenus d'ouvrir certains registres :

1° Un registre d'appel, qui constate dans chaque classe l'absence des élèves inscrits. A la fin de chaque mois, ils devront adresser au maire et à l'inspecteur primaire un extrait de ce registre, avec l'indication du nombre des absences et des motifs invoqués (Loi du 28 mars 1882, 10).

2° Un registre spécial destiné à recevoir les nom, prénoms, la date et le lieu de naissance des maîtres et employés, l'indication des emplois qu'ils occupaient précédemment et des lieux où ils ont résidé, ainsi que la date des brevets et diplômes dont ils seraient pourvus. Les autorités préposées à la surveillance de l'instruction publique doivent toujours se faire représenter ces registres, quand elles inspectent les écoles (D. O., 168).

3° Tout instituteur qui reçoit des pensionnaires doit tenir un registre sur lequel il inscrit les noms, prénoms, le lieu et la date de naissance de ses élèves pensionnaires, la date de leur entrée et celle de leur sortie. Chaque année il transmet, avant le 1er novembre, à l'inspecteur d'académie un rapport sur la situation et le personnel de son établissement (*Ibid.*, 175).

Situation de l'enseignement privé. — Il n'est pas sans intérêt de savoir où en est, au point de vue du nombre des écoles et des élèves, l'enseignement privé. En 1881-82, les écoles privées pour les garçons étaient au nombre de 2,195, dont 964 laïques et 1,231 congréganistes ; en 1886-87, elles sont au nombre de 2,521, soit 910 laïques et 1,611 congréganistes ; les écoles privées de filles étaient, en 1881-82, au nombre de 9,796, soit 3,100 laïques et 6,696 congréganistes ; en 1886-87, elles sont au nombre de 10,236, dont 2,532 laïques et 7,704 congréganistes ; enfin, pour les écoles privées mixtes, le chiffre de 1881-82 était de 647 : il est en 1886-87 de 744. Il est donc manifeste que les écoles privées tendent plutôt à augmenter qu'à diminuer, du moins les écoles privées congréganistes. Remarquons en outre que les écoles spéciales aux filles forment à elles seules près des trois quarts de la totalité des écoles privées.

La concurrence faite par l'enseignement privé à l'enseignement national n'empêche pas d'ailleurs le progrès continu des écoles publiques. Dans les écoles primaires publiques, élémentaires et supérieures, le nombre des élèves était de 4,409,310 en 1882 ; il s'est élevé à 4,444,568 en 1886.

FIN.

TABLE ANALYTIQUE

TABLE DES MATIÈRES

CHAPITRE V

ÉCOLES PRIMAIRES ÉLÉMENTAIRES (*suile*). — ÉDUCATION INTELLECTUELLE.

CHAPITRE VI

ÉCOLES PRIMAIRES ÉLÉMENTAIRES (*suile*). — ÉDUCATION MORALE.

CHAPITRE VII

DÉVELOPPEMENT ET RÉPARTITION MENSUELLE DES PROGRAMMES.

CHAPITRE VIII

PROGRAMMES DES ENSEIGNEMENTS SPÉCIAUX.

CHAPITRE IX

EMPLOI DU TEMPS.

CHAPITRE II

LA GRATUITÉ : LOI DU 16 JUIN 1881. — LA LAÏCITÉ : LOIS DU 28 MARS 1882 ET DU 30 OCTOBRE 1886.

CHAPITRE III

DIVERS ORDRES D'ÉTABLISSEMENTS.

CHAPITRE IV

SITUATION DU PERSONNEL DE L'ENSEIGNEMENT PRIMAIRE. — LOI DU 19 JUILLET 1889.

CHAPITRE V

AUTORITÉS PRÉPOSÉES A LA SURVEILLANCE ET A LA DIRECTION DES ÉCOLES. — L'ADMINISTRATION.

Administration centrale. — Le comité consultatif. — Le

5125-90. Corbeil. — Imprimerie Crété.

425-89. — Corbeil. Imprimerie Crété.